人生为一大事来

刘彭芝 ◎ 著

上卷

人民出版社

策　　划：黄书元

责任编辑：张伟珍　陈百万

封面设计：周方亚

版式设计：林芝玉

图书在版编目（CIP）数据

人生为一大事来（上卷）/ 刘彭芝 著 . —北京：人民出版社，2019.1
　（2024.5 重印）

ISBN 978 － 7 － 01 － 020212 － 9

I. ①人…　II. ①刘…　III. ①中学－校长－教育工作 IV. ① G637.1

中国版本图书馆 CIP 数据核字（2018）第 287827 号

人生为一大事来

RENSHENG WEI YI DASHI LAI

（上卷）

刘彭芝　著

人 民 出 版 社 出版发行

（100706　北京市东城区隆福寺街 99 号）

北京中科印刷有限公司印刷　新华书店经销

2019 年 1 月第 1 版　2024 年 5 月北京第 8 次印刷

开本：710 毫米 ×1000 毫米 1/16　印张：29

字数：490 千字　印数：56,001 － 57,500 册

ISBN 978 － 7 － 01 － 020212 － 9　定价：79.00 元

邮购地址 100706　北京市东城区隆福寺街 99 号

人民东方图书销售中心　电话（010）65250042　65289539

序言　把教育写进生命

钟秉林

"人生天地间，各自有禀赋。为一大事来，做一大事去。"这是人民教育家陶行知先生的诗句。

刘彭芝校长的《人生为一大事来》由此得名。

刘彭芝的人生大事，就是教育，她，把教育写进了生命。

刘彭芝在基础教育一线工作已半个多世纪。当了 30 多年数学教师，20 多年班主任，做过 8 年副校长，1997 年担任人大附中校长。《人生为一大事来》记述的，主要是她担任人大附中校长近 20 年间的心路历程。

《人生为一大事来》是一部教育家的"行思录"。行，就是把人大附中从一所普通重点中学办成了国内顶尖、国际一流的中学。思，就是如何在融合古今中外教育思想的基础上综合创新，走出一条民族的、科学的、大众的，面向现代化、面向世界、面向未来的中国特色社会主义教育之路。

2004 年，《人生为一大事来》由高等教育出版社出版，是"中国当代教育家"丛书的榜首之作，也是很多教育工作者的案头读物。

15 年来，中国基础教育的改革发展日益蓬勃深入，作为这一伟大事业的推动者和见证者，刘彭芝校长的教育人生也愈益宽广厚重。她离开人大附中校长岗位后，担任了人大附中联合学校总校的校长，同时还是国务院参事、国家教育咨询委员会委员、中央文史研究馆馆员、创新人才教育研究会会长。丰富的阅历使她的教育思考更加深刻，教育视野更加高远，教育实践更加丰富，教育故事更加精彩。于是，应读者要求，《人生为一大事来》有了续篇。新版《人生为一大事来》分为上、下两卷，由人民出版社出版。

读《人生为一大事来》，突出的印象可用"感"和"思"两个字来概括。

感，首先是感觉，打篮球踢足球，球感有时比技术更重要。刘彭芝校长对教育是真有感觉，正因为她的教育感觉好，所以工作精准到位，卡点卡位，直奔主题，直击要害，不仅效果显著，而且在很多工作上领先一步。感，又是感情。不带感情，不能做教育工作；没有浓得化不开的爱，不可能成为优秀的教育工作者。刘彭芝校长在教育上成就大，是因为她在感情上付出多。

思，首先是思想。有思想才会有见识，见识有多高，水平便有多高。刘彭芝校长有先进而系统的教育思想，这是她事业成功的前提。思，也指思路，有思想之后，还要有思路，思路是思想和实践之间必不可少的连结点。刘彭芝校长办教育，是有一整套思想和思路的，所以，她不仅有见识，而且有办法，是典型的善于用正确的方法做正确的事。

感而通，思而睿，加上亲证力行，久久为功，刘彭芝校长自然会成为当代著名的教育家。她的教育人生，对广大教育工作者具有巨大的启迪意义。

张謇曾说过：教育为母，实业为父。这是至理名言。一个国家，教育事业发达，实体经济繁荣，其他的事就都好办了。当今中国，最需要呼唤的，就是教育家和实业家。刘彭芝校长是在改革开放中成长起来的著名教育家，我这里推介她的《人生为一大事来》，就是期待新时代涌现出更多像刘彭芝这样的教育家。

2018 年 8 月 8 日

钟秉林：

留英博士，北京师范大学教授，中国教育学会会长，国家教育咨询委员会委员。从事教育政策与教育管理研究。1994 年回国后任东南大学副校长，1996 年调任教育部高等教育司司长，2001 年至 2012 年任北京师范大学校长，2012 年起任中国教育学会会长。

视 频 集 锦 （一）

本书上、下卷记录了我和人大附中三十年来走过的不平常的历程。为了让读者更直观、更形象地了解我与人大附中的故事，我们特别选取了部分视频放在上、下卷中（上、下卷视频相同），读者通过扫描二维码即可观看视频，获得与文字阅读不一样的独特感受。

1. 人大附中部分情况掠影

2. 中外教育者眼中的人大附中

3. 2010 年，"向祖国汇报——人大附中素质教育成果展示"：刘彭芝校长讲话

4. 2010 年，"向祖国汇报——人大附中素质教育成果展示"：英国惠灵顿中学校长安瑟尼·塞尔顿致辞

5. 2010 年，"向祖国汇报——人大附中素质教育成果展示"：上海市第三女子学校校长徐永初致辞

6. 2010 年，"向祖国汇报——人大附中素质教育成果展示"：优秀学生代表

7. 2010 年，"向祖国汇报——人大附中素质教育成果展示"：微电影节获奖学生

8. 2010 年，"向祖国汇报——人大附中素质教育成果展示"：学生舞蹈

9. 2010 年，"向祖国汇报——人大附中素质教育成果展示"：足球队、健美操、武术表演

10. 2010 年，"向祖国汇报——人大附中素质教育成果展示"：创造适合每个教职工发展的教育

11. 2010 年，"向祖国汇报——人大附中素质教育成果展示"：校友、家长

12. 2010 年，"向祖国汇报——人大附中素质教育成果展示"：教育帮扶

13. 2010 年，"向祖国汇报——人大附中素质教育成果展示"："三高"足球基地

14. 美国普林斯顿国际数理学校视频

16. 创新人才教育研究会简介视频

15. 2019年人大附中联合学校总校简介视频

目 录
CONTENTS

引　言

一

人生为一大事来。这是教育家陶行知的话。

我来到世上，所为的大事是什么？

少年时代，我的梦想是当一名科学家。由于历史的原因，或许是命运的安排，我走上了教育之路。从此，我的人生大事便与教育连在一起了。做教师时，我的人生大事是做一名好教师；当校长时，我的人生大事是当一名好校长。

我的青春，我的全部心血，都献给了我的人生大事。

没有成为科学家，我不后悔，因为我的许多学生成了科学家。

何止是不后悔。

孟子讲，人生有三大"至乐"：一是仰不愧于天，俯不怍于人；二是父母俱在，兄弟无故；三是得天下英才而教育之。这三大"至乐"我曾全部享受过。我的人生是快乐的，我是一个幸福的人。

二

从教近四十年，当校长十几年，人生体会，五味俱全。

应该说，作为一名教师，作为一名校长，作为一个女人，我获得过许多崇高的荣誉，也承受了非同寻常的委屈和压力。

陶渊明有言：纵浪大化中，不喜亦不惧。那是圣贤境界，我达不到。回首往事，我做不到所有的事情都释然于怀。有些事可以忘记，而有些事永远不能忘记。不能忘记的是，那么多的领导、同事、学生、学生家长、朋友，关心我，爱护我，扶持我，帮助我。没有他们，就没有我的今天。我对生活充满感激之情。

三

2003 年 4 月 12 日，刘彭芝教育思想研讨会举行。

我在研讨会上的发言分为三个部分：作为教育工作者，我对教育事业的认识；作为基础教育工作者，我对基础教育的认识；作为校长，我对如何当校长的认识。我最想表达的意思是，我们正处在一个伟大的变革时代，传统的和现代的、中国的和外国的，各种思想和文化相互激荡。如何在融合古今中外教育思想的基础上综合创新，走出一条民族的、科学的、大众的，面向现代化、面向世界、面向未来的具有中国特色的社会主义教育之路，这是一个历史性课题。广大教育工作者都在思考和探索这个课题，我也是千千万万个探索者中的一员。

本书记述的，实际上就是这种探索的心路历程和实践过程。

四

撰写本书，促使我回忆了许多往事，也引起我许多反思。反思的结果是，当年的事情，如果今天来做，也许能做得更完善一些。不过，这种反思仅仅存在于我的心中，只是有助于我将来的工作，绝不影响写作。落在笔下，留在纸面上的，都是当年的真实情境。

本书不是完整的自传，主要是近三十多年来我思想和工作的片段。我走出校门又再进校门，人生轨迹单一。在我的教育生涯中，最重要的时期在人大附中，经历事情最多的时期是担任人大附中校长这些年。这些年来，人大附中事业日隆，这是几代人大附中人长期努力的结果，作为现任校长，我只是做了自己应该做的。我的所有荣誉属于人大附中，人大附中的荣誉属于所有人大附中人。

　　从教近四十年来，我一直生活在基层，工作在一线，始终只是一个行动者、实践者。著书立说不是我的愿望，言不尽意是我的遗憾。此前，出版《刘彭芝教育文集》和《刘彭芝教育思想研究》时是如此，这次撰写《人生为一大事来》还是如此。了解一个作家，最直接的途径是读他的作品；了解一名校长，最直接的途径是去他的学校看一看。因此，在本书付印之前，我最想对读者说的一句话是：如果有机会，欢迎您莅临人大附中参观指导；您可以随时忘记"刘彭芝"是什么人，但希望您能记住一所学校，她的名字叫"中国人民大学附属中学"，简称"人大附中"。

第一章
校长是个"领跑人"

关于"校长"的定义，古今中外有许多种。我对"校长"含义的理解，最深切之处就在于，校长是个"领跑人"——面向世界、面向未来、面向现代化，领着全校的教职员工不停地奔跑，领着一茬又一茬的孩子不停地奔跑。"领跑人"的办学理念在奔跑中反映，"领跑人"的心智情感在奔跑中展现，"领跑人"的人生价值在奔跑中实现。

1997 年，当我接任校长时，人大附中已经是名满京城的地方名校。我完全可以做一个守成的校长，轻松自如地生活。但是，我给人大附中提出了新的发展目标：办成一所"国内领先，国际一流"的世界名校。这是一个自加压力、超常发展的目标，也是一个必须奔跑才能达到的目标。

我对自己的要求是：做一个优秀的"领跑人"。

做一个优秀的"领跑人"，最重要的是要有一个科学而明确的目标，让团队围绕这个目标统一思想和行动，形成共识和合力。

一、创办世界一流学校

风乍起，吹皱一池春水

来人大附中参观交流的国内外同行很多，他们感受最深的，往往不是人大附中美丽的校园和现代化的教学设施，而是人大附中的人气指数。

这正是我所期望的。

当人大附中校长 7 年多，我最在意的，不是新建了几座楼，新添了多少设施，而是师生员工的精神状态。对一所学校而言，硬件设施的价值是可以估量的，但精神状态所带来的价值则是无法估量的。这里有高下之分，一个是"有价之宝"，一个是"无价之宝"。古人讲："元犹原也。""元者为万物之本。"一个人的精神状态好，就是元气充沛；一所学校的人气指数高，才是核心竞争力强。我们不是总在讲以人为本吗？这就是最大的以人为本。作为一名校长，我的首要任务，就是让人大附中的人气指数不断攀升。

看看今天人大附中的师生员工意气风发、同心同德地为创办世界名校而奋斗；想想当初我提出创办世界名校目标时引起的巨大波澜。虽然只有短短的 7 年时间，而今想来真是恍若隔世。

1997 年 6 月 28 日，在民主选举的基础上，我被中国人民大学任命为人大附中校长。7 月 3 日，即我上任的第 5 天，在学校图书馆二层的阶梯教室，我向全校教职员工宣布了人大附中的奋斗目标——国内领先，国际一流，创世界名校。

这个目标在我心中已积聚多年。

我没有得到预期的响应，大家的表情中，有渴望，然而更多的是疑惑，是不敢相信。甚至有几位老师低声议论起来：

"国际一流？太狂了吧！"

"太不现实了！"

不久，我又听到另外一些议论。有人怀疑："一个女同志，能撑起那么大的天吗？"还有人放出话来："在人大附中做校长，不是气死就得累死！"

其实,"就职演说"的效应多多少少在我的意料之中,因为类似的场面和议论我在半年前就领教过。

大约是 1997 年年初的时候,也是在学校图书馆二层的阶梯教室,也是全校教职员工大会,也是我在讲话,只不过那时我还是一名副校长。

那是一个例行的年终总结大会,校长委托我来作总结发言。按照常规,方方面面地点一下,归纳几条经验,提出几条希望,说说过年话罢了。可是,我却天真起来,真刀真枪地讲起压抑在心里许久许久的话。

事隔多年,我已不能完全记起当时讲了什么,但让我记忆犹新的是,老师们的神态大变,因为我指名道姓地讲出了许多困扰学校发展的事实,说出了大家想说而不敢说的话。当时,人大附中有 7 个特殊人物,他们既有本事,又有个性,成为有争议的焦点。我逐一点名,称他们是"7 颗星"。一些好心的老师说我当时"简直疯了,也不想想后果!"

我隐约记得,我的讲话大约持续了 3 个小时!除了没说出"创办世界一流学校"8 个字之外,我如痴如醉地向大家勾勒了心中的蓝图:

跨世纪的老师们应当抓紧进修学习,争当名师,争当特级教师!老师们要走出国门,看一看世界一流的教育是什么样子……

听到这里,人群骚动起来:

"出国?做梦吧!"

"我们连飞机还没坐过呢!"

……

冬天的太阳归心似箭,我的心里话终于说完时,天已经昏暗到难辨东西了。

一直默默地坐在我身边的校领导与教职员工陆续离去了,轻轻地,没有与我说一句话。偌大的会场一下子变得空空荡荡。我一个人坐在讲台上,一动不动,心潮难平。

可能是我孤独的形象让人动了恻隐之心,几位女教师返回来劝了我几句。最后,只剩下我和负责电教的白老师。我轻声地问:"小白,我今天讲得怎么样?"

白老师是个经多见广的男教师,也是我表扬的"7 颗星"之一。他打着哈哈:"您不要太激动,多注意身体。"

这就是人大附中"国内领先,国际一流"办学目标提出时的真实情景。我曾套用宋词中的一句话来形容:

风乍起，吹皱一池春水。

人大附中是一池春水，她需要一股劲风吹动起来，汹涌澎湃，奔向她应该到达的目标。

目标的提出没有得到呼应，但我一点也不懊恼。因为我了解人大附中的历史，了解人大附中的师生，了解人大附中的潜能。我也知道国内国际教育发展的趋势，知道人大附中所处的方位。我坚信"国内领先，国际一流"的目标最终能被大家接受，并通过内心的认知化为自觉的行动。

两 个眼光找定位

未来的目标是否准确，前提是现在的定位准不准；要让大家认同你的目标，首先得让大家认同你的定位。定位的过程，就是统一思想的过程。

找准现在的定位，需要两个眼光，一个是世界的眼光，一个是历史的眼光。只有用世界的眼光和历史的眼光看教育，才能看清世界的基础教育已经发展到了什么水平，中国的基础教育又发展到了什么水平，才能明确知道中国的基础教育在世界上处于什么位置，人大附中在中国的基础教育中又处于什么位置。历史的眼光是知己，世界的眼光是知彼；历史的眼光发现经度，世界的眼光发现纬度。只有知己知彼，经纬交织，我们才能最后确定人大附中的定位。在教育逐步全球化的大趋势中，在中国社会的转型期，一个校长，一个教育工作者，必须具备世界的眼光和历史的眼光，有开放的胸襟和广阔的视野，否则就会找不到感觉，就会被时代大潮淘汰。

我在大会小会上反复讲两个眼光的重要性，我用很大的精力引导大家用两个眼光找准人大附中的定位。我的心血没有白花。正是在用两个眼光找定位的过程中，各种议论逐渐少了，越来越多的人认识到，世界的教育发展离不开中国，中国的教育发展也离不开世界。中国的基础教育在世界上是有地位的，经过40多年的奋斗，人大附中已经是北京乃至全国的名校，我们具备创办"国内领先，国际一流"学校的资格，通过不懈的努力，我们能够实现创办世界一流学校的目标。

1998年，江泽民同志在庆祝北京大学建校一百周年纪念大会上发表重要讲话，明确提出了中国要创办世界一流大学的要求。随后，教育部推出"985工程"，其核心内容就是创办世界一流大学。创办世界一流大学，要有创办世界一流中学作基础。北京大学、清华大学、中国人民大学是创办世界一流大学的排头兵，人大附中是北大、清华、人大的主要生源校之一，提出创办"国内领先，国际一流"的办学目标，势所必至，理有固然。

1997 年 6 月到 1998 年 6 月，是人大附中明确定位、树立目标、统一思想的关键一年，这一年很艰难，但我们挺过来了。

两 任女校长的心灵对话

就任人大附中校长，我有一种特殊的使命感。因为人大附中有着特殊的历史。

人大附中位于北京市海淀区中关村，创办于 1950 年 4 月，其前身北京实验工农速成学校，是当时全国唯一的中央教育部直属中学。学校自 1950 年 1 月开始筹备，到 4 月 3 日开学，筹建期仅为 3 个月！校址初选在东城区外交部街，又迁入西城区东养马营八号，1950 年 10 月定居于今天所在的中关村。

1952 年，学校移交中国人民大学，改名为北京实验工农速成学校，随即在全国范围招生，年龄规定为 16—30 岁。当时的学生中有相当一部分是参加过长征和抗日战争的干部及模范人物，如战斗英雄周天才，战士作家高玉宝，劳动模范郝建秀、杭佩兰等。高玉宝的《半夜鸡叫》和郝建秀的《进京日记》还选入自编的语文教材。

北京实验工农速成学校凝聚着许多党和国家领导人的心血，她是我们党夺取政权后高度重视基础教育的一个创举，在新中国的教育史上占有重要地位。

1958 年，学校更名为"中国人民大学附属工农中学"，从此开始具有正规中学的性质。1960 年，学校正式更名为"中国人民大学附属中学"。"文化大革命"中，因人民大学停办，学校一度改名为"北京市 172 中学"，1978 年恢复"人大附中"校名。

我珍视人大附中的光辉历史，也格外敬重人大附中的首任校长胡朝芝。

这位 1939 年毕业于四川大学历史系的知识女性，1940 年就到了延安，并在延安中学担任历史教员，后来又到东北解放区从事教育工作，当过哈尔滨六中的校长。她既是革命前辈，又是教育前辈。

有一件事让我对这位革命教育家感佩不已。

20 世纪 50 年代初，学习苏联教学管理经验时，每月要填写学生到课统计表，项目细，百分比、数字多，上报时间紧，管理人员完成几十个班的统计报表十分困难。一天，学校两位管理人员到王府井去，偶尔发现一台国外进口电动计算器，但价格惊人——相当于250人一个月的大灶伙食费！然而，胡朝芝校长了解情况后，当即批准购买。试想，在上世纪50年代初，用这样的高价买一个高科技产品，需要何等的胆识和远见！

一天，胡朝芝校长来到人大附中。看到旧貌换新颜的校园，听到创办世界一流学校的发展战略，老校长连声说好，并赋诗一首：

> 桃李芬芳满园春，
> 喜看今人胜前人。
> "三向""四有"是根本，
> 跨越世纪踏征程。

和第一任校长胡朝芝亲切会见

这是人大附中第一任校长对第九任校长的鼓励和期望，也是人大附中历史上两位女校长的心灵对话。胡朝芝校长和她那一辈人在一个特殊的时期创造了人大附中的首度辉煌。我和人大附中的同事，一定要在新时期、在跨世纪的征程中再创人大附中新的辉煌。

二、什么是世界一流

一 具体就深入

我很欣赏一句话：凡事都要具体，一具体就深入。

创办世界一流学校的目标确定了，目前的定位也确定了，我们已经知道从什么位置起跑，奔跑的目的地在哪里。但世界一流中学到底应该是什么样子，学校的老师并不清楚。那一段时间，人大附中的老师密切关注世界一流学校，精心研究世界一流学校。

特级教师周建华收集到一则重要信息并加以分析：

美国《新闻周刊》曾对全世界的学校做过大规模的调查，最后评出 10 所最好的学校（含一个教育行政部门）。这 10 所学校各具特色：新西兰特卡波湖学校，特点是注重对学生的新闻记者能力的培养；意大利迪亚那学校的成功之处，在于学前教育效果特别显著；荷兰格雷达莫斯学校的特殊之处，是数学教学出类拔萃，每教一个题目都要结合现实问题进行讨论；日本东京四谷第六小学的特色在于科学教育强调创造性；荷兰艾克纳顿学校的成功之处在外语教学方面，学生中没有人去过英、美等国家，但英语水平不亚于甚至超过美国十几岁的孩子；美国匹兹堡市威斯汀霍斯中学，则在实施"艺术推动"计划上取得了巨大的成功；德国安克库敦考勒中学，特点是崇尚工艺；美国加利福尼亚理工学院的成功之处，在于造就科研精英方面有建树，目前该校已培养出 20 余名诺贝尔奖获得者；瑞典斯德哥尔摩职业培训中心，学生毕业后就业率十分高；德国科隆地区教育部，特色在于十分注意对教师的严格挑选和培训，并大力提高教师待遇，使一些最优秀的和最聪明的人能投入到教育事业中来。

我很欣赏教师捕捉信息的能力，并在与大家的交流中获益良多。在综合大家的意见之后，我阐述了自己对世界一流学校的理解。

我不赞成中学过多强调"特色鲜明"，而主张中学教育必须走全面发展之路。

中学与大学不同，中学是全面打基础的，大学则是培养专门人才的。中学的学科建设应该均衡，学生可以学有所长，但更要全面发展。

在学生的全面发展中，要处理好三个关系：一是正确处理好自然科学与人文社会科学的关系，追求并实现科学与人文的平衡；二是正确处理好充分尊重学生个性和培养学生合作精神的关系，追求并实现鲜明个性和团队精神的统一；三是正确处理好"有教无类"和"因材施教"的关系，追求并实现全面发展和充分发展的结合。

我心目中的世界一流中学起码要具备以下条件：一是要有世界一流的办学理念；二是要有世界一流的教师队伍；三是要有世界一流的学生；四是在课程的广度和深度上要领先于世界平均水平；五是在师生比例上要低于世界平均水平；六是要有世界一流的硬件设备，比如图书馆、建筑面积、电脑网络、体育设施等；七是要有相当广泛充足的经费支持；八是毕业生考入一流大学的比例，要明显高出一般中学；九是在国内外要有较高的声望；十是综合以上条件，形成世界一流的校园文化和精神气质。

在此基础上，我特别强调，教育的最高境界，是实现人的全面发展。作为一名教育工作者，我们必须有"终极关怀"——我们不是为创办世界一流学校而创办世界一流学校，我们创办世界一流学校的最高理念，是一切为了学生的全面而充分的发展。

从提出目标，到明确定位，再到将目标具体化，我们逐步完成了统一思想的过程。人大附中开始从惯性发展进入向着既定目标高速发展的阶段。

密 云会议

当校长 7 年多，开过的会无数，最难忘的是密云会议。

1997 年 8 月 8 日，我担任校长仅仅一个多月，人大附中中层以上全体干部，包括教研组长、年级组长等一行几十人，来到风景秀丽的京郊密云，参加新一届校领导主持的首次干部会议，全面规划学校的发展大计。

此次会议被有诗情画意的老师喻为"梦起飞的地方"。

对于开会，教师们再熟悉不过了。一位资深的教研组长开玩笑："咱们的会没什么新鲜的，共分五大部分：宣布开会、学校基建、学年教育教学成绩、政教工作各说一遍，散会！"

教师们听了颇有同感，纷纷点头称是。

但是，这次密云会议大不一样。

与会的一位教师，由于家里有特别困难，不能天天到会。我指定一辆专车，天天接送他准时出席会议。另外一名中层干部，无故不参加会议。我召开校务会议，作出对这位干部通报批评的决定，并在大会上公布。在密云会议上出台的第一个制度，就是《干部自律守则》。

风起于青萍之末。这些变化让教师们感到了新的气息。有人赞叹："新领导有人情味儿，又敢抓敢管，人大附中有戏！"

其实，比这几件小事更"有戏"的是，在我的提议下，校务会对中层干部做了重大调整，几乎一半的干部是新面孔。

会议伊始，我就阐明了本次会议的主题是共商治校大计，为此要实事求是地总结经验教训，认真制定人大附中的各项规章制度，并对今后 3 年的发展作出展望和规划。

会上，我以"关于人大附中面向 21 世纪教育改革与发展的初步设想"为题，作了主题报告。报告的主要内容为：一、人大附中的总目标：国内领先，国际一流，创世界名校；二、全面贯彻党的教育方针，尽快建立和完善教育体系；三、努力建设一支素质优良、结构合理、数量充足的教师队伍，不断提高教育教学管理水平；四、进一步完善教学设施和设备，为提高教育教学质量创造一流的物质条件；五、建立服务与经营相结合的后勤保障体系，努力解决办学所需经费及其他问题。

密云会议之后，我们又研究制定了《1998—2000 年中国人民大学附属中学改革与发展规划纲要》，并在年底的全校干部扩大会上讨论通过。

《纲要》决定：人大附中要全面实施"素质教育工程"，并具体落实为七项子工程：科研兴校工程、优秀学生工程、名师工程、干部工程、员工工程、家长工程、离退休教师工程。与此同时，要建立科学管理模式，逐步实现教育教学和管理工作的科学化与现代化。

创办世界一流学校的目标写进了《纲要》。

为了落实《纲要》，我们开始了"七大工程"。

三 个加号

学校是培养人的地方。教育观念的核心，说到底就是两个问题：培养什么样的人，怎样培养人。

有人说，校长是学校的灵魂，一个好校长就是一所好学校。我想，衡量校长好不好的主要标准，是看他推崇什么样的办学思想，看他选择什么样的学生培养目标和教师培养目标。

当"国内领先、国际一流"的办学目标被逐步接受之后，围绕"办学思想、学生培养目标、教师培养目标"的讨论又开始了。

今天，当人们走进人大附中的时候，会发现右侧红墙上的几行金色大字：

尊重个性　挖掘潜力
一切为了学生的发展
一切为了祖国的腾飞

这是我为人大附中确定的办学思想。

"尊重个性，挖掘潜力"针对全校每一个师生员工，因为我相信每一个人都有与众不同的个性。对于个性我们应该尊重，并且尽一切力量创造机会、搭建平台，使他们的个性得到充分的展示和发挥，从而实现人生价值。

"一切为了学生的发展"是人本位的思想。在学校这个大舞台上，校长只是导演，教职员工只是各类工作人员，主角永远是学生。

"一切为了祖国的腾飞"是社会本位的思想。我们创办世界一流学校，培养世界一流学生，最终是为了服务祖国，造福人民。

这一办学思想，在后来的各项工作中都得到了充分的贯彻。

我为人大附中确立的学生培养目标是：

全面发展＋突出特长＋创新精神＋高尚品德

这个表述引起了争论。

语文组的老师发表意见："这话有语法逻辑错误啊！全面发展当然包括高尚品德，为什么还要单提出来呢？如果照此逻辑表述，还可以加出许多内容。"

关于这一点，我有较深的思考和用意。人大附中首先是一所中学，在总体的培养目标上应该与全国的中学是一致的，即"培养德、智、体、美全面发展的学生"。

但人大附中又是有着自身特点的中学，对学校中高智商的孩子来说，这样的统一标准就有些低了，他们应该有突出的特长，即在某一方面甚至某几方面能出类拔萃，学校要对这样的学生进行非常规培养。进入知识经济时代，人大附中学生培养要在创新意识、创新精神、创新能力上下功夫，要让"创新"渗透在他们中学阶段的学习、生活中，为将来作出创新成果埋下种子。多年来，我一直思考一个问题：在中国的教育制度下培养出不少有用的人才，但他们长大了为谁服务呢？进入重点大学的目的就是为出国的孩子不在少数，在国外缺乏民族气节，为中华民族丢脸的也大有人在，这不能不说是中国教育的一种悲哀。某大学高才生卢某在美国获得博士学位，却因抱怨老师不公而枪杀 5 人，最后自杀。这个悲剧我们不应当忘记。所以我认为道德教育在学生的培养中应当是重中之重。尽管在总体的培养目标中已有了"德"的成分，但还不够。特别是对那些超常学生更要重视品德教育，使他们树立正确的人生观、价值观，丰厚他们未来发展的道德底蕴。人大附中的学生培养目标必须以高尚品德来"曲终奏雅"。

还有的老师皱着眉头说："4 个词中间出现 3 个加号，是不是有点不中不洋？刘校长您是校长呀，不能还像个数学教师。"

我做了这样的解释："全面发展"是一般学校都应达到的目标，而后面的加号是人大附中特别的要求。这既是共性和个性的统一，也体现了逐级要求。

听了我的说明，老师们表示理解和支持。一位教师还不乏幽默地说："只有教数学出身的校长才会设计出这样的表述，这也是人大附中的特色吧。"

大家听了哈哈大笑。

人大附中教师队伍的建设目标是：

努力建设一支献身教育事业、具有高尚品德、教育观念先进、治学精神严谨、教学水平一流、育人艺术精湛、热爱学生、不断创新的教师队伍。

在教师队伍建设中，我特别强调"师德"。一位教师如果"师德"欠缺，那么他就是有再高的学问，也是不能成为合格教师的。"师者"，首先是"传道"，自己的道德问题还没有正确的标尺呢，又怎能去引导学生呢？"师德"是人大附中聘用、评价教师的首要标准。

三、担大任者，须有大德

改革中的血腥味

几乎在实施"七大工程"的同时，人大附中开始"六项改革"。在改革的过程中，我既得到了绝大多数教职员工的支持，也嗅到了血腥味。

高三学生刘小鹤的一篇回忆文章写道：

各种校园文学中时常描写的繁冗拖沓、令人生厌的"校长讲话"，在我们人大附中是不存在的。我们喜欢听刘校长讲话，她总是有那么多令人惊叹的想法，又总是能用轻松愉快的语言将它讲得精彩。她不经意间流露的风趣幽默感染着我，更给我震撼的是她的坚定、魄力与永不停歇地尝试新的挑战。

记得 1999 年的一天，那时我还是人大附中的一名初中生。她站在主席台的话筒后，面对着操场上满满的学生挥动着手臂，"大家往右看！"随着她的手势，操场的师生比做操还要整齐地转了头，"这座高中楼，我们要把它炸掉，盖一座更高的八层的新教学楼！""大家再往前看！"师生们发出阵阵惊叹，"这一排平房我们要建成艺术宫和游泳馆，游泳馆的东侧我们要盖一座四层的综合楼。"这一句句慷慨激昂的设想震撼着台下每一名师生的心，而面对这些大胆的设想我几乎不敢去想象。想到我刚刚升入初一的时候，操场还是黄土地、跑道还是煤渣铺的，食堂仅有一层，而在那昏暗的食堂中仅凌乱地摆放着数张圆桌，就餐以班级为单位，有严格的时间控制，有时因为太挤只好将饭盒端到外面的石凳上凑合。对于那时的我而言，卷曲草皮的足球场，塑胶跑道，有电梯的大教学楼，三层宽敞明亮的食堂，这些简直是梦幻，更不用说正规方便的游泳馆，设施完备的艺术宫，功能繁多的会议厅以及内容丰富的校史馆。如今，这一切早已成为现实，而我竟在不知不觉中步入了自己的梦境。

……

刘小鹤的回忆是真实的。当然，孩子眼中的世界总是美好的。作为一名学生，她所知道的往往是一些公开的决定和外在的变化，她哪能知道这些变化背后的艰辛。正像一首老歌唱的那样："樱桃好吃树难栽！"

记得描写甲午战争的电影中有这样一个细节：当德国专家登上北洋水师的战舰参观时，发现士兵们在炮膛上晒衣服，再一摸炮膛里有灰土。于是，他们预言北洋水师必败于日本军队。果然，这见微知著的预言被一场惨烈的悲剧所证实，北洋水师将士们的鲜血染红了辽阔的黄海。

办一所世界一流的学校何尝不是如此！

走上人大附中校长岗位之初，我曾独自一人把整个校园细细地走了一遍。

到1997年为止，我已经在人大附中工作了23年，我对这个校园再熟悉不过了，喜爱这里的一砖一瓦，一草一木。可是，学校建设似乎没有什么规划，缺乏全方位的管理，家属区、生活区和校园区混在一起，什么人都可以进来，甚至有人到校园里遛狗遛鸟。也许，以前大家都已经习惯了，见怪不怪。但当我心中有了高目标之后，突然发现有那么多地方不顺眼。20世纪50年代建造的西教学楼已有好几处墙皮裸露，尽显老态，几经加固已成了危房；西北小院里，老饭厅西边有一个小卖部，从早到晚学生、教工、家属人来人往，嘈杂零乱；校门口右边有一个小摊贩，卖冰棍、糖果；走进校园里，主道右侧还有一个摆小摊的，也卖同样的东西；图书馆后一片垃圾，旮旯角落脏乱不堪，若不小心甚至会踩上狗屎……带人参观时，我感到难堪。也许我过于追求完美？无论如何，我要改变这种环境，我要让人大附中的师生在一个优美、宜人的环境中学习工作，我要让校园成为他们喜爱、留恋的地方。一流的学校需要一流的环境，一流的教育要有一流的校园。

可我知道，整治校园绝非易事。后勤人员和家属不会轻易服从，个别既得利益者更不会善罢甘休。有个工人甚至扬言：一个女人能当我们的家？非把她治了不可！

果然，开始整治校园时，有的人害怕被人杀了。我对他说："那好吧，我跟你一起去，要死我们一起死！"

当我多次找那个摆小摊的做工作时，发现她并非不讲道理，只是提出了自己的实际困难。我当即向她承诺，只要她先将小卖部撤离校园，学校会解决她的实际困难。结果，问题顺利解决。

在我当校长之前，人大附中的财务分为7摊，混乱现象时有发生，有的人损公肥私。当我提出应当审计时，有人告诉我，你可要小心啊！水至清则无鱼。

混乱是管理的大敌。密云会议后，我即着手把全校所有的财务统一管理，并制定了人大附中财务管理制度。其后，根据教育部和财政部颁布的《中小学校会计制度》，对学校会计账务做了全面的调整。1998 年，增加设备，充实力量，将学校经费收支账务全部纳入计算机管理。这一规范化的管理，对学校是固本之举，却也断了某些人的财路。

1998 年，我们制定了岗位责任制，建立了各项管理制度。1999 年，我们开始了全方位的学校管理工作的改革，主要包括组织机构、人事制度、工资制度、奖励制度、财务制度、招生制度等 6 项改革。

改革实质上就是利益调整。作为校长，我推动的改革既给绝大多数教职员工带来了发展的新空间，也使少数人受到限制。

于是，针对我个人的恐怖行为陆续发生了。校园里一些展板上有我的照片，被人用刀子划破脸和眼睛；我家的防盗门半夜被人用胶水封住；2000 年人大附中 50 周年校庆前夕，我还收到一封恐吓信，信中扬言要杀死我。

在一次全校的教职员工大会上，我宣读了这封恐吓信。我说：

我是用心血、汗水加泪水来建设人大附中的，为了把她建成世界一流学校，我连命都不要了，我还会害怕恐吓吗？谁要是为了个人私利损害人大附中的发展，我决不会放过他！

从 "7 颗星" 到 13 个特殊贡献者

管理，既要管，更要理。从某种意义上讲，搞管理就是理顺关系。管理工作说起来复杂，但删繁就简，最要紧的是制约与激励两大机制。制约机制要"密不透风"；激励机制要"疏可走马"。宽严相济，两手抓，两手都要硬。我曾做过这样的比喻：管理就像一把刀，刀锋要锐利，刀背要厚重。刀锋锐利刀背不厚重，不是一把好刀；而刀背厚重刀锋不锐利，也不是一把好刀。因此，在敢抓敢管，严格学校各种规章制度的同时，我在激励员工方面下了更大的功夫。

1997 年初，我在全校教职工大会上把 7 个有争议的教师称为"7 颗星"。从那时起，是是非非延续了好几年。

负责音乐的张老师，把人大附中的交响乐团办成全国一流水平，多次捧回全国一等奖。可是，老师们对他议论纷纷，认为他凭什么有招生特权？他说招哪个学生就招哪个学生！

负责电教的白老师，拍摄的各种专题片多次获奖，还设计制作了国内领先的多媒体辅助教学系统。然而，老师们对电教中心办的公司也疑问甚多。

教物理的王老师，创建了人大附中的校园网。但是，有的领导看不上他，他中途又去公司干了一个月，重返学校更遭排挤。

负责"三高"足球俱乐部的李老师，带领人大附中足球队冲出亚洲冲向世界，赢得世界冠亚军。可是，老师们抱怨他花了学校太多的钱，一个足球俱乐部居然有财权，有一栋小楼，还有专用食堂等等。

从教多年，我明白老师们的议论有的有些道理，有的是不了解情况。但是，人非圣贤，孰能无过？有本事的人往往个性也强。作为校长，应该记人之功，容人之过，用人之长。我找"7颗星"谈话，既指出他们需要改进的地方，更表示对他们的信任和支持。

诚心赢得诚心。

两年之后的（1999年）教师节，人大附中评选出13个特殊贡献者。"7颗星"中有5人光荣当选。

在我的策划下，学校用幻灯片的方式，将13个特殊贡献者的成长经历、主要业绩与突出贡献，逐一展示出来。

除了张、白、王、李4位老师之外，还有劳技名师竺豪桢，数学名师杨兆一、刘景波、梁丽平，化学名师李新黔、罗滨，历史名师李晓风，体育名师柳军农，图书馆馆长舒大军等。

好校长是知人善任的。一个学校绝对不能藏龙卧虎。是龙就得让它腾，是虎就得让它跃。龙藏着虎卧着，就是一种最大的浪费。对于校长来说，发现不了人才，还可以说是水平问题，而浪费人才就是品质问题了。

两年，短短的两年，人大附中龙腾虎跃，风气大变。从"7颗星"到13个有特殊贡献者，广大师生从他们的身上看到了正气与希望。

我 的怀里抱着天

大海大海我问你，

你为什么这样蓝？

大海唱着回答我，

我的怀里抱着天。

这是儿童诗作者刘饶民的作品，年过半百，我依旧喜欢儿歌。因为儿童是"人之初"，童心未被污染，优秀的儿歌能唱出最朴素、最本质也最珍贵的人性。

作为一个领导干部，作为学校的一把手，作为一个"领跑人"，最大的原则是讲团结，最大的本事也是讲团结，没有一个团结的集体，什么事都做不成。讲团结，既要团结与自己意见相同的人，更要团结与自己意见不同甚至反对过自己的人。相比之下，这后一点更重要。在讲团结方面，我要求自己"怀里抱着天"。

有一位副校长是我第一个需要团结的人。1989年，我俩同时被任命为副校长，他负责高中，我负责初中。他是一位非常敬业、非常能干也非常有个性的男同志，并且比我年长几岁。我被任命为校长之后，在研究高三教学怎么抓时提出一个建议，他和年级组长、教学组长都基本上表示同意，但之后却没有实行。

我很奇怪。后来，他对我说："这事不成。"

我一愣："原来不是说得差不多了吗？"

他摇摇头："那你去做工作吧。"

我当即答应下来，马上召开会议，很快形成了共识。大家都认为这是分层教学，是有科学依据的，并纷纷表态要努力做好。会议是星期六下午开的，我们约定下周一行动。

然而，当我如释重负回到办公室，告诉那位副校长会议结果时，他却突然发火了，一拍桌子，说："教学是我主管还是你主管？听你的还是听我的？如果是听我的，你为什么中间插一杠子？告诉你，我坚决不执行！"

"我……"我这作校长的，居然一下子结巴了，说："你主管，但校长也要抓教学，上次开会，你不是同意我的建议吗？"

他一言不发。我知道，他性情倔强，如果我动用校长的权力，他可能会立即甩手不干了，而他毕竟是学校的王牌，多年抓高三教学，研究高考，很有经验，是一心扑在教学上的专家型领导。为了合作下去，我主动让步了："好，好，我尊重你的意见，还照你的意见办！"

人大附中的教师都知道，我是一个有主见的人，从来都是说到做到。但是，这一次，为了尊重他，为了以后的合作，尽管心里非常难受，我还是收回了自己的主张。

第二天，我突然感觉眼前好像有一张网，视线越来越模糊。去同仁医院检查时，医生诊断为玻璃体混浊。

我是这样尊重、支持、信任这位副校长的。在他即将退休之前，我不但真诚地挽留他，并委以重任，请他主管建造 3 栋大楼的基建工作。之所以这样做，是因为我信任他不谋私利的公心，信任他的能力。事实证明，他不负重托。

四、走出去请进来

第一个想法：学习

在教育岗位上，我从一名普通教师成为特级教师，成为人大附中的校长，最大的本钱是什么？是学习！学习成就我的过去，学习塑造我的现在，学习影响我的将来，学习将伴随我的终生。做人要"咬定青山不放松"，对我而言，"青山"就是学习。

2002年2月28日，我接受中央电视台著名节目主持人敬一丹的采访，敬一丹提的问题很多，我想说的话也很多，但我首先谈的是学习。

记得敬一丹当时对我说："您当校长后最想做的事是学习，这有些出乎我的意料。我曾设想过您可能会说最想改变什么……看来，您首先改变的是自己，是自己的头脑。"

1989年我被提任副校长，我的第一个感觉就是要加强学习，因为我觉得要不辜负领导和全校师生的信任与重托，就必须学习怎样当好副校长。当时，我找来教育学、心理学和管理学的书拼命地学。有一次，我听说区里举办一个校长继续教育学习班，因为人大附中行政关系隶属中国人民大学，所以区里没有给我们学校分配名额。我跑去找区里的领导，迫切要求去学习。最后，他们被我的强烈愿望感动，破例批准了我。经过两年的学习，我毕了业，收获特别大。

1997年我当正校长，担子更重了，压力更大了，我的第一个想法还是学习，学习怎样当好校长。

学校是学习的地方，校长是组织、指挥学习的人，自身的学习问题显得尤为突出。一个好学的人不一定能当校长，但一个校长必须是好学的人。

那么，校长应当学习什么呢？

中国的学校和外国的学校不一样。外国的学校就是学校，中国的学校则是一个小社会。因此，中国的校长要管的事情更多，要学的知识也更多。在这种情况下，校长的学习更需要注意方法、抓住重点。我的体会是，校长的学习，最要紧的是形散而神聚，殊途而同归，百虑而一致，把方方面面的知识融会贯通，培养驾驭复杂局面的大智大德，提高自己分析和解决战略性、全局性、前瞻性问题的能力，这样才能凡事站得高，看得远，想得深，抓得准。

有位教师回忆说："我们去香港参加国际学术会议，会议休息的时间，我们几个女老师一起去逛商店，每人买回一件款式相同、颜色各异的漂亮连衣裙，校长因为会下也在钻研材料，根本没时间与我们一起逛街。我们回来后，忽然发现，同来开会的七名女老师只有校长一人没有，又赶快去街上，选了一件她最喜爱的天蓝色连衣裙。当晚，我们七个人穿上这款连衣裙在饭店合了影。"

的确是这样。每一次外出活动，我很少能买回什么东西，因为我实在没时间逛商场。在国外更是如此，我很少给自己安排时间旅游，几乎都是在学校考察和交流。有句佛语说得好，舍得舍得，舍就是得，得就是舍。也许，正因为我舍去了一些生活上的享受，才得到了更多求知的快乐和效力。

向书本学习，向同行学习，向实践学习，我还向"外行"学习。因为我发现，校长做的是管理工作，各行业的管理有许多共同的规律。于是，我多次拜访一些大公司或大饭店的总裁，向他们学习各类管理经验，如 A 管理模式等，结合教育工作的实际，把它们"嫁接"到学校的管理工作中。

"惜花春起早，爱月夜眠迟。"这是一副有名的劝学对联。我以这副对联自勉，也要求人大附中的教职员工以"惜花""爱月"的心态和性情去学习。我要带领的团队，必须是一个学习型的团队。学习型的团队，才是有核心竞争力和持续竞争力的团队。

68 人同机飞广州

从 1989 年担任副校长起，我就致力于带出一个学习型的团队。

到 1995 年为止，人大附中的超常教育已经探索了整整 10 年，取得了引人注目的优异成绩。1993 年，我曾去加拿大参加国际天才儿童教育学术研讨会。那次研讨会对我触动很大，人大附中若想在超常教育方面有更大突破，最有效的途径就是学习和科研。

然而，忙忙碌碌的中学教师有几个人会去搞科研？为了鼓励老师们搞科研，我萌生了一个大胆的创意：写出论文的老师可以坐飞机去广州参加研讨会。

那时候，许多老师没有坐过飞机，也没有去过广东。因此，我的创意让大家兴奋起来：

"刘校长，您说话可算数？"

"如果写论文的人多了，您有那么多钱带我们坐飞机吗？"

我也是豪气顿生，郑重承诺："君子一言，驷马难追！"

结果，68位老师写出了难得的论文。为了帮助大家写作，我还请来中国科学院和中央教科所的专家进行辅导。可是，怎么带领68个老师坐飞机去广东呢？

学校不能提供这笔经费，甚至有人警告我："如果你们敢动用学校一分钱坐飞机去广州，我就一告到底，让你们都下台！"我当时还是副校长，没有财权。好在我预料到校长不会批给经费，已经寻求到了社会资助。

我带上人大附中的画册，又写了一份言辞恳切的票价优惠申请，直奔中国国际航空公司。

我对国航票务处长说："这68位老师都是高精尖的中学教师，其中40人有30多年教龄，95%以上都没有坐过飞机。您想一想，如果让教师们开阔了眼界，对于教育下一代是不是很有好处呢？你们企业支持了教育，是不是也塑造了良好的形象呢？"

票务处长听得直点头，问我有什么具体要求？我说："第一，68个老师坐同一架飞机；第二，买半价票，多优惠更好。"

没等我说完，票务处长就急了："不可能！不可能！我没这权力，国航机票从不优惠，要主管票务的副总裁决定才行。但是，副总裁在开会，不会见你的！"

我不死心，就等在那里，直到见了副总裁，又竭尽全力地讲了一番老师们坐飞机的必要性。终于，副总裁被感动了，批准了优惠我们同机68人40%的票价。

当68位教师登上国航的波音班机时，我从大家闪亮的眼睛里，读懂了幸福二字。

飞抵广州，我们连续三天，白天开会，晚上讨论，让教师们把多年的经验充分地交流碰撞。然后，我们又去了深圳特区、海南的海口和三亚。

近十年过去了，如今回想起来，那次68人包机飞广州，对日后人大附中顺利实施科研兴校工程意义重大而深远。

史 密斯校长的眼睛亮了

关起门来是办不成世界名校的。我坚持请进来、走出去，让人大附中的员工在国际交流中找世界名校的感觉。

1999 年 2 月初，美国纽约州堪顿中心学校校长史密斯和纽约州立大学校长助理鲍伯（Bob Raymo）一行来到人大附中。

对于这些美国名校的领导来说，这只是一般性的访问。可是，当发现我校的网上图书馆功能先进，可以在网上查书，并可以在网上浏览阅读时，史密斯校长突然从座位上站了起来，蓝眼睛发出闪亮的光芒，激动地说："你的图书馆的网上功能已经超过了我们的学校！我们愿与贵校建立友好交流的关系。"

经过两天的深入交流，双方决定建立友好学校。当时，我还对纽约州立大学的校长助理鲍伯（Bob Raymo）说："我们不仅跟中学建立友好关系，也可以与大学合作。"他很意外："你们中学能和我们大学合作什么呢？"我回答："可以共同培养师资，可以在对方国家办一些培训项目，还可以进行远程教学嘛。"他听了连连点头，并立即给纽约州立大学校长肯尼迪打电话报告此事。

1999 年 2 月 5 日，人大附中与美国纽约堪顿中心学校及纽约州立大学建立友好学校的正式签字仪式，在北京友谊宾馆举行。

这件事为什么能成功呢？

我上任之初，就提出21 世纪的人才要掌握三大技术，即英语、计算机、驾驶汽车。我意识到，当时在计算机领域，东西方国家的中学水平相差不多，如果在现代教育技术方面率先突破，加上中国扎实的基础教育，有可能占领世界中学教育的制高点。

正是基于上述考虑，

人大附中与美国纽约堪顿中心学校、纽约州立大学建立友好学校正式签字仪式

我重点抓了计算机与网络建设、筹建英语口语培训教室、建立汽车模拟驾驶室。1998年3月26日，我校利用国际互联网络进行国际中学远程课堂教学实践，成功地与加拿大渥太华里德（Ridean）高中进行了现场课堂交互式教学实验。4月5日，我校再次与该校成功地进行了国际互联网视频电话同步教学。

1999年8月，我率人大附中代表团一行8人访问美国，与纽约州堪顿中心学校商谈互派师生交流计划，并计划各装备一个远程教室，3个月后进行远程教学。同时，我们参观了纽约州立大学的远程教室。

独 闯托马斯杰佛逊科技高中

在访问纽约州的大学和中学之后，同行的副校长带队去其他城市参观访问。我因学校工作忙，计划经华盛顿直返北京。

在中国驻美大使馆访问时，我见了教育参赞。我请他介绍一些在美国公办中学里最拔尖的学校。他告诉我：美国一共有4所科技高中，完全由国家创办，在纽约、华盛顿、旧金山、芝加哥各有一所。据了解，最好的一所叫托马斯杰佛逊科技高中，在华盛顿。听说那所高中的校长很牛气，恐怕难以联系。

我牢牢记住了托马斯杰佛逊科技高中。

真是无巧不成书。在拜访老朋友李文普夫妇时，我意外发现，他们正是为了让自己的儿子能考上这所全美最好的学校特意把家搬到托马斯杰佛逊科技高中附近，并且如愿以偿。

这天夜里，我如饥似渴地与他们一家攀谈，全面而又细致地了解这所世界一流学校。

第二天是星期天，早晨起来，李文普夫妇提议带我出去游览。我说："我别处都不去了，就想看一看杰佛逊高中！好吗?"

他们为难了："今天是星期天，又是暑假中的星期天，学校肯定没有人。"

"没关系，我去学校围墙外转一转，看一看这所名校是什么样子。"

听我如此执着，李文普夫妇陪我出门了。

终于，我来到了托马斯杰佛逊科技高中。与想象中的世界名校不同，该校没有高楼大厦，全是平房，并且没有围墙。校区前，有一座表现科学的雕塑，就是该校的标志。

犹如被磁铁吸引，我快步走进了校园，一边走一边说："我要见见他们的校长！"

李文普愣住了，说："刘彭芝啊，这哪行呀！美国名校有美国名校的规矩，你回北京以后，打一个报告，介绍有关情况，提出请求。然后，你传给我，我再为你联络。"

我知道他说的有道理。在人大附中，也不能允许突然来一个人就见我，如果那样，恐怕谁也受不了。但是，我的愿望实在太迫切了！

我笑了笑，说："我都从北京来到了托马斯杰佛逊科技高中，还要再回北京打报告？傻不傻呀！"

我们一边说一边往前走。突然，我发现右侧出现了教务处，而且办公室里有几个女教师在办公。我惊喜地走上前去，问她们校长在不在？她们说校长在开会。我又问副校长在不在？这时，她们为我找来了副校长。

我对副校长讲明了来意，并说我明天就要飞回中国了，希望能与校长交流几分钟。副校长谨慎地听完之后，又记下了我们的电话号码，让我们等候消息。

我又问道："我很希望仔细参观一下贵校，可以吗？"

"OK！"副校长爽快地答应了。

于是，整整一个上午，我们跑遍了这所学校的每一个角落。其中，非常幸运的是，我在生物实验室里，见到一位正在工作的女教师。我问她怎么放假了还来上班？她说，她们利用假期做一些开学的准备工作，包括做一些实验。我问她："是学校规定的吗？"她说："都是老师自愿来的。"我请她带我们参观其他实验室和艺术场馆，她愉快地答应了。

让我感到奇怪的是，这位女教师手中的钥匙似乎是万能的，哪个门都可以打开。我开始觉得她可能是一位负责人，一问，她是校办主任。我来了兴趣，问道："你们的校长好接近吗？您若找校长可以随便去找他吗？"

校办主任双眉飞扬了一下，非常可爱地点了点头。

我感到多了一线希望，又拜托她向校长转达一个中国校长的访问之意。

半天的细心考察，给了我全新的感受，我被震撼了。也许，这就是世界名校的冲击力。在这所高中，有国家科研机构使用的超大型计算机，供学生们做课题使用。这里还有最先进的、最前卫的科学实验室，向师生们开放。在几间宽大的展厅里，挂着历届学生做的各种课题成果介绍，装饰非常精致，学校充满了浓厚的科研气氛。

参观完学校已是 11 点 30 分，我们接到了副校长的电话，说校长同意在 13 点 30 分与我见面。

托马斯杰佛逊科技高中的校长是杰夫瑞·钟斯（Jeffrey Jones）先生，看上去 50 多岁，中等身材，戴着一副金边眼镜，他的确工作非常繁忙，淡淡地笑着说："很抱歉，我们只有 15 分钟的交流时间。"

接着，杰夫瑞·钟斯校长简单地介绍了一下该校的特色与成绩。当他礼貌地请我介绍人大附中的情况时，直觉告诉我，我们能否交流下去，将取决于我的介绍能否引起他的兴趣。于是，我着重介绍了人大附中的超常教育、创造教育、远程教育及学生在国际数学奥林匹克竞赛获得满分金牌，创造发明作品在国际博览会上获得金奖，介绍了学校足球队获世界中学生比赛的冠亚军，交响乐团获全国一等奖赴国外演出等等。

果然，杰夫瑞·钟斯校长听得忘了时间。时间早已过了 15 分钟，他不但没有离去，反而频频向我发问。他到过日本、韩国、俄罗斯，也到过中国的台湾，却从未来过中国大陆。他对我校的超常教育和数学教学产生了浓厚的兴趣。

交谈中，我注意到他们的高一年级有一种特色课，即生物、英语和技术跨学科等科老师联合上课，引导学生们做课题研究。譬如，利用半年左右的时间，让学生们做一种车。我希望能去看看上特色课的教室，校长高兴地带我去参观。

走进那间教室，我发现墙上、房顶上挂满了车，五颜六色，千奇百怪，都是学生们的作品。看到这些，我不由得想起了人大附中学生的作品，这不就是中美年轻一代创造力的竞争吗？

谁也没有想到，我们约定的 15 分钟见面，变成了 3 个多小时的长谈！一个不速之客的闯入，变成了密切交流的开端。我们彼此约定，双方结为友好

和美国托马斯杰佛逊科技高中校长在特色课教室中合影留念

学校，并决定人大附中派出 10 人团队，来该校进一步考察学习和交流。临别时，我们两位校长在这个教室里合影留念。

　　当乘上华盛顿飞往北京的飞机时，我的心中如春潮涌动，波音飞机那长长的双翼，似乎变成了人大附中的翅膀。

五、求真务实是根本

一个普通工作日

2004年4月的一天，我的一个普通工作日。

5:25，从梦中醒来，头有点昏，是只有4个多小时的睡眠所致，我已经习惯了。今早8点要到西颐中学开校务会。"他们的平谷培训中心到底要不要保留？意见分歧怎么解决？8点之前要再与负责西颐校舍改造的共建单位联系一下，要他们10点半来西颐中学察看，那么破旧的楼房，学生怎么在里面学习呢！（指西颐校园内的一栋旧楼）能不能想办法给老师建一个食堂？还有下午的全校教职工大会……"思维一启动，睡意全无。

6:50，正吃早饭，王珉珠书记来电话，商量下午高三年级家长会最后阶段学生的复习安排和填报志愿指导。"我下午2点半一定到会。"我对王说。放下电话，把剩下的半碗粥喝完，又拨通西颐执行校长李峪的电话，让她通知与西颐合作的台商阶梯公司老板10点来校，校务会结束立即商谈下一步合作事宜。

7:25，电话通知基建处汤建民，安排时间与凤凰会馆联席召开现场会，彻底解决国际部消防梯问题。

7:40，乘车前往西颐中学。坐在车里，我想，今天的会议要让西颐的员工心里踏实，要把两校合并的模式确定下来，让西颐员工享受与人大附中员工同样的待遇。

8:00，校务会成员到齐，我先讲话："今天的会议三项内容：1.平谷培训中心的去留问题；2.关于两校合并的体制问题；3.西颐员工的待遇问题。西颐的一草一木，一人一物都不受影响，但培训中心值不值得留？有多大收益？谁来留守管理？希望大家讨论，每个人都发表意见。"

9:30，各位成员充分发表意见后，校务会达成共识：停办平谷培训中心，交还区里，会后即起草决议，公告全校员工。关于两校合并后西颐的体制，我说："希望能选择一种最好的模式，充分发挥人大附中的优质资源，通过两校合并，使员工的素质和待遇提高，使学生保持稳定，两校的干部、骨干先拉齐，两年半后两校全部合拢。西颐的员工一个都不要走，我们要尊重、爱护每一个人。人活一辈子，就是为了实现自己的人生价值，希望西颐中学的每一个员工都能寻找到自己的位置。"然后，我宣布西颐的员工在子女入中学等方面，享有与人大附中员工同等的待遇。

9:55，台湾阶梯公司老板到。

10:00，校务会结束。

10:10，与台商简单洽谈。1.询问下一步合作的想法和建议；2.当场察看阶梯公司与西颐中学签订的合作合同，了解合作模式；3.了解公司的经营规模和发展情况。台湾阶梯公司表达了在英语教学上与人大附中进一步合作的诚意。我说："从合同上看，你们与西颐的合作已非常松散，若无新的发展，这种合作已名存实亡了。现在，人大附中与西颐合并，希望你们先拿出一个思路，与人大附中寻求新的合作模式。"阶梯公司老板欣然应允。

10:40，负责改造装修校舍的工程人员来校，共同察看楼舍、地下室、楼边及校外门前区，商讨装修改造方案，动工时间。

11:15，察看途中，人大附中校办来电话："中国基础教育高级管理研究班的学员在人大附中的参观快结束了，您什么时候能赶回来？他们请您做报告呢。"我知道这个研究班由北大主办，学员是来自全国各地的校长，我一定要赶回去接待这些同行。

11:40，离开西颐中学。上车前，赵晓阳递给我起草完的校务会决议审阅。

11:55，赶到学校高中楼七层研究班会场。几十名学员正在观看介绍人大附中情况的多媒体幻灯片。我应学员们的要求与他们座谈，简单介绍人大附中的发展和自己的教育思想。我对各位校长说："学校向前迈的每一步都要付出代价，做校长的必须执着坚守，不懈追求，才可能获得成功。"

12:45，座谈结束。

12:55，与研究班学员一起午餐。餐后合影留念。

13:50，准备参加下午高三学生家长会。

14:10，手机响起："校长，不好了，初三年级一个男学生昨天晚上没回家，他的父母、亲戚找了半天没找到，现在全到学校来了，怎么办？"我告诉彭晓："立即让校办通知，下午的全校教工大会取消，你们立即帮助找人。"

15:00，参加高三学生家长会，动员家长帮助孩子安排好最后阶段的复习，尤其要关注孩子的心理状态。

15:30，匆匆离开会场，赶去处理初三学生问题。

17:30，按照原定计划讨论与新浪网合作网校的卫星接收问题。

19:50，原定晚8点召开的校务会延时，华校（华罗庚数学学校）六年级一名学生家长要求向校长了解初中招生情况，我迅速了解了这个学生情况，然后约请王书记、负责华校的副校长许作良及实验班任课教师，共同就其担心的实验班过分偏重数学教学问题给以咨询。我对这位家长说："我做了8年实验班班主任，深感竞赛让实验班的孩子失去了很多同龄人的快乐，所以，我们决不会单纯抓竞赛，现在对实验班学生的培养，注重全面发展。全面提高学生的素质，并突出他们的特长，学生可以选择各种选修课，也可以选择数学竞赛培训课。"我又询问了他家的住址，孩子的情况，最后说："我们如实介绍了人大附中实验班的情况，我们完全有信心培养好您的孩子，但选择哪所学校是您的自由，我们绝对尊重你们作出的决定。"

21:00，该家长对校长亲自接待深表谢意。

21:20，校务会推迟一个半小时后召开。内容：初中招生及面试工作；文体特长生招生、面试工作；与凤凰会馆的协调及谈判；与江西合作办学问题。

23:30，校务会结束。

7年多来，我的许多工作日经常是这么度过的。

2002年2月28日，接受中央电视台著名主持人敬一丹的采访

王珉珠书记，自2000年以来主抓学校教学，人大附中的高考成绩一年上一个台阶。我知道，取得这样的成绩对于体质并不强壮的她意味着什么。记得刚刚担任副校长时，她一点儿不能熬夜，校务会一过晚10点，平时头脑清晰严谨的她就精神恍惚了。

可现在，哪怕会开到深夜，她也不露倦容。

在人大附中，忙碌的何止我们俩。

前两天，当我深夜 12 点多从教学楼七层会议室出来时，语文组、理综组的办公室仍是灯火通明，十几位教师在高三"二模"考试后，为了抓紧时间给学生讲评试卷而挑灯夜战。

在办公室，我常能听到楼道里一路小跑的脚步声，行政人员对我说："校长，你给我们每人脚下安个滑轮吧。"我也经常对身边的人说："你们把我分成几半儿吧。"在人大附中，恨自己分身无术的人又何止我一个！

与 敬一丹对话

我把如何做好校长概括为 6 个关键词：学习、建设、发展、创新、务实、人格。

"务实"二字重千钧。欲当大任，须是笃实。搞建设，谋发展，必须有实事求是之心，无哗众取宠之意，大兴求真务实之风，力戒形式主义之弊。当校长，作风要务实，工作要扎实，要有实心，明实理，讲实话，办实事，求实效，立实功。

校长抓工作，着眼点和着力点均应放在两头。一头是事前出思路、做计划、定目标，另一头就是事后检查抓落实。……奋始怠终，修业之贼；抓而不实，等于不抓。抓落实，是务实的重要体现，是当好校长的重要条件。

世界名校是干出来的，不是说出来的。列宁有一句名言：一打纲领不如一个行动。定下"国内领先，国际一流"的办学目标，围绕这个目标统一思想后，我的全部精力都投在了抓落实上。"七大工程""六项改革"，全校师生员工埋头苦干，人大附中每个学期都有明显的变化。

一天，我应邀到凯宾斯基饭店开会。我发现，在这家德国风格的五星级著名饭店里，厨师不但技艺高超，而且形象优美。于是，我又动了交流的心思。结果，凯宾斯基饭店派出一组厨师，来到人大附中，为我校厨师传授技艺。

我校的厨师们发生了极大的变化，他们也戴上高高的白帽子，与德国同行进行交流，并且从容镇定，不卑不亢。人大附中的厨师都有一流的气质，遑论人大附中的老师和学生！四千多名师生员工的一流气质汇合起来，不就是世界一流学校的气象吗？

2002年，我接受了中央电视台著名节目主持人敬一丹的采访：

敬一丹：人大附中在北京乃至全国都是一所知名的学校，我们知道这所学校已经有50多年的历史了。您是第几任校长？和前几位校长相比，您有哪些特殊的使命？

刘彭芝：我是第九任校长。50多年来，人大附中由一所普通的工农速成中学发展到今天，是历任校长和几代员工不懈追求与努力的结果。和其他校长相比，我觉得我肩负的使命是跨世纪的，这就是设定21世纪学校的办学目标并全力付诸实施——将人大附中办成一所世界一流的学校。这并不是我个人有什么特殊的本事，而是我赶上了一个开放与变革的伟大时代。与众多的世界著名中学的交流使我有了更广阔的视野，尽可能地用世界的眼光、时代的眼光、未来的眼光去审视人大附中、改变人大附中。同时，我国基础教育领域所进行的各项改革，如全面推进素质教育的改革、教材与课程体系的改革、学校管理体制的改革等等，又给人大附中的发展和跨越提供了更多的机遇与挑战。当然，实现我们的办学目标需要全体员工长期的奋斗、奉献与创新。

敬一丹：你可能常常听学生谈理想，那么，您现在的理想……

刘彭芝：办一所世界一流的中学！

……

2003年6月2日，我作客中央电视台"东方之子"节目。在回答记者李小萌的提问时，我充满信心地约请国内一些省市的名校与人大附中一起创办世界名校。

第二章
名师是名校的中坚

学校工作好比大树，干部队伍、员工队伍、教师队伍好比是枝干、树叶、花朵果实。一般来说，直接开花结果的，只有教师队伍。因此，教师队伍建设是学校最基本的建设。面对新世纪的挑战与机遇，人才竞争是根本的竞争，人才优势是最大的优势。一流学校必须有一流师资，名师是名校的中坚。在人大附中的"七大工程"中，"名师工程"是重中之重。

中国教育学会顾问吕型伟先生说："名校必有名师，没有一批学高身正的名师，绝成不了名校。尤其重要的是还要有一位不仅善于管理，而且有理想、有理念、有人格魅力的好校长，这是一所学校能否成为名校的关键人物。"人大附中的发展历程，印证了这位80多岁的老教育家的话。

一、学为人师，行为世范

教师首先是人格之师

2004 年初，20 多年前我带过的一个班的学生聚会，请我参加。闲谈中说起一些往事，这些刚刚年过 40 的学生，竟没有我记得清晰。就在我执笔追忆的时候，那些本以为被记忆抖落的尘沙，像是有根无形的线将它们串起，变成了光彩闪烁的金色微粒。

也许，校园生活在学生的生命里只是一段行程，老师只是他们生命中的一个过客，但我相信，对一个把教育视为事业的人来说，一节课，一个决定，一种选择，都可能在很大程度上影响青少年的人生指向。我们的劳动和付出，我们的一句话，一个眼神，一个微笑，都可能给他们的生命带来精彩的瞬间和灵魂的冲动。

1974 年 10 月，我调入人大附中接手初二（4）班班主任兼数学教师。这是一个乱得出了名的班，已经把原来的班主任气得离开了教育岗位。

初二（4）班有号称"7 大闹将"的 7 个学生，传说都是"不好修理的刺头"。可在我看来，问题孩子都是问题教育的产物，我们的任务不是怪罪孩子，而是改变有问题的教育。我进入初二（4）班以后，并没有急着表态，而是开始了深入细致的调查了解工作。我有计划、有准备地找每个学生谈话，诚恳地倾听他们对班级工作的意见，并请他们以主人的身份设计自己。通过调查，我了解到班里有不少人才，有的字写得好，有的擅长绘画，还有的是文娱、体育高手等等。当然，那"7大闹将"也是各色人物俱全，有打架的、有夜不归宿的、有偷东西的，连教室的大玻璃黑板都被他们打碎了，顶撞老师更是家常便饭。

费一新（化名）就是"7 大闹将"之一。他抽烟、打架、逃学，经常整夜不回家。他的父亲是复员军人，见儿子要走邪道，把他吊起来打，可也不见效。我到他家家访时，这位父亲绝望地说："我这儿子完了，只能交给公安局管了！"我说："我相信费一新还是有希望的，我只请求您不要再打孩子了，那样只会雪上加霜。"

当时，费一新逃学在外，已经多日不见踪影。我多次召集班委会和团支部开会，研究怎么找到并帮助费一新，经过 7 天 7 夜的努力，我们终于找到了他。费一新见到我们时，一脸的茫然，他问：

"你们为什么要找我？"

"你是我的学生啊，我怎么能不管你？"

听到我如此平静的回答，这个被父亲吊起来打都不吭一声的男孩子流下了眼泪。他抽泣着说：

"我是坏毛病多，可我一回家，父亲就把我往死里打，我怎么回家？"

我轻轻地拍着这个男孩的肩膀，说：

"放心吧，你父亲已向我保证，他再也不打你了。当然，你要走正路啊！"

后来，费一新果然很少挨打，他也过上了正常人的生活。毕业后，他参了军，并加入了共青团。复员后，他当了工人，还当了团支部书记。在一次来信中，他写道：

回忆中学时代，真觉得没脸见老师、同学。感谢老师和同学们对我的挽救。否则，我不会有今天的幸福生活。

2004 年 6 月，我收到这个班的班长汪左澜发自美国亚利桑那的来信。这位牛津大学的博士后在信中回忆道：

刘老师，您来到初二（4）班这个有名的乱班，真是我们的福音啊！与您相处虽然只有几年，可您给我们每个学生都留下了不可磨灭的印象，对我们的成长产生了极大的影响。您尊重身边的每一个人，调动所有人的积极性，让班里每个同学都感到是集体的重要成员，争着为共同的目标作出贡献。

您还记得粉刷教室的事吗？虽然人大附中当时已是学习环境很好的学校，但教室墙壁已多年没有粉刷，显得陈旧破败，犹如初二（4）班的不良形象。在您的鼓励和组织下，我们通过家长找来了工具和材料，用一个周末的时间，把教室粉刷一新。这在当时学校里是闻所未闻的事情。

看到明亮的教室，每个同学的心中都充满了自豪。从此以后，我们班一直团结一心、积极向上，大家一起度过了一段令人难忘的美好时光。刘老师，是您把我们这个全校闻名的乱班变成了北京市的优秀班集体，您让我们每个学生都非常折服。

……

汪左澜同学的来信让我回忆起了许多往事。粉刷教室是我的主意，我想让初二（4）班有一个新环境、新起点，而实际效果比我预想的还要好。

一次，校领导要我们班去二里沟汽车制造厂学工劳动一个月。这次任务非同一般，它决定着人大附中以后是否还能再在这里学工劳动。我让同学们讨论，大家都感到担子虽重但有自豪感，一定要为学校赢得荣誉。果然，一个月中，同学们尊重工人师傅，人人虚心好学，还办起了"向工人师傅学习"的专栏。当一个学生违反规定时，同学们纷纷开生活会进行批评与自我批评。工人师傅见了赞扬说："人大附中的学生真是纪律严明啊！"

当学校决定在我们班召开后进转先进的全校学生工作现场会时，同学们更是激情高涨。在我的建议和指导下，大家在楼道里办起了两个巨大的墙报栏。同学们大显身手，有写书法的，有画画的，有作诗的，有写文章的，还有新闻栏目等等。在会上，不但有全班同学举起右手齐声宣读的"初二（4）班誓言"，还有"7大闹将"的专门宣誓，他们变成了我和班委会的有力助手。这一变化让其他班的班长倍感惊奇。

奋斗是快乐的。

我把初二（4）班一直带到高中毕业，师生之间建立了深厚的感情。大约是1976年底，我因为严重贫血、经医生动员住进了医院，并预约了手术。可是，同学们一拨一拨来看我，那种依恋的神情，深深地打动了我。于是，我只好"违约"，提前返回学校，与亲爱的学生们朝夕相处。直到送他们毕业之后，我才返回医院。当时正值唐山大地震之后，我的手术是在地震棚里进行的。

当时的学制与今天不同，高中仅为两年。我带的那个班的学生于1977年2月毕业，那时尚未恢复高考。但是，由于功课底子扎实，尤其是数学基础过硬，这个班许多学生在1977年底恢复高考时考上了大学。说心里话，对此我比学生还兴奋。

前面提到的班长汪左澜，他高中毕业后去武汉军区空军地勤部队服役了，但一直与我通信联系。我鼓励他立志学习，给他寄去不少有关教材和书籍。1980年，汪左澜退役归来，有一个强烈的愿望，就是到我的班上插班就读、准备高考。经过请示和协商，他再次成为我的学生，一个特别的学生。

功夫不负有心人。汪左澜不仅考入了清华大学工程力学系，毕业时还被授予清华大学优秀毕业生称号。他说："在清华，我一直努力学习，同时还利用在刘老师身边当班干部学到的经验，把我所在的班带动成为团结向上的集体。"1987年，他被选送到英国牛津大学读研究生。1991年，他获得牛津大学博士学位之后，又开始博士后研究，并被牛津大学沃尔夫森学院聘为长年研究员。自1988年以来，他在透平发动机传热领域取得了一系列的首创性成果，发表了近40篇论文。自1996年起，他转赴美国从事科学研究工作。

汪左澜（77届毕业生）在信中说：

> 刘老师，您知道吗？在我们同学的心目中，您是一个特别伟大的人！那时候，我跟着您走在校园里，感到神气极了。和您接触的那几年，可以用两个字来形容，那就是"幸福"。

> 转眼之间，我离开母校已经27年了。经过自己的努力，我也算是见过世面、学有所成了，而且已过了不惑之年。我发现，我越是见得多，越体会到刘老师人格的魅力和超凡的能力。事实证明，许多生活和工作中最重要的东西并不是在大学里学到的。

屈指算来，从1965年进入中学任教到1997年，我已在讲台上站立了32个年头。30多年，我努力用行动告诉学生什么是正直、真诚，什么叫进取、勤奋，什么是无私和责任。

我教过的学生说，刘老师好像长了一双透视眼，一眼就能看到我们心里去。他们哪里知道，我的每一张调查问卷，每一次家访、谈话，每一门课程的成绩记录，每日每时的细心观察，都是伸向他们内心深处的触角。的确，当班主任时，只要在学生面前一站，透过他们的一颦一笑，一言一行，我都能准确把握住他们为什么兴奋，为什么消沉，为什么哭，为什么笑，甚至是一点点情绪的波动。古人用"心有灵犀一点通"来形容恋人之间的情意相通，我想是因为他们彼此识得透、爱得深，才会有那种心心相印的感应和沟通。我和我的学生虽是师生关系，却也心有灵犀。学生的喜怒哀乐会影响我的心情，他们的进步退步能牵动我的心，我会在他们伤心消沉时焦虑不安，也会在他们意气昂扬时拍手称快。

1976年清明，我的学生到天安门悼念周总理而受到审查。学校的领导关心我，让我别往外跳。领导还说，我是成年人，出来会有问题，而学生是未成年人，被追究的可能性要小一些。可我想，我是老师，当年轻幼稚的孩子们遭遇政治风波时，如果老师都不敢站出来，孩子们还能信任谁？依靠谁？他们长大后能做个正直勇敢的人吗？我挺身而出，与我的学生一起接受审查，为他们承担责任。

有学生在毕业多年以后，带着他父母表示反对的恋爱对象让我帮助"审查"。

也有的家长说，他们的孩子可以不听父母的话，却对我这个班主任的话言听计从。

多年的教师生涯让我真切感受到，教育的核心不是传授知识，而是让学生学会做人。一个教师首先应当成为人格之师，要善于用自己的言语、行为、情趣、品格去影响学生，其次才是知识之师。教师要教学生做人，首先要自己做好人。老师的人格情操，会像春雨润物，点点滴滴浸润到学生身上。作为回报，学生会把他们的信任送给你，会用他们的成长报答你。

我的学生颜华菲（89届毕业生）在回顾自己的数学成功之路时这样写道：

俗话说，文如其人，其实这句话也可以说成"题如其人"。从一个人解题的风格可以看出一个人的品性。我平素行事谨慎，小心翼翼，反映在解题上便是过于细琐，很少能跳出题目框架，显得气势狭小。可是刘老师却是一个胸怀坦荡，胸襟宽广的人，相处日久，潜移默化，我的题风也雄浑起来。我从刘老师那里不仅能学到知识，还学到待人处事光明磊落的高风亮节，这才真正是让我终身受益无穷的宝贵财富。

1997年，我担任校长，我知道自己身为教师的责任不是减轻了，而是更重了。我的学生已经从几十人扩大到几千人，我的言语行为、所思所想，不仅会影响学生，还会影响教师。

校园生活对人一生的重要意义，无论怎么评价都不会过分。因为它几乎是一个人从幼稚走向成熟，由懵懂无知到文明开化，从自然人向社会人转变的唯一途径。也许，正是因为这一点，陶行知先生说："在教师手里操着幼年人的命运，便操着民族和人类的命运。"

几天前，人大附中网络中心王老师的一篇文章，把我的思绪一下子带到了10年前——

在我的生命中，曾经有这样一个人，她显著地改变了我的命运。

1994年夏天，我随着200多名学生参加的夏令营到延庆作科学考察。从官厅水库到松山保护区，从古崖居到龙庆峡，大家辛苦而又快乐。气候变化无常，连天多雨，夜晚寒冷，大家挤在一个不大的院子里，蚊蝇滋扰，叫苦不迭。

第三天晚上，我忽然看见那个熟悉的身影。刘校长连夜赶到我们的营地看望学生。她对老师们说："我一想到这儿住着200多学生，我怎么忙也要过来。"大家不禁群情激奋，尽吐衷肠，有些人甚至热泪盈眶。

晚上，在黑暗的草场上，刘校长召集学生们谈心。沉默片刻，她用小喇叭对大家说："我听说你们在这里苦，想回家。想走的同学，我可以让你们走，今天晚上就有车。"见大家鸦雀无声，她沉吟片刻，抬高音调说："今天你们在这儿，如果你们觉得苦，可以很容易就回家。但是，我想说，如果这一点苦你吃不了，你可能不会有多大出息。你们出来搞科学考察，我希望你们能得到锻炼，也希望你们记住，科学的路是艰苦的，是用汗水泪水甚至是鲜血生命走出来的。你们过了今天这一关，就能体会到我说的话。"

良久，沉静夜幕下爆发出激荡的掌声。我开始感觉到她身上有一种简单的力量，不似常见的冠冕堂皇，没有官腔，推心置腹，真挚豪爽，令人敬仰。

1999年到2003年，网络的规模不断地升级。每一次大的工程，我都感觉到一种使命，就是义不容辞，忘掉自己。校长说，她已经没有自己了，她什么都不怕，只要是为了人大附中好，命都可以不要。每每听到这些话，总觉得自己矮了一截，发现自己的私心杂念竟然还是很多。

从1998年春天起，我几乎80%以上的工作日都在加班，12个寒暑假只有两三个真正休息过，至少有一半以上的日子每天工作十三四个小时以上，尤其有了一个大网络管理组以来，更是费尽心思，夜不成眠。有时实在累得不行了，真想一觉睡过去不要醒来，可是看着那么多人，想到校长的重托，就会咬着牙一跃而起。

有时候我想，为什么我要这样？自己是不是过时了？何必那么力求完美呢？但是不行。每当我想敷衍的时候，就会感到一种不安，没办法偷闲。静下来的时候，我试图去找那不安的源头，朦胧之中，我发现那源头有一个影子，那个影子就是校长。我终于明白，我不努力干，心里对不起校长。古人云"士为知己者死"，想必就是这个道理了。

身为教师，不能仅仅满足于传道授业解惑。能够以自己的行为和品格去影响和感染学生、员工，能够得到他们的理解、敬重，身为教师，身为校长，我甚感欣慰。

谁 为我之师

在回首自己近40年教育人生的成长之路时，我庆幸遇到了几位让我终生难忘的老师。

吴昇老师，初中教我平面几何，高中教我立体几何兼班主任。上海人，很有些北方人的爽快热情。吴老师课上得好，板书漂亮，同学们很佩服。但她上课管学生很严，甚至可以说很凶，要求我们一定要好好念书。由于酷爱数学，高中时代我是她的宠儿，下课后总是追着吴老师到办公室，一直问到打上课铃才回教室。我到丰台二中做数学教师后，经常把平时教学中遇到的问题记下来，周末骑车从丰台到中关村吴老师家请教，她从未有过一丝厌烦。我讲到哪儿，吴老师就找出对应的教案，我们边讨论，边研究。到她快退休时，干脆把自己所有的教案都给了我。吴老师教案上漂亮的字体，清晰干净的例题演示，至今我都记得。

但我和吴老师的关系远超出授业的师承，我在人生更深刻的背景下领受过她的师恩。"文化大革命"期间，吴老师仍一如既往地关爱我。她父母是华侨，出身"不好"，但当我的妹妹在学校被联动分子迫害无处藏身时，她毫无惧色，一诺千金："行，让你妹妹住到我家来！"多年以后谈及往事，她对我说："我不是学师范的，我的同学有人说这辈子做教师很亏，我这一辈子没有觉得亏，我做老师做得很踏实，每到假期，很多学生来看望我，问候我，我的感情生活很富足。我这一生对国家、对学生问心无愧，也活得心安理得。"

我的先生老邓是吴老师介绍的，而她的先生，中国科学院数学所研究员许以超，则是我终生敬服的数学大师。

1974年我调入人大附中，1977年恢复高考开始接触大量难题，1986年开始研究数学奥林匹克竞赛题，只要遇到解不出的难题，我就拿给许以超先生，从没有一道题能难住他。许先生是我有幸遇到的一位高师，他教会我一个数学教师拿起题来怎么分析，怎么思考，他扶持我在步入数学深奥殿堂时走了一条捷径。我至今清晰记得，高考前的酷暑中，我把备课组里谁也解不出的难题拿到许先生家求教，我们两人在阳台上挥汗如雨却浑然不觉，吴老师则在厨房里为我们煎炒烹煮；我还记得，有时我们因为各自不同的解题思路争论不休，我急得流出眼泪；我也记得许老师说，他见过的有数学才华的人不少，但真正很投入，很有兴趣，能在数学上成就一番事业的人不多，像刘彭芝这样能静下心来钻进去的人很少。我把这当作老师对我的鞭策。

许先生是著名数学家华罗庚的入室弟子，自1986年起担任中国数学奥林匹克委员会委员，国家级教练，他是我接触过的真正有学问的人。他帮助我攻克了一道又一道数学难题；也带着我领略了数学王国的深奥和美妙；让我见识了进行学术研究所需要的专注和严谨；更让我看到一个真正的科学家精神世界的纯真与智慧。

吴异、许以超夫妇

丰台二中是我初登讲台的地方。一个人有很好的学养，未必能成为一名优秀教师。好教师的骨子里需要有一种表现欲，三尺讲台就像个舞台，如果你没有语言表达的技巧和与学生交流的能力，即使学问再大，也当不成好老师。丰台二中的孙维壮老师，早我三年走上讲台，他年轻潇洒，聪明帅气，讲课生动，板书漂亮，是我的指导教师，也是我的崇拜对象。我在他身上看到了一名好教师的风采和魅力，明白了三尺讲台上照样会有精彩的人生。

那时，他上一节课，我听一节课，然后自己琢磨模仿；我上一节课，他听一节课，再指导我怎么上课。他手把手教我如何备课、写教案。丰台二中的门前有一条小河，河边有高大的杨树，那时，我们一些年轻的教师家在城里，平时都不回家，傍晚时分，大家常到河边杨树下乘凉，聊天唱歌，毫无保留地切磋教学，真是又开心又充实。虽然这种生活仅持续了一年就被"文化大革命"破坏，但孙老师对我的帮助和那段难忘的青春岁月，会永远留在我的记忆深处。

1977年恢复高考时，我已调入人大附中。大量数学难题扑面而来，各校的高

孙维壮老师

三数学组都像战场一样。记得数学组高考把关的老组长阎士文，把自己编辑的高考复习资料油印出来，拿到组里发给每人一本，毫无保留，对刚开始高中教学的我帮助很大。那时，因为我能做题，阎老师很看好我，一遇到组里大家都解不出的难题，阎老师就对我说："给你，你去解。"我如获至宝，见到难题就来神，我就回家自己解。许多难题都是我自己解出来的，如果实在还有问题就找我先生，不行再找许以超老师。有时，连中科院数学所的陈景润都会为我们解数学题。

1985 年，人大附中初中开设第一届数学实验班，钱金荣老师担任数学教师，开始采用中科院心理所卢仲衡教授推出的自学辅导教学法授课，并使用卢教授编写的自学教材。我经常去听钱老师的数学课，发现自学教学法不仅调动了学生学习的积极性和主动性，而且在课堂上能融洽师生关系，促进师生交流，更重要的是它能训练和培养学生的自学能力，提高教学质量，尤其适合智力超常的学生。我受钱老师自学教学法的启发，开始了自己对超常班数学教学的探索和实践。

孔子说，三人行必有吾师。在我求学、从教的几十年中，除了上面提到的几位老师，许多人都曾经是我的老师。如教我高中代数的惠仰淑老师、北京师范大学数学系的吴品三教授、人大附中数学组的柯景龙老师，还有当时在海淀教师进修学校讲课的王建民老师等。北京大学的数学教授张筑生，也是我永怀敬意的大师。

1989 年 7 月的一天，捷报传来：颜华菲，一个 15 岁的中国女中学生，在联邦德国举行的第 30 届国际数学奥林匹克大赛中，个人获得银牌，中国队获团体冠军。她是我的学生，她所获得的奖牌，是人大附中历史上第一枚国际数学奥林匹克大赛的奖牌。时年，我 44 岁。

1989 年，我被评为中国数学奥林匹克高级教练；1998 年，我被评为数学特级教师。

在做学生的时候，我是老师施以爱心、特别看重的学生；当我努力学做一名好教师时，又是他们诚心以待、倾心传教的弟子。我的老师用他们的谦逊、平和、勤谨、智慧，教导我该做个怎样的人。

感谢命运，在给了我人生初始的坎坷时，又让我幸逢恩师，他们待我如父母兄长，又胜过父母兄长，给予了我学识上的指导，生活上的关心，精神上的滋养以至人生的引领。从他们身上，我知道了什么叫"学为人师，行为世范"；知道了"名师"的内涵，知道了我应该怎样做教师，怎样带教师队伍。

在 挑战面前

2003 年 7 月，中国科学院数学与系统科学研究院新毕业的博士王肖玉，主动要求来人大附中任教。她曾在河北邢台一中当过 5 年的数学教师。

我一见王肖玉就喜欢上了她。"王老师圆圆的脸上总挂着温柔和蔼的笑容，让人见了就好似一阵温暖的春风吹入心田，使人浑身暖意融融。"这是后来学生对她的评价，也是她最初留给我的印象。

根据教务处的安排，王肖玉接替唐小苗老师，担任了初二第二个实验班和初二(8)班的数学教师。不料，王老师上任不到一个星期，实验班学生们就造反了，连家长们也不干了。

一天早晨，我的手机突然响了起来，说初二实验班 30 多个家长来学校找领导，被保安堵在校门口。我当时正在外面开会，但我意识到此事非同小可，说：

"把家长们请进学校，请进教学主楼的七层会议室，主管教学的校长和教务主任要好好接待，有话好好说。"

挂断电话，我立即返回人大附中，赶到会议室，耐心听取家长们的意见，弄明白了怎么回事。

原来，毕业于北京大学的唐小苗老师讲课生动活泼，也是全身心地投入和研究教学工作，而且在调动学生学习数学的兴趣上很有一套，让实验班的学生着了迷。王肖玉是数学博士，她教给学生的是学习数学的思想与方法。她认为，数学思想是真正的营养，会让学生的头脑发育得更好。毫无疑问，王老师的思路是正确的，也是真正对学生负责的。可是，学生们一下子转不过弯来，便闹腾起来了。我明白，当学生及家长们对一个教师崇拜得五体投地的时候，你给他们换什么老师，他们都是难以接受的。王珉珠副校长也很欣赏王肖玉，当初一见面就说："我看你就像人大附中的老师！"此刻，面对一大堆意见，面对根本不相信王肖玉老师的家长们，她气得脸色煞白，说：

"你们太过分了！"

我安抚了一下王校长，又对家长们说：

"我理解你们的心情。可是，你们的孩子是孩子，我们的博士也是孩子。人家一个中科院的大博士，连你们初二的孩子都教不了吗？刚上课几天，你们就给她定了性，判断她不适合教初中，难道我们能让她立即下岗吗？咱们双方都要有一个相互适应的过程嘛，对不对？"

一个家长叫了起来：

"不能拿我们的孩子当试验品！"

王珉珠校长又激动起来，我轻轻地拽了她一下，说：

"这位家长说得对，人大附中是对每个学生负责的学校，决不会拿任何一个学生当试验品。这样吧，再上一个月，咱们再商量。"

一场风波暂时平息了。我知道，波澜翻滚的中心首先是王肖玉。但令我震撼的是，她是一个外柔内刚的年轻人，居然处变不惊、从容镇定。她甚至每天去听唐小苗的课，对比反思自己的教学。

教务处主任许飞专门听了王肖玉的数学课，认为毫无问题。可是，王肖玉却主动提出，为了学生，她暂停实验班的课，只教初二（8）班，并且充满信心。

初二（8）班是一个普通班，学生在理科学习上的两极分化现象非常严重。为了提高学生的数学成绩，王肖玉作出了很多努力。

王肖玉利用自己的电脑特长，几乎每一堂课都精心制作课件，充实了课堂的内容，授课的过程也井井有条。制作课件要比手写麻烦许多，所以备课到深夜一两点是常有的事。然而课堂上面对学生的时候，王肖玉老师总是那么笑容可掬、精神饱满。她总是细心认真地批改分析学生的每一次作业，发现问题，写上"面批"，及时找学生谈话，并以春风般的笑容迎接学生，耐心解答学生的问题。初二（8）班有一个学生刚从国外回来，由于没上过初一，基础非常薄弱，王肖玉就抽出时间来专门给她补课，不仅加强基础，更从思维方式上加以指导，原来数学成绩总是不及格的她在期末考试竟然取得了 99 分的好成绩。

为了与家长建立良好的沟通，王肖玉还从班主任那儿要了联系电话，主动跟家长联系，了解分析学生在数学学习方面的问题。有一次，一个家长因自己的孩子数学成绩不理想非常着急，王肖玉不厌其烦地给家长解答，电话一打竟是 3 个小时。

除了本职工作，王肖玉还不计报酬地为学生额外地付出。她经常利用放学后的休息时间，给成绩不理想的同学补课。每个周六，她还给学习差一些的学生义务补课 3 小时，学生可以自愿来听。来听课的学生水平参差不齐，为了让每个学生都有所收获，王肖玉分别准备了基础题、提高题和难题。辛勤的劳动换来了成果，许多同学的数学成绩都有了很大的提高，对数学也产生了浓厚的兴趣。

我一直关注着王肖玉。人大附中教师收入是以劳动量和绩效为主的，只担任一个班的课，收入是比较低的。我曾考虑再给她一些工作，如学校教师住房需要建立一个数据库，便请她来做。结果，她却让爱人帮助建立数据库，分文不取，自己把全部精力都用来教一个班。

在这期间，我让主管领导找她谈话，安慰她，了解她的教学情况。反馈回的信息是，王肖玉非常谦和，非常虚心。

有一次我见到她，对她说："这是学校对你的工作安排考虑不周，不是你的问题。你是一个真正的博士！感谢你的平稳过渡。"

她依旧微笑着说：

"刘校长，放心吧，时间会证明一切。"

王肖玉，总是静悄悄的，犹如一朵小小的雪花，那样纯净，那样美丽，融化在泥土中，孕育着春天。她的高尚品格与精湛的教学艺术，深深地感动了学生们。初二（8）班一位学生在作文中写道：

> 王老师像细雨，滋润我们；
> 王老师像春风，温暖我们；
> 王老师像母亲，深沉真挚、不计报酬地爱着我们。
> 王老师，我们永远爱您！

有一次，海淀区初二年级数学教师举行业务培训，请人大附中出人分析《频率与机会》一章。学校把这个任务交给了王肖玉老师。谁也没料到，王肖玉的课引起了强烈反响，因为她运用了概率统计的方法，又编制了一些做实验的程序，可以让学生在生动有趣的观察中加深理解。区里听课的老师在下面赞叹说，中学里怎么会有这么高水平的教师。后来，市里又请她讲了3天课，依然是好评如潮。

其实，很多人并不太清楚，王肖玉读博士的专业是数学图像处理，即用数学模型处理图像，例如手机和互联网的许多技术，就是数学图像处理。可以说，这是国际热门的极为红火的专业。

假若王肖玉这样的博士进入公司，可以轻轻松松地挣大钱。可她却甘愿过着清苦的生活，努力探索如何把数学图像处理与中学教学结合起来。她说：

"人大附中不是一般的学校。我相信，如果把数字图像处理引入中学校园，完全可能创造国际一流的奇迹！"

目前，王肖玉已撰写了《关于数字图像处理在中学教育领域的研究设想》的报告，提出了从开设选修课入手，创建一个集科学研究、实验、教学和技术开发于一体的开放型实验室，并得到学校的支持。

王肖玉很激动，她说："初二的学生很聪明，数字图像处理学得很快。博士到中学不是大材小用，而是大有用武之地。"

我对她说：

"你放心吧，博士们在人大附中是大有作为的。你们有多大能耐，学校就给你们搭多大的舞台！"

二、倾心构建名师工程

师德欠缺，一票否决

"名师工程"是人大附中全面实施素质教育的重点工程，直接关系到能否建成世界一流学校。在我看来，"名师工程"首先要从师德抓起，这是导向问题，也是原则问题，一点儿都含糊不得。

为了加强师德建设，我们连续举办全校教师的培训会议，并邀请全国中小学十佳教师来人大附中做师德报告。

一系列的教育活动，给了全校教师深刻的教育，重师德之风在校园里越来越浓。但是，一些令人触目惊心的事依然在我们身边发生了，让我不得不断然采取措施。

2003 年 10 月的一天，高一（×）班男生李心宇（化名）与其家长一起来找我。一见面，孩子话未说泪先流。

原来，李心宇的班主任贾鹤（化名）有一个规定：纸粉笔盒不能放在讲台上。他习惯于放一个玻璃盒子在讲台上。一天早

在人大附中主持全国十大杰出中小学中青年教师报告会

上轮到李心宇做值日，为了教室通风，他打开了窗户，把窗台上的粉笔盒放在了讲台上。做完值日，一时疏忽，忘记把粉笔盒放回窗台。不料，贾鹤老师发现后大发雷霆，吓得李心宇魂飞魄散，不敢承认，说是别的老师放的。李心宇冷静下来，觉得应当诚实，便向贾老师承认是他把粉笔盒放错了地方。谁知，贾老师不依不饶，竟把李心宇轰出教室，还骂骂咧咧地说："我不是饲养员，也不是驯兽员！这事有

你没我，有我没你！要么你走，要么我走！"

我听了不由得倒吸了一口冷气。此刻，有关贾老师的另一件事也浮现在我的脑海中。

学校要开运动会了，由于看台出现了裂缝，我担心发生意外，就让高中部的学生在教学楼观看比赛。可是，当两位副校长去教学楼检查时，发现贾老师的班竟然在鸦雀无声地学习，丝毫没有参与运动会的气氛。

贾老师是刚从外地准备调入人大附中的一位语文特级教师，曾经多年担任校长。我们请他担任高一某班的班主任，兼两个班的语文课。我发现他一些问题后，曾经与他谈过话，指出他的做法不符合素质教育的要求，请他尽快融入人大附中的办学理念中去。想不到，他不但没有吸取教训，反而离我们的办学思想越来越远了。

我知道，贾老师的课吸引了许多学生，也得到不少家长的拥护。然而，业务能力强，教育思想不健康，怎么能教育好孩子呢？

为了慎重起见，我安排在 10 月 23 日早 7 点 30 分，由教务处在贾鹤任教的两个班进行了问卷调查，请学生们对班主任及任课教师写出评价意见。与此同时，我与王珉珠书记找贾鹤老师谈话。

学生们的评价再一次表现了矛盾：一方面对贾老师的师德不满，一方面对他的课表示欣赏。

关于贾老师，学生们写道：

他虽然讲课不错，但是他不会尊重同学，他总对自己的粗暴沾沾自喜。一个好的班主任最重要的是要有人格魅力和亲和力，而不是靠哗众取宠来获得好感。

当面大声批评同学，但不允许同学讲清自己的正当理由。不尊重同学，讲话内容粗俗……

班主任让班级没有自由，没有互相交流、团结向上的精神。讲课夹杂废话，"取笑"别科老师。他还说："我们班的干部要完全服从我的意思，不可越级上报给校领导关于班级情况。"

有些事情的处理太主观，有欠公平，疑心重。不过讲课水平确实一流。

不好说，我们的班有点像私塾……压力很大，让我最不喜欢！

他总用过激的词汇，例：说同学是"疯婆子"！！！

把同学提意见比喻为"文化大革命",表示绝不允许此类情况,把同学比喻为"阴谋家"。

……

耐人寻味的是,尽管同学们有以上批评,在贾鹤任班主任的班中,表示"喜欢"班主任贾鹤的占多数,"不喜欢"和"还可以"的占少数,在"喜欢"的老师中,贾鹤获得了超过半数的票。但是,我的决心已定,并与其他领导在校务会上形成共识:师德欠缺,一票否决!

11 月 28 日下午,学校专门召开了贾鹤任教班级的学生、家长和教师联席会议,我带领其他 6 位校领导全部到会,并且人人着正装出席。这是我的设计,我要让学生、家长们感受到学校决议的庄重与严正,感受到人大附中的正义与正气。

学生和家长头一回见到这种阵势,一下子瞪大了眼睛,感觉到问题的严重。

我以"非典"时期,学校开始网上授课,要求一个学生也不能少为例,向学生和家长说明,人大附中的教育是面对每一个学生的,只要我们能够做到,一定要尽最大的努力关心、关爱每一个学生。接着,我对他们说,贾老师目前还只是试聘,不是人大附中的正式教师,他在教学上有自己的特色,受到部分学生欢迎,但他的教学方法和教育效果,是否真的很强,是否符合人大附中的办学理念,是值得研究的。我们的原则是,既要爱护他,更要爱护学生,人大附中不允许教师如此粗暴地侮辱学生人格。最后,我向学生、家长说明,学校在事发之初经过调查问卷已对贾老师的问题做出决定,但为了充分倾听学生意见,我们又两次发放问卷,并在第二天又征求了部分持不同看法的学生、家长的意见,才做出最后决定。本来,教学安排是学校的事,不需要与家长、学生沟通,但这是一次特例,所以我们格外慎重。接着,我宣布了校务会的决定:鉴于贾鹤老师的不良表现,人大附中决定他不再担任高一 × 班的班主任,也不再担任高一 × 班和 × 班的语文教师。

台下有些骚动,个别学生表现出不满,我的目光注视着他们,说:

"我也当过中学生,我能理解大家的心情,哪个学生不希望有个才华横溢的老师呢?可是,才华为器,品德为道,道在器之上啊!你们真的不在乎老师的德行修养吗?你们愿意像他那样侮辱别人吗?"

学生们沉默了,沉默在思考之中。忽然,一个女生开口了:

“刘校长，您的话对我们很有启发。可是，谁来接替贾老师呢？”

“对呀！谁的水平能超过贾老师？”

学生们来了兴趣，这成了他们最关心的问题。另一个女生提议：

“听说王宁（化名）老师的语文课在全国比赛中荣获第一。可他现在是副校长，您能把他给我们吗？”

“对！我们欢迎王老师！”

学生们兴奋起来，纷纷响应这一提议。

王宁也是语文特级教师，现在已担任副校长。我听过他的课，他文化底蕴深厚，出口成章，而且音色圆润，被学生们喻为央视播音员。更为难得的是，他品格高尚，尊重每一个师生，是公认的师德标兵。

我开心地笑了，因为学生们终于走出误区并开始寻找正路。我说：

“好吧！我们克服一切困难，让王校长把学校的工作先放下，来为你们当老师！”

“真的？”

学生都瞪大了眼睛，旋即爆发出格外热烈的掌声。

实际上，早在决定拿下贾鹤之时，我就想到了王宁，他的语文教学艺术与贾鹤有一拼。虽然他已在学校管理工作中独当一面，但我知道，在这个特定情势下，我们必须拿出教学上的绝对优势，才能化险为夷。

学生的问题解决了，部分家长依然忧心忡忡。有位母亲对我说：

“刘校长，有了贾老师，我的儿子才喜欢上语文。学校把贾老师换了，这是对学生负责吗？”

我深深地叹了口气，回答：

“什么叫对学生负责？如果您的孩子将来像他那样刻薄待人，满口脏话，您可以忍受吗？”

让人备感欣慰的是，王宁的魅力迅速而彻底地征服了学生。他与学生谈心，谈读书，也与学生掰手腕，使班里充满了自由和快乐。

让贾鹤老师下岗的消息震动了人大附中的每一个教师。一个特级教师，一个受到许多学生崇拜的特级教师，只要师德欠缺，就不允许再执教鞭。大家意识到，人大附中抓师德是动真格的，抓教师教育是求真务实的。

事实确实如此。为了创办世界一流学校，人大附中引进不少人才。但是，我认为，一个学校若想构建一支名师队伍，引进人才是必要的，培养人才更为重要。

新 时代呼唤专家型教师

我深知人大附中的老师们工作是紧张的、很有压力的。学生们不惧权威敢于质疑，如果没有水平或不用心备课，教师在讲台上就站不住。课程的不断改革和现代教育技术不断升级和大量使用，更对教师的教学能力和教育素质提出了挑战。虚拟科学实验室的使用就是一个典型的例证。当我们千辛万苦地建成之后，全校师生为之欢欣鼓舞。可是，准备使用时却让许多人望而却步。

试想，这种极为先进的 ICT 信息交互技术，在全世界的中学里也不多见，因为这是我们自己创意而建成的。打开软件一看，全部是英文，连说明书也没有。而且，它不仅要求高水平的英语，还要有物理专业知识或化学知识、生物知识、数学知识和计算机操作技术。使用和开发这门实验课，对教师的综合素质提出了新的挑战。

人大附中物理教研组长王琦老师是物理学硕士，她性格沉静，专注于教学和科研，知识广博，集物理、英语、计算机三种学科技能于一身，具有较高的综合素质，是进行虚拟科学实验教学的理想人选之一。

经过短暂而精心的准备，2002 年 9 月，虚拟科学实验室刚刚建成，王琦就在她的物理课上推出了一堂虚拟科学实验的公开课——"欹器"，受到了全国中学超常教育研究协作组第十届超常年会与会代表的高度评价。

第一次成功尝试之后，王琦所任教的高一理科实验班的孩子们，就被虚拟科学实验深深地迷住了。每天放学后争着去实验室做各种实验，兴致勃勃地与王琦一起进行各种探究，还开发了一些对教学很有价值的课件。2003 年，虚拟科学实验课作为选修课对全校学生开放，吸引了更多的学生参与，学生们表现出浓厚的兴趣，总是盼望着能去虚拟科学实验室上课。这对担任实验教学的王琦提出了更高的要求，不仅自己要具有较高的物理、英语、计算机方面的知识技能，还要设计出各种研究项目，引导学生进行科学探索。

我一直关注着虚拟科学实验室的应用。我欣喜地看到，王琦与学生教学相长，在摸索中前进，在前进中进行更高水平的探索。更令我高兴的是，他们的成功吸引了越来越多的老师参与这项研究。这个实验室正在发挥越来越大的作用。

王琦说：

这里给师生们提供了一个探索研究和自主学习的新空间。你只要在计算机里安装上相关的教学软件，如互动物理软件，你就获得了一个物理学习的平台。在这个平台上，你可以在不违反科学规律的前提下，自设参数，自创环境，随意改变实验条件，都能立即得到实验结果。虚拟科学实验尤其适合进行可行性研究，试验失败了就重来，直至成功。许多实验在常规实验室可能需要进行很长时间，而在这里可立见成效。

现在，我校已经有了一批专家型的教师，他们分布在各个学科、各个领域当中。如历史特级教师李晓风，他的课常常推陈出新，极具魅力。听他讲课的人也越来越多，有的来自北京市，有的来自海淀区，还有的就是人大附中的老师。譬如，为高二年级讲世界史时，讲到美国的南北战争。与众不同的是，李晓风老师联系台湾地区，提出了一个问题，即"美国面对分裂怎么办"，一下子抓住了历史与现实的交叉点，引起了同学们的关注。

1775 年至 1783 年的独立战争，形成了联邦制的美利坚合众国。1861 年，当美国总统林肯要解放奴隶时，实行奴隶制的南方坚决反对，并宣布退出联邦，至此，拉开美国南北战争的序幕。长篇小说《飘》就反映了当时的历史。

李老师说：

美国人面对分裂怎么办？他们是不惜血本也要维护国家的统一！这场战争不仅死了几十万人，是美国历史上死亡人数最多的战争，而且林肯总统也因为坚持统一而遇刺身亡。但是，南北战争之后，美国经济开始腾飞，逐步由二流强国变成了世界第一。美国人明白了，国家统一是牢不可破的！

短短 1200 字课文的《美国内战》，被李老师演绎得风云激荡。他借助多媒体技术，展示了许多历史图片，又打出一些外国学者的精彩评论，让同学们心悦诚服。

李老师的课引起了强烈反响。下课后，学生们还在激动地讨论着，大家对于维护祖国统一的信念更加坚定了。

让 学习成为教师的第一需要

如今，终身学习已成为人们的共识。教师应成为终身学习的第一梯队。

让我感动的是，渴望成功而又渴望学习的老师太多了！

1991 年进校的化学教师罗滨，毕业于北京师范大学化学系。为了方便写教案，这位年轻的老师刻了几十个章，什么"目标""重点""难点""方法"等等，因为她是用手写教案，以为这样可以提高效率。谁知，用了几次，发现并不方便，甚至觉得挺傻。

1995 年，月工资仅几百元的罗滨，借钱花一万多元买了电脑和打印机，从此步入了新技术时代。其实，在这之前，我早已意识到，信息技术与课程整合势不可挡，是未来教育发展的一个方向，我们必须用教育的现代化带动教育的跨越式发展。于是，我着手建立了国内中学第一个电子备课室，这是根据教师的需要，学校自己创建并命名的。接着，我又发动学校各学科的骨干教师一起建立了学校的资源库。除此之外，我们还常年进行教师培训，例如开办现代教育技术及英语、日语、韩语、西班牙语、法语、德语、俄语、阿拉伯语培训，创造机会让老师们外出培训，参加研究生课程班学习等等。罗滨参加了很多培训，并参加了研究生班的学习。

不断的学习与勤奋的实践，使罗滨的教学能力迅速提高。她连续 7 年教高三毕业班并任班主任，成绩优良。我经常把开公开课的任务交给她，从区级到市级，罗滨的化学课受到广泛的好评。1999 年，她荣获人大附中的"特殊贡献奖"，并破格晋升为高级教师。

机会总是垂青于有准备的人。2001 年夏天，当已担任校长助理的罗滨又一次送走高三毕业班时，北京市和海淀区教委选派她去清华大学接受为期半年的国家级骨干教师培训。

年仅 32 岁的罗滨兴奋得双眼闪着亮光，又激动又担心地问：

"这可是千载难逢的好机会呀！可是，我的课怎么办？"

我笑笑说：

"给你再配一辆专车开着，这样两边就都不耽误了嘛。"

罗滨愣了，又皱起眉头，说：

"可我拿到驾照后还从没上过路呀!"

"我都敢开,你一定也没问题!"我说罢,即派司机教她。不久,罗滨就开着那辆学校公用的红色大宇车上路了。

在清华大学半年的学习,使罗滨提高了科学研究的能力。在清华大学国家重点实验室主任邱显清教授以及博士后曹化强老师的指导下,罗滨等人合写的英文论文——《氧化锆纳米线的制备及其性质研究》,在德国的《高级功能材料》杂志发表,并被收入 SCI 国际论文检索系统。

2004 年,罗滨担任了人大附中的教学副校长,但依然担任着高三第一实验班的班主任,并兼高三年级的化学课。

在自主选择式培训中受益的化学特级教师谢泽运,2001 年来到人大附中。他的课讲得很好,但运用计算机的水平不高。当他发现,人大附中的许多教师技术全面,还会制作课件,顿时感到了压力。不甘落后的谢老师产生了强烈的学习愿望,主动参加了学校信息中心举办的每周三次课的培训,并尝试上网查资料、做课件。如今,谢老师已经能够熟练自如地制作课件,还学会了运用专业软件制作化学试卷。他感慨地说:"人大附中真是个学习型校园,有许多优质资源,有学不完的知识和本领。"

三、幸福源自终身发展

中国的教师大都熟悉一句话：忠诚党的教育事业。我常常想，这种忠诚从何而来呢？仅仅靠责任感是不够的，还需要发自内心深处的热爱。或者说，只有当幸福感源源不断涌流之时，教师们对教育的责任感与热爱才是充沛的。

是 什么让学生刻骨铭心

智恒是人大附中的毕业生，现在美国从事国际交流项目。作为"希望之星"（SOH，Star of Hope）项目的学生负责人，她曾在国际上为中国贫困山区无力上学的优秀学生争取到资金援助。同时，她还是"消除种族歧视与屠杀""赞颂伟大的女性"等项目的成员。当她在国际教育资源网（I-EARN）上看到支持达赖"藏独"分子的言论时，立即查阅了大量资料，用事实进行了驳斥，并终于使支持"藏独"的言论销声匿迹。

年纪轻轻的智恒，其强烈的正义感与爱国心从何而来呢？在《学校为我打开一扇门》一文中，她写道：

自从进入人大附中，我一直是实验班的学生。从上初中开始，老师们特别是班主任张莉莉老师，鼓励我们在学业上全面发展，同时也十分重视对我们在人格和个性方面的培养。

我从那时起便担任班干部，老师特别注意培养我们强烈的社会责任心和正义感。当我有机会游览欧洲名城，身处战火后的萨拉热窝时，老师鼓励我写下厚厚的札记，及时记下见闻和感受。自从我的作文《经历战火的城市》在《作文通讯》上发表后，我对文学渐渐感兴趣，特别乐于了解各国文化差异，并开始积累这方面的知识。

……

智恒提到的班主任张莉莉，是人大附中的国家级骨干教师，曾在华东师大进修过。她做过 6 年初中实验班的班主任，也担任过普通班的班主任，并担任语文教研组副组长。

我与她谈起过智恒。张老师一提到智恒就笑了，笑得那么甜。她说：

"我与这个孩子笔谈很多，仿佛听得见花开的声音。我是初中老师，可她上高中了还送周记给我看，让我继续与她笔谈。有时候忙了，见不上面，但笔谈却不间断。"

我欣赏张莉莉老师，欣赏她的平常心与教育观。在她看来，教师犹如夏日的浓荫，不管学生多躁，走近老师，就应感到一阵凉爽。她是用一颗心在教孩子。

张莉莉对我说："有一件事我难以忘却。"

那是她教初中二年级的时候。一天，生活委员急慌慌地跑进办公室，后边跟着 12 个蔫头蔫脑的孩子。原来，学校收书费，每人交 300 元，班里收齐之后却少了一份，怎么问都无人承认。张老师责备生活委员为什么收钱不记名字，小姑娘嘴角一撇，眼泪都快掉下来了："当时记了，可他们第二天才交。一会儿交一个，哪里来得及记啊！""那你说怎么办？"张老师问生活委员。小姑娘的口气硬了起来："让他们分摊，一人 25 块钱！"

"凭什么分摊？我交了，我可以找证明人。"有人不满地低声说。

"谁让你晚交？"

"是你弄错了钱，该你赔！"

"我凭什么赔？"

"我凭什么交？"

……

一时间，办公室里吵成一片。这些实验班的尖子生有足够的口才为自己辩解或指责别人。

望着眼前表情各异的 12 个学生，张老师知道这里面肯定有一个孩子说谎。他是谁呢？为什么对自己的错误不敢负责任？那些争得面红耳赤的"无辜者"，你们真的无辜吗？要是自己按时交钱，要是自己细心记账，不是都可以避免出错吗？为什么都在指责别人呢？如果老师说一句话，300 元钱让谁赔都能补上，但孩子们人格上缺的这一课如何补上呢？

晚上，张老师仍久久思索着这件事。张老师问自己：学生出错你就没有责任吗？那天你明明看见生活委员一会儿收一份钱，乱得很，但你没有提醒她。你不也是指责别人而回避自己吗？你敢不敢对自己的过失负责？

第二天，张老师对全班同学说："少 300 元钱的责任主要在我，是老师没有尽职，300 元钱理应由老师赔。"张老师把三张钞票放到了生活委员的桌子上，小姑娘一脸的惊讶。大家静静地看着张老师，表情复杂。

第三天，生活委员找到了张老师，手里拿着三张崭新的钞票。"钱不该您赔，怪我工作不细心。这是我的压岁钱，不是找爸爸妈妈要的，您一定要收下。"看着举到眼前的平整的钞票，张老师心中十分感动：不知孩子存了多少日子，不知有多少次想花而舍不得花。现在她把宝贝拿出来，为的是弥补自己的过失，尽管别人的过失更严重。望着女孩真诚的脸，张老师的心倍感欣慰，这不正是我们要得到的吗？可是别人呢？如何更强烈地触动他们呢？

第四天，张老师把生活委员赔钱的事告诉了全班同学。张老师说："生活委员为大家出了不少力，不能出力又赔钱，老师不会同意的。但老师的收入不多，一下子拿出 300 元钱是有点困难，所以老师想先收下她 150 元，下个月老师一定还给她。"教室里很安静，同学们表情有些激动。下了课，张老师听到有些人商量着捐款。张老师又一阵高兴，孩子们已由开始的猜疑、责备转为自己主动出力解决了，这不也是张老师要达到的目的吗？但张老师最期待的那个孩子呢？他还会无动于衷吗？张老师焦急甚至有些紧张地等待着。

终于，在第五天，在张老师的书包里，有人悄悄放进了 300 元钱。他是谁呢？张老师觉得已经没有必要追问他的姓名了，这可能永远是个秘密。但张老师相信，这个不知名字的他（她）会一辈子记住这件事，而且记住这件事的绝不只是他（她）一个。

张老师说，她从这里明白了一个特别朴素、特别深刻的道理：教育学生不在于说什么、怎么说，而在于你自己是一个什么样的人。

张老师班的班训只有两句话：做一个诚实的人绝不欺骗，做一个高尚的人绝不自私。这里不谈名次，不谈分数，只要求同学们求真求实，使他们明白，做到这些才是一个真正的大写的人。张老师班的班规是：尊敬老师，友爱同学，能够尊重他人是成熟的开始；认真读书，潜于思考，能够追求探索是成功的开始；遵守纪律，严于律己，能够自觉自制是成长的开始；爱护公物，保护环境，能够举止文明规范是成人的开始。

300 元钱失而复得的故事，被我校的张瑾老师写成了文章，标题叫《德高为范》。张莉莉的确是一个德高为范的老师。

"初中是接受种子的阶段。"张莉莉老师认为，只有内心里感到幸福的老师，才会播下幸福的种子。

为了丰富学生们的生活与情感，张老师的每节语文课都会挤出 15 分钟举办论坛，并且每周一题，深受学生的喜爱。在张老师的一节全校公开课上，这些初二的少男少女们，刚刚学完了《关雎》和《蒹葭》两首爱情诗，竟谈起了"我的爱情观"。

"我爱你！"多么浪漫的三个字，注定了一个新的故事的开始。清晨的秒表重新开始计时的那一刻，这永恒的瞬间，也许被人们所遗忘，却被每对相恋男女铭记于心。不时回头去鉴赏这一似乎令人羞涩的场面，留下的，将是最美好的回忆。也许，时间会为这美好的一瞬做出一生的注解。爱，让人们更懂得去生活。

爱情是两个人共同构筑的心灵的检验。爱与喜欢的区别就在于爱要为对方付出责任，为对方承担……许多人认为，婚姻是爱情的坟墓，但我不这么看。我想，我以后一定不要成为一个将爱情半途而废的人，而是一个"将爱情进行到底"的人！

我理想的婚姻是平静而幸福的：

有他在夕阳下陪你散步，

有他在微风里轻抚你的柔发，

有他在细雨中与你共披一件雨衣，

有他……

噢，对了，我还要和中意的他一起生几个胖娃娃！

……

神圣的课堂上，似乎听得见青春的血液如江河一样奔流。所有的人都挺直了胸膛，眼里闪耀着异常明亮的光芒——这是生活之光！

心中的诗

人大附中有一位特殊的教师，他已经从外校退休 6 年之久，这 6 年一直在人大附中任教，教高中的数学课。最特殊之处在于，他讲课的时候，不仅 50 个学生在听，并且总有很多的校内外教师也在听。

这位特殊的教师名叫王建民，1 米 80 的个子，清瘦的脸庞，浓眉下一双善目，给人一种亲和而又睿智的感觉。

提起王建民，在北京中学数学界算得上大名鼎鼎。1962 年他从首师大数学系毕业就当中学的数学教师，1990 年被评为数学特级教师，并被清华同方教育研究院聘为数学所所长。

2001 年 7 月，人大附中全体教师在京郊顺义的怡生园培训时，我特意邀请王建民作报告。我说：

"20 多年前，王建民老师是我的老师。今天，能请到他为咱们人大附中全体教师作报告，是我们的荣幸。"

我是在数学教师教研活动中认识王老师的。当发现他的教学思想和教学艺术与众不同时，我就开始听他的课了，听他的课是一种美的享受，并获益匪浅。我担任人大附中校长的第二年，得知王老师即将退休，立即找到他，诚挚邀请他来人大附中执教。从 1998 年起，王老师被我校聘为高中第一实验班的数学教师，而实际上他成为了教师的教师。

其实，最让王老师心动的是人大附中的素质教育氛围浓厚。他说：

"中学教育关键是培养学生可持续发展的能力，为其一生打好基础。如果仅仅为了考试，天天练篇子，那就把脑力变成了体力。刘校长很少讲分数，而是讲个性，这是真的办教育。"

我曾与王老师深入交流，希望学到他教学思想的真谛。他沉思了许久，缓缓地讲起来：

"数学充满辩证的因素。首先，要把数学的哲理用深入浅出之法教给学生，让学生认识数学的本质，并成为自己的思想和方法。学生能力的形成与发展有一个从感性到理性的过程，而教师的工作就是帮助学生完成这个认识的全过程。当然，理性思维还需要结合学科思想，才能形成学科的特色。也许，把这些内容有机地结合起来，就是好的数学教学理念。"

作家孙犁先生说，虎啸深山，鸟鸣翠谷，方可达到极致。让王老师感慨万千的是，他在人大附中的每节课，几乎都成了公开课，而此前并不多见。他的教育思想与教学艺术在这里被充分认可和吸纳。

他说：

"人大附中的老师识货！堂堂课有人听是罕见的，是教师的荣耀。自然，我也偷不了懒了，必须把每一堂课都讲得精彩。在这里，几乎用尽了我的全部能量，但我感到越来越充实，越来越幸福！"

人到老年重亲情。王老师的爱人患了重病，让他分外揪心，需要他的悉心照顾，可他没有耽误人大附中一节课。

2004年1月31日凌晨2点，我们得到了王老师的爱人不幸去世的消息。清晨6点，我就带领几十名教师赶往现场，向遗体告别。我紧紧地握住王老师的双手，轻轻地安慰他。我发现，他更瘦了，脸色蜡黄，却在接待客人时勉强平静地点头。

在遗体告别仪式时，王老师的爱人所在学校的校长讲了话，我也主动上台发言，我说：

"今天，我们大家都很悲痛，因为我们的队伍中失去了一位优秀的教师，王建民老师失去了相依为命的老伴，她的儿女失去了亲爱的妈妈。王老师，您不要太悲伤，今后，您有什么困难，人大附中愿意做您的坚强后盾！"

王建民是人大附中的兼职老师。但是，他精湛的教学艺术和高尚品德却深深地影响着全校师生。

请听听教师们的心声：

王老师的课真是百听不厌。

每次与王老师交谈，总有这样的感觉：浩瀚如海。总想跟着他，常常聆听教益。

王老师是我心中的楷模，在教学中，我的理想就是成为像他一样的人。

从王老师那儿，我知道了事业的成功，不仅仅需要先天的智慧，更需要不懈的追求和努力。

王老师有那么多的想法，有那么多的思考，他才是真正心灵的园丁，相比之下，我似乎只是无意识地去做，而他，目的明确。从他那里，我知道了什么叫作"数学地思考问题"，什么叫作真正的"素质教育"。

王老师，以他精湛的教学艺术和高尚的品德影响着我们，他让我们明白：

什么叫作"名师"。

……

在2004年1月的教师表彰会上，与王建民老师同在高二年级的刘甦、梁丽平

两位数学教师，激动地写下了发自肺腑的诗篇：

名师赞歌

学校大会上，刘校长的每一次发言，总是让我们激动不已，握着的笔总有些想写点什么的冲动，但终觉言浅！今天提笔写王老师，涌上心头最想写的是感恩和祝福，在此就把下面的话献给王老师，献给刘校长，献给所有为人大附中、为祖国教育事业辛勤耕耘、无私奉献的人们吧！

您走了一辈子的路，走不完的是您的讲台；
您写了一辈子的字，写不完的是您的黑板字；
您读了一辈子的书，读不完的是您的教科书……

两点一线间您描绘着九州方圆，
岁月坐标里您解析着人生几何；
您用直线和曲线教人懂得什么是人生，
您用平方和开方告诉人如何宽容。
在人生这条线上，
您就是那永恒的直角坐标系。
您为学生指明了方向，
您点燃了学生心灵的灯！

三尺讲台您挥洒天地，
每洒下一滴汗水，
大地便成熟一片桃李；
为了国家一批批栋梁的崛起，
您甘为人梯！

最想说的是谢谢！

和感恩节时所有学生放在您案头的话语一样。

再真诚地道一声：谢谢！

谢谢您所付出的一切一切！

第三章

德育是心育，贵在感应与共鸣

以人格塑造人格，以品德化育品德，以素质提高素质，这才是德育的康庄大道。德育是"根"的教育，始终坚持把德育放在学校一切工作的首位，是战略问题、原则问题、方向问题。学校的德育工作做得好，是国家和人民之福；学校的德育工作做得不好，是国家和人民之祸。

德育不能见事不见人，必须动真感情，充满人文关怀。做思想工作和心理疏导，既要晓之以理，更要动之以情，让学生充分感受到你在真心实意地关爱他，这是他接受你的工作和疏导的基础。

有人说，中学校长好比是坐在火山口上的人，即使终日辛劳、成绩斐然，也难说不会被突然爆发的岩浆崩上天。这话我信，但我更相信教育的力量。如果我们的德育与时俱进，求真务实；如果我们的德育无微不至，如水银泻地；如果我们的德育与学生心心相印，共感同鸣……我相信我们的德育会为青春之船保驾护航。

一、与时代同行

国学大师钱穆先生曾在常州府中学堂读书，对体育老师刘伯能难以忘怀。他回忆：

> 伯能师在操场呼"立正"，即曰："须白刃交于前泰山崩于后，亦岿然不动，始得为立正。"遇烈日强风或阵雨，即曰："汝辈非糖人，何怕日；非纸人，何怕风；非泥人，何怕雨。怕这怕那，何时能立？"

我想，这是体育教师做德育工作的范例。学校的德育一定要渗透到各种教学中去，各科教师都要在授业中解惑，在授业中传道，使学生在思想上、心理上、情感上的各种困惑涣然冰释，怡然理顺，达到"学以美身"，化理性为德性、化诗性为德性的目的。

德育的关键点在于知行统一。2004 年 2 月 26 日，中共中央国务院发布了《关于进一步加强和改进未成年人思想道德建设的若干意见》。《意见》指出："思想道德建设是教育与实践相结合的过程。要按照实践育人的要求，以体验教育为基本途径，区分不同层次未成年人的特点，精心设计和组织开展内容鲜活、形式新颖、吸引力强的道德实践活动。"

多年来，人大附中的德育工作做出了许多积极的尝试。

我为志愿团授旗

2003 年 3 月 3 日早晨，在人大附中的升国旗仪式上，600 多名学生组成的志愿团全体肃立，接受我为他们授的志愿团团旗。

在这面旗帜上，有中国青年志愿者的标志。标志的整体构图为心的造型，同时也是英语"青年"（YOUTH）的第一个字母 Y；图案中央既是手，也是鸽子的造型，寓意中国青年志愿者向社会上所有需要帮助的人奉献一片爱心，伸出友爱之手，面向世界、奔向未来，表现青年志愿者"热心献社会，真情暖人心"的主题。标志的背景是红、黄、绿三道彩条。红色代表敬老社，意为一抹夕阳红，希望我们能为老人送去温暖；黄色代表助残社，活动是帮助残疾人，希望残疾人的生活也能如阳光般灿烂；绿色代表环保社，希望地球多一些绿色，多一份自然。

面对国旗，面对志愿团的团旗，新入团的志愿者们大声宣誓：

> 我志愿加入人大附中志愿团。我承诺：尽己所能，不计报酬，帮助他人，服务社会。实行志愿精神，传播先进文化，塑造健康、文明、向上的人大附中人形象，为建设团结互助、平等友爱、共同前进的美好社会贡献力量。

看到孩子们青春洋溢的面容在阳光下庄严肃穆，听着他们掷地有声、铿锵有力的誓言，我为自己的学生而骄傲。

人大附中的志愿团不是图一时热闹，它已经扎扎实实服务 3 年了，许多地方留下了它的光和热。

志愿团立足校园，参与管理，发起"保护环境、

为人大附中学生志愿团授旗

爱护公物、节约水电"活动。为了把号召化为实际行动，志愿者们经常放弃休息时间，到各个班级及校园各个角落巡查，看是否人走灯灭，用过的水龙头是否还在流水，校园里是否有乱丢的废弃物等等。

他们也走向社会，去智障儿童学校、去孤儿院、去敬老院等，献出自己的爱心。

在学生外出志愿服务活动中，我提醒有关指导教师，既要支持学生们的关爱社会之心，也要防止活动表面化甚至贵族化的倾向。我之所以这样提醒，是因为我有一种担心，即做表面文章的德育，实质上是一种虚伪的教育，这样的德育活动，非但不能达到教育的目的，反而会造成不良后果。

2002 年 4 月，高一年级地理教师布置同学研究有关环境污染与生态破坏的课

题，同学们联想到北京某大学学生刘某伤害黑熊的事件，不禁群情激昂。课后，志愿团的学生们立即行动起来。不过，他们并非一拍脑瓜就上路，而是进行了精心策划，并将创意方案先传真到北京动物园团委，得到了积极的回应。于是，学生连夜制作了内容丰富、科学含量很高的环保展板。

这项以"爱护动物，保护环境，珍爱生命"为主题的活动，持续了两个双休日。我了解到，他们的整个活动由以下三个项目组成：

第一个项目是"饲养员的一天"。20名初中志愿者参观了动物园内部，向饲养员了解各类动物的不同习性，学习如何照料它们，并直接参加了喂养动物、清洁卫生的工作。饲养员们对动物的浓浓爱意与科学的态度，给学生们留下了深刻的印象。

第二个项目是设立"阻止游人投喂食物监督岗"。游人随意投食物喂动物，是一种可能影响动物健康乃至威胁动物生命安全的不良行为。学生们两个小时一换岗，在熊山和猴山监督阻止游人投喂食物。4月的天气已经开始热了，加上人多拥挤，一会儿人就会疲倦，可这些年轻的志愿者却精神振奋，一旦发现有人做出投喂食物的准备动作，他们立即飞奔上前有礼貌地制止，并讲解投喂动物的危害。碰到一些不愿配合的游人，学生们便格外耐心地讲道理，直到对方放弃投喂为止。

第三个项目是进行"物种灭绝与生物多样化锐减"等环保知识演讲。他们站在自己制作的展板前，主动招呼游人。开始来听的游人稀少，同学们便主动与观赏动物的小朋友聊天。一会儿，来看展览的游人多了，同学们便热情地讲演起来。他们关于某些生物灭绝的严重后果的介绍，备受关注，游人们纷纷点头称是，议论纷纷。

泼熊事件后，动物园召开新闻发布会，我校电视台主动要求参加这次发布会，是到会媒体中唯一的校园媒体。在发布会上，当我校的学生记者请动物园园长就保护动物对中学生说几句话时，园长说："保护动物是一个世界性的课题。人大附中有这样一个学生电视台，对这次事件进行宣传报道，非常好。在德育、智育、体育的综合发展上，你们是超前的。我呼吁所有的学校都能拿出一点资金，做这样一些工作，作为我们向学生教育的非常好的途径和方式。"会后，在学生们的要求下，他们参加了该园爱护动物科普宣传周的闭幕仪式，我校志愿者代表北京市全体学生在闭幕式上宣读了倡议书。

我表扬了参加此次活动的志愿团成员，我推崇他们做事认真、追求实效的工作态度，尤其赞赏他们关注现实、主动承担社会责任的人生态度。我认为这是中学生最宝贵的品质之一，也是学校开展德育活动要达到的重要目的。

"崇德"是人大附中校训的首要内容。因此，一切有利于形成高尚品德的活动，我们都支持学生参与。譬如，我们把开展红十字活动列入德育工作的重要内容，因为红十字的精神是"人道、博爱、奉献"，开展好红十字活动，可以让学生更加珍爱生命，既学会了自我保护，又能在必要时刻救助他人。

人大附中红十字会成立于 1999 年，从 2000 年 4 月开始进行急救培训。4 月 11 日的第一次培训，我们请来了北京市急救中心红十字会健康教育部孙主任给学生做急救知识讲座。孙老师丰富的专业知识，生动的急救案例，深深吸引了全校各班的红十字会小组长们。主管这次活动的校医后来对我说："因为讲座时间在下午课后，时间紧，有些案例不能详细讲，学生们热烈地说：'没关系，我们不怕晚，接着讲，接着讲！'有个初一的女生，讲座中悄悄对我说：'老师，我想打个电话告诉妈妈晚些回家。'我说，可以，去吧。她又说：'可我又想接着听，这个讲座太精彩了！'讲座结束后又有好多同学来找我们询问什么时候办急救员培训班，学生们说，这些知识对他们太有用了。"

从 5 月份开始，我们举办了第一次初级急救员培训班，每周三下午 3:30—6:30，共举办了 4 期，160 多名会员获得了北京市红十字会颁发的初级急救员证书。现在，人大附中已有近 800 名师生取得了急救员证书，几千名学生获得了不同程度的急救、互救、避险逃生知识。我还记得当初为了进行急救培训，学校专门拨款购买了心肺复苏训练模拟人、血压计、听诊器、绷带、三角巾等。当时，校医请示我心肺复苏训练模拟人是买价格便宜的半身模拟人，还是买价格较贵的全身模拟人。得知便宜模拟人没有电脑模拟板，不能检验人工呼吸和胸外心脏按压是否正确后，我毫不犹豫地对她说："既然让学生学习急救技能，就要学好，学到位，才能真正掌握好，训练用模拟人一定要买好的，这是把钱花在了刀刃上！"

自 2000 年，我们连续 4 年被评为海淀区红十字会先进集体。2001 年，通过了"北京市红十字学校"的验收。2002 年，在人民大会堂参加了预防艾滋病主题活动——全国青少年心系红丝带爱心倡议活动。北京市红十字会秘书长黄宗豫说："像人大附中这样的重点学校能如此重视红十字活动，而且活动搞得这么精彩，这么有声有色，真是不简单！"而更让我欣慰的是，人大附中的学生在关键时刻实践了红十字精神。

2000 年 5 月 26 日，人大附中组织初二年级的学生到远郊怀柔的百泉山春游。辛劳了数月的学生如鸟儿投林，三个一群，五人一伙，欢声笑语荡漾在满眼翠绿的大山里。

中午时分，年轻的班主任宁少华与学生周乔、张愚、李婧薇和韩国留学生金载珉等边聊边往山下走。途经一个水潭的时候，见两个外校的男生在齐腹深的水中嬉水，他们没有在意，继续向前走着。

突然，背后传来了"救命啊！"的呼喊声。师生们急忙回头，只见站在岸上的一个男生拼命呼救，他手指着水潭，而那两个嬉水的男生不见了。

师生们知道险情发生了，箭一般飞奔至水潭。宁老师虽然是个小伙子，却并不会游泳，几个学生水性也很差，但他们救人心切。在宁老师的带领下，师生们组成手拉手的"人链"，向落水的男生靠近。

此刻，在水中扑腾的高个子男生，被张愚、金载珉奋力救起，脱离了危险。可是，另一个溺水的男生却只露出背部的校服，一动也不动了。宁老师 1 米 74 的个子，潭水已到他的脖子，他费劲儿地拽住那时隐时现的校服，将昏迷的男生拖到了岸边。只见这位小个子男生脸色苍白，嘴唇青紫，已经停止了呼吸。

怎么办？宁老师和张愚、金载珉来不及多想，立即将小个子同学倒提起来控水，却没有明显效果。这时，李婧薇想起了前一天她在学校参加北京红十字会自救互救培训班时学的绝招。平时，李婧薇是个连小虫子都害怕的女孩子，但在危急关头，她只有一个信念：我要试一试，我一定要用学到的本领救活这个同学！她马上请老师、同学把小个子同学放平，自己则"咚"地跪了下来，采取仰头举颏、打开气道、心肺复苏的办法对溺水者进行抢救。

她将一手置于溺水者前额并下压，使其头部后仰，另一手的食指和中指放于靠近颏部的下颌骨下方，将颏部向前抬起，帮助头部后仰。畅通呼吸是复苏成功的重要环节。抢救者应先将溺水者衣领等解开，同时迅速清除其口鼻内的堵塞之物，以打开气道。

李婧薇做得丝毫不差。打开气道后，她用掌根快速按压溺水者的胸部，并进行人工呼吸。小个子同学渐渐有了微弱的反应，可李婧薇已经累得大汗淋漓。于是，浑身湿透的周乔，顾不上休息，马上接替李婧薇，继续为小个子同学做心肺复苏，用力叩击心脏。

经过 20 分钟的抢救后，小个子同学终于"咯"了一声，恢复了知觉，接着"哇"

的一声，吐出了大量的脏水脏物，慢慢地恢复了正常的呼吸与心跳。

这次成功的救助成为轰动社会的美谈，也得到了红十字会专家的高度评价。

事后得知，被救的是朝阳区柳芳里中学的初中学生，高个男生叫廉小明，小个男生叫孟起。他们还专程来到人大附中，感谢师生们的救命之恩。北京红十字报介绍了这个故事，并刊登了李婧薇、周乔与廉小明、孟起的合影，4个少男少女搂着肩膀，全都笑眯眯的。

当我知道这个消息后，在周一的升国旗仪式上，我把宁少华老师和李婧薇等同学请到主席台上，让他们给全校师生讲述他们经历的故事。

一次救人的行动，胜过百节德育课程，这是学校教育的结果，它本身又是最好的教育，会使学生们终生受益。

红 丝带连着我和你

新华社 2002 年 9 月 12 日北京报道，题目为《大方讲"性"，青少年性教材进北京中学课堂》，其中写道：

一张白纸，两支彩笔，写出自己在青春期生理和心理方面发生的变化。今天上午，人大附中初二（9）班孩子的第一堂正式的青春期性教育课就这样开始了。

同往常一样，上课前的教室里一片乱糟糟的样子。同学们搬动桌椅，重新布置教室，忙乱和嬉闹中，难掩自己内心的兴奋与忐忑。4 张桌子拼在一起，周围摆满椅子，全班 50 名同学被分成 6 组，他们今天要这样面对面、大大方方地讨论曾经讳莫如深的"性"话题。

9 时 10 分，上课铃响了。李婕老师先给学生们讲解开展讨论的活动公约，也就是今天的"游戏规则"："保密、尊重、开放、平等参与、团结合作、陈述自己的观点、分享、放弃的权利、匿名、接受"。

李婕老师给大家解释这些应该遵循的规则："不管是谁表达什么样的观点，大家都有义务帮你保守秘密，尊重你的隐私权。今天的课堂上我和同学们都是参与者，我们可以平等地对话。当然，你也有权利不发表自己的意见，只是在一旁倾听。"

显然，这个宽松、自由的游戏规则让同学们感觉格外放松。老师刚一宣布今天小组自由讨论的题目——青春期生理和心理方面的变化，同学们就七嘴八舌地开始讲述自己的观点。

略有些矜持，又有些认真，不管是男孩子还是女孩子都在大声说出自己的真实想法。那些得到大家认可的观点，被认真地抄写在白纸上："男生生出胡须，喉结突出；女生骨盆加宽，胸部变得丰满。"

有个男同学告诉在一旁默默倾听的李婕老师："我还没出现那些变化呢。"老师笑了笑，悄悄告诉他："知道多少就写多少，没关系。"

15分钟的自由讨论时间很快就过去了。

第二小组最先交出了讨论的结果，他们的答案被贴在黑板的正中央。一位女生走上讲台给同学们讲述他们小组同学的发现，譬如，除了外形方面的变化之外，男生开始出现遗精，女生出现月经。讲台上，女同学边比画边讲，同学们在台下认真地听，丝毫没有不好意思的表情。

6个小组分别派代表上台做讲解，孩子们发现，进入青春期后每个人都变得更加关注异性和自己的容貌，也越来越希望能得到家人、朋友的关心和理解。上台的讲解者都得到同学们热烈的掌声鼓励。

孩子们的发言结束后，李婕老师帮助孩子们做总结："如果你还没出现这些生理、心理方面的变化，那么你现在就应该做好准备；如果你已经出现了月经或遗精，那么祝贺你，你快长成一个大人了。"

李婕老师说，今天同学们的讨论非常精彩，大大出乎她的意料。人大附中今年年初就成立了心理健康教研室，平常专门给同学们开展一些课外活动，让男女同学更加健康地交往。"我们期待，通过这些活动，让孩子们不再有成长的烦恼。"

青春期性健康教育是一项极其复杂而细致的系统工程，社会和学校的紧密配合，通力协作，缺一不可；需要形成目标统一，要求一致，内容科学，方法优化，形式活泼的教育教学网络。当代青少年在成长过程中表现出明显的生理、心理、社会三方面成熟的不同步性，即生理成熟前倾与心理、社会成熟滞后的矛盾。与此同时，开放的社会文化更加速了青少年性意识的发展。

海淀区在中学生中全面开展青春期性健康教育课程，非常必要和及时，深受学生和家长的欢迎。青春期性健康教育的内容非常丰富，它是包括性生理学、性心理学、社会学、教育学、伦理学、美学、法学和医学等学科知识在内的一门综合、独立的学科。这对中学教师来说既是一个新的尝试也是一个挑战。

自 2002 年 3 月开始，人大附中成为海淀区青春期性健康教育的试点学校。为了取得突破与实效，我连续召开各类会议，推广"以人为本"的理念，研究青春期学生的特点，探讨教育的科学性与艺术性。

解放了思想的师生们是富有创造性的。

创造之一：同伴教育

随着孩子的年龄增长，父母的影响会下降，而同伴的影响在上升。所以，在性健康教育中，我们尝试了"同伴教育"的方式，即先培训一批学生，由他们向同伴传授有关知识与理念。

譬如，在初一年级举办的"红丝带之祈愿"活动中，初二（9）班的朱剑辰、王雪平同学，就成了同伴教育者。

佩戴着红丝带的女学生王雪平对同学们说：

"每个同学的桌上都放了一条红丝带，如果你愿意，可以像我们一样把它戴在左胸上。大家知道红丝带的含义吗？红丝带有三重含义，一是表示对艾滋病患者和感染者的关心和支持，二是表示对生命的热爱以及对和平的渴望，三是表示我们要用心来参与预防艾滋病的工作。"

接着，同样佩戴着红丝带的男生朱剑辰，向同伴们展示了一幅特殊的照片。他说：

"这个年仅 10 岁的女孩名叫小青，在一次输血中，她感染了艾滋病。不久前，我们去看望了她。"

"啊——"

同学们不约而同地发出惊叹声，因为他们从未想到艾滋病就在自己身边。他们纷纷问：

"你不怕被感染吗？"

"小青吓人吗？"

朱剑辰笑容灿烂，回答：

"我们是与李婕老师一起去的，李老师先抚摸了小青，王雪平还拥抱了小青呢！我们与小青一起吃了肯德基快餐。临别时，小青还冲我们作出 V 的胜利手势。"

同学们听了，又是一阵啧啧赞叹。朱剑辰分析了艾滋病的三种传播方式，即血液传播、母婴传播和性传播。然后，两位同伴教育者又与同伴们做起了互签卡片的游戏，并从中加深了对红丝带精神的理解。

人大附中的同伴教育活动，得到了联合国儿童基金会官员查尔斯先生的好评，他向我校学生颁发了红丝带胸章，向李婕老师颁发了同伴教育优秀组织奖。

创造之二：青春期心理剧

当代教育的一个重要特征，就是让学生参与体验。在青春期性健康教育中，尤其需要每个学生都参与进来，以达到心灵沟通的良好效果。

在教师的指导下，学生自编自导自演"青春期心理剧"的大型活动，深受全体师生的喜爱和家长的支持、欢迎。"青春期心理剧"是青春期心理健康教育的自我教育和同伴教育活动，以艺术的形式探索中学生内在深层的渴望，将心理矛盾冲突和心理问题逐渐呈现在舞台上，以宣泄情绪，消除内心压力，增强适应环境、克服挫折和危机的能力；在自编、自导、自演的过程中激发学生的创造力、想象力，不断挖掘潜能，提高语言和非语言的表现力，促进深层的自我认识，自己发现问题、解决问题，从而增进友谊、学会合作，形成健康的价值观，最终健康成长。

师生们共同设计出 13 个不同的自选主题，剧名为：雨后的阳光（异性交往）、善良的谎言（亲子关系）、失翼天使（艾滋病友的关爱）、考砸以后（心理压力）、温暖在人间（青春期人生价值观）、亲恩重于山（青春期性感）、渴望零距离（逆反心理）、拒绝青苹果（青春初期的恋情）、网络伊甸园（网恋）、错位的梦魇（扭曲心灵的回归）、冲破无情的网（网络游戏）、三侠客（友谊）、毒品的诱惑（拒绝毒品、珍爱生命）。这项活动受到我国著名心理学家孟庆茂教授的高度称赞。

在《毒品的诱惑》一剧中，作者独出心裁，除设计了初三学生蒋冰及其父亲、教师、同学之外，还设计了"善"与"恶"两个人物，分别代表蒋冰心中善与恶两种力量。

我在看这些心理剧的时候，心中受到一阵阵的冲击。这些看似虚构的戏剧，不正是学生们内心冲突的形象反映吗？学生们自编自导自演，把自己内心的困惑和挣扎表现得这样真实生动，不正是在自己教育自己吗？

创 造之三：集体舞

我们都从青春时代走过来，深知少男少女有精神交流的需求，也有身体接触的渴望，这是完全正常的。性教育应如大禹治水，要用疏导之法，而不可用堵塞之法。

从 2000 年起，人大附中每年在初一和高一举办集体舞比赛，受到学生们的欢迎。

我在德育处老师那里，看到一位女生写道：

好像真的进了青春期，心里总是很慌。老师说要跳集体舞，我的心更是猛跳了一阵。难道要和他牵手吗？排练时转到他身边，意料当中的紧张，可是一碰到他的手，却反而轻松了，就好像小时候一直期待穿上妈妈的高跟鞋，长大了才发现不过如此，不仅没有旅游鞋舒服，优雅的感觉也只是一刹那而已。跟他跳舞的时候，已经自然多了。在同学中间旋转，发现大家似乎都从尴尬状态中解脱出来，洒脱自如。再一次转到他身边，我们跳得比上次默契得多，我心中微妙的情愫也淡了，阳光一般坦荡。

我的感觉是：大家都是同学，牵男生的手和女生的手没什么太大差别，除了男生好像比较紧张，手抖得比较厉害之外（我觉得原因是他们担心跳错了，呵呵）。跳舞是非常好的活动，既可以锻炼身体，又可以释放情感和培养乐感，希望学校继续把这项活动开展下去。

我站在操场上观看学生的集体舞，犹如走进鲜花的海洋，真的感觉美极了！少女们如飘飞的蝴蝶，少男们似挺拔的小树，彼此是那么默契和谐，每个人的脸上都洋溢着灿烂的阳光。

创办世界一流学校，不仅需要一流的品学和技能，也需要一流的文明气质。我希望人大附中的学生，既有现代的观念与追求，又有优雅的气质与风度。

二、走进社会大课堂

学以致用，奉献社会

2004 年 5 月 24 日，我参加了一场别开生面的"德育与研究性学习的整合"答辩会。这是一场高二年级"奉献爱心、服务社会、学以致用、博学创新"班级主题活动实施情况答辩会。投影上的一段话吸引了我："把讲台让给学生，我们就能一展师者风采；把舞台搭建给学生，我们就能赢得生命的喝彩；把社会敞开给学生，我们就能学以致用、移山填海；把创造的技巧告诉学生，我们一定能成为未来世界的主宰!"

看到学生们发自肺腑的豪言，一时间我被深深地打动了。激发学生生命的潜能，为学生的终身发展注入资本，是我一直倡导的人大附中教育活动的出发点，学生的潜能和创造力是无限的。

会场前排就座的几乎都是重量级的专家学者：有清华大学教授，中央教科所研究员，《思想政治教育》杂志社编审，海淀区教育科学研究所所长，学校的特级教师等。看到这么多专家学者，如此关注一所中学的学生综合德育社会实践活动的答辩会，我为人大附中的学生感到庆幸，也为他们感到自豪，我期待着学生们能一展风采。

高二（1）班的五位同学充满自信地上场了，题目是"提升北京市民'利他'意识系列活动的实施——普及捐献知识、弘扬奉献精神主题活动实施结果报告"，引起了专家学者和场下观众的关注。伴随着优美的音乐声，制作精美的幻灯变换着文字、图片、录像。活动过程中有设计，有实践，有研究，有结论，有建议；整个报告从活动概述、活动实施过程、研究方法、结论与讨论、宣传效果、存在问题，到活动实施的道德意义、科学性和综合意义、学以致用、博学创新的教育意义、能力培养的实践意义，直至最后的市民评价，并附有一篇《北京市中学生对献血及捐献器官的态度的调查》的报告分析，学生们落落大方，条理清晰的阐述，引来了场下一片掌声。

接下去是专家提问。每一个问题都可谓直击要害，一针见血，五名学生则密切配合，旁征博引，巧妙应答，赢得了专家的赞许。

最后的结题总结会上，海淀区教育科学研究所所长吴颖惠说：

人大附中第一次探索把社会实践活动与研究性学习以及社区服务有机地结合起来，以班级主题活动的形式进行研究性学习，这是创新之举。这次主题活动的"奉献爱心、服务社会、学以致用、博学创新"16字宗旨预期目标基本上都达到了。学生关注社会问题的意识和解决问题的能力都提高了。学生基本上学会了一种社会科学研究方法——调查法，经历了一次科学研究的过程，学生的研究意识和研究能力都得到了锻炼和提高。

清华大学宋心琦教授评价说：

我没有想到，人大附中高二年级的同学在应试压力如此之大的情况下，能够以如此高昂的热情，如此认真地完成各个项目的预定要求。更为难能可贵的是，同学们（包括在台下的同学）都在积极参与。在活动中，同学们增进了自己对社会和广大困难群体现况的认识，从而提高了自己的社会责任感，基本素质在活动中得到了进一步的锤炼。

这次活动之后，我又看到了学生们写下的一篇篇真切鲜活的感受：

每个人都关注自己的健康，但当他人生命遇到危险时，您是否愿意为他人奉献一点小小的力量，让自己的血液去重铸别人的生命和健康呢？这是一种生命的救助，是爱心和道德的奉献。伸出你的手，伸出我的手，让我们血脉相连，一同尽我们的一份力量吧！

——普及捐献知识、弘扬奉献精神主题活动

走在北京繁华的街道上，时常会见到三三两两搭伴赶班车的工人；家边的小食品店前，红着脸的孩子们拿起铅笔坐在石凳上写作业；喧闹的菜市场上，吆喝声、叫卖声此起彼伏。其实不难发现，我们的生活中处处可以见到那些朴素的笑脸。——那就是外地来京务工人员及他们的孩子们。外地来京务工人员子女就读问题已不是个新鲜话题了，面对这个长期的社会性问题，我们不禁陷入思考，我们想通过我们的调查和努力，分析和提出解决这个问题的方案。

——关于外地来京务工人员子女就读问题调查分析

2004 年 3 月 4 日，我们高二（12）班部分同学高举着"义务找北，帮您指路"的大字横幅，到北京西客站出站口利用电子地图为来京旅客指路，同时宣传旅客权益知识。活动之前，我们查询了列车时刻表，到西客站实地询问工作人员，了解了出站旅客最多的地点与时间段，又专门学习了电子地图的用法和有关旅客权益的法律知识，大家准备十分充分，还制作了两个简单明了的展板，很多旅客利用出站排队检票的时间观看展板，向我们询问。我们用电子地图帮助几十位旅客乘车、找路、到指定地点与人会合，看到那么多满面愁容而来的旅客满意而去，我们心里十分快乐，也颇为得意。

——奉献爱心，服务社会主题活动报告

在我的教育理念里，"爱"是很重要的一个字。我常对老师们说，对学生要爱，对工作要爱，只有爱才会尊重学生，才会无怨无悔地奉献。在学校，我们倡导师生彼此尊重关爱，但在社会这个大学校里，却会有一些不和谐的音符。2003 年 10 月，时任总理温家宝帮助重庆农民工熊德明讨要工资以来，追缴被拖欠的农民工工资问题引发了全社会前所未有的对困难群体的广泛关注，强调平等、尊重、友爱、互助，不再仅仅是落在文字上的口号，而逐渐成为深入人们内心的实实在在的行为与感受。

2004 年 5 月，高二（8）班开了一次别开生面的主题班会"关注社会，共创明天"。说它别开生面，是因为这次班会的主讲人不是社会精英，而是一名打工仔。策划这次班会的班主任沙晓彤老师是一名政治教师，在一次政治课前演讲时，有一名同学谈到了农民工犯罪问题，他认为目前社会犯罪率的激升与农民工素质低下有直接关系，并列举了农民工素质低下的几大表现。这个同学的发言得到了许多同学的认可，但也有同学有着不同的见解。第二次课前演讲，另一名同学从北京的城市建设、市民生活的便捷，谈到了农民工所起的重要作用同时，他还提出了一个见解，他认为，对于北京学生而言，最大的优势是地域优势，如果没有这个优势，和农民工的子女在同一起跑线上起步，农民工子女身上的吃苦耐劳、勤奋节俭的优点很可能会成为战胜城市孩子的优势。这个同学的言论也得到了许多同学的认可，于是班里还进行了一场小小的辩论。最后，班主任老师决定，让事实来说话，让农民工自己来告诉北京的孩子农民工的状况是怎样的！

为了召开这次班会，师生一起搜集了大量与农民工有关的图片："露宿街头的北京农民工""爬上塔吊讨要工钱的农民工""陕西洛南陈饵金矿患尘肺病的农民工""河北白沟苯中毒的打工妹"；另一部分照片是美丽、壮观的城市图片。然后，找到了"小小鸟农民工热线"的创办人魏伟。5月10日，在这次特殊的班会上，魏伟讲述了农村学生艰苦的求学经历，介绍了来京农民工的生存状况。班会后，有的同学说："我第一次站在农民工的角度思考他们内心所想的东西，了解他们的内心世界和他们对于大城市的感受。"有的同学说："平常只知道农民工缺钱，现在我知道他们不仅仅缺钱，更缺少别人的尊重。"听说小小鸟热线正在向社会招募志愿者，同学们纷纷在"关注社会、共创明天"的横幅上签字。

农民工走进校园唱主角，尤其是走进人大附中这样的重点中学与学生交流，受到了媒体的广泛关注。在5月11日，《北京青年报》和北京电视台都对这场生动的班会进行了报道。其中《北京青年报》还对班主任沙老师提供线索给予了300元奖励。这300元钱可以干什么？——听说在玲珑塔菜市场有一个专门为农民工子女办的"菜娃幼儿园"，学生们特意走访了那里，了解到这个幼儿园里有50多个民工的孩子，学生们用这300元钱给那里的孩子买了复读机、录音机和各种玩具。借这个机会，学生们又认真调查了周围农民工的生存状况。有的同学还特意问班主任老师："您的孩子每个月要花费多少钱？"当老师回答"托儿费520元，保姆费650元"时，学生们马上感受到了城乡孩子的差别，因为在"菜娃幼儿园"里，他们得知那里的孩子每个月只有120元的生活消费。这样的数字对比让学生更加深刻地感受到了农民工这个群体，他们需要的实际上并不很高，但周围能够给予他们的实在太少太少！

在后来的随笔里，有的同学这样写道：

当我看到电视里一些"幸运"的农民工，高兴地领到一年几千元的辛苦钱时，我的心里却一阵酸楚。因为他们的收入仅仅相当于大城市一个失业者的最低生活保障金的水平，而这可能是农民工全家生活、看病和孩子读书的唯一来源。而又有多少农民工，连这点儿工钱也拿不到，两手空空地为如何过年发愁，他们实在是太可怜了，他们需要更多的人来帮助，而我愿意做帮助他们的一分子！

还有的同学写道：

从中国的国情看，越来越多的农民进城打工，是必然的趋势。他们将成为一个新的社会群体，也可以说是工人阶级中的新的阶层，这是我们不能忽视的。适当地引导，可以使他们为中国的发展起到积极作用；不善待他们，就可能成为严重的社会问题，甚至引发新的社会矛盾和动荡。这个问题无法回避也不能回避。

我们常说，让教育真正走进学生心里，让学生在生活中学会感悟，学会思考。这样的教育就是通过一些实实在在的活动，让学生学会做人，学会做事。将来的社会需要的是有爱心、有奉献精神、有团队意识的优秀一代。只有让孩子们真正从心里懂了、接受了，才会内化成他们的品德，进而成为自然的行为！

《思想政治教育》杂志社编审李兆谊在评价人大附中开展的"德育与研究性学习的整合"系列主题活动时说：

"……提升北京市民'利他'意识系列活动""对民工生活情况和民工子女教育情况的调查研究""北京博物馆现状的调查研究与服务社会"等等，这些问题都是社会上的热点问题。尽管这些问题的解决还需要一个长期的复杂的过程，但学生对这些问题的研究毕竟为进一步解决问题开了一个好头。它表明学生对社会问题的深切关注与对社会进步的渴望。这次活动体现并激发了学生极强的创新精神和创新热情，学生的很多做法很有创意，并收到了很好社会效果。比如，用高科技手段为旅客指路，比如对 2008 年奥运会开幕式点火方案的设想简直是匪夷所思，表现了学生极强的创新精神。这些活动学生参与的深度和广度都很高，是他们在教师指导下直接参与进行的，因而学到了很多学校学不到的知识。

请 你抓紧我的手

2004 年 4 月 13 日，高一（11）班全体学生与盲校的孩子们一同游览了天安门

广场。我在一周后的全校升旗仪式上，听到了徐艺嘉同学代表高一（11）班向全校同学所作的国旗下的讲话——"与你同行"：

习惯于早晨看到一缕阳光破窗而入，习惯于与朋友对视分享彼此的欢笑，习惯于这个世界的五彩缤纷。但同时，世界上还有这样一个角落，那里没有光明，没有微笑，没有色彩……那里有的只是无边无际的黑暗。滞足在这个角落中的，是盲人。

4月13日，我们高一（11）班全体同学与盲校的孩子们共同游览了天安门。

我们望着那辆载着盲童的车缓缓驶来，几分忐忑，几分好奇，他们被老师一个一个地领下车，同情与惶恐交织在我们心里，他们的样子比我们预想的还要难以接受。有的孩子面部曾被火严重灼伤，满面疮痍；有的孩子眼眶深陷，空洞得让人害怕；有的孩子只是眼神呆滞地依偎在老师身边。一瞬间，同学们更加紧张，我们真的有能力照顾这些孩子一整天吗？

全班每人负责带领一位盲童。当那稚嫩的小手交到我的手里时，我突然感到一阵异样的触动。在这些读小学的盲童面前，我们显得那么的成熟，那么的该担当起一份责任。环视同学们，大家的神情由紧张变为认真，我们轻声对走路有些磕磕绊绊的孩子说："来，抓紧我的手。"

秦苏同学带了一个因失明患有自闭症的孩子，第一次牵起他的手，他却惊恐地把手抽了回去。场面一时无比尴尬，在带队老师的不断催促下，他怯怯地说了一句："姐姐好"，之后便不再开口。一天的活动中，秦苏说了无数句话，却始终没有得到回应。当一天的活动即将结束，我们不再企盼沉默会被打破时，他悄悄扯着秦苏的衣角，轻轻地说了一声："谢谢姐姐，姐姐再见。"

孙婷轩同学带的小男孩看上去几乎同常人没有什么分别，一双澄澈的大眼睛，相貌清秀得如同女孩子。我们望着他清亮的笑容，想到他什么也看不见时，心疼得一阵一阵抽搐。孙婷轩护着他，仿佛要为孩子挡住所有的风雨。

一天中，我们领着这些失明的孩子走进了毛主席纪念堂，步入了人民大会堂，登上了天安门城楼，漫步在中山公园。这些每个人都熟悉的地方，对那些孩子却是陌生的。他的鞋子掉了，轻轻地为他提上；小手弄脏了，小心地帮他洗干净；天气热了，帮他拿上外衣，起风的时候再帮他穿上。他们不熟悉的，我们来讲解；他们走路不方便，我们手牵着他们；他们什么都看不见，我们就是他们的眼睛。普通人眼中浅绿深红的世界，盲童们在用心来感受和理解。一天的接触与交流，我们感受到在孩子的心目中，同样有一个浓淡有致的春天。我们相信，他们的没有色彩的世界，和我们一样丰富，甚至可能有比我们更丰富的地方。从头到尾，我们深深地感动着。

时间在不经意中跑得飞快，转眼，就要和孩子们分手了。把预先准备好的礼物替他们装进书包时，听着那一声又一声的"谢谢"，看着孩子们欣喜的表情，同学们的心里格外的沉重，充满了神圣的责任感。大家不知道，在这之前，盲童学校已经四五年没有举办过这样大型的活动了。在我们的活动为这些失明的孩子带来一天短暂的快乐后，我们坚定了一个信念，有了我们爱心的付出，不会让这些孩子再度过那样一个五年！

对于我们来说，接受社会的帮助与对社会回报的天平总是不平衡的，这次，我们在回报盘中添上了一个砝码。而且我们懂得了生命的另一种形式的存在，体会到了那种坚强与永不放弃。我们真诚地希望通过我们的努力让大家暂缓匆匆的脚步，留意那些同在一片蓝天下，确实需要和等待关怀的人，为他们献一份爱心。

有人把学校开展的德育活动视为一种形式，有人认为一两次活动不能起到真正的教育作用，但从学生们的体会和感受中，我确信他们受到了真正的触动。大多数城市孩子的生活天地很狭小，离开家门走进校门，他们不了解社会的复杂，更不懂得人生的苦难。近些年，我们整个社会的价值观和人生观都处于转型时期，原有的道德体系被打破，新的道德体系、评价体系尚未建立起来，比如集体主义精神和实现个人价值之间的矛盾、关爱他人利益与维护个人权益的矛盾、名利的追求与平淡的快乐孰重孰轻的问题、人生终极目标到底是什么的问题、对人生伴侣的忠诚和对性刺激及多彩爱情的向往之间的矛盾等，成人对这些问题都感到困惑，未成年人更会无所适从。学校对未成年人的思想道德教育决不能体现在政治说教和标语口号上，而要落实在为孩子们提供机会和场所，让他们走进社会大课堂，用自己的眼睛发现世界，用自己的头脑思索世界，用自己的心去体会世界，帮助引导他们通过具体而丰富的社会实践，发现自己人生的价值，锻炼自己的能力，寻找世界的真善美。

在敬老院，孩子们从那些满面沧桑的老人身上，领悟了生命的流逝，他们懂得了尊重老人就是对生命的尊重，他们也更加珍惜自己的青春；在儿童福利院，学生们有的会亲昵地抱起一个孩子，用脸轻轻摩挲着孩子的脸，给她轻声地唱着歌。他们会将一个孩子抱到儿童三轮车上，推着他玩，孩子咯咯地笑着，自己却累得满头大汗还会不厌其烦地哄着孩子们，一遍一遍教他们折纸，拼拆玩具，直到他们发出一阵阵快乐的笑声。我想，这样的活动中，会让学生们体会到给予的快乐，让他们明白帮助他人会使自己幸福的道理。

2002 年春天，高一年级一个学生到天伦培智学校助残回来后写了一篇感想，我至今记忆犹新。

在天伦培智学校里，我和郑南发现一个孩子独坐在椅子上，对眼前其他小朋友与我们热闹的玩耍视而不见。于是，我俩走过去，"小朋友，咱们一块玩吧。""不玩！"他用含混不清的话语坚定地说。我正纳闷，一位老师走过来，"他刚放完寒假从家里回来，又不适应了。寒假里，他爸爸天天背着他下楼去玩。"

在今日之前，我总也感受不到幸福，对什么都不满意。有了随身听，又惦记着CD 机，骑上山地车，又想着变速车。如此，物质欲望越来越强烈，对现实也越来越不满足。就在今天上车前，我还努力让自己使劲笑，笑个够，免得看到智障儿童的幼稚举动时忍俊不禁。可当我真的看到他们时，心却顿时变得沉甸甸的，仿佛压了块巨石，沉重得有点儿喘不过气。我感到震撼，感到难过。我突然感到自己是那么幸福，作为一个健全人的幸福。最幸福宝贵的东西莫过于有一个健康的身体，健全的头脑了。我们都拥有了，还有什么理由对现实感到种种不满呢！

感触生命，用爱心创造希望

当孩子真正懂得了幸福的含义，他们会常常睁大眼睛，把目光投向世界，品读社会这本大书。他们也会发现，原来并不是每个细节都完美。尽管能力有限，尽管双手还很稚嫩，但有了善良的关爱他人之心，这些充满热情的孩子就会尝试用自己的方式去回报社会，帮助他人。

张施瑜，是一个活泼开朗的少女，在她正以年级前 3 名的优异成绩准备报考北大、清华之际，却得了一种怪病，无缘无故地向外喷血。医院诊断这是一种罕见的疾病，生命危在旦夕。

在报上看到了这个消息，我校高一（1）班团支部的孩子们，自发地组织了一次捐款活动。

2003 年 11 月的一天，天气骤然变冷，凛冽的寒风刮得人脸上生疼，我到高中楼开会。走到楼门口，我被眼前的一幕吸引了：几个只穿着薄薄校服的学生，抱着红色的捐款箱，跑来跑去向路过的师生讲述病危少女的情况，号召大家为她募捐。恳切的眼神，热情洋溢的话语，执着的请求，同学和老师都被打动了，慷慨解囊。寒风中，孩子们的头发被吹得有些凌乱，脸也冻得通红通红的，但他们的眼睛里却散发出一种异样的光芒，那是一种因为能够用自己的全身心去救助一个素不相识的同龄人而流露出的兴奋和快乐。

事后我了解到，三天的时间，孩子们共募集到义款 11872.2 元。这个数字远远超过了我的预想。

11 月 25 日下午，我让德育处的老师安排专车，由班主任燕彦带着两个学生代表和全校师生的捐款，到 301 医院，把这笔救命钱交到张妈妈手中。

徐艺嘉同学回来后在日记里写道：

张施瑜是个非常懂事要强的女孩，在不发病的时候她依然坚持上学，用她自己的话说就是要在自己还行的时候多学一点知识，她说她不想躺在床上等死。看到这些，听到这些，我们心中的热血激荡了。一个鲜活靓丽的生命在病魔面前竟是如此脆弱。我们被这一切深深地震动了，我们似乎听到死亡的脚步声正在一步步逼近张施瑜。良心和道德告诉我们：面对一个挣扎在死亡线上的同龄少女，绝不能坐视不管！我们要用自己的爱心和力量，为她托起明天的太阳！

燕彦在班主任工作日志中这样写道：

遭受了一系列的打击，张施瑜的母亲看上去已显得十分疲惫。一看到我们，她的眼圈立刻红了，一时间什么话也说不出来。孩子们十分善解人意，马上迎上去，轻轻搂住她的肩膀。王欢欢带着一个鼓励的微笑对她说："张妈妈，您别太难过，我们全校的老师同学都会帮您，你们一定能渡过难关，施瑜一定能康复的。"打开我们全班同学给张施瑜写的卡片，看着孩子们深情的祝福，这位在生病的女儿面前一直非常坚强的母亲再也忍不住了，一行热泪夺眶而出。徐艺嘉轻轻走上前，很懂事地为张妈妈抹去了泪水。我相信孩子们一颗颗纯洁的爱心一定能给这位母亲带来力量和感动。

听说，2004 年 1 月，张施瑜成功地接受了手术，渐渐康复，从此翻开了她人生崭新的一页。而这次捐款救助活动，无疑会在孩子们青春的记忆中留下一抹永恒的亮色。

一直以来，学校的各种爱心活动不曾间断过。

2001 年，孩子们自己发动全校为新疆灾区捐款，整个校园摆满了学生们自己制作的大幅海报展板，学生老师都踊跃参与。记得年轻的副校长刘小惠刚上小学的女儿被学生抱到捐款箱前捐款，张扬在校园里的大字横幅"让世界因您的奉献而精彩！"至今仍给我留下至深印象。

还记得志愿团的孩子为西部山区小学募捐了 3000 多本图书，连续几天，我看到他们一个个兴高采烈地忙着给书分类、打包，累得满头大汗却笑呵呵地顾不上擦。

还记得几百个学生在世界残疾人日聚在一起，为聋哑学校的学生叠出上千只纸鹤……多年的教育经验告诉我，德育要教会学生用自己的心灵去爱这个世界。作为一校之长，我深知让学生关注自己身边的人和事，学会忧他人之忧，懂得帮助他人能使自己获得幸福快乐的道理，比单纯的道德说教和灌输要有效得多。学生们会用自己的方式去感知世界。如果你给他们一个支点，他们就能为那些需要阳光的人们托起一轮温暖的太阳。

人大附中学生志愿团的发起人之一，2004 年考入北京大学心理系的季萌同学，谈及自己参加志愿团活动的体会时这样写道：

我在参与和组织志愿团的过程中，接触了许多人，有残疾人、老年人。困难群体需要我们提供帮助，但还有一些人，是我们难以用物质上的资助来给予帮助的。比如，我曾经在报纸上看到关于星星雨的报道，那是一所专门治疗自闭症儿童的机构。自闭症现在没有很好的治疗方法。自闭症患儿非常可怜。我当时很想与其联系，组织我们志愿团去与那些小孩子交流，希望能将他们从自闭状态中唤醒。但我的想法遭到了许多人的反对。他们说，那些孩子已经是病理性的症状了，连医学家、心理学家都救不了他们，我们根本帮不上忙。我又联想到志愿团曾经开展的保护动物宣传，源于一个偏激幼稚的大学生的错误。现实生活使我渐渐觉得，随着社会经济的发展，物质匮乏的群体在社会中的数量会越来越少，但在高速运转的生活节奏和激烈的生存竞争中，人们对心理帮助的需求可能会越来越多。所以，在高三毕业填报志愿的时候，我毫不犹豫地选择了心理学专业。

2004 年 6 月 23 日，高考成绩还未公布，我校高三（1）班、（2）班的赵毅松、刘惠超两位同学，做了件让我意外又令我兴奋的事——自愿到山西省岢岚县马家河村希望小学义务支教。虽然只有短短 15 天，但让我欣慰的是，没有学校的要求，没有老师的指导，他们作出了独立自主的选择，尽管是个小小的选择。7 月 20 日，得知他们回京，我把刘惠超请到学校。在他随身带来的蓝色笔记本上，我看到了几段日记：

6 月 24 日：怀着锻炼自己的志向，怀着对社会公益的关注以及对外面世界的好奇，我们踏上了前往山西的旅程。出发后，一路上凹凸不平的乡间小道、黄土高原的漫天风沙和视野远处寸草不生的秃山，已经让我们暗暗意识到此行的艰苦。

整整 12 个小时的颠簸后，我们到了目的地——山西岢岚县马家河村希望小学。全村人都出来迎接来自北京的"贵宾"。在老乡们热情而透着期盼的眼神中，我们感到了一种感动、一种责任。没顾上休息，就赶快安排了各自的课程，我负责教英语，赵毅松负责数学和语文，我俩一天各上四节课。

6 月 25 日：12 年来一直坐在下面仰望的讲台，今天第一次登上讲台，心中有一些特别的感受，很有点紧张。铃声一响，我登上讲台，下面 23 个学生好奇地盯着我这个"天外来客"，简短的自我介绍后，我开始正式上课。面对着一群从没有真正接触过英语的孩子（当地小学不开设英语课），我耐下心，从 26 个英文字母开始，到简单的"你好、再见、谢谢"，一点一点地讲解。还好，同学们都很喜欢我的课，他们的眼中透着好奇，我也在小学生们快乐而渴望的神情中找到了一种前所未有的快感。

7 月 2 日：下课后，有一个二年级的孩子递给我一颗大白兔奶糖。这是当地孩子能拿出的最好的礼物了。这块在我眼里再普通不过的奶糖变得说不出的特别。握在手里，我一直没舍得吃，但是我知道，它一定很甜，就像把它给我的那个小女孩的笑脸一样，很甜。

刘惠超告诉老师，他们去的是个远近闻名的贫困村，他们住在阴湿狭小的窑洞中，每天吃着一成不变的土豆玉米，喝沉淀三次才能入口的井水。他们在两个年级合用的教室里教课，在孩子们用攒下的草纸订起来的本子上批改作业，他们在一支蜡烛照明的办公室里辅导学生。他们把临行前父母带给自己的方便面、火腿肠和零食都分给了希望小学的学生，自己一口都没有吃；整整半个月，他们没有洗澡、没有吃肉、没有给家里打过一个电话。

我知道，孩子们要在困境和艰苦中体会成长，体会给予他人帮助从而使自己获得的快乐。他们在自己学会做人的第一课。

三、心灵的教育

过去，传统的教育观念让我们习惯于以品行和成绩的好坏来区分学生。但近年来，我越来越发现学生在校的行为问题、学习障碍问题、性格品德问题，往往都和心理问题有直接关系。从某种意义上说，孩子的问题是家庭、社会、环境诸多不良因素共同作用的结果，而那些因为生命自身神经系统的缺陷所造成的反常行为，更应该得到我们的同情和帮助。

为此，我们专门引进心理学方面的高级专业人才，成立了学校的心理咨询室，让孩子们将他们不愿对家长、老师、校长、班主任言说的问题，让他们把成长中的烦恼和困惑，向陌生的、尊重理解他们的心理老师毫无顾忌地倾泻出来。心理咨询室成立几年来，得知一些有轻微心理问题的学生解开了紧锁的心结，个别有自杀或他杀倾向的行为被及早发现阻止，我感到释然和欣慰。面对诸多年轻生命成长中的困惑、焦虑、抑郁或障碍，我忧心忡忡，满怀悲悯，深感责任重大，责无旁贷。

8 个小时的电话

从教几十年，我遇到不少有过不幸的境遇、有过心理创伤、受到过挫折的孩子。从十二三岁到十八九岁的中学时期，是一个人从懵懂无知的少年变为智慧成熟的成年人的成长期，青春期的孩子敏感、叛逆、困惑，他们的情感、情绪和行为都处于极不稳定的"暴风骤雨"阶段，是生命中极为脆弱的时期。如果一个教师不懂得孩子们特殊的心理和生理特点，不是小心地呵护引导，就会伤害甚至摧残那些年轻的生命。

1998 年春节后的新学期，一开学，我就交给罗滨一副重担，担任高三某班的班主任兼化学教师，并于当日下午上岗。

我相信这个勤奋好学而又善于思考的年轻人。为了支持她的工作，我陪她来到高三这个班，亲自召开了一次班会。但是，让我没有想到的是，罗滨一上任就遇到特殊的挑战。

罗滨曾在一篇文章中回忆：

我头一回看到，刘校长亲自给一个班的学生开班会，做那么细致的思想工作，明确方向，鼓足干劲，科学备考。刘校长以学生为本，学生的利益高于一切的思想和做法让我很感动。

可是，意想不到的事情发生了。开学后第三个周日的早晨九点，一位男生黄玉刚（化名）来电话，要申请住宿，理由是不喜欢看见爸爸，……这是一位不爱说话的学生，却主动打来电话，我抓住机会与之交谈。一问一答当中，时间滑过了8个多小时！下午五点一刻，当我放下电话的时候，这个频繁洗手的孩子的痛苦、压抑、敏感深深地刺激着我，腰酸、背痛、手发麻、饥饿和干渴已经感觉不到，只是想我应该怎么办。一时间我竟不知道怎样才能有效地帮助这个本该快乐的孩子。怎么办？找刘校长！刘校长立即指示：继续密切关注，深入了解情况，慢慢引导，一定要爱护他、保护他，不能出事。

也许是第一天的交谈很投机，从此以后，几乎每天放学后，黄玉刚都会在校园的某处等着我，只要我走出教学楼，他便会飞跑过来，要我陪他说话。一点一滴，从幼儿园到小学、中学，从学习到生活，从同学到家长，从天气到星座，从幼时伙伴到现在朋友，无所不聊，……随着交谈的深入，孩子的焦虑、多疑、幻听，让我忧虑万分。我的劝解、疏导能解决问题吗？同时我还非常担心，还有100名学生等待着我，他们马上就要高考，耽误了他们可怎么办？患得患失的交谈中，他还会常常问我："你知道我这么多事，说不定哪一天会把你杀了，你信吗？"

……

说真的，在那段日子里，我可能比罗滨还要紧张。我欣赏罗滨的细致与爱心，但我更意识到，要采取有效措施，把她和她的学生都从困境中解救出来。

多年的教学生涯和教育管理工作让我深切地感到，学生的成长，不仅是知识的增加、技能的提高，而且也是心理逐步成熟、心灵日趋丰富的过程。中学生的心理特征之一是动荡性突出。若想做好中学教育工作，不能不具备心理学知识。因此，我读了许多心理学方面的书。

心理学的知识告诉我，不能把学生发生的问题，都简单归结为思想问题或品德问题，如果是心理方面的障碍，则必须用心理指导或治疗的方法来解决。

我与罗滨一次次分析黄玉刚的情况，发现他有一系列典型的心理疾病症状：

由于父亲的某些不雅行为，他极度厌恶，不仅不能见父亲，连父亲的声音也不能听，父亲穿什么颜色的衣服他都反感；

因为看过黄色录像，他产生了罪恶感，并说今后不会结婚，也不会有女朋友；

他不肯去食堂吃饭，楼梯上只要有人，他就不肯走；

……

我决定为黄玉刚寻找一位心理医生。通过各种渠道咨询，费尽周折，终于联系好一家部队医院，并约了一位有经验又有耐心的精神科大夫。

在征得黄玉刚本人同意的前提下，我把这位心理医生请到学校看望了黄玉刚。

医生的诊断证实了我们的推断："黄玉刚的状况已是严重的病态，靠思想工作已经无法使其康复，并随时可能出现危险，必须借助药物治疗。"为了万无一失，我又安排罗滨带黄玉刚到另一所著名医院会诊，得出了同样的结论。

为了孩子的健康，我们建议黄玉刚休学一年，住院治疗。黄玉刚听了不置可否，可他的父母马上就急了：

"休学住院？孩子高考怎么办？现在都4月了！"

"你们要考试成绩还是要孩子？"

我有些着急，盯着他们看了一会儿，说：

"孩子如果精神崩溃了，即使考上再有名的大学，又有什么用呢？"

这时父母意识到了孩子休学住院的必要，又担心地问：

"那么，一年之后怎么办？孩子病好了，还能回人大附中考大学吗？"

"能！人大附中等着他康复。"

听到我的明确承诺，这对父母放心了，很快送儿子住进了医院，开始系统治疗。

1999年，康复了的黄玉刚回到人大附中，我特意把他安排在一位有经验的班主任的班，并希望师生们对他多加呵护关照。高考时，黄玉刚以近600分的优异成绩考入一所名牌大学，选择了自己喜欢的专业，开始了充满希望的新生活。

面 对年轻的生命

人大附中的心理健康教育，可以追溯到20世纪90年代初期。当时，担任副校长的我，开设了心理教研室，并请科研室的南顺卿老师具体负责。

当过多年班主任又教过政治课的南老师，一听我建议她学习心理学知识，准备做心理咨询，不仅马上同意了，还一连说了几个好。不久，我听说海淀区拟举办中学教师心理教育培训班，立即告诉南老师，请她务必报名参加。同时，为了充分利用这个机会，我从初中、高中年级各派出几位班主任参加培训。南老师兴趣最浓，干劲最大，每堂课都不落下，周六周日家里有急事也克服困难参加。最后，我校6位教师都拿到了培训结业证书。

星星之火，可以燎原。班主任们开始在校刊《科研园地》上探讨学生的心理健康的话题，撰写小论文。我记得当时许多班主任都写过这方面的文章。例如李炳生的《浅谈中学生的自卑心理》，林琳的《培养少年学生的健康心理》，周启欣的《对实验班学生应注重心理健康教育》等。南老师也写了好几篇文章——《班主任应加强对学生心理健康的教育》《对考试焦虑学生的调试》《对学校心理健康教育的几点建议》等。

我找到南老师，让她抓紧时间成立并开放学校心理咨询室，接待前来咨询的学生。刚开始南老师还担心没有人去，不料去的人很多，有不少学生放学后都喜欢到那儿坐一坐、聊一聊，述说他们心中的苦恼。

1996年，我当选为北京市心理卫生协会学校心理卫生委员会副主任，对青少年心理健康的现状和问题有了更深的认识。

1997年，我做校长以后，正式在校务会上提出，对在职教师进行心理学培训很有必要。但是，心理健康教育极其复杂，必须引进心理学专业人才。

1997年底，人大附中计划招心理学、教育学硕士各一名。两个硕士研究生的个人简历进入我的视野。一个是北京师范大学教育系的研究生，一个是西南师范大学心理系的研究生。这两个人我当时都见了一面，感觉不错，就提出，两人都要。可是，当时有个别领导和教师不理解，说招这些专业的研究生来有什么用，他们又不能教书，招一个就足够了，干吗还招两个？

当时心理学、教育学专业的研究生进入中学还是罕见的，我说服了相关人员，才终于将他们招入了人大附中。

事实证明，我的决断是正确的。他们尽管不教语文、数学，可是能教很多新课程。来校以后，他们不仅能够胜任中学生心理健康导向课、社会实践课、科学实践课、现代少年课等，还用自己所学对学校的发展建设提出了有益的建议。心理咨询室、心理热线、心理信箱也相继建成开通。

随着学校规模的扩大，学生人数的增多，现有的心理老师已经远远不够用，任务重，人手少，我又萌发再招一名心理学教师的念头。于是，2001年，我们招进了第三位心理专业教师李婕。她30多岁，北师大心理学专业研究生毕业，曾在大学任心理教师，专业经验丰富。2003年，我又引进北师大心理学博士宋丽波，并组建了心理教育研究中心。2004年，北京大学心理学硕士陈华进入人大附中，她的研究方向是青少年发展心理学。此外，我校原团委书记万秋实从事思想道德教育工作多年，对心理学具有浓厚的兴趣，现正在北大心理学系攻读在职硕士学位，专修心理咨询，即将毕业。至此，人大附中已有6名接受过正规心理学专业教育的心理教师，在国内心理学专业人才还属稀缺的情况下，这样的心理教育师资力量非常难得。随着师资力量的增强，我们的心理健康教育打开了局面，不仅在初中开设了必修课，而且在高中开设了选修课，还针对毕业年级的考试焦虑等问题开展了团体训练和个别辅导。李老师针对初二学生情绪波动大，敏感、逆反、迷茫等心理特点，开展了青春期心理辅导，起到了很好的作用。一名学生在一篇作文中写道：

心理课上，师生之间的沟通很融洽，同学之间的讨论很热烈……渐渐地，我们知道了，学习上遇到困难——找心理老师；生活上有了麻烦——找心理老师。心理老师会帮助我们找问题、出点子。

就在我们的心理教育刚刚兴起的时候，一个突如其来的事件发生了。

记得一个晚上，我突然接到一位班主任的电话，急切的声音里满是疑问和焦虑：

"刘校长，我们班上有一个学生好几天没来上课了。前几天给家长打电话，家长不接电话，只在传呼上给我留言，说孩子生病住院了。过了两天，学生还没来，我又给她家长打电话，希望能告诉我孩子在哪个医院，我好去看望。可这一次，家长始终不给我回电话，任凭我怎么呼他，不再有任何消息，我心里非常着急。我们班上的学生也问我，这个同学怎么没来上课？结果他们跑到这个学生家去看她时，却听说她几天前跳楼自杀了。校长，这要是真的可怎么办？"

这消息也吓了我一跳。这事非同小可，我立即叮嘱班主任继续与学生联系，最好能到学生家里去一趟，搞清楚事情真相。放下电话，我心里沉甸甸的，如果真像是学生们所说的那样，该怎么办？作为一校之长，晚上接到这样的电话，心里的担心和牵挂是一般人无法想象的。

这个班主任费了很大的劲，通过各种渠道也没能找到该生的家长，最后还是听邻居说确实有一个女孩子从楼上跳下来自杀了。我知道这个情况后，赶紧找到公安局询问此事，公安局证实了女孩子确属跳楼自杀身亡。这时，我再一次派人去找学生家长了解情况，仍然家中无人，去单位也找不到。我们意识到，家长可能过分悲伤，不愿告诉我们实情。当时外面传得沸沸扬扬，说这个女孩是因为学习负担太重才跳楼自杀的。而实际上，老师和同学都十分清楚，不可能是这个原因，因为该生的成绩非常优秀，在年级里都是前 20 名。如果从升学的角度来说，她可以轻松地考上北大、清华这样的名牌大学，而且能够自由地选择专业。只是她性格文静、内向，不太爱讲话。

后来，我从公安局了解到，是因为家庭的原因，孩子最后选择了自杀这一极端的方式来解脱。了解到事情的真相后，所有的人无不为之扼腕叹息。花一样的年龄！一个好端端的学生呀！为什么就这样轻易地选择了结束年轻的生命？为什么她不向人宣泄自己的痛苦？如果她有一点点犹豫，如果她给自己的老师、同学一点点暗示，也许这个悲剧就不会发生。一向沉稳、不多言不多语的女孩，心中竟然藏着这样大的秘密，承受着这样大的痛苦。家庭的矛盾、父母的不和本不是她应该承受的重负呀！我的心被深深地刺痛、震撼！我一向关心老师和学生的心理，但有些孩子习惯于将个人的痛苦深深藏在心底，他人有时竟无法察觉。就像平静的湖水一样，看上去波平浪静，其实下面浪涛汹涌。心理问题有时极容易被表象掩盖。

怎样让我们的心理老师、班主任发现学生隐蔽的心理问题？怎样能让学生们身心健康地成长？我想了很多。有多少发生在家庭中的悲剧，我们教育工作者并不知道。家庭作为学生成长的另一个重要环境，它对学生心理的影响、性格的塑造起着非常大的作用。我记得有一位香港的心理学家讲过，每一个个体的心理发展都是微妙的、脆弱的。许多心理疾患其实在个体孩童时代就已经埋下了阴影，种下了恶瘤，这其中，父母以及家庭的责任作用是不可忽视的。

我从这件事上意识到心理健康教育的紧迫性、艰巨性。由于个体的心理差异以及心理问题的隐蔽性，一些心理疾患在初期并没有引起人们高度重视，最终导致悲剧。因此，防患于未然是心理健康教育工作的重中之重。此事发生后，我在全校教职员工大会上动员宣讲，并倡议全校成立一个大的心理研究室，政教主任张文侠为心理室主任，心理教师为主要成员，所有领导、员工都是心理咨询人员，每个班主任和任课教师要将班里学生分工包干，要了解他们，关心他们，爱护他们，一定要研究学生心理，要将孩子们的心理疾病消灭在萌芽状态。班里学生有心理疾病或心理问题的，老师解决不了的，要立即上报学校，大家共同研究解决。我们应该让更多的人了解心理健康教育工作，参与心理健康教育工作，这样，我们身边的悲剧才会减少。心理健康教育工作必须与社会、家庭、学校结合起来，形成三位一体的教育网络，才能从根本上保证这项工作的针对性、有效性、及时性。

四、随风潜入夜，润物细无声

弯下身子与花朵讲话

2003 年 11 月的一天，我到北师大研究生班作报告。面对台下数百个即将成为"人师"的研究生，我说：

"当前我国城市的中学生基本上都是独生子女，这是中国特色，心理有问题的学生的比例比任何时期都高。我希望你们在座的每一位都能够学习一些心理学，研究学生心理问题，在你们以后教书的同时，也能做学生的心理老师。"

这是我心底的呼唤，也是我的深切体验。

作为校长，我有时觉得自己像救火队队员，哪里有火情，就扑向哪里。大约是2001 年 10 月，我们学校碰上了一件棘手的事情，我和王珉珠书记亲自参与，用了很长时间才解决了。

那是一天傍晚，我们正在开会，保卫处打来一个电话，说他们抓住了一个小偷，是个女学生。那女生被领进保卫室后不仅脸无愧色，而且一进门就说："我就知道总有一天会被人发现，我今天进来就没打算活着出去，我都想好了，如果我被人发现了，我就不活。"还说："我用什么方法都可以死，我早就想好了。"女生扬言要自杀，这可吓坏了保卫人员，他们可从来没有碰上过这样的小偷。本来按照学校的规定，要对这个学生进行批评教育和处分。可在这种情况下，保安人员不仅不敢多说话，而且还得想方设法保护她。他们把电话打到了校长室，接到电话后，我立刻把正在开的会停了，急急忙忙和王书记一同赶到保卫室。

我先找到保卫室负责人了解情况。原来这个学生所在班级的教室里不时有丢东西的现象。学生报案以后，保安人员从监控室调出资料，在楼道里发现了一个女孩子的背影，于是保卫处找来各年级组的老师辨认，毫无结果。保安人员没有放弃，不停地研究当时的现场，对这个女孩子的身高、举止、行动都比较熟悉。一天，在校园监控室（只监控校园和关键点）的保安突然发现了线索，走在校园里的一个女孩子与要寻找的人很像。两个保安立刻悄悄跟了过去，发现这个女孩子进了一间教室。下课以后，保安请老师通知这个学生到保安室，简单一问，果然就是这个女孩子所为。保安人员完成了破案任务，非常高兴，但万万没想到新情况出现了。

我见到了偷东西的女孩，个子不太高，一个看起来聪明、清秀的女孩子。经询问，知道她是从外校新考进人大附中高中的，刚到校1个月，到别的教室偷过几次东西。她的父亲是高级知识分子，从外地调入北京，家里不缺钱。可是为什么要偷东西？她是出于什么心理？我开始和这个女孩子谈话，这是一次长时间的谈话，一共进行了7个小时。

这不是一次简单的谈话，而是在打开孩子心中的锁，是在挽救一个年轻的生命！

天渐渐暗下来，办公室里灯火通明。我与这位名叫冯春（化名）的女生坐在一起。她仍是面无表情，青春的脸上是年轻的线条，但失去了应有的光彩。谈话是直截了当的："你杀人了吗？"冯春愣了一下，摇摇头；"放火了？"她更加奇怪，仍是摇头。"既然如此严重的事情你都没有做，你为什么要死呢？无论出了什么样的问题，都有办法处理，可以慢慢谈，但跟死还远远不沾边。""你没有拿出想解决问题的态度来，你没有考虑如何改正，你考虑的只是周围人对你的看法，是父母对你的看法，对吗？"女孩低着头不说话，"你才十几岁，人生中还有太多的美好你都没有见过、没有经历过，你忍心放弃？"冯春似乎被触动了，眼泪在眼眶里转，终于她不再沉默，大声地说："我在父母、老师面前是好学生，我还有许多的朋友，如果大家知道了我的事，我还有什么脸活着呢？"这才是孩子"想死"的真正原因，她没有勇气面对如果被"揭穿"的现实。

教育孩子的前提是了解孩子，了解孩子的前提是尊重孩子。对于青春期的中学生尤其如此。对冯春这样一个女孩，如果采取高压手段，她有可能立刻自杀，根本不会向你敞开心扉。所以，我先让她松弛下来，不做道德评判，而只是与她一起探究原因。

我的策略是正确的。对冯春来说，这也是困扰她自己的问题。经过4个多小时的交谈，冯春的情绪渐渐稳定下来，我也基本了解了她偷东西的原因。

原来，冯春是个网迷，在网上交了一个男朋友，一个文化素质比较低的打工仔。我估计是男朋友向她要手机、钱物，但我没有使劲儿追问下去。冯春倒也承认，她是为了男朋友而开始偷东西的。

冯春偷窃有高智商犯罪的某些特点。她偷了同学手机，拿了同宿舍同学的银行信用卡，因不知道密码，就让男朋友冒充公安人员给我们老师打电话，也给失窃学生的家长打电话，谎称自己是公安局的，说正在破案，需要密码，否则无法破案。幸亏家长没有轻易相信。

我从冯春的口中还了解到，她刚进校的时候是住校生，由于不习惯宿舍里人多，父母为她在附近租了一间房，她自己在那儿住。她说，刚开始偷东西的时候，天天晚上睡不着觉，很害怕，觉得自己罪大恶极，不可饶恕。偷了好几次，都没事，渐渐胆子也大了。尽管知道自己这样做不对，但已经管不住自己了。她承认自己以前在宿舍里也有偷东西的行为，大家也怀疑过她。

针对这种情况，我很耐心地与冯春谈话。我对她讲，偷别人的东西不是一般的小错误，这种错误就像人生了病，身上长了肿瘤一样，就得治病，肿瘤该切除就得切除。冯春心有所动，但随即提出两个请求：第一，学校不要处分她，因为在全校大会上一宣布她就没脸见人了；第二，希望学校不告诉她的家长，她不想在父母的眼里变成一个坏孩子，一个罪人。

望着冯春那双惊恐而又乞求的目光，我一时陷入了沉思之中。

知耻近乎勇。一个犯错误的人，如果有羞耻之心，表明她还是一个有希望的人。冯春能产生羞耻心，自然是一个好兆头。

但是，能替她把毛病掩盖起来吗？我认为不能这样答应她，因为这不是爱她而是害她。

我说：

"冯春啊，你是个聪明的学生，也是一个有自尊心的女孩。我相信，只要敢于正视自己的错误，弃恶扬善，你肯定会有美好的未来。但是，你已经病得不轻了，你也承认难以控制自己的行为，如果不处分你，又不让父母知道，谁来帮助你控制不良行为呢？"

看得出来，冯春正在进行激烈的思想斗争。于是，我直截了当地说：

"为了真正地帮助你，学校一定要处分你，但可以不在全校公开，只在班里公布，并要你做出检查。我相信你有这个勇气，我也相信你的班级能给你帮助。"

冯春沉默不语。但是，她让我放心，她不会再考虑自杀了。

我拍拍她的肩膀，笑着说："那咱们拉拉钩，永远不反悔！"

她伸出了手，我也伸出了手，我们的小手指紧紧地钩在了一起。

当夜11点钟，冯春的父母从远郊区开车赶来了。我担心双方一开始都接受不了，就让王书记继续做女孩子的工作，我单独与她的父母谈。她的父母痛哭流涕，不敢相信他们的孩子是这样的，也不知道为什么会变成这样。我说，根据我和冯春谈话来看，你们还是对她关心太少，在教育孩子的问题上应该允许孩子犯错误。

我与她的父母谈了两个半小时，要求他们回去不能打孩子，并建议带孩子到医院去看看心理医生。他们领走孩子的时候，我提醒他们：如果你们对孩子施加暴力，或者言辞激烈，这个孩子随时都有自杀的可能。

第二天，家长带孩子去看了医生。医生说，她原来犯错误的时候没有心理疾病，现在有了，告诉他们注意调整。

后来有一天，冯春的父母专程来校告诉我，冯春说，真没想到校长有这么宽大的胸怀，能够容纳她犯了这么严重的错误，即使自己犯了错，校长还能这样面对，很感激校长，救了她一命，她说一定要好好学习，做个对社会有益的人！

这件事情给了我很多思考，我觉得对学生、员工，都应该允许他们犯错误，允许他们走弯路，但在犯错误之后要让他们得到深刻的教育，要通过一定的方式震撼他们的心灵。对于规章制度，对于处分，我们一方面要严格执行，但不能过于呆板僵化，因为我们的规章制度，我们的约束机制实际上只能管住他们的行动，管不住他们的心。对于犯了错误、走了弯路的人来说，教育、说服、信任、信服才是最重要的，救人最要紧的是救心。

一个人的班级

社会生活是纷繁复杂的，学生也是千差万别的。人大附中也不例外，学生中会不断发生各种尖锐的矛盾。一个又一个问题学生的出现，对按部就班的教育教学提出了挑战。

周金涛（化名）就是一个典型的个案。

乍看上去，他是个挺帅的男孩，大大的眼睛，高高的个子，长得白白净净。可是，在同学们眼里，他却像一只老虎。只要谁喊一声："周金涛来了！"大家必定四处逃散，避之唯恐不及。

原来，周金涛是一个富有攻击性的男孩子。他常常为了一点点小事，就与同学打起架来。在人们看来，孩子之间打打架，不算什么大事。可周金涛不同，他动手打架是狠着心的，似乎要将人往死里打。因此，他不但让一些同学的身体受伤，也造成了某些心理伤害。

关于周金涛，我们开过多次会议分析他的成长经历与攻击性行为形成的原因。

人是环境的产物。周金涛从小生活在动荡不安的家庭里。他是在亲生父母离异后出生的，他归母亲抚养。小学时，母亲又一次离异并再婚，加上生意忙，就将他放到舅舅家里。由于金涛多次折腾出事儿来，常常引发他母亲与继父之间的矛盾。几经反复，母亲将金涛送回到他的亲生父亲身边。可是，这位父亲更加繁忙，常常无暇顾及儿子。在长期缺少关爱的环境里，他逐渐变成了一个性格复杂、冷漠无情的孩子。

弄明白了金涛的成长背景，领导和老师们倒吸了一口凉气：

"天呐！他有几个父亲、几个母亲呀！"

"这么复杂的孩子怎么教育？"

"怪不得，他总是打架，他是在发泄心中的仇恨！"

……

听完了大家的议论后，我说：

"显然，周金涛是一个缺乏关爱的孩子，他从小得到的是残缺的爱，受到的是残缺的教育。如果再放任下去，他会危及社会。他既然是人大附中的学生，我们就要采取有力的措施来帮助他！再说，接受 9 年义务教育，也是学生的权利。"

大家顿时静了下来，一时想不出什么有力的措施。我说：

"让周金涛继续在原班上课也不现实。第一，他的功课难以跟上；第二，同学们见了他人人自危，人心惶惶，无法与他在一起学习生活。因此，我想了很久，决定为他一个人开一个班！"

"一个人的班级！？"

大家惊叫起来，因为这在人大附中的历史上是从未有过的，可能在全国全世界也不多见。

"那么，课程与教师怎么安排呢？总不能和别的学生一样吧？"

听到这种怀疑，我回答道：

"怎么不一样呢？该开什么课就开什么课，而且，要配一名优秀教师当他的班主任！"

经过一番思索，我决定请美术特级教师杨志清出山，担任这一个学生的班主任。杨老师虽然退休了，但曾多年担任学校的年级组长、政教主任、教务主任等，有丰富的教育教学经验，是理想的人选。

就这样，2003 年国庆节之后，初三年级一个人的班级开课了。

这个特殊的班级设在人大附中东教学楼一层南侧的一间教室，这里阳光充足，窗外是高大的杨树和柏树。

和蔼可亲的杨老师，与周金涛面对面坐着，他们的第一课是学习《中华人民共和国未成年人保护法》和《中学生守则》。与一般教室不同的是，师生俩面前，各有一杯热气腾腾的清茶，这是杨老师特意准备的。周金涛的心也开始热了起来。

除了第一课是特别的，一个人的班级一切照常，与别的班级一样有课表，一样记考勤。早晨 7 点 40 分上课，下午 4 点放学。让杨老师欣慰的是，周金涛很少迟到早退。只是轮流来上课的各科教师有些不寻常的感觉，因为他们从未在如此空旷的教室里讲过课。

2004 年 3 月 17 日黄昏时分，在我的直接安排下，人大附中召开一个特别会议，再次研究如何加强这个特殊班级的管理。

会议地点设在教学楼 7 层的会议室。出席会议的是学校领导与 20 多位曾经给周金涛任教的教师、周金涛和他的父母。此外，还有一个与周金涛相似的学生郭鹏（化名）及其父母。也就是说，一个人的班级要变成两个人的班级了。

我说：

"人大附中创办的一个人的班级是成功的。周金涛同学进步很大，就是最好的证明。今天，我们要扩大这个班，由一个人变为两个人，吸收一个新同学郭鹏。郭鹏是一个很聪明的学生！你们看看，周金涛和郭鹏，两个多帅气的小伙子啊！"

大家"轰"地笑了起来。这天的周金涛穿着耐克 T 恤和牛仔裤，而瘦高的郭鹏则穿一件蓝色夹克，的确是两个眉清目秀的帅男孩。

我把周金涛和郭鹏叫到身边坐下，与他们商量了一下后，宣布道：

"咱们这个班叫第二实验班，比第一实验班的师资力量还强呐！特级教师杨志清老师为班主任，心理学博士宋丽波老师为副班主任。周金涛担任班长，郭鹏担任学习委员。"

在大家的掌声中，周金涛和郭鹏都羞涩地笑了。这大概是他们做梦也没想到的事情，一副将信将疑的样子。

"这是真的，要写进学籍档案的！"

听我郑重说明，他俩也争相表态。周金涛说："我要当好班长，把同学团结好，一起好好学习！"郭鹏则表示："我要在班里制造出浓厚的学习氛围，争取考上人大附中高中！"

我对大家说：

"离中考还有 100 多天了，我们共同的奋斗目标是，让周金涛和郭鹏成为合格的初中毕业生。谁家的孩子都是心肝宝贝，他们的一生刚刚起步，决不能耽误了。过去的事情就过去了，我们谁也不怪罪，谁也别抱怨。我听了教师们的汇报，对两个孩子更有信心了！"

杨志清老师接过去说：

"孩子在变，我们要重新认识他们，他们是有希望的，不是不可救药的。我们教师要与学生及其父母紧密配合起来，渡过这个艰难的阶段，为孩子一生奠定一个好的基础。"

这个会议深深感动了两个孩子的父亲。周金涛的父亲激动地说：

"刘校长不让我说感谢，我一定要感谢，因为人大附中的决定让我想不到，孩子的变化更让我想不到！我会全力配合学校的工作！"

郭鹏的父亲说：

"人大附中的决定是令我意外的重大决定，体现了对孩子的爱和信心，这就是不让一个孩子掉队。今天，是孩子重生的日子，我这个做父亲的，也有信心了！"

赏识是最好的激励

每一位老师都要学会赏识自己的学生，赏识教育也是我经常挂在嘴边的话。2003 年，在全校的科研年会上，我发给全校老师每人一本《赏识你的孩子》。而具体在学校教育教学中究竟怎么去做，怎样去渗透，则值得每一位教育工作者认真思考。

有一天下午 4 点多，我刚一踏进教学主楼的大门，就被眼前一道亮丽的风景吸引，十几块色彩斑斓的展板，几乎吸引了所有踏入大厅的人。我仔细一看，才知道这是高一年级评选出的"年级十杰""年级之星"，我数了数一共有一百多个孩子的照片在展板中。每个班的"年级之星"都做在一张展板上，看得出每张展板都独具匠心，颇有创意，所有精心的设计都在努力烘托那些入选"年级之星"的学生照片，旁边还有班里同学对这些孩子的文字点评。有一个学生照片旁边有这样一句话：

"……你是我们全班的骄傲……"；还有一位学生被他的同班同学这么评价："……你为大家做了那么多的事，却总是那样默默无闻，你那样的理解和帮助同学，几乎成了我们择友的典范……"。看着这些充满了激励与爱的语言，我被深深地打动了。

我又看到"年级之星"照片边的注解是自己对自己的评价，文字中张扬着个性，充满自信。有一位女同学是这样写的："从不为了学习放弃爱好，只求拥有一方属于我的晴空；从不膜拜他人的行为衣饰，只求保持一点自己的独特；从不掩饰泪水假扮深沉，只求心灵还在鲜活地成长。"还有一位男同学这么写道：

> 我存在因为我思考
> 我优秀因为我进取
> 我睿智因为我勤奋
> 我乐观因为我热爱生活
> Tomorrow is another day!

看着展板上这么多意气风发、充满自信的优秀学生，看到孩子们健康成长，我对孩子们的敬佩从心底油然而生。在我驻足细看时，展板前一直有学生和老师停下脚步仔细地看，还不时发出感叹声。的确，这种对孩子的表扬方式比单纯地公布名字、发奖状或奖品的表扬，更能让一个孩子受到激励；这种公开的展示和表彰无疑会使他们更加严格自律，更加积极地为同学、为集体服务，也更加自信、更加努力。我们平时不缺少表扬，但特殊的表扬方式却带来了不同凡响的激励效果。

2001—2002 学年人大附中校园十杰照片

高一年级有近八百名学生，短短几个月就有这么多优秀学生脱颖而出，崭露头角，在他们各自的班集体里无疑会起到积极带头作用，同时又会激励更多的没有被选中的同学，以这些孩子为榜样。我想老师们、同学们还会想出更新颖的方法来激励有其他特长的孩子们，这样无疑会给年级乃至全校营造出一种积极、健康、向上的氛围。

连续几天，我多次在展板前细细观赏，看得出每张展板都充分表现出这个班学生集体的智慧和创意。相同的"年级之星"主题，却有 16 种风格完全不同的表现方式，放在一起展出，又是一种个性的张扬和相互的竞争、启发。这些花花绿绿、五光十色的展板，也是孩子们施展才能的舞台。当一位班主任兴高采烈地为我介绍他们班学生制作展板的过程时，言语神情间真是充满了自豪，她告诉我学生们都很重视，这些被选中的学生在班里比以前更主动、更积极了，大家反映都很好。

在以后的日子里，我看到这种赏识教育已经在校园里蔚然成风。经常能看到初中楼和高中楼的一层大厅里，不断变换的各种内容各异、丰富多彩的展板，甚至还有以班级为单位的书画展。给我印象最深的是高一（11）班的系列书画展，我惊叹一个普通班级里竟然有这么多书画人才。展板上画有艳丽绽放的工笔牡丹；有仰天长啸，似乎如闻其声的猛虎；有充满灵气和个性的素描；还有遒劲有力的毛笔字"滚滚长江东逝水"……

我还看到了这个班任课老师写在画展边上的评语：

> 书画人生，人生更如书画。与其说是欣赏作品，不如说是赏识我们身边的同学，希望这里成为我们所有同学展示自己，欣赏他人的舞台。
>
> ——历史老师

> 承名校底蕴，展学子风采。
>
> ——数学老师

> Here is no lack of beauty in the world, but notice .
>
> ——英语老师

> 祝愿十一班像中国字一样有棱有角，祝愿生活充满诗意！
>
> ——化学老师

他们的班主任王彩云老师的几句话，很有深度：

11班也许不张扬，但她有个性；11班也许不完美，但她有追求。《红楼梦》说："弱水三千，我只取一瓢饮"，我希望11班的同学能够在高中三年中不尚浮华，用心求取，为成就自己的人生理想打下基础。

我想起不久前在国际部大厅宣传栏上看到初一（×）班的班级之星，双手推开硬纸折出的一扇窗，充满阳光的笑脸真是惹人喜爱；还有2003年全校学生评选出的"校园十杰"，他们的个人展板在中心花坛摆放了一圈，照片上的孩子个个神采飞扬，个性十足。

孙悦怡是人大附中学生电视台的台长，曾经荣获中学生电视主持人大赛亚军，是中央电视台学生记者，多次被邀请采访世界冠军、社会名人，参加各种社会活动。她回顾自己在人大附中三年的生活时这样写道：

三年前，我刚从长春来到北京，拿着录取通知书走进人大附中校园，看着其他同学那充满骄傲和欣喜的笑脸，我的心中却有一种莫名的孤独与寂寞。这里不是我最初的梦想，我的梦想还在那所自己熟悉的全省最好的重点中学。这里，一切对我都是陌生的。昔日的爱好、曾经的梦想都仿佛离我那么遥远，我失去了原有的自信，失去了原本属于我的骄傲与自豪。

然而，最初的失落转瞬即逝，随后三年我从人大附中得到了太多太多。

进入高一不久，一次偶然的机会，我把自己初中曾经在电视台工作的简历向负责团委工作的万老师做了一点说明，但对成为人大附中电视台的一员并没抱多大希望。我知道，这里作为北京市重点中学人才济济，没想到，万老师说："如果你愿意，可以先去做记者试试。"老师的信任对当时急于得到肯定的我来说是一种莫大的鼓励与支持。不久，学生会换届选举，万老师又找我谈话，希望我能去竞选一下台长。这让我感到既惊讶又高兴，之前我只是希望能在电视台继续做自己喜欢的电视节目，只要做一个小卒就好了，从没当台长的奢望。因为在人大附中，我觉得自己是那么普通，根本不具备管理一个电视台的能力。但在老师眼中，我却有那么多优点、那么大潜力。"也许我应该试试？"面对老师的信任与鼓励，我有什么理由不相信自己呢？

结果，我成功当选为校园电视台台长，并且成为节目主持人。三年来，我一直认为自己这几年无论是做台长还是做主持，工作都很顺利，得心应手。

　　然而毕业后，当我和老师们谈起自己三年的成长时才发现，原来我走过的这条路本不是那么平坦的，是老师和学校用他们的信任和鼓励，一次次为我铺平了成长之路的沟沟坎坎。

　　第一次主持大型活动是高一结束的那个暑假，为了给 2002 届毕业生办一个隆重的毕业典礼，学校需要一个能够和翟校长共同主持的女生，老师推荐了我。因为对主持这样的毕业典礼不是很熟悉，何况是和翟校长共同主持，我心中不免有几分胆怯。在典礼开始前一天的彩排中，心愈急，状态就愈差，信心就愈少。可是彩排后，对成功主持这次活动已没多少把握的我，却听到老师说："没问题，今天来彩排，可能不太适应，回去再反复体会一下，就像平时在演播室一样，你肯定没问题的！我相信你！"老师的信任就是一种动力，它的力量之强让我无法抗拒。第二天的毕业典礼上，我主持得十分成功，得到了校长和老师的肯定。现在我可以自豪地说，我没有辜负老师的信任。更重要的是，我看到了自己从未探及到的潜力。

　　万物都有终点，但梦没有，因为追求的心恒久不变。这是我的座右铭。三年的高中生活，我在不断地创造梦想、追求梦想、实现梦想。是老师的信任和激励，让我在高中三年始终如一地为梦想拼搏；是学校的期望和赏识让我满脸笑容走进高考考场，成就了梦想，成为北京大学法学院的一名学子。

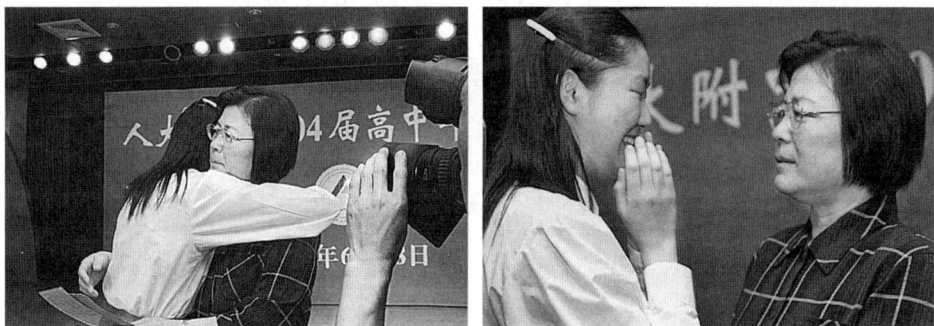

　　和学生真情拥抱

　　高考后，作为一次经历，我还参加了香港中文大学的面试。在即将结束面试时，主考官告诉我可以不必同别人一样等待接受筛选，他们非常肯定地当即录取了我。事后，这位老师的研究生告诉我，主考官很欣赏我，因为我比别人更自信。

　　2004 年 6 月 18 日，刚刚主持完自己的毕业典礼，看着台上那位自己敬爱的校长，我走了上去，想留下一张值得珍藏的照片。然而，不争气的眼泪流了出来。我抱住校长，感觉她的胸怀是那样的温暖，我在她怀里哭了，哽咽的声音让我没有办法表达自己的感谢，我想告诉校长，我有多留恋她，多眷恋人大附中。我看到校长也流泪了，她一面帮我擦拭着眼泪，一面趴在耳边告诉我："我也舍不得你啊，你应该再多待三年。"此时，作为深爱这个校园的我，真是希望时间可以倒流，让我能够再在这里度过快乐的三年。

是的，生命需要爱护，更需要激励。教育要着眼于学生的一生，赏识和激励能让学生在成长中获得成长的动力。

在香港与来自世界多个国家的超常儿童尽欢颜

两 代人的 18 岁

在人大附中，我经常被一些事情感动着，因为在这个青春的海洋里，几乎每一天都有激动人心的发现和创造。

秋天等不及了，悄悄间，一阵风吹黄了叶子，凋了，落了。

冬天等不及了，一夜间，一场雪湮没了暖色，白了，灰了。

童年等不及了，转眼间，一扇门拦住了幼稚，走了，没了。

青春等不及了，刹那间，一篇誓言表达了决心，大了，懂了。

这是高三学生沈迪侪《写在18岁》一文中的开篇语。它让我想起了那个动人心弦的日子。

2003年暑期刚过，开学不久，高三年级组长王小欣来找我，说学生们提出要自己搞一个成人仪式，集体过18岁生日，问学校允许不允许。其实，我知道，在孩子们即将成人的时候搞一个仪式是非常有意义的，能让他们意识到自己的成长和责任。而这一届学生在高二后半学期曾经受"非典"影响停了课，基础本来就打得不扎实，现在高考提前了一个月，时间非常紧，学生们刚刚进入学习状态，搞这么一个全年级的大型活动会不会让他们心浮气躁，影响学习呢？高考可是决定人生命运的大事之一啊！这一连串想法在我头脑里闪过，但是，学生的要求应该尊重，何况，这是个让学生展示个性、进行成长教育的机会，我应该支持。考虑了一下，我对王小欣说："尊重学生的意见吧，活动可以搞，但你们一定要把握好时间和分寸，不能干扰正常学习。"

没几天，王小欣又找到我，"校长，学生们要自己策划、自己主持这次活动，他们希望您能参加，给他们讲话，而且……"她笑着看了我一眼说："学生还要求您准备一张18岁时的照片。"我笑着问："这些孩子，要我18岁的照片干什么？我还不知道有没有呢。""我也不知道，他们保密呢。您就给找找吧！"她笑着走了出去。

这下可给我出了难题。我根本没有18岁时照片，可这是孩子们别出心裁的策划，我一定得支持他们，最后想办法找到了一张年轻时的照片，翻拍后交给了学生。这是学生们自己创意的活动，这又是他们成人的纪念日，作为校长，我该给他们的活动添一把柴，加一把火。成人仪式前一天晚上，我想到明天学生们还要我讲话，我该对他们说些什么？怎样能给他们一个意想不到的惊喜？……晚上10点多了，我突发灵感，想到把美国西点军校的校训和人大附中的校训结合起来送给学生。为了让这两个校训和谐对称，我又精心添加了"健康、诚信、自信"三个词语。然后，立即打电话给电教室的白老师，要他们给我做成醒目的大幅横标并叮嘱说："你们一定要保密，不能让别人看到，等到明天成人仪式我讲到最后时，你们再突然把横幅打出来。"

　　那一天是 11 月 19 日，下午 4 点。我按照学生的通知，提前来到综合楼四层会议厅，一进门，看到前方舞台上已挂好醒目的横幅——"人大附中 2003—2004 届成人仪式"，会议厅后面入口处用绿色的松枝装点着门楣，上面是三个红色的大字"成人门"。

进了成人门，从此成大人

看着 600 多名学生身穿整齐的校服，有说有笑，兴高采烈地进入会场，我能感受到他们心中抑制不住的兴奋和好奇。此刻，我的心情竟有些和孩子们相同的新奇，因为那些小组织者们同样也没有把仪式的内容和程序告诉我。现在，谜底就要揭晓了。转眼看看周围，年级组长王小欣穿了一件金色的唐装，胸前还别了一朵紫色的鲜花；新老两位政教主任也坐在我旁边，穿戴得整整齐齐；再看年级组的老师和各位班主任，更是面露喜气，着意打扮。放眼会场的最后，虽然看不清楚，但我知道还有一个同我们一样，也许比我们更兴奋的人群，那就是孩子们的家长。此刻，置身这个会场，我相信他们会为自己的孩子走进人大附中而感到庆幸，也会为自己的孩子能这样度过人生的 18 岁感到骄傲。这是一个隆重的生日庆典，这是人生中一个难忘的时刻，无论对我，对我的同事，还是对学生，对他们的家长。

　　待全体就座几分钟后，灯忽然灭了，会场漆黑一片，我坐在前排学生们指定的座位上，心情竟有几分莫名的紧张，不知道他们会搞什么名堂。刚刚喧闹的会场瞬间转为一片寂静。忽然，一声响亮的婴儿啼哭打破了寂静，大屏幕上出现了一个刚刚出生的婴儿照片。接着，屏幕上的娃娃会爬了，他在蹒跚学步，能骑三轮小自行车了，背上书包上学了。然后，戴红领巾的儿童变成了身穿人大附中校服的少年、青年。这时，会场上忽然迸发出一片欢笑，并不时地叫着同一个男生的名字。我知道，照片上的孩子一定就是他们中的一个，孩子们都认出了他。"真是有趣，多么聪明的孩子！"我被这奇妙的创意所打动，目不转睛地盯着大屏幕，猜想着下面还会出现什么。接着，出现了布娃娃、变形金刚、汽车模型、拼插积木……都是孩子们儿时喜爱的玩具，每一个画面都会引出台下的一阵欢呼、一片欢笑。坐在我旁边的王小欣显然也被感染了，得意地对我说："看！我们学生怎么样，多有创意！"我已顾不得理她，全神贯注地看着听着。忽然，大屏幕上打出了我年轻时的照片，主持人说：

"同学们，猜一猜这个漂亮的女孩是谁？"

我听到底下一片叽叽喳喳的猜测声，不知从哪儿传出一声"刘校长！"接着便是热烈的应和，"女校长 18 一枝花……"

主持人的解说已被一片欢呼和掌声淹没。接下去，是年级里许多老师 18 岁时的照片展示，每一张照片都引出一阵轰动，而每幅 18 岁的照片之后的老师们的近照，都会引出满场的欢呼和掌声。我相信看到老师们昔日青春美丽的容颜，孩子们会真切地体会出什么叫"生命匆匆，年华似水"，他们会更加珍惜自己的青春年华；看到老师们今日眼角的皱纹，面容的沧桑，他们会理解什么叫"耕耘和奉献"。

在展示了教师的 26 张照片之后，13 位老师登场了，他们每人只说了一句话，却激起一阵又一阵热烈的掌声。

这时，学生代表季萌充满激情地说：

从今天起，我们将成为一个大人了。18 岁是一个驿站，但我们只能稍事停留，因为我们要做的事很多，我们要整理自己的行囊，站在 18 岁的起跑线上继续更具挑战的新一段人生之路。……我们应该抛弃幼稚，保留童真；抛弃任性，保留理智；抛弃莽撞，保留实干；抛弃幻想，保留创造力。另外，我们还要增加一些更为重要的东西，首先要增加一份责任，对自己的人格负责，对自己的行为负责，对家庭负责，对国家负责。……我永远忘不了妈妈在寒冷的冬天陪我去参加比赛，把冰凉的牛奶揣在怀里；我永远不会忘记老师从下午 4 点一直到晚上 8 点还在为同学们答疑。看一眼身边的同学吧，他们是我们的好朋友，他们是陪我们一起欢乐，一起流泪，同自己在球场上拼抢，在学海里奋斗的人。18 年的成长，请带上一颗感恩的心，感谢给了我们生命的父母，感谢给了我们知识的老师，感谢给了我们友情的同学，感谢我们 18 岁生命中的一切……

那一时刻，我的心里充满了幸福和感慨——我为孩子们的成长感到幸福；我为自己的 18 岁感到辛酸。我的 18 岁没有成人仪式，没有这样快乐轻松的对童年的回顾，也没有这样浓浓的诗意和美好的祝愿……我羡慕这些孩子，他们有勇气、有机会为自己的成年亲手涂上如此诗意的色彩。我也为人大附中感到骄傲，是学校给孩子们搭建起这座享受青春、体验成长的舞台，是人大附中校园里特有的文化氛围激发了孩子们创造的灵感。也许，这个世界上有千万种幸福，此时此刻，我得到了自己的幸福。

我还沉浸在遐想之中，学生主持人说：

"现在，让我告诉大家，刚才照片上那个漂亮的女校长，她也来到了咱们成人仪式的现场。让我们用热烈的掌声欢迎刘校长讲话。"

大束大束的鲜花向我涌来，像热浪般的青春拥抱着我。顿时，视线有些模糊了，我定了定神，说：

"在这个激动人心的时刻，看到你们兴奋的笑脸，我感到欣慰。多少年来，我一直梦想着办一所学校，在我的学生们毕业以后，会怀念它，当他们回忆起自己的中学时光时，会感到那是幸福的，快乐的，美好的，令人留恋的。今天，在你们紧张的学习时间里，难得有这样开怀大笑的时候，我为你们高兴，也为你们自豪！几天来我一直在想，你们的成人仪式邀我参加，在你们 18 岁的时候，希望我跟你们说些什么呢？"

"你们 18 岁，我今年 58 岁，整整大你们 30 岁！"

"30 岁——"

"哈——"台下笑声一片，我一怔，看到台下有老师伸出 4 个手指给我比画着，突然明白我算错了。我笑着纠正道：

"看来，我还是嫌自己太大了。我是数学教师呀，这会儿连算数都不会了，我一直想着比你们大 30 岁就够大的啦，怎么能比你们大 40 岁呢。好吧，比你们大 40 岁的我，此刻站在这里，我最想向你们说，假如可以返老还童，如果我还能有 18 岁，我最想做的是：第一，好好锻炼身体，有强健的体魄；第二，好好学习外语，掌握好这个与世界沟通交流的工具；第三，学好计算机，……但是，我已经没有 18 岁，我只有羡慕你们，祝贺你们。最后，让我在此送给你们 20 字寄语……"——这时，我身后的几个老师突然打出了昨晚连夜赶制的大横幅——"祖国、荣誉、责任、健康、诚信，崇德、博学、创新、求实、自信"。

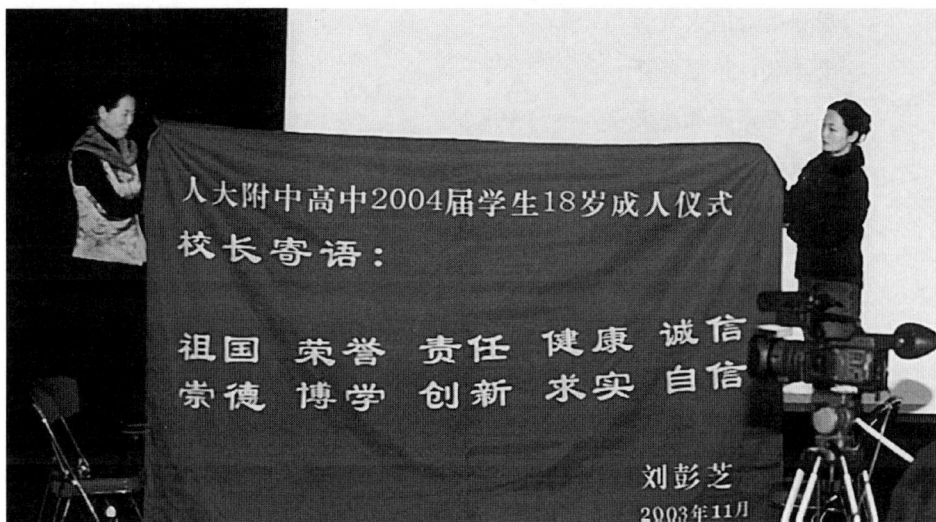

20 字寄语

我对学生们说："这是我昨晚想好要在今天送给你们的，责任、荣誉、国家是美国西点军校的校训，我要以此激励你们，成就大业；崇德、博学、创新、求实是人大附中的校训，希望你们为学校争光；健康、诚信和自信是我特别加上的，希望你们有健康的体魄，希望你们有磊落的人格。最后，让我祝你们成功，愿人大附中因你们而光荣，你们因人大附中而骄傲！"

偌大一个会场，安静得似乎听得见每个人的心跳。我相信，学生们会记住这番祝福。

600 多名 18 岁的学生一起站了起来，他们大声地向祖国宣誓：

从今天起

18 岁

做一个大人

肩负起成年的责任

用信心对自己负责

用诚心对他人负责

用爱心对家庭负责

用热心对社会负责

用赤心对国家负责

要勇敢，不要鲁莽

要理智，不要冷漠

要谦和，要宽容，要坚强，要诚信

珍惜生命，珍惜情谊

坦荡处世，真善待人

做一个大人

18 岁

从今天起

第四章
教学改革为终身学习奠基

时代发展到今天，基础教育有了新的内涵。过去，我们讲基础教育，是相对于高等教育而言的；现在，我们讲基础教育，是相对于21世纪是一个终身学习的世纪而言的。21世纪基础教育最重要的使命，就是为孩子的终身学习打下良好的基础。

学校的中心工作是教学。教什么？怎么教？学什么？怎么学？是每位教师尤其是校长需要经常思考的问题。

我思考最多的就是继承与创新的关系。人大附中的发展也集中体现了继承与创新和谐统一的特色。多年的教育实践证明，没有创新就没有发展，但创新离不开继承的基础。

东西方的教育各有长短。中国的传统教育长于传授，短于体验，具有基础知识扎实而动手能力弱的特点；西方的教育长于体验，短于传授，具有动手能力强而基础知识不够扎实的特点。显然，中西方教育相互取长补短是明智的选择。所以，我总是一手抓继承性的常规教学，一手抓教学创新，并且做到两手都不放松。

没有常规就没有稳定，没有稳定就难以创新；同时，没有创新则失去了发展的动力，教育的生命将走向枯竭。常规与创新并非是一成不变的，而是处于动态之中。今日之常规，可能是昨日创新之成果；今日之创新，可能成为明日之常规。在人大附中，实验班经常承担教育创新的任务，而当教育创新走向成熟之时，教育创新往往就成为新的教育常规。

人大附中的教学既有浓厚的传统特色，又有鲜明的现代精神，并因此而生机勃勃。

一、把课堂还给学生

过 三个点能画几个圆

要提高学生的素质，首先要提高教师的素质。但是，如何引导教师改变陈旧的教学观念，是一项需要讲究艺术的工作。

1991 年 9 月，从外地到北京工作的谢老师，调入人大附中，在总务处担任副主任。

不久，初三数学教师钱金荣病休，我安排谢老师接替。这副担子可不轻。钱老师是数学组德高望重的老师，这个班已带了两年多了，马上面临中考，临阵换将对谁都是难题。况且，谢老师从外地来，对北京学校的教学不一定清楚。但是，我还是相信她，她在原来的学校教了 8 年的高中数学，并当过多年数学教研组组长，一个痴迷教学的人是有特殊功力的。

果然，谢老师不负众望，很快就被学生接受了。一天，我决定去听听她的课。

谁知，当我走进教室的时候，谢老师却把我推了出来，说：

"校长，这课我毫无准备，您别听了。如果您非要听，我就让学生做练习。"

我笑着说：

"你让学生做什么都可以，反正我要坐 45 分钟，这是我的职责嘛。"

我心中有数，谢老师的课不可能没有准备，只是不知道我来听罢了。无可奈何，她只好按计划开讲了。

多年之后她写文章回忆了这堂课：

说老实话我备课很认真，每天备课到深夜，那时候也年轻，接课以后抓紧时间把初中平面几何教材上的习题做了一遍。每次课前都要把教案内容复述几遍，应该说困难不大。那天的课题是：不在同一直线上的三点确定一个圆。简单的几句话就导入新课了："画圆的关键是确定圆心和半径，然后讨论：(1) 过一点 A 可以画几个圆？我用圆规在黑板上经过点 A 画出几个半径不等的圆，结论：过一点可以画无数个圆。（2）过 A、B 两点可以画几个圆？我依然用圆规过 A、B 两点画出几个半径不等圆，结论：过两点可以画无数个圆，且圆心都在连接这两点的线段的垂直平分线上。孩子们静静地看着我。（3）过不共线 A、B、C 三点呢？我在黑板上先后作出线段 AB 和线段 BC 的垂直平分线，二直线交点为圆心，此交点到三点中任一点的线段长为半径画圆。于是过 A、B、C 三点的圆出现在黑板上，说明过不共线三点有一个圆（即存在性），然后又证明了过这三点的圆不可能再有第二个（即唯一性），从而得出一个结论：过三点有且只有一个圆，即不在同一直线上的三点确定一个圆。"我讲得十分投入，自我感觉良好。教室里始终安安静静。我心想可能是校长在后面听课的缘故。最后总结、布置作业，下课铃声刚好响起。我长长地出了一口气。

我走上讲台，笑着对谢老师说：

"累了吧？咱们出去聊聊。"

在教室门口，谢老师擦了一下脸上的汗，急切地问：

"刘校长，您听课让我太紧张了，我特想听听您的意见。"

"你这堂课是成功的！"

我一开口就肯定了她，说：

"第一，你的教态很自然，普通话也不错，看不出你的紧张；第二，板书设计得好，字也写得漂亮；第三，逻辑性很强。如果按照传统的教法评价，你这一堂是很优秀的课。"

"传统？"

谢老师的大眼睛里流露出疑惑，她是敏感的，非追着我指出毛病。

我见教室门口有学生进进出出，就把她带到二楼走廊的一个僻静处，直率地说：

要是我讲，一上课我可以先问同学们你们会画圆吗？好，你们研究一下，画圆首先要确定什么条件？同学们会总结出确定圆心、半径。过一点能画几个圆？我就让几个小孩来黑板上画，其他的小孩在笔记本上画。孩子们自然会得出结论：过一点可以画无数个圆。过两点能画几个圆？再让几个学生上黑板上画，大家会得出同样的结论。过三点能画几个圆？过四点呢？同时让几个学生上黑板。最后再让学生们研究为什么？不用你论述，这个结论他们一生都会记得。可能课堂上会乱一些，但是所有的学生都动起来了，这个课就上活了！你以为刚才课堂上大家很安静，都在听你讲吗？其实很多孩子心里会说我们早就明白了！要知道学生的潜能是很大的，教师要做一个开发者！

谢老师在文章中写下了自己的感受：

人大附中的老师应该这样上课！

十几年过去了，许多事情都淡忘了，然而刘校长第一次听课、评课的情景却历历在目。刘校长在十几年前就能引导学生进行自主学习和研究性学习，不能不说她是一个有远见卓识、具有开拓创新精神的教育家。由于工作关系，我们的接触一天天多起来，对她的为人处世，对她的教育思想和教育理念的认识也在不断地加深。工作上遇到问题时，我会想：如果刘校长在这里，她会怎么处理？这已经成了我的一种习惯。

寻找远去的鲁迅

尊重学生在课堂上的主人地位，在人大附中已蔚然成风。我知道，年轻的语文教师凌晟就进行过成功的探索。

毕业于北师大中文系的凌晟，有一种深深的鲁迅情结。2000年9月，当她为初三年级两个班讲语文课时，恰逢有一个单元专讲鲁迅。于是，她精心备课，计划给学生们一些震撼。

出乎凌晟意料的是，学生们明知要学鲁迅了，却个个没精打采，懒洋洋的。只是因为喜欢凌老师，才没有发出怪腔怪调。

终于下课了，感觉扫兴的凌老师忍不住问：

"你们今天这是怎么啦？"

这一问，打开了学生们的话匣子，牢骚、不满和不解如潮水涌来：

"我们不太喜欢鲁迅作品。"

"他太沉重，我们读不懂也不想懂！"

"都说鲁迅是大文豪，句子也不通呀！什么'似乎确凿'，什么'大概的确是死了'，我们要这么写，老师还不判病句呀！"

"《从百草园到三味书屋》里'臃肿'写成'拥肿'，我把它改正过来，老师却说我写错了，还说'拥'是'臃'的通假字。"

……

凌老师万万想不到，现在的中学生竟是如此看待鲁迅，她一时语塞。

第二节语文课上，凌老师的话又大大出乎学生意料。凌老师笑眯眯地说：

"鲁迅先生对于我们来说既熟悉又陌生，他的文章《从百草园到三味书屋》同学们都熟悉，但大家是怀着被动心情去接受的。上一课我们学的虽不是他的作品，却都是写他的文章。同学们的学习效果不是很好，这是因为你们不了解他，当然也就不能理解并赞同他的思想感情。本周的课都交给你们自己了，我希望你们对鲁迅有一个新的认识。"

"什么叫把课都交给我们自己了？"

见学生们不解其意，凌老师解释道：

"大家不都是网络高手吗？学校支持我们到网络阅览室上课，用两天的语文课到网上寻找鲁迅，看看他到底是一个什么样的人，得出你们自己的结论！"

"真的？"

学生们叫了起来，个个跃跃欲试，急忙向网络阅览室奔去。

寇帅同学后来写道：

周二至周四的语文课，都是在网络阅览室里度过的。我一上机接通互联网，便查询了鲁迅的生平。我一直想知道鲁迅到底是一个怎样的人，可当时，脑中除了"伟大的文学家、思想家、革命家"外，我对他的印象是一片空白。搜索到了。呀！鲁迅小的时候也贪玩，也迟到呀？哈！他这位大文豪也与胡适"对骂"，还娶了自己的学生许广平……

接下来的两天，我都徜徉在鲁迅的作品中，看我想看的文章，时而看，时而记，时而停下笔来思考。随看随想的感觉也是极好的。此时的思绪像脱缰的野马，在草原上驰骋。平时上课是不能这样的，某一段没有想明白的问题只能记下来，等下课再想，因而常常出现思维断层的现象，总有一处连接不上。而这周的语文课不同，我对每个段落、每个问题的想法都是连贯的，文字信息印在脑中的同时，也加入了自己的思维和情感，最终化作一种感觉，便牢牢地"粘"在脑中，想"取"都"取"不下来了。

到了周五，我脑中的鲁迅已经是立体的了。他有时爱斤斤计较，有时胸怀广阔。此时的我对他的文章已经没有了陌生。我在讨论会上发自肺腑地说：鲁迅先生是凡人，更是伟人！这不是由几本书上规定的头衔中得出的结论，而是我经过了解与比较，真心真意的想法；不是为考试得分的应付，只是表达心中的一种感觉。当然，此时我也明白了怀念鲁迅的人的情感。让同学们纳闷的是，凌老师这一回可真沉得住气呀！在网络阅览室里查了两天鲁迅，也不忙着做什么总结，还建议大家国庆节抽空读读鲁迅。节后，又联系了大客车，带两个班的学生去参观鲁迅博物馆及鲁迅故居。

三个星期过去了，与鲁迅的亲密接触，给了这些当代少年从未有过的心灵震撼。他们都按捺不住了，纷纷拿起了笔，写下自己难以抑制的强烈感受。

赵佳伊同学的文章题目独特——《越来越远中的越来越近》，表达出了大家共同的感受。

我从凌老师那里找来

和凌晟讨论语文教学改革的问题

了同学们走近鲁迅后写下的体会：

鲁迅是一个敢爱敢恨的人，他义无反顾地离开了朱安；鲁迅是一个自私的人，为了成全自己，耗尽了朱安一生的等待；鲁迅是一个坚强的人，面对自己的学生一个个被残害，他依然高举着革命的大旗……（唐瑾伟同学）

现代的少年尤其是独生子女，大都从小在"蜜罐子"里长大，在家中家长宠着，过着无忧无虑的生活。他们很少接触自然和社会，也很少走出家庭和学校。他们大多只会死读书，只会为考试而读书，只会为家长和老师读书。在他们中，即使是学

习成绩最好的，也不一定读得懂鲁迅，原因是因为他们的生活太单调。（王婧同学）

　　读金庸、琼瑶的小说，或可斜倚床头，信手一翻；读冰心、巴金的文章，则须窗明几净，香茗一杯；而读鲁迅，则要正襟危坐，静心凝神仔细咀嚼。现在的中学生真应多读一些鲁迅的书。这样才能少些肤浅，少些小家子气，少些庸俗和丑陋。这样，我们才能健康成长，逐步成熟，成为正视人生、直面社会的人。（常艳同学）

　　凌晟老师的课成功了，这种成功可能会让学生们终生不会忘记鲁迅，并不断从这位巨人身上汲取新的力量。

　　根据初三（8）班、（9）班同学们的心愿，凌老师编印了大家撰写的鲁迅研究文集，并定名为《走近鲁迅》。其中，有8位学生评说鲁迅的作品入选著名作家贾平凹主编的《美文》杂志。

二、一切为了学生的发展

受欢迎的校本课程

人大附中校本课程的创设，至少可以追溯到 1989 年的春天。

自 1989 年担任副校长以来，我经常思考课程改革。课程在学校教育教学中处于核心地位，教育的目标价值主要通过课程来体现和实施。因此，课程改革是教育教学改革的核心内容。没有课程改革，教育改革必然成为空中楼阁。

让我深受触动的是我的女儿。那时她为了应付考试，整天背历史、地理等课目，甚至背串了也察觉不出来。可是，由于不喜欢某些课程，考完试就把课本扔了。我看在眼里痛在心里：这不但摧残了孩子的童年，还可能存在着我们想象不到的隐患，这样的课程不改革怎么行？

当时，北京师范大学有位从美国进修回国的访问学者丛立新，她从美国的教材中受到启发后找到我校的靳忠良老师，建议合作开设一门新课程，定名为"现代少年"。当时的胡俊泽校长和我都很赞同，胡校长叫我来安排这件事。经过思考，我决定安排在超常儿童实验班进行。

1990 年 3 月，人大附中初一年级的"现代少年"课正式开课了。第一课"迟到"就让学生耳目一新。

登上讲台的是靳老师和丛立新老师。风趣幽默的两位老师扮演 4 个角色，他们准备了墨镜、近视镜和纱巾等道具，表演他们看电影迟到时的不同处理方式。第一个是老板，上来就说自己忙，与人大吵；第二个是书呆子，在门口犹豫不决，不知该怎么办；第三个是灵活的人，诚恳道歉，顺利进入；第四个是林黛玉式的姑娘，生气不语，凡人不理。

表演结束后，两位教师分别为学生讲相互理解的道理，从了解自己到了解他人，再到了解家庭、学校与社会。靳老师还自创了一句格言送给同学们：

"当你开始了解自己和他人时，就像一只小船扬起了风帆！"

教室里响起了空前热烈的欢呼声。同学们纷纷给予好评，认为："太精彩了!""这样的课太有趣了!"

可是,木秀于林,风必摧之。"现代少年"课很快便引来了风风雨雨。

一些家长反映"现代少年"课与考试无关,为什么要上?一些教师则反映上此课"学生太活跃,干扰别的学科"。也有些问题引起学生的质疑。更为严重的是,"现代少年"课受到上级有关部门的追究。

靳忠良在文章中回忆:

刘校长批准我3次出国进行新课程交流,为此不少人也有微词,甚至还将批准我出国的领导一起告到上级机关。

特别是在"现代少年"课的实验过程中,市里有一个教授政治课的权威教师,要求查处"现代少年"课擅自改革政治课教学的严重问题。

我知道作为一名普通教师大不了不出国,不上"现代少年"课了,但刘校长是学校负责人,弄不好可能会犯政治错误。然而刘校长毅然决然地替我承担了责任,并把一些领导的意见告诉了我,让我注意改进试验。她跟我说,这件事情她会认真对待,由她出面向相关部门作出说明。她让我继续试验,但是要特别注意完成政治课教学,在政治课成绩优秀的前提下进行试验。海淀区统考证明,我们的学生政治课成绩优秀。

在实验班取得成就后刘校长对我说:"你的课受到欢迎,实验班学生到了国外还写回忆文章表扬你的课,你不能只在实验班开,普通班你也开吧!"于是在全年级我们都开了"现代少年"课。

和部分老师研究"现代少年"课的教材

在刘校长的支持下,我成为北京市"九五"重点课题负责人。北京市教委批准正式出版"现代少年"新课程教材。刘校长还要求我把实验从初中延伸到高中,"现代少年"长成"现代青年"了。

1999年人大附中申报北京市首批高中示范校,

来检查验收的专家领导点名要求观摩人大附中政治课教学改革公开课。我代表学校政治组教师上了一堂"现代少年"的公开课。

为了向党的十六大献礼，2002 年北京市开通了与湖南长沙、韶山的远程教学，刘校长又确定"现代青年"作为远程教学的第一节公开课。中央电视台等几家媒体对此进行了报道。

2003 年 12 月，海淀区教育委员会召开首届"教学创新奖"表彰大会。全区近百所中学，上万名教师，仅 20 个奖项，人大附中就获得了 4 项，有物理、创造发明、英语、政治。为此，表彰大会特意安排在人大附中召开。我作为人大附中代表领奖，并就创设"现代青年"新课程做了大会发言。我心里非常清楚，这项奖应该奖给刘校长，奖给人大附中 15 年前启动的新课程改革。

让吃不饱的吃饱，让吃不了的吃好

曾有教师担心做科研会耽误教学。人大附中的实践证明，科研不但不会耽误教学，而且能够解决教学的难题，极大地提高教学效率。分层教学的成功就是一个证明。

1997 年 2 月，我在《中小学校长》杂志发表了长篇论文，题为《论改革教学管理模式提高教学管理效益》。

在我看来，教学管理的目的是创造最佳的教学管理效益，即通过最大限度地利用现有的教学资源（包括人力、物力、财力等），培养数量尽可能多、质量尽可能好、能够满足社会各方面需要的各类人才。但是，传统的教学管理模式不考虑学生的个别差异，仅根据学生的年龄编排班级，并实行统一的教学。这种模式是从 17 世纪夸美纽斯首创班级授课制以来就开始实行了的。在 200 多年里，它曾是各国学校教学管理普遍采用的一种常规教学管理模式。

我在论文中指出，由于违背了因材施教的原则，这种传统的教学管理模式弊端甚多，造成了时间资源和人才资源的浪费。通俗一点说，学生总是千差万别的，这种教学让水平高的学生吃不饱，又让水平低的学生吃不了。

把能力不同的儿童铸成同一个模式的教学，不但没有效果，而且是残酷的。

这是美国的教育实验家沃什伯恩在 20 世纪 20 年代初提出的尖锐批评。现在西方各国，根据学生能力编班，已成为常规的教学管理模式。

在有些人看来，人大附中的学生普遍学习成绩优良。实际上，人大附中每年的确有许多成绩优异的学生入学，也有大量的学习成绩不佳的学生进来，特别到初三，学生分化很厉害，出现了一批学习困难的学生。

自 1985 年以来，人大附中一直进行旨在多出人才、快出人才、出好人才的教学管理改革实验，现已初步形成一套以因材施教为原则的、以分层教学为特色的新的教学管理模式。人大附中的教学分为三个类别，即对超常学生的超常教育，对学习困难学生的特殊教育，对正常学生的普通教育。三种类型的班不是封闭的，而是开放的。

我注意到美国教育家布卢姆的教学理论。他认为，学生学习成绩的正态分布并不一定是绝对的，只要教学策略正确，并不一定总是少数人位于高分数段。在他看来，成功的教学应能使更多的人进入高分数段。

1996 年新学年开始，我决定运用布卢姆的理论，在人大附中的初中普通班进行深层次的分层教学试验。

有的老师兴奋起来，特别是一位外地来的老师说：

"普通班里也有好中差，按好中差一分，效果一定明显！"

我听了却连连摇头，回答：

"这并不真正解决问题。大家细想一下，学生不能按好中差简单划分，数学差的学生语文未必差，外语差的数学未必差。"

老师们愣住了，不知这次的分层该怎么分了。我谈了思考已久的想法：

"在 7 个普通班的全体学生中，先从成绩差别大的数学和外语开始，按照学科成绩 ABC 分层。让吃不饱的吃饱，让吃不了的吃好，让每个学生都脚踏实地，跳一跳，摘果子。"

"天呐！这不乱套了吗？"

"几百个学生跑班呀，还不跑晕了！"

老师们惊叫起来，因为这可是他们在人大附中从未见过的教学管理新模式。

为了说服大家，我分别召开了教师会、学生会、家长会，分别向他们进行论证。我介绍了苏联教育家维果茨基的"最近发展区"理论。维果茨基的研究发现：教育对儿童的发展能起到主导作用和促进作用，但需要确定儿童发展的两种水平，一种是已经达到的发展水平，另一种是儿童可能达到的发展水平，而这两种水平之间的距离，就是"最近发展区"。把握"最近发展区"，能加速学生的发展。

三个会之后，大家对分层教学不仅理解、支持，而且充满了信心。学生们完全按照自愿的原则，按照跳一跳够得着的标准，分别选择了自己希望、并且适合的层次。接下来，大家进行了"跑班"的练习。几百名学生两分钟之内，各自进入了ABC不同的教室。老师们感叹道：

"如今的孩子真灵呀！"

上一次分层是组建新的班级，而这一次分层不改变班级编制，只是按学科分层教学，全年级在统一的时间内上数学和外语。自然，教师也要按ABC分工。让师生们想不到的是，我们派往C班的大都是资历深、教法活、有爱心的老师。我说：

"对于学习困难的学生，老师应当偏爱、厚爱、深深地爱！"

实践证明，两度分层教学给了学生们切实的益处。初三（1）班的于进（化名）同学，在初一、初二阶段，英语成绩在全班是比较差的，这使他对英语学习失去信心。初三分层教学之后，于进进入C班。由于C层教学狠抓基础，他的成绩开始上升，这使他感觉学英语并不像想象中那么困难，逐渐开始了主动学习。在第一学期期中的全区统考中，他以C班第一名的成绩升入了B班。在B班中，于进乘胜追击，又得到老师的学法指导，进步迅速。在第二学期期末统考中，他以B班第3名的成绩进入B层的最好班级B1班。更重要的是，如今他越来越喜欢学习英语了。

实践是检验真理的唯一标准。分层教学的研究与实践取得了十分显著的教学效果。

给 学生一个多彩的世界

自1997年我提出开设选修课到2004年7月为止，人大附中的选修课已多达120种，并且发展到了网上选课。

在我校印发的《素质教育选修课选课手册》中，我们向全校师生公布了所有选修课的课程名称、任课教师及适合的年级。选修课有：新动力英语、日语、法语、德语、俄语、西班牙语、阿拉伯语、韩语、英语数学、英语物理、英语地理、英语生物、英语化学、英语西方历史、英语演讲、英语音乐、英语戏剧、英语视听、英语互动物理、数学建模、数学思想方法、实验化学、分析化学、天文学导论、关注水和生态环境、生物自主实验、中国地区经济发展特征的概述与解析、程序设计、发明与创造、机器人与单片机、现代电子控制技术、科技活动、数码影像与三维制作、数字电视（DV）节目制作、平面广告设计及制作、数字图像处理、无线电通讯技术、围棋、五子棋、日本将棋、书法、绘画、音乐与创作、软式排球、跆拳道、美式橄榄球、体育舞蹈、陶艺、游泳、英美文学欣赏、西方经济学、西方哲学史、武侠文化与武侠名著赏析、灵感训练及心态调节、国际市场、智慧乐园（哲学类）、旅游知识讲座，等等。

我们的目标：调整必修课、丰富选修课、突出特色课，增加校本课程比例。努力使学校课程设置体现课程结构的均衡性、综合性、选择性，构建具有人大附中特色的、适应社会发展需要和学生自身发展需要的，统一性与灵活性相结合的课程体系。

在我们看来，人的生活不是一个机械的技术性过程，而是每一个个体自由选择的过程。开放和流动的社会，要求人在一生中对自己的生活方式及工作作出选择或重新选择，对社会生活的某些方式，如政治、经济和文化等作出自己的判断并参与其中。基础教育也应给学生尽可能多的选择机会，让他们接触不同的事物，并增进对自身的了解。当代学生应当对不同的学科、文化和不同的思维模式保持兴趣和尊重，能对自己未来的生活作出明智的选择，能够"知取舍进退"，并发展自己的潜能，改善自己的生活质量，积极参与社会的发展。

人大附中开设一百余种选修课，就是把基础教育放到一个更加广阔的背景下进行，使学生在学校的学习中学会选择。

让我们欣喜的是，人大附中的特色课程成了学生们研究性学习的强大动力，而有些课程的设立本身，就是学生自主探索的结果。

在一次教学研讨会上，特级教师李新黔讲了一个难忘的故事。

在高一年级的一次化学课上，我讲"铵盐的性质"。可是，一个学生富有联想力，他想到了水和氢离子的关系；认为氯化铵显酸性，是因为与水发生反应，游离出许多氢离子，所以成了酸性。

我对这个学生的想法表示欣赏，建议他去实验室做实验。

他在实验室里，把镁粉放入氯化铵溶液中，产生氢气特别快，一测溶液 pH 值在 1 至 2 之间，说明酸性特别强。当他继续实验下去时，发现溶液的 pH 值越来越大。

按照常识，pH 值达到 7 时为中性，小于 7 为酸性，大于 7 为碱性。另外，接近 pH 值 7 时，氢气反应剧烈，大于 7 时则不发生反应了。

然而，这个男生意外发现，他在实验中 pH 值已经大于 7，氢气依然反应剧烈。这是为什么呢？

该生把我叫了来，我也大为惊讶，观察了半天，还是解释不通。

这位戴眼镜的男生是个爱提问的学生，他把实验过程写成了小论文，认为 NH_4^+ 具有氧化性。

在我的鼓励下，该生把论文寄给了湖南的《中学生化学报》。该报的编辑也弄不明白怎么回事，未发论文，只是在报上介绍了该生的发现，并对他的探究精神进行了鼓励。

半年后，中国化学会主办的权威性学术刊物《化学教育》杂志，发表了北京大学化学系教授严宣申先生的文章。严教授谈起了该生的发现，他从热力学和动力学的角度，解释了氯化铵溶液与镁反应的机理，说明该生观察到的现象是可以理解的。

……

这个故事引起了主管教学的王珉珠副校长的思考。作为一名物理教师，她在教学实践中也多次碰到类似的问题，即学生们发现了一些解释不清的现象，在课堂上争论不休。有时候，教师可能会认为这是一节失败的课，连特级教师都讲不明白是不是本领不强。其实，科学在于发现，而任何新发现都是对现实的某种怀疑与否定。因此，发现是有价值的，是应当给予高度重视的。

王珉珠副校长向我谈了她的想法，我们进行了深入的讨论，因为我们意识到，这是一个极具挑战性的现象。

我们讨论的结果导致了一门新的选修课——"自主实验课"的诞生。

从此，学生们无论在课堂上还是在生活中，只要发现了令人疑惑的现象，都可以作为一个课题，来学校的实验室做研究。学校在保证安全的前提下，尽力为学生提供必要的实验设备及指导教师。自主实验课以自主和实验为特色，以培养学生的创新精神和实践能力为目的，成了人大附中学生探索未知世界的自由场所，也成了教师与学生相互学习共同成长的理想天地。

芬兰之行的启示

在我们进行课程改革实验 14 年之后，我踏上了芬兰之旅。

芬兰的课程改革居于世界领先地位，它以无年级、无班级的模块式教学，彻底改变了陈旧的课程设置，给予学生充分的选择权。芬兰的经验对中国的课程改革产生了巨大的影响。

对芬兰艾肯纳斯学术高中排课、选课法进行学习研究

原主管教育工作的副总理李岚清指出："抓住课程改革这个'牛鼻子'，就可以牵一教材发而动全身，扎实推进素质教育。"中国新一轮中小学课程设置、课程标准制定和教材编写从 2000 年就开始了，并首先在 4 个省试点。2003 年年底，在人大附中的科研年会上，在我的提议下，由各教研组长为全校教师解读新课标。我认为课程改革必然对学校教学产生冲击性的作用，校长必须予以极大的重视。

2004 年 3 月，尽管开学不久工作千头万绪，我还是带领部分学科组负责人飞往北欧，去寻求课程改革的"真经"。

3 月的北京春光明媚，抵达芬兰首都赫尔辛基时却是雨雪交加寒风瑟瑟。我们来到艾肯纳斯市，走进艾肯纳斯学术高中（Ekenas Gymnsinum）。

芬兰的教学改革前后历经 20 多年。若从提出改革理念算起，经历试验、失败、再试验直到成功，几乎用了 50 年！所以，为了避免走弯路，我们决定对艾肯纳斯学术高中进行全面深入细致的考察。

校长沃尔夫女士热情地接待了我们，并作了芬兰教改和学校情况的报告。让她料想不到的是，我们是对口访问，提出了大量的问题，想把每一个细节都弄明白。

芬兰的官方语有芬兰语和瑞典语，该校使用瑞典语。由于语言交流的困难，一位芬兰数学教师来回解释了 4 遍，我们才把课表的具体安排弄清楚。结果，原定一个小时的报告，延长到了 3 个多小时。沃尔夫校长都有些站不住了，不时地用手扶着腰。我发现后，立即请大家停止发问。

芬兰的教育同行是非常友好的。当天晚上，学校邀请当地最有名的乐队，为我们演唱芬兰的经典曲目。让我非常感动的是，乐队竟特别为我演唱一首著名民歌《美丽的姑娘》，还请我为他们指挥。在那一刻，我深切地感悟到，地球是圆的，人心是相通的。在国家教育部和北京市教委的帮助下，我们人大附中与艾肯纳斯学术高中结成了友好学校。

第二天上午，我们拜访了艾肯纳斯市政厅。该市教育部长 Mr. Calsson 作了芬兰教育体制的报告，并在市政厅举行了市教育部和艾肯纳斯学术高中同时与人大附中建立友好合作关系的协议书签字仪式。简短的工作午餐后，我们全体返回了艾肯纳斯学术高中，不同学科的教师分别去听不同的课，并在课后与学生们座谈，问他们是怎样设定自己的课表，怎样选课，对课改的体会和看法等等。

给我留下印象最深的是，芬兰每一位学生的课表都是与众不同的，每个人都有自己的个性与特色。学生们自己选课，就要自己对自己负责，自己决定自己的命运，并承担由个人选择或放弃所造成的后果。他们固定的年级和班级，25 个学生编为一个小组，由一位教师担任联系协调人。教学体制的彻底改变，促使芬兰学生走向自主自立。

由于工作的需要，我提前结束了对芬兰的访问，在赫尔辛基的蒙蒙细雨之中，踏上了回国的路程。

4 月初，由教育部基础教育司负责举办的首批进行新课标实验的四省市部分高中校长班，在北京大兴的国家高级教育行政学院开班。教育部朱司长邀请我和几位教研组长参

在芬兰应邀指挥艾肯纳斯市合唱团唱歌

加校长沙龙，介绍芬兰的排课、选课系统。会后，我们把从芬兰带回并翻译整理出来的详细资料，如课表设置及课程安排等全拷贝给需要的学校。

芬兰的经验值得我们用心学习借鉴，但切不可简单地照搬照抄，而必须从中国的国情出发。同时，我的心里也充满自信，因为人大附中 14 年来走过的课改之路，已为新一轮课改奠定了坚实的基础。我们开出了 8 门外语课和 14 门外教课，而芬兰及许多国家的一流中学也没有开这么多门外语课。

远 隔重洋的对话

学校教育生产的是一种特殊"产品"——人。这些"产品"生产出来后，是否合格，是否适应社会需求，需要在社会实践的过程中进行检验。这个过程也许是 5 年，也许是 10 年或者更长的时间。因为，一个人怎么被教育着，就会怎么去活着。教育影响和决定着人生。

我希望我们的学校教育是一种完美的教育，这似乎是一个可望而不可即的目标。但是我坚信，只要我们坚持不懈地去努力，并在努力中不断修正自己，我们就会向这个目标靠得近些再近些。

2004 年 7 月 11 日清晨，一场大雨赶走了盘旋多日的酷热，空气变得清新而又凉爽。我匆匆吃了早点就向学校赶去。一路上，我的心情一直有点激动，这是因为，我马上要与分散在世界各地的 20 多位学生，进行一次特殊的见面和对话。

这 20 多位学生毕业于 1989 年我带的第一个高中理科实验班，十几年来，我们天各一方，虽然我断断续续得到过他们的消息，但却一直没有机会重新相聚。这批学生，一部分人从海外学成归来，分散在各行各业，一部分人分散在美国、澳大利亚。他们的基础教育和大学本科教育都是在国内完成的，然后留学海外攻读硕士、博士学位，所以，他们既了解国内的教育，也了解国外的教育，对中外教育有着切身的体验。而我正需要用一种新的视角来审视我们今天的教育，采众家之长，补己之短。

一天，一直在国内从事 IT 业的陈民向我提议召开一次特殊的班会，让分散在世界各地的同学们在电话里重新聚首。这是一个令人激动的好建议。

经过多方联络，我们联系上了 21 名同学，他们是在北京的陈民、汪春阳、庄俊、傅志昱、查元桑、徐立、杨锐、郭学彬，在上海的钱海龙，在美国的颜华菲、王则、王茂岗、刘劲峰、唐义武、李晓卫、申磊、莫春晖、葛之宇、胡成城、阮弋星，在澳大利亚的夏铁军。

这是一个星期天，校园里少有的安静。学校大门口放着一个事先准备好的指示牌，上面写着：89届实验班的同学，你好，刘校长在三楼会议室等候你。

最先到的是陈民和汪春阳，汪春阳为这天的电话会议设计了一个能容纳25人同时登录打电话的程序。紧接着其他几位在北京工作的同学也陆续赶到。陈民和汪春阳忙着接通了上海、美国、澳大利亚的电话。早早就在电话另一端等候着的颜华菲、王则、夏铁军他们，迫不及待地在电话里和我打招呼，呼唤着同学的名字。当初离开人大附中时，他们还是青涩少年，如今大都已过而立之年，分别15年后重新聚首，高兴和激动难以言表。

上午8时，一场特殊而又热闹的班会开始了。

我说："你们离开学校已经15年了，这15年来，你们经历了很多，比较中外教育，你们认为哪些是我们应该坚持的，哪些是我们应该向别人学习的？中外教育有哪些差异？一直在国内读书到毕业工作的同学，对中学教育有什么建议都可以谈一谈。"

我话音刚落，李晓卫就说："中学里的体育活动很重要，如果大学毕业后做工程，体育就更显得重要，而且，参加体育活动可以培养人的合作精神。在美国社会，团队精神贯穿到方方面面，他们让学生从小就意识到很多事情个人是完不成的，个人的能力和精力是有限的，所以要有协作精神，要互相借鉴。"

李晓卫刚开了个头，马上就有人抢去了他的话题，我一听声音就知道是远在美国加州的刘劲峰，他说："合作精神真的非常重要，我们中国学生从小就缺少这方面的培养。我在这里也接触到一些别的国家的学生，有人就善于发号施令，有人就长于策划计划，有的适合干技术。美国的一些公司就专门给人上这样的课，主要是讲如何处

电话连线重叙师生情

理好人际关系。美国的小孩，从小就有这种素质，从幼儿园开始就有这种环境，所以，他们的学生合作精神、自我表现意识比中国学生好，这不是语言的问题。这和文化教育有关。"

在哈佛大学任助理教授的申磊接着说："中国的传统文化、传统道德，总是教人谦让、谦虚，中国的学生到美国来，领导能力就比较差。当然，也有的人天生就不适合当领导者，但是基础教育应该创造一个环境，让每个人都能够有机会表现自己。"

他们的发言引起了我的深思，虽然我们一直都很重视学生团队精神的培养，但是要使它成为一种深入学生骨髓的自我意识却仍有很大距离，而且，我们一直比较多地注意对高中生进行这方面的培养，却在无意中忽略了对初中学生合作意识的养成教育。俄罗斯教育家乌申斯基曾说过一段很深刻的话，他说："良好的习惯是人在其神经习惯中所存放的道德资本，这个资本会不断增长，一个人毕生可以享受它的'利息'。另一方面，坏习惯在同样的程度上就是一笔道德上未偿清的债务，这种债务能以其不断增长的'利息'折磨人，使他最好的创举失败，并把他引到道德破产的地步。"教育是一项育人工程，所承担的使命不仅只是传授书本知识，它还包括对合作意识、团队精神等良好习惯的培养，这才是让人受益终生的财富。

从美国俄亥俄州立大学获得博士学位，现就职加州高通公司的唐义武则提出了一个新的话题。他认为在中学就应该让学生自己做课题，让他们自己去图书馆、博物馆查找资料。这样做，不但能养成独立思考的习惯，而且能扩大学生的知识面。他说美国的孩子从很小就开始进行课题研究，查资料，写论文，整个过程都自己完成，做完后还要给大家讲。这不但培养了他们查找和运用资料的能力、独立思考的能力，还培养了他们总结交流的能力。

唐义武提出的问题，我在国外考察时候也意识到了，回来后，我们不但陆陆续续开起了100多门选修课，而且开始在高中进行研究性学习的探索，指导学生自己选课题、做课题。但这种研究性学习还远远没有普及开来，更没有成为每个学生不可缺少的一种能力。

在美国德州农工大学担任终身教授的颜华菲认为，情商比智商更重要。她说："对分数，中国的学生和家长都比较关心，其实更重要的是会做人，会交往，纯理科的同学，性格外向的就比较好，比较容易与人交往，容易与人合作，内向收敛并不意味着适合做数学。我们要学会表达自己，这也是一个学习的过程，要学会交流要学会表达自己。这对将来的发展都有好处。"她还认为，国内的教育扎实全面，理科方面学得非常有用，美国中学教育的自由度大，很早就不再学数学了。她说："我周围有很多人是学商业的，学文科的，数学就很弱，而国内的数理化等学科都很好，这是应该坚持的。"

这种远隔重洋的对话，能使我不出国门就能眼观六路，耳听八方。因为这些散布在世界各地的学生就是我的眼睛和耳朵。

三、到科学研究的前沿去

与 科学家面对面

让学生与科学家亲密接触，培养他们的科学素养、科学精神，从小感受科学研究的氛围，是我常用的教育方法。

1998 年，我国著名天文学家、中国天文台原台长王绶琯院士倡议，马大猷、王选等 61 名科学家，联名支持成立了北京青少年科技俱乐部活动委员会。北京市科协的周林和李宝泉问我是否有意让人大附中参加俱乐部的活动，如果有意的话，他们将亲自到学校来与我商量。结果，人大附中成为该委员会的基地学校之一。我安排年轻有为的生物教师范克科负责这一项目。

由于我们非常热心科研，科技俱乐部的许多活动都在人大附中举行。仅"科技俱乐部导师座谈会"就在我校召开多次，每次都有十几位院士和科学家出席，并与学生们交流。就连王绶琯院士的 80 岁生日也是在人大附中度过的。

和王绶琯院士（中）交流中学生进入国家重点实验室参与研究的想法

我被科学家们对青少年的厚爱深深感动。在为学生们举办讲座的科学家中，仅诺贝尔奖获得者就有 3 位。物理学家李政道教授，1997 年生理及医学奖得主；美国格林加德教授，2000 年物理奖得主；俄罗斯卓列斯·柯尔费罗夫教授。中国科协主席周光召院士、中国科学院院长路甬祥教授、中国工程院院长徐匡迪院士等众多科学家，也热情地为学生讲课，回答他们的提问。

一次，我与王绶绾院士谈起了让中学生进入国家重点实验室参与研究的设想，王老先生极为兴奋，说：

"这是提高学生创新能力的快车道！我坚决支持！要把一些有科研能力的孩子从高考中解放出来，高三也要有时间做科研。"

"是啊，高三是中学生创造力最强的时期，因为高考而放弃，太可惜了！"听我如此感叹，王老先生为我出了许多好主意。他还语重心长地说：

"希望优秀学生在中国国内读本科。这样我们可以介绍一些知名科学家指导他们，而他们到国外读本科，就很难获得如此得天独厚的条件。"

也许，就从我与王绶绾院士这次深谈起，人大附中的学生陆续进入了中国科学院和北大、清华等几十个国家重点实验室，开始了令青春心灵激动不已的一项项课题研究。

参与人类基因组计划

人类基因组计划自 1990 年启动之后，我一直比较关注。人类基因组计划旨在阐明人类基因组 30 亿对碱基对的序列，发现所有人类基因并搞清其在染色体上的位置，破译人类全部遗传信息，使人类第一次在分子层上全面地认识自我。在这项宏大的科技攻关项目中，中国科学家承担了 1% 的科研任务。我知道，人类基因组计划与曼哈顿原子弹计划和阿波罗登月计划，并称为 20 世纪三大科学工程。因此，我时常提醒教师们关注科学前沿的新动向。

1999 年 11 月 13 日是个星期六，范克科老师带领学生外出，去听杨焕明教授关于"人类基因组的报告"。这个报告引起了学生们的极大兴趣，他们还到杨教授所在的中国科学院遗传研究所人类基因组中心参观。回来后，范老师向我汇报了此行的收获，并表达了带学生体验和参与研究的愿望。范克科告诉我，他们已有 3 个同学利用周六、周日去人类基因组中心学习。

我忽然想到，这么好的项目，这样一个没有书本可以遵循的世界性课题，如果我们的学生能够介入，会有多么大的收获！于是，我当即肯定了范老师的想法，并表示学校将给予最大的支持。

我和两位副校长及范克科一起前往顺义，找到两位科学家，与他们交谈。我说，人大附中有那么多超常儿童，他们很渴望知道科学研究是怎样的，希望专家们能给孩子们提供一个宝贵的机会，让他们了解什么是真正的科学研究。也许是我们的诚意感动了他们，一个小时后，他们同意人大附中的学生参与课题研究，但是提出研究不能中断，需要三个月时间，加上所有的假期一共是六个月。科学家为了支持孩子们，和学生同吃同住同研究，特别提出他们出一万元经费帮助孩子们解决部分吃住问题。听后我非常兴奋，我们当即拍板，选派优秀学生，学校也提供一万元的补助，并提供车辆，等课题结束后，他们回来再补课。

在我看来，让学生进入人类基因组中心，不但可以使学生了解到世界科学发展最前沿的研究状况，可以亲自体验，增强动手动脑的能力，而且能在耳濡目染中从科学家身上学到可贵的科研品质。经过多方联系，中国科学院遗传研究所人类基因组中心终于向我们的学生敞开了大门。

到顺义看望参与人类基因计划的学生

科学是神奇的，也是枯燥的。1999年11月19日，范老师带领陈殊、徐研、潘思塑等3名学生来到京郊顺义，进入HGP，即人类基因组中心实验室。后来，杨睿、池澄、王浣洁、陈欣奕、刘聪、傅秋实、苏小虎、吴晓、侯晓迪等9名学生又加进来。这12名中学生充分体验到了科学研究的酸甜苦辣。

如今已是剑桥大学自然科学系学生的陈殊，是当年参与HGP项目的高一学生。她回忆道：

人大附中的精神在我心中一直是六个字：民主、开放、创新。

这一精神的三个方面是相辅相成的，不能硬拆开来。每当我重温在人大附中的生活，大大小小的事就像天上的星星一点点亮起来，闪着光的便是人大附中的精神。

从现象上肤浅地看，人大附中做事"不按常规"。只要提的建议合理，只要对我们学生发展有利，校方就一定会想办法去做——如果陈旧的规矩在那里碍手脚，那就打破好啦！我非常以这个"不按常规"自豪。

当我们进入课题研究不久，就临近年底了，马上要进行期末考试了。整个周末泡在实验室里，这就意味着没有足够的时间完成学校里的功课，而繁重的课业也使我们不能全力投入到课题研究中去。我们几个同学商量了一下，决定找刘校长。我们把矛盾跟刘校长说了，算诉苦吧。

刘校长想了下，问：

"全力以赴攻实验是不是更好？"

我们沉默了一会儿后，不约而同地点头。刘校长笑了，大声说：

"那就全力以赴！课不用上了！期末考试免了！你们搬到实验室去！"

我们几个学生当时都傻了！不是做梦吧？课不用上了，试不用考了？这可是史无前例呀！

这个在短短几分钟内做的决定，是非常伟大的——至少对我们几个当事的学生来说，后来也被证明是正确的。破这样的例，即使是作为一校之长，也不是容易做出的决断，何况在短短的几分钟内。但是以我后来对刘校长更深的了解，倒觉得这非常符合她的作风：大胆、果断。

2000年新年的第二天，学生们即搬到了京郊顺义。我派人租了两套单元房，供他们在那里生活和工作。孩子们兴奋极了，说：

"高中还能这么上，真酷！"

其实，我既理解学生的心情，也体谅其父母们的担心。此前，我专门召开过这些学生的家长会，并陪他们到顺义的实验室参观过。经过沟通，得到了家长们的支持。他们相信学校的安排，相信到科学研究的前沿去对学生的发展益处更大。

深刻的感受来自真切的经历。现已是英国帝国理工大学生物系学生的潘思塑，在《留英琐事》一文中谈及自己在人大附中的学习感受时写道：

回想起来，在人类基因组（HGP）工作的那段日子，确实是我人生中最关键的几个时期之一，我受到了系统的实验操作训练，更重要的是激发起我对科学研究的狂热的兴趣。从这一点上来说，我必须感谢刘校长当初做的决定。对于个人发展而言，所有参与了HGP的学生才是真正的受益者，无论是科学素养还是操作技能，我们都得到了很大的提高。可以说，2000 年的春天改变了我的一切，这在当时是体会不到的，但当我继续自己的人生旅程的时候，那一年透骨的寒风和实验室里酵母的气味，却永远地保留在我记忆当中。直到现在，每当我进入实验室的时候，还会想起当年年初到研究中心时什么都不懂，到处问新手才有的问题时的尴尬场景，现在在大学里，都是我给同学们传教布道。

感谢刘校长给了我这个宝贵的机会！

一流的科研环境，科学前沿的攻关体验，让这些中学生眼界大开、能力飞长。在杨焕明教授和王学刚、宣霞宇等专家指导下，杨睿、王浣洁、池澄合作写出的具有专业水平的论文《人类基因组测序的计算机模拟》，荣获第 10 届全国青少年科技创新大赛论文二等奖；陈殊、徐研、潘思塑合作写出的《一种经济的大规模制备 DNA 测序模板的新方法——微波炉／亚精胺联合法》，荣获第 10 届全国青少年科技创新大赛论文一等奖。更让老师们惊喜的是，这 12 位同学在 2001 年第二学期的期中考试成绩均在年级前 50 名，他们的潜力有多大呀！科学家的精神对他们的影响不言而喻。

2001 年 7 月，在伦敦举办的国际青年科技论坛上，陈殊用流畅的英语宣读了与同伴合写的论文。中国中学生的科研能力，引得国际科技精英们刮目相看。

2004 年 4 月，人类基因组计划中国负责人杨焕明教授，在将中国参加人类基因组计划名单提供给美国总课题组时，还特意将人大附中参加的 12 名学生的名字写进去。

由于有了这样的科研经历，这 12 名学生高中毕业时分别被国内外的知名大学录取（见附表），使他们有机会继续攀登在科学研究的道路上。我很庆幸当初的决定，它为学生推开了一扇通向世界、通向科学前沿的幸运之门。

附表：人大附中参加人类基因组计划学生情况

姓名	性别	当时所在年级	中学阶段论文获奖情况	现就读学校
陈殊	女	高一	全国一等奖	剑桥大学
徐研	女	高一	全国一等奖	清华大学
潘思塑	男	高一	全国一等奖	帝国理工大学
杨睿	女	高一	全国二等奖	耶鲁大学

续表

姓名	性别	当时所在年级	中学阶段论文获奖情况	现就读学校
王浣洁	女	高一	全国二等奖	杜克大学
池澄	男	高二	全国二等奖	北京科技大学
刘聪	男	高二	全国一等奖	北京大学
吴晓	女	高二	全国一等奖	清华大学
傅秋实	男	高一	市一等奖	清华大学
苏小虎	男	高二	市一等奖	清华大学
陈欣弈	女	高一	市一等奖	哥伦比亚大学
侯晓迪	男	初三	全国一等奖	上海交大

科 学沙龙里的对话

在我的心目中，教育的过程就是一个实现梦想的过程。因此，教育工作者一定要有梦，要敢有奇思异想。

2002 年 3 月，春风刚刚吹走冬天的寒冷，校园里的连翘、桃树就吐出了绿色的嫩芽。一天早上刚到学校，我就接到了中国科协书记处书记程东红的电话："刘校长，我已经帮你联络好了中科院物理所、化学所、清华、北大物理化学方面的十几位院士专家，他们都对你的提议很有兴趣，联席会议就在中科院物理所的科学家沙龙活动室举行吧。"

放下电话，我感到很振奋。我经常想，我校地处海淀区中关村地段，中国科学院和二十几所院校环绕在我校周围。这么好的优质资源，人大附中应如何享用？如何培养优秀高中生？我们应该有一种探索，应该用脚蹚出一条路来！

我知道，这是一个高难度的项目，必须经过高水平的专家论证和支持，才有可能把梦想变成现实。因此，我找到了程东红书记，他在科协工作，与科学家的联系广泛。果然，他帮我们牵上了线，十几位院士和专家要为人大附中的"优秀学生工程"出谋划策。

那是 3 月下旬的一天晚上，我和王珉珠、翟小宁两位副校长一起来到中关村，走进中科院物理所的科学家沙龙室。一进门，我便被正面墙上一幅科学幻想的画吸引住了。也许，这就是杨振宁先生倡导的科学与艺术融合的作品吧。我忽然想到，如果学生们来这里体验一番，他们会有何感受呢？

约定的时间一到，十几位院士和专家准时来到了科学家沙龙室。他们一个个神清气爽，朴素的衣装掩饰不住非凡的睿智与优雅。

面对科学家，我激动地将自己的想法滔滔不绝地道来。首先，我谈了自己的办学思想、办学理念，学校和学生、教师队伍的建设和培养目标。如何能让我们的学生在中学时代就能够了解世界上最先进的技术、仪器、设备是什么？最先进的科研课题是什么？中国最先进的技术、仪器、设备又是什么？中国科学研究的最顶级课题是什么？怎么能让中学生能学到、见到这些？从而使他们对科学研究的软硬件设施形成初步的认识和兴趣。我想，我们可以设计出一种方案，让人大附中的优秀学生先试用，总结经验教训，然后再进行推广。

我发现院士和专家们的眼中开始露出惊异和赞赏的目光。一位院士向我频频点头说：

"了不起的想法！我明白了，为什么人大附中这些年发展得如此迅速，因为校长办学有现代理念，有思想，所以就有创意。"

我感谢院士的理解，又接着说：

"一所中学的经费是有限的。我想，你们刚刚淘汰下来的实验设备中，有没有比较先进的？可以用来充实我们的实验室。"

专家们听到我如此真诚的请求，受到了不小的震动。温文尔雅的张泽院士说：

"刘校长要创建科学实验室，这的确是一个好的创意，这对孩子一生的学习与发展都益处无穷，我们都愿意支持。"

稍停，物理所所长王恩哥略带歉意地笑笑、解释道：

"中科院的科学仪器新的都非常贵重，把它们搬

在科学家沙龙，十多位院士专家为人大附中的"优秀学生工程"出谋划策

到中学的实验室不太现实。如果把我们用过的旧仪器给你们，那些落伍的仪器又不能达到你要求的效果。"

我听了王所长的解释并不感到失望，因为对此早有准备。我立即提出了一个新的设想：

"您说得很有道理，那我想请各位专家考虑一下，能不能帮我们搞一个虚拟的科学实验室呢？在这个实验室里让学生们能够了解到世界上最先进的科学技术，科学研究项目，知道最尖端的科学仪器是什么样的，我们国家的科学技术发展到了什么水平，正在研究什么。也就是说，让学生把一些在普通实验室里实现不了的想法，通过虚拟的科学实验来实现，有没有这样的可能？"——自从拜访过美国华盛顿地区托马斯杰佛逊科技高中后，在人大附中建设几个高水平的科学实验室，就成了我挥之不去的梦想。

科学家们对我的创意表示出浓厚的兴趣。张泽院士说：

"你想象的这种实验效果，用苹果计算机来实现效果比较好。"

"苹果机？"

我和两位副校长兴奋起来。不久前苹果公司驻京办事处的汤先生曾来到人大附中，说他受美国欧姆基金会委托，要在北京联系两所中学参加欧姆基金会的一个项目——领航员计划，利用因特网建立专门网络进行国际间文化交流，把中国青少年的眼光引向世界，促进世界各国青少年的交流和友谊。汤先生说他已选定人大附中作为这个项目的实施校之一，如果我们同意合作，苹果公司会向学校捐赠五台最新款的 New-imac 苹果电脑，还有数码摄像机、无线机站以及相关设备。既然这样，我们何不把两个项目结合起来，就采用苹果电脑来装备这个实验室，既完成了欧姆基金会的委托，又能节约我们的资金。

经过进一步论证与商谈，我们与科学家们达成了协议：由张泽院士牵头，支持人大附中创建虚拟科学实验室。

接下来是实质性筹建。张泽院士亲自来到我的办公室，倾听我对实验室的设想和要求。回去后，张院士紧锣密鼓地为我校设计这间虚拟实验室，他给我们写出了厚厚的实施方案，并搜集了很多相关资料，再一次表现出一个真正科学家的认真和诚意。我们将专家的论证方案结合中学教学的实际情况又进一步论证，校务会最后拍板：筹建人大附中虚拟科学实验室。

2002 年 6 月，我把正在家中休产假的彭晓叫到学校，对她详细讲了实验室的创意和理念以及策划过程。我对她说："这个项目由你这个工学博士负责最合适，为了学校建设，只好请你提前投入工作了。"我又找了负责校园网的王玢，他也曾到托马斯杰佛逊科技高中参观过，我让他与彭晓一起负责这个实验室的筹建，并对他们提出具体要求：一是实验室的装修设计一定要有创意，要让人一走进去就觉得与普通实验室不同，要能够给人震撼和冲击，让学生们置身其中感受到科学带给人的吸引力和冲击力，让他们能感受到科学的伟大与奇妙。二是要征求各学科尤其是理化生教师的意见，要召集各学科负责人进行论证，了解他们的教学需求，学校建设缺少资金，这个实验室不是摆设，要让各学科都能找到使用之处。

神奇的虚拟科学实验室

2002 年 9 月 1 日，人大附中的虚拟科学实验室，终于建成并正式启用了。

前一天的傍晚时分，我一个人走进了这个实验室。打开门，虚拟科学实验室 7 个银色的大字映入眼帘，向右一拐，走进实验室，可以看到讲台正上方在一道银灰色的屏风上镌刻着这样的英文：Think different，它的中文大意是：放飞思想。面对讲台教室后方雪白的墙壁上，是三句醒目的英文：Open Your Mind Extend Your Senses Explore the Amazing World of Science，它的中文大意是：开启你的心智，扩展你的感官，探索神奇的科学世界。感觉很好，这几句话，足以代表我们的设计理念，把这个实验室与普通实验室区别开来。室内学生的座位和电脑，没有像一般实验室那样有规则的摆成一排排的，而是分为不规则的四组，显出有别于课堂的轻松与协调。雪白的球型苹果电脑，摆在银白色的电脑桌上，显得庄重而神秘，四周是天蓝色的座椅和浅蓝色的窗帘。教室不算大，白色、银灰和天蓝为主色调，是我喜爱的颜色，感觉就像科学本身，纯粹，高雅，深邃，能够净化人心。

看到自己的设想变成了现实，我心里很是感慨：我想起了张泽院士那厚厚的实施方案书，想起了科学沙龙，想起了彭晓提前结束产假、与负责校园网的王玢等老师投身繁重的筹建工作。任何梦想的实现都离不开艰苦的奋斗啊！

我们的虚拟科学实验室，得到了国内外各界学者和专家的高度评价。的确，这个实验室给学生提供了构造客观而真实的实验条件的仿真平台，它可以让学生对真实科学实验中可能出现的各种干扰因素实施模拟分析，完全不受时间、地点、对象的限制，又可以避免可能出现的危险；它可以实现普通实验室根本无法实现的许多科学实验，例如物理学上的天体运动实验、牛顿第一定律、理想实验等；它还可以利用已知规律预言并模拟新的物理学现象，使学生们将普通物理课堂上学到的抽象枯燥的理论，通过思维加以想象，在头脑中转化为奇妙的、形象的视觉图像，让他们真切感受到科学之美和科学的奥妙与规律，从而激发出探索的兴趣和想象与创造的活力；此外，这个实验室还可以通过探头采集试验数据，经过计算机处理后得出科学的结论。而苹果电脑全英文操作界面，将外语学习与掌握现代信息技术，学习理化生等多学科的知识高度融合在了一起，高速有效地提高了师生们的综合素质。

当然，真正让我感到欣慰和满足的，是这个虚拟科学实验室给学生带来的快乐和收获。开始，我们先在高一理科实验班试用，孩子们每天放学后争着去实验室做各种实验，兴致勃勃地与老师一起摸索着开展各种探索和研究活动，还开发了一些对教学有帮助的软件。2003年，虚拟实验室作为物理选修课的教室对全校开放，学生们表现出极大的探究兴趣，总是盼望着去虚拟实验室上课。

一提起虚拟科学实验室，王琦这位一向沉稳、文静的女教师，马上便会变得神采飞扬，滔滔不绝。她说：

"牛顿第一定律，以前我们只能在课堂上讲，因为实际生活中根本不存在实验条件，也无法创设。但是，在虚拟科学实验室里就可以做了，可以用软件模拟出理想的条件。我的学生们做出的实验，常常让我大吃一惊！"

一天，高一年级在虚拟科学实验室上物理课时，王琦老师提出一个问题：能否模拟太阳系的9大行星运动，观察行星及太阳的运动，如地球绕太阳的运行等等。

这个课题引起王烨同学的兴趣。这个长得敦敦实实的男生是物理课代表，他在苹果机上开始一遍遍地试验。他不但设计出了太阳系9大行星的运动轨迹，而且这些轨迹还可以随着参考系的变化，来观察各个天体的运动轨迹。

自从进入虚拟科学实验室，王烨常常顾不上吃饭睡觉，沉醉在钻研各种实验之中。他在模拟人造卫星发射的实验时，利用计算机形象生动地再现了科学家们的一系列发现：以第一宇宙速度发射卫星，卫星绕地球做圆轨道运动；以大于第一宇宙速度而小于第二宇宙速度发射卫星，卫星绕地球做椭圆轨道运动；以第二宇宙速度发射卫星，卫星脱离地球引力成为一颗人造卫星。

此时的王烨俨然像一位学者，全神贯注地凝视着计算机屏幕。虽然，这些发现并非他的首创，但当他通过模拟试验展现了这些深奥的规律时，一颗青春的心灵被深深地震撼了！他曾参加全国初中应用物理竞赛，后来又参加了北京市高一力学竞赛，均获得一等奖。

2003 年 9 月，王琦老师赴日本东京出席联合国教科文组织亚太地区机构举办的"ICT 在课堂教学中的应用"国际论坛。她用英语介绍了人大附中的虚拟科学实验室及其相关的教学研究活动，引起了与会代表的极大兴趣。专家们评价说：

"人大附中的虚拟科学实验室不仅代表了 ICT 的中国最先进水平，也代表了 ICT 的世界最先进水平！"

四、研究性学习天高地阔

从 科学实践开始

中国的青少年禀赋之好、潜能之大、创造欲望之强烈、创造能力之杰出，大大超出我们的意料。他们在研究性学习和发明创造中表现出来的独立自主意识、团结协作精神、社会责任感和锲而不舍的毅力，更让我们感动和钦佩。培养学生的创新精神和实践能力，既是我们的责任，更是我们的快乐。

这是我在 1999 年写的创新教育论文中的一段话，它来自于多年的教育实践。

人大附中的研究性学习在全国起步是比较早的。在上个世纪 80 年代中期，我尝试着组织学生写数学科研小论文。90 年代初期，我组织高一、高二年级学生正式选题、立项，学生根据各学科自定题目，撰写论文，进行答辩，并与北大附中同学们进行讨论、辩论，搞得热火朝天。当时我的出发点是为了丰富学生的学习生活，让学生们不要感觉中学生活枯燥，培养孩子们的自信心，挖掘各自的特长，展示他们的才华，尊重个性。当时，学生们已显示出探究性学习的兴趣与能力。也许，那就是人大附中研究性学习的萌芽时期。

1990 年 3 月，人大附中迈出了课程改革的第一步，创设了第一门校本课程——现代少年课，并引起了广泛的关注。大约是 1993 年的秋天，北京师范大学教育系的康健副教授来到人大附中，与我探讨开设科学实践课的设想。

康健喜欢运动，有着健康的体魄，浓浓的眉毛，笑起来让人感到非常友善和亲切。他畅谈自己的课程方案时神采飞扬。10 年后，他调入北大附中担任校长，我们成了同行。

1994 年 9 月，科学实践课的设立，成为人大附中进行研究性学习的标志和起点。1996 年，在康健的指导下，人大附中又创设了社会实践课。直至今日，我始终感谢康健选择人大附中做实验。许多人为人大附中的发展奉献过心血与智慧，他们功不可没。

我之所以积极运作新课程实验，是因为我从中看到了新世纪新教育的曙光，而人大附中又具有天时地利人和的优势。经过论证，我们决定在高中进行科学实践课的实验，请康健和我校的肖乐和负责；社会实践课在初中实验，由陈旭和心理学硕士杨春燕负责。

初始阶段，科学实践课确立了渐进性的内容和目标：

（1）了解有关科学研究方法和科学研究过程；

（2）由教师指导，学生根据自己的兴趣选择相关课题进行研究；

（3）通过参加科学研究过程体验科学研究的历程，学习掌握科学研究方法，培养科学态度及其价值观。

该课程分为三个阶段：

（1）基本训练——通过一些活动了解科学研究方法，与科学家接触，了解科学家应该具有哪些品质，了解科学研究过程。

（2）选择研究项目、课题立项，开展课题研究活动。通过课题研究了解科学研究过程，学习科学研究方法；研究结果以多种形式呈现：实物、软件、论文、调查报告、实验报告等。

（3）成果展现、课题总结。通过学生们介绍自己的研究项目、研究结果，全体同学共享该课程的成果。

（4）互相学习，开阔视野。个人的课程总结可以帮助学生回顾在科学研究过程中的经历、收获，归纳学到了哪些方法，使该课程的学习上升到一个新的水平。

为了给学生创造各种参与科学研究的机会，人大附中作为北京青少年科技俱乐部的基地学校，几年来一直不间断地参加北京市科技俱乐部组织的各种科技活动，如科学家与学生"大手拉小手"活动，进入国家重点实验室参观、学习和研究等等。

在师生们坚持不懈地探索实践中，研究性学习在人大附中深深地扎下了根，就像一棵小树，在风雨中成长，吐出一片片嫩绿的芽，绽放一朵朵绚丽的花。

1998 年 8 月 7 日下午，中国香港特别行政区礼宾府会议大厅内灯火辉煌，人头攒动，这里正在举办"第九届全国青少年发明创造比赛和科学讨论会"颁奖典礼。会上，当主持人宣布中国人民大学附属中学学生任重的论文荣获一等奖时，只见一个少年快步走上主席台，从特别行政区行政长官董建华的夫人董赵洪娉女士手中接过金牌和证书。此时，他心潮澎湃，思绪万千……

任重在《未来不是梦》一文中写道：

从小我就对小动物有着浓厚的兴趣，自己亲手饲养的小动物就不下十几种。读小学时，到北京大学生物专业学习就成了我的梦想。但绝没想到，机会来得这么突然。1997年年初，我读高一，刘校长找我谈话，问我对做生物实验有没有兴趣。我说当然有啊，可是担心没有太多的时间。刘校长就语重心长地对我说，只要你有决心，有毅力，一定没有问题。于是，我就参加了由中国科协和中国生理协会共同主办的"第一届生命科学领域跨世纪科技人才早期发现和培养"活动，经过笔试、实验和面试层层选拔，我非常幸运地被录取了。

我来到北京大学生命科学学院细胞遗传学实验室，在戴灼华教授和张文霞副教授的指导下，开展了关于果蝇唾腺染色体的科研活动。接触科研工作以前，我以为这项工作一定充满了神奇色彩，没想到许多工作是极其枯燥的。例如，指导老师让我观察果蝇的生活史，即果蝇从卵变成幼虫、再变成蛹、最终变为成虫这一过程，这是研究果蝇唾腺染色体的必要阶段。就拿果蝇幼虫来说吧，最初幼虫也只有1个毫米长，不注意观察，肉眼根本就看不见，而我还要将每天的观察结果都记录下来。适宜果蝇生活的环境温度在20℃左右，而北京三四月份昼夜温差较大，为了防止它们"着凉"，每天晚上我都将培养瓶用棉布包好，放在避风处。我认真地按照老师的嘱咐去做，每天定时观察其生长情况，有时甚至需要夜里爬起来观察。就这样坚持了一个多月，我写出了一份完整的果蝇生活史观察报告，获得了老师们的好评。

搞科学研究不可能是一帆风顺的，关键是要有认真求实的态度和百折不挠的意志。印象最为深刻的是，当我的课题进入冲刺阶段时，几乎每天下午一放学，我就到北京大学实验室里做实验，通常一做就是四五个小时，赶在学校集体宿舍关门前才回去。周六、周日加班加点是家常便饭，将饭菜拿到实验室去吃也习以为常。另外，那段时间数学竞赛和课内学习的内容也不少，总觉得时间很紧张，甚至有些不够用。可就在这节骨眼上，我的实验又接二连三地失败，这时我产生了打退堂鼓的念头。可当我想起戴老师已60多岁，为了祖国的科研事业，为了培养接班人，而顽强拼搏、勇于献身的精神，只觉得自己太渺小、太脆弱了。于是，我又重新振作起精神，合理安排时间，不仅保证了实验进度，而且在竞赛方面也取得了优异成绩。

经过多年的实践与探索，现代少年课、创造发明课、科学实践课、社会实践课等新课程日趋成熟，成为人大附中最具有特色的校本课程。根据教育部颁发的《研究性学习课程指导纲要》，从 2001 年起，人大附中在高一、高二 32 个班和部分初中班级开设了研究性学习必修课程。

主管教学工作的书记兼副校长、物理特级教师王珉珠，回首课程开设之初的经历，曾感慨万千：

"让我意想不到的事情发生了，一部分学生和家长反对开设研究性学习必修课程，说这与高考有关吗？为什么占课时？一些教师也抱怨负担过重。这真让我们始料不及！但是，刘校长稳如泰山，我也咬牙坚持，慢慢地挺过来了。"

是的，我是感到过压力，甚至尝到了内外交困的滋味儿。但我坚信，研究性学习是提高学生综合能力的有效途径。这一观点已被越来越多的实践所证实。

高三毕业班由于高考的压力，历来是各类实验课的禁区。然而，罗滨却在高三尝试了研究性复习课。在课上，她给了学生很大的思考空间，采用延时判断的方法，对那些有争议的实验结果先不急于作出对与错的判断，待过后再证明。当王珉珠副校长向我介绍了这个情况后，我意识到这是一种先进的教育观念，立即在全校倡导。也就是说，当学生发表一些观点尤其是似乎错误的见解时，教师不要断然否定，而是让彼此都留出足够的时间思考，慎重地判断是非对错。尤其是要让学生在彼此争议的过程中，进行深刻的反思，进行自我教育，而正确的结论往往就产生在深刻反思和自我教育的过程中。

创 建研究性学习网络平台

从科学实践课到今天的研究性学习课，经历了 10 年的实践与探索，这门课已经成为一门深受学生欢迎并且成果显著的课。教过这门课的专职教师有肖乐和、任中文、周庆林、李报等。

由于扩大了研究性学习课的范围，我们也曾一度陷入管理的困境之中，因为学生研究的范围甚广，从选题、立项、开题、指导到结题各不相同，工作量十分巨大，况且又是教师们不太熟悉的内容。

我了解到这个情况之后，采取了一系列对策。首先安排了周庆林老师担任我校研究性学习的专职教师，又安排 14 名教师兼任指导教师，同时聘请我校一些专门人才给予支持。

更重要的突破在于科技攻关，将研究性学习的管理建立在网络的基础上。在我的全力支持下，2002 年 6 月，罗滨、舒大军、周庆林等教师提出了创设研究性学习网络平台的创意，与公司合作开发，取得重大成功。

2002 年 9 月，在教师们与有关方面的努力下，人大附中的研究性学习网络平台正式投入使用，受到师生们的广泛欢迎。在我看来，基于网络的研究性学习，不但会更加规范更加便捷，而且会更加实用更加持久，甚至会更加富有创造力和普及性。

2002 年 12 月，我校研发中心开始自行开发功能更强大的研究性学习网络平台，并于 2003 年 9 月在人大附中投入使用。

研究性学习网络平台首先提供了研究性学习课程的管理系统，平台通过教育信息技术有效的手段与工具来解决问题，它帮助学校解决了在课题选题、教师工作量计算制度、课程档案建设制度、课程实施情况评价等管理方面的困难。同时，网络平台还提供了网络资源、交流工具、评价量表等辅助手段。

研究性学习网络平台同时也是学生开展研究性学习的辅助工具。研究性学习网络平台根据学生开展研究性学习和教师指导研究性学习的流程，在网络上实现对学生开展研究性学习的选题和审核的控制，并帮助学生成立研究小组。平台还根据学生开展研究性学习的需要，为学生存储并提供所需要的资料，提供研究工具和交流工具。借助交流工具实现了学生之间以及学生和老师之间的交流，交流方式包括语音、实时聊天、BBS、E-mail 等。平台实现了对学生学习过程的自动监控和支持，可以帮助学生形成问卷调查，公告优秀小组，进行对学生阶段性任务的检查和汇报、答疑，提供帮助和研究线索，平台还能实现教师对研究性学习整个过程的控制和评价，可以实现形成性评价、过程评价和结果评价。

研究性学习网络平台在人大附中的应用取得了非常显著的成果，它不但减轻了教师的负担，同时也使得学生获得了更多的帮助，使学生的研究更加有目的性，学生的知识面更加广阔。学生之间的交流也非常方便，一些优秀的研究论文获得学生的高度关注，达到了研究性学习促进中学教育教学改革的目的。

曾有人提醒我：

"如今可是市场经济。人大附中的研究性学习网络平台前景无限，是否应当封闭使用或控制起来。"

我摇摇头，回答：

"人大附中的研究性学习网络平台应当是开放的，不但面向北京地区师生，也面向全国师生！谁输入 yanxue.rdfz.cn，谁就能够使用！"

还是有教师担心，好东西会被别人学去。

"人大附中是示范学校，应有示范作用，应为社会服务！"

这就是我的态度。

如今，每个关注人大附中研究性学习状况的人，都可以随时进入网络平台。2004 年 3 月的一天，我进入了网络平台，发现开题报告已有 2585 篇，活动报告 1405 篇，中期报告 1207 篇，结题报告 440 篇。

高一学生马馨提交了关于人大附中高一学生上网情况的调查报告。她采用问卷法，发出 250 份，回收 227 份，回收率 90.8%。其中，有效问卷 210 份，问卷有效率 92.5%。

马馨的研究发现，近一半的学生（91 人）每周平均上网时间不足 2 小时；上网的大部分学生（74 人）上网时间在每周 5 小时以内；每周上网 5—10 小时 20 人，10—20 小时的 6 人，20 小时以上的 19 人。

关于网上活动：153 次是为了获取信息，占 70%。其他依次为：135 人次是为了收发邮件，125 人次是为了完成作业，87 人次是为了娱乐，56 人次是为了玩游戏，42 人次是为了聊天，另 14 次为其他。

关于上网场所：195 人次在家上网，69 人次在学校上网，8 人次在网吧上网。

……

我注意到，在马馨提交的研究报告后面，有"导师网上点评"栏目，老师在上面既肯定了她的"成功之处"，也提出了"不足之处与建议"。接下去，还附有"接力研究提问"和"相关信息链接"。

我想，置身于这样一个网络平台之中，学生进行研究性学习时能得到多大的帮助啊！同时，任何一位教师进入这样一个平台，不都可以增进对学生的了解吗？也许，这就是人大附中的研究性学习得以稳健发展的奥妙之一。

生 活中的数学

我非常欣赏李政道教授求学的"12 字真经"，即："求学问，先学问；只学答，非学问。"

2000年6月14日，我校学生在参观中国科技馆新馆时，见到了诺贝尔奖获得者、美籍华裔物理学家李政道教授。大名鼎鼎的李教授，向中学生们讲了他求学的"12字真经"，并解释道：

"要想做好学问，必须先学会问问题，如果只学习回答问题，这不是真正的做学问。"

这位大科学家还鼓励学生不但要多问为什么，还要通过动手实践来寻找和验证问题的答案。

我想，李政道教授求学的"12字真经"，应当成为研究性学习的座右铭。

随着研究性学习的深入，人大附中的教师和学生都在变化，各个学科也在变化。1998年数学建模走进课堂，成为研究性学习的一个新领域就是一例。

数学在很多人眼里是枯燥乏味的，是抽象的理论。可是，在人大附中的课堂上有一种很有意思的数学课——数学建模。课上，老师不是拿着粉笔板书数学的符号或图形，而是带着学生们走进了一个又一个问题空间，甚至走进实际生活中去探索许多有意思的问题，然后通过数学的方法来解释、解决或优化实际问题。请看仇金家老师的一堂数学建模课。

仇老师读大学期间，曾获全国大学生数学建模竞赛东北赛区一等奖。在课堂上，仇老师提出一个问题：假设我们要去商店买一盒牙膏，发现牙膏有很多品牌，而且同一品牌的牙膏又有不同规格的型号，价格差异也很大。那么，买哪一种品牌的哪一种型号的牙膏最合算呢？怎样能够解决这个问题，坐在教室里肯定想不出答案来，那我们只有去实际了解并寻找规律，才能拿出一个科学合理的答案。

为了让初次接触数学建模的学生能够尽快进入角色，仇老师让每个小组以研究"同种商品不同型号的价格规律"为题，每个小组拟好调查提纲，亲自到几家商场，调查了一些不同包装、同种商品的价格及销售情况，根据调查的数据建立数学模型，并把数据、建模过程及结论以小论文形式写出来。

接着，仇老师在全班公布大家的建模过程及最后的结论，同学们不仅看到了解决问题的不同思路和不同数学模型，而且在讨论中发现了别人或自己模型的优点和存在的问题。一名女生在这堂课后高兴地写道：

我觉得这次活动真的很有意思。我很高兴已经独立完成了调查，还写出了调查报告！有时候想一想生活中居然藏着那么多有趣的数学问题，倒也很有意思。国庆期间的所有作业里，就数这项作业最有意思。当我到各个商店去调查时，我觉得自己是在干一件大事，很有成就感……总之，我是很快乐地投入到这项工作里了。

从学生的字里行间，我们可以读出她从事这项活动的投入和兴奋。我一直都在为怎样让学生主动地学习、快乐地学习而动脑筋，现在，在数学建模的课堂上找到了答案。首先我们得激发学生的兴趣，让他们知道自己在干什么，学什么，以及这样做、这样学的意义，学生们自然会积极投入其中。实际上，中学里所学的很多知识，获得的很多能力都是他们今后成长的基础。

为了给学生一个系统学习的机会，我们开设了数学建模选修课。可是，对一所中学来说，长期开这样一门课，既缺师资，又缺教材，压力很大。但是，我们还是坚持下来了。

谁有准备，谁就有机会。1998年初，人大附中参加了教育部重点课题"高师、中小学数学建模理论、实践与跨世纪数学教育改革研究"，承接了子课题——"中学数学建模的理论与教科研实践"，我和数学教研组长担任课题负责人。从此，课题组的专家经常来我校指导。姜伯驹院士、北师大刘来福教授、首师大李延林教授、王尚志教授等专家，都曾先后来校，让师生们大为受益。

历经近3年的研究与实践，人大附中的子课题不仅如期结题，并且成果丰硕。100多名学生在北京市高中数学竞赛中获奖；40多名学生在北京高中数学建模论文比赛中获奖；学校出版了《人大附中学生数学建模论文集》。

我校99届初三学生李宇恒、薛坤合写的数学建模论文——《给学生的肩膀减负》，荣获北京市第三届高中数学知识应用竞赛一等奖。

李宇恒写道：

同大多数学生一样，我总觉得数学课本里的东西跟生活离得太远，没有多大用处——我就不相信有人活在世上就是为了解几道数学题。所以虽然我也在天天学数学，但是我依然不清楚数学的用处。初三时，我报名参加了北京高中数学应用竞赛，我的目的就是为了锻炼自己。

李宇恒顺利通过了初赛，在复赛的数学建模论文项目中，他选择了《给学生的肩膀减负》这个题目，获得了论文一等奖。他反思道：

> 现在再看这次数学应用竞赛，实际上我们的论文中用到的数学原理很简单，没有什么高深的理论，但是应用性较强——可能这也是这篇论文的优点吧。这次比赛培养了我"学以致用"的思想，培养了我严谨的态度，使我真正明白了数学的真谛：数学不是几道代数或几何题可以代表的；数学不像我一开始认为的那样，在普通人的实际生活中用处不大。实际上，数学时时刻刻都在影响着我们的生活，只是它太悄无声息了，让我不曾发觉。这次我只是运用数学解决了生活中的一个小问题，提出了自己的主张。相信将来我会用数学解决更多更大的问题。

学 生为校长们讲课

研究性学习改变了师生们的学习生活，也引起了学生家长的关注。高一实验班学生郎瑞田的父母写道：

> 我们的孩子郎瑞田这个寒假过得有些异样，不是像往常那样完成假期作业、上网、玩游戏，而是忙不迭地联系餐馆，测噪声。原来，他和三位同学在研究性学习课中选定了"北京市城区餐馆声环境情况调查和噪声的测量与分析"这一课题。该课题得到了北京市劳动保护研究所所长、国家噪声与振动控制重点实验室主任、北京有害危险源控制技术研究中心首席专家任文堂研究员和北院三院专家赵一鸣教授的高度重视，获准列为他们主持研究的"社会生活噪声的控制标准研究"国家级科研课题的子课题。专家们不但提供了课题研究技术、设备上的支持，而且与该课题校内指导老师周庆林一起，对他们的课题研究进行了具体的指导。

2001年12月的一天，郎瑞田和本班同学臧鹏飞、张梦溪凑到了一起，这3个爱思考的学生，决定就城区餐厅噪音问题做一项研究。城市的孩子，谁没进过餐厅？谁对乱糟糟的声音不心烦？他们希望用科学的力量改变这一混乱的状况。3个人的构思吸引了同班的王昊天同学，不久也加盟进课题组。

在独生子女时代，孩子们要深入社会各个角落调查研究，做父母的能不担心吗?

郎瑞田的父母写道:

　　课题研究之初,他们自己找餐馆,可是,找了几十家餐馆,无一例外地被拒之门外。这时我就对孩子讲,社会生活的实际问题远不像对着标准答案做题那么简单,有时甚至和自己的想象完全不同。现在你们还小,碰钉子没什么,千万别一遇到困难就止步不前。尤其是你们的课题得到了学校的高度重视,有多大的困难也要想办法完成。当然,我也找了几个开餐馆的朋友,为孩子寻找测量噪声的机会。我不是直接出面联系,而是告诉孩子该到哪里找谁。由于前面的碰壁,孩子特别感谢家长为他提供的帮助,同不认识的人谈话、联系就不再发怵(我想,如果主动替他联系餐馆,他不仅不会感到机会难得,还会觉得家长管得太多),过后与孩子谈感想时,他深有感触地说,这次研究性学习,收获真是太大了,虽然做课题有老师的指导,但不能事事问老师,许多事情是事先没有预料到的,要自己去想办法解决,比做作业、玩游戏意义大多了。

　　每次测量噪声,都是10个小时,这对孩子的耐力、意志也是一种考验。在餐馆嘈杂的环境中要统计用餐人数,察看仪器运行情况,看着食客享用美味佳肴,自己不仅不能吃,还要站着工作。他们从早上10点坚持到下午2点,用餐的客人渐渐少了,自己才买一份炒米饭或面条吃。其实没有人告诉他该怎样做,但课题需要这样,就只好个人服从科研了,自制力和吃苦精神也正是在这种过程中培养起来的。

　　同样作为一个母亲,我完全能够理解郎瑞田父母的心情。他们把担心和牵挂尽量地藏起来,一个劲儿鼓励孩子,而学习研究过程中孩子们获得的收益和成长,会让他们由衷的欣慰。范克科老师有句话说得好:

　　"孩子在实践中不知不觉就长大了。"

　　是的,研究性学习绝非仅是知识的获取,更是学生综合素质的提高。

　　这个课题是4个人合作完成的,大家有事抢着干,有困难一起想办法,即便是出了问题,也不互相埋怨、推卸责任。通过开展活动,加深了同学间的情感交流。在课题研究过程中培养起来的团队精神与合作意识,正是孩子们将来立足于社会必不可少的素质。

2002 年的一天，我接到北京市教委的一个电话，说市里正在北京教育学院办一个示范高中校长的培训班，研讨研究性学习问题，请人大附中介绍经验。

我当即答应下来，但让市教委的领导和名校长们完全没有想到的是，我请郎瑞田、洪伟哲、谢忱 3 个中学生前去讲解演示。

人大附中一些老师担心了，说：

"这可是全市高中校长的培训班呀，学生去讲行吗？"

"怎么不行？研究性学习要让学生当学习的主人，学生自己来讲最有说服力！"

我决心已定。

那天早晨，罗滨陪同 3 位学生赴会，我和王珉珠书记随后赶到。我也想现场看看人大附中学生的风采。我想 3 位学生的经验介绍不会比教师水平低，因为他们有亲身体验。

高三学生洪伟哲曾代表中国中学生赴美参加英特尔国际科学与工程大奖赛。他介绍了与同学一起发明"用于投掷器材的警示装置"的曲折经历：

我是 1996 年进入人大附中的。从入学第一天起，我就深深地被人大附中宽松而浓厚的学习气氛感染了。我参加了创造发明小组，取得了好几项发明成果。现在回想起来，真是感想颇多。记得在刚刚选定课题的时候，我好像产生了一种归属感，使我感觉到"这是我的项目，这是我的责任"。而当我在实验室第一次把发明试验成功，当我走上领奖台的时候，我所感到的是一种自豪的成就感。如果从研究性学习的角度来看，这种归属感和成就感本身就是对学习者的一种激励，也同样是一种约束，使得所有的参加者都不会轻言放弃。在作品的制作过程中，我们获得的最宝贵的不是知识，而是科学研究的方法。在我们的研究过程中老师着重培养了我们对于资料搜集、整理的能力和对实验不断进行完善的能力。书本式的学习是知识的主要来源，它给予我们的是科学的基础，而在研究性学习中，我们得到的是科学的素质。如果说课堂上的知识使我们站在了巨人的肩膀上，那么，研究性学习无疑给我们提供了一架继续攀登的梯子。

另一位高三学生谢忱也作了介绍，他讲了关于"道口自动防冲撞装置"的研究过程及成果。

郎瑞田的发言很风趣。这是个圆头方脸的男孩子，眼睛不大却炯炯有神。

他说：

民以食为天，可这是一个什么样的天呢？我们在研究中发现，北京城区餐馆中的声环境状况不容乐观。各位校长注意到了吗？在就餐高峰期，餐厅中的噪声高达70分贝以上！在这样的环境中就餐，谁的食欲和情绪不受影响呢？此外，人们在餐厅一般需要进行交谈，但就餐高峰期，餐厅中的噪声使得人们只有在0.13米左右甚至更小的范围内，才能对正常说话声获得满意的清晰度。然而，我们遗憾地发现，目前国家噪声标准中没有关于餐厅噪声的标准，因而使餐厅的声环境管理缺乏法律依据……

50分钟的经验介绍结束了，校长们为学生热烈鼓掌，并且意犹未尽。他们都是行家里手，深知在每一项研究背后的艰辛与坎坷。有些校长向我表示祝贺，连声说："不容易！太不容易了！"

中日青少年新的较量

在人大附中研究性学习的众多项目中，最让我难忘的是中日远程数学教学。

1993年，作家孙云晓发表了中日少年《夏令营中的较量》，震撼了中国教育界，引发了一场全国性的教育大讨论。毫无疑问，中国孩子身上的弱点，暴露了中国教育的隐患。作为一个一线的教育工作者，我意识到自己的责任。我提出创办国际一流的世界名校，就包含着让中国教育在全球竞争中获胜的强烈愿望。

新的较量发生在世纪之初。

2002年，一批日本的国会议员访问了人大附中。他们是公明党国际委员长、执政党财政改革推进协会顾问远藤乙彦先生、自民党伊藤达也先生（通商产业政务次官）、自民党内阁部会长鸭下一郎，会议院科学技术委员长古贺一成（民主党）、前科学技术总括政务次官斋藤铁夫（公明党）、众议院文教委员长（公明党）西博义等。他们参观了我校的校史馆、图书馆、实验楼的远程教室、天文穹顶、电教中心、学生校服等，对我校的现代教育技术，尤其是对在远程教学中表现出色的学生表现出极大兴趣。

国会议员们回国后，向日本国会写了报告，认为人大附中学生的素质和远程教学的水平超过了日本，提议加强和中国特别是人大附中的教育交流。北京市教科院基础教育教学研究中心主任梁威将北京师范大学数学教授钟善基与日本大阪教育学院数学教授铃木正彦的一项远程教育课题引进人大附中。经双方磋商，确定了远程教育的内容、实施时间和方式等问题。

准备工作是紧张而复杂的，但我充满了信心，因为我相信人大附中师生们的实力。虽然我安排了许飞、王金战、程岚等教师负责指导，可我明确地要求以学生为主，充分发挥学生的创新精神，把中日远程教学作为研究性学习的一个项目来进行。于是，高二学生林一青成了该课题的策划与组织者。

林一青同学在文章中回忆道：

经中日双方商定，以绘画与高中几何为课题，在中国人民大学附属中学和日本大阪教育大学附属天王寺高中之间，进行3次远程数学教学活动。

"绘画与几何"是一个全新的初等数学应用领域。近年来，在日本数学会会长横地清教授的指导下，日本在此方面取得了很多的研究成果，并形成了系统的理论。他们在日本国内发表了大量的论文，出版了专著，开始推广试验。本次中日远程教学就是这个实验的一个非常重要的组成部分。在中国，关于"绘画与几何"的研究几乎无人涉足。同学们通过在网上查询、检索，发现除了华中科技大学刘克明教授的理论文章外，我们没有获得其他关于这方面的中文研究资料。在此期间，我们参阅了《近世几何学》的仿射几何学和射影几何学部分内容，在我们头脑里初步建立了独立于现行中学数学材料之外的非欧几何的基本概念体系：同学们上网查阅了与绘画、艺术有关的资料（如摄影作品等）；下载了大量的绘画素材（包括大量著名的文艺复兴时期和中国明清时期的名画等），学习了艺术文化史；并在网上建立了本次远程教学的网站，与日本学生进行及时交流，与日本方面的课题负责人李雪花博士保持密切联系。同学们在没有相关中文资料的情况下开始阅读日文资料。由于我们已经有了一定的数学基础和理论依据，在阅读中除了个别的专业用语无法理解外，大部分的概念借助图形可以了解得清楚且透彻，这为我们实施中日远程教学奠定了基础。

特别是，在这次中日远程教学中，中方的教学内容是同学们自行组织、独立研究完成的，而每个学生有自己的研究课题。经过一段时间，我们在各自的研究领域，有了更加深入的理解和独到的见解。在这次中日远程教学的研究和备课的过程中，同学们自编了一整套自我培训的教材，并且经常组织培训活动，主讲的同学向其他同学讲授与自己的远程教学内容相关的数学知识，大家提出自己的见解和修改意见。由此，同学们形成了一套独特的教学和研讨的方式，诸如各国文化艺术史、射影几何、仿射几何、中心投影和斜投影的概念、性质、作图法等内容都是通过这种方式实施的。同学们在活动中互教、互帮、互学，团结协作，受益匪浅，他们深切地体会到：我们不但学到丰富的知识，更重要的是提高了检索、收集、整理信息的能力，培养了初步的科研意识、协作和团队精神。

值得一提的是，人大附中没有强行指定学生参与，而是让高二学生自愿报名。冲到最前面的是一位女生，名叫贺小雪。她用诗一样的语言，表达了参与的激情。
她写道：

> 挡在我们面前的，
> 是湍急的河流，
> 我们要游过；
> 是荆棘丛生的密林，
> 我们要穿过；
> 因为我们年轻，
> 年轻的生活充满挑战，
> 挑战困难的勇士，
> 血液里不容有一丝畏难的怯懦。

实际上，中日远程教学既是中日学生之间一次友谊的切磋，又是一场静悄悄的较量，一场高素质的较量。这是中日两国历史上高中学生之间的第一次远程教学活动。虽然人大附中已经有了中加和中美的远程教学，但中日远程教学具有两项重要突破：一是教学主体的改变。以往的远程教学都以教师讲授为主，而这次为日本同学授课的"中方教师"是我校高二年级的学生。为了培养和锻炼学生的综合能力，老师们退到了幕后。二是教学内容上的突破。以往的远程教学主要以英语教学为主，而这次要进行的是用英语讲数学。由于教学内容不是现行高中数学教材中的内容，加上教学内容还涉及美术等知识，学生们是在进行名副其实的研究性学习。所

以，这也是一次重大的教
学改革试验。

2002 年 10 月 29 日北
京时间 15:00 整，中日两
国学生共同参与了数学远
程教学。按照双方约定，
本期远程教学活动分三次
进行：第一次（10 月 29 日）
主要由日本学生从解析几
何的角度介绍数学斜投影
法和绘画；第二次（10 月

在中日远程教学现场（2002 年）

31 日）主要由中国学生从欧氏几何角度介绍数学远近法（即透视法）与绘画；第三
次（11 月 28 日）中日两国学生交流学习体会。前两次各进行一个半小时，第三次
进行三个小时。在整个教学过程中双方均使用英语。

借助现代信息技术，中日双方同学在屏幕上见面了。简短的相互问候之后，一
位日本男生开始用英语讲课，他从解析几何的角度介绍数学斜投影法和绘画。显
然，他们是做了精心的准备。

当日本学生刚刚讲完，人大附中的林一青就开始质疑，他从斜投影作图与仿射
几何相关性角度，提出了一个闭曲线的问题。

他指着一幅图，问：

如右图所示，两相交平面之一上的闭曲线，经平行投影至另一平面而成的闭曲
线所封闭的面积与原闭曲线所封闭的面积比为一定值。这个结论对吗？请日方同学
解释。

日本学生愣住了，不知是数学原因还是英语原因，反正是难以释疑。他们只好
承诺在最后一次交流中给出解答。据悉，日方准备的内容大多是日本教师完成的，
所以学生比较被动，一问就问住了。

11 月 28 日，在中日远程数学教学的交流时间，日方学生给出的解答，仅对上
述闭曲线为矩形的情况作出合理的说明，而对此命题也适用于一般闭曲线，无法作

出较好的解释，即有失命题证明的一般性。而我校学生林一青却不肯放弃这一难题，他从特殊到一般的思路出发，利用其所掌握的极限理论提出：将一平面上的闭曲线，用一系列平行直线划分成无穷多三角形，再将其平行投影到另一平面上。将无穷多三角形的面积取极限，即得到闭曲线所封闭的面积，而其比值在取极限过程中不变。因此就可以将命题转化为引理：任意三角形经平行投影后，所得的三角形的面积与原三角形的面积比为一定值。之后从特殊情况出发，证明对于底边在两平交线上的三角形以上引理成立，然后扩展到有一顶点在两平面交线上的三角形，最后再推广到一般情况，证明了对于任意三角形以上引理成立。

林一青的质疑与释疑，仅仅是中日远程数学教学中的一例，人大附中学生的精彩表现，让日本师生大为赞叹。

中国留日学者李雪花博士参与了中日远程教学的全部活动，并制作了大量问卷，跟踪调查了参加中日远程教学的两国学生。调查结果显示：人大附中学生的表现非常出色。人大附中学生在自主性、积极性、独立性、创新性、扩散性、分析力等6个方面均优于日本学生。日本学生对人大附中学生高超的英语水平和数学能力非常钦佩，并切身体会到提高英语水平和数学能力的必要性。李雪花博士在来信中谈到：对于人大附中学生们在远程教学中的出色表现，日方的老师和学生们都非常惊讶，赞叹不已。日本学生在事后的感想中写到，日本学生的英语能力比中国学生要差一些。日本的大学老师们认为，人大附中学生的聪明才智、综合素质和表达能力以及英文水平不仅超过许多日本高中生，而且超过部分日本大学生。

人大附中学生在中日数学远程教学活动期间的突出表现引起日方极大兴趣。应日本数学教育学会的邀请，我校师生参加了2003年7月在日本京都召开的第3届国际数学教育会议，这是我校学生首次应邀参加国际学术会议并发表论文。本次国际会议的主题为"信息化时代中的数学教育及数学文化史"。

在会议上，我校参加过中日远程教学的任远同学，用流畅的英文宣读了他的长篇论文——《"绘画与几何"的启示》。在场的各国学者对中日远程教学表示出强烈的兴趣，主持人为此特意安排了对学生们的问答会，与会专家详细询问了学生的数学学习的内容、时间、方式及感想等，给各国专家留下了深刻的印象。

任远同学说：

在全球信息化的今天，世界进入了知识共享的时代，这对我们青少年来说，既是难得的机遇，也是巨大的挑战。以积极、主动、开放的姿态迎接时代的挑战，是中国青少年的主动选择。在这次数学远程教学活动之前，我们从未将数学与美术联系起来，因为我们从来都认为这是两个不相干的学科，我们相安无事地分别学着数学课和美术课，认为数学是自然科学，美术是人文科学，思维方式是不同的。这次数学远程教学活动主题"绘画与几何"是数学与绘画艺术相结合的应用领域，它将数学的几何学原理与绘画艺术完美地结合起来，使得我们在学习探索中同时开发数学的逻辑思维和艺术的形象思维，提高思维能力；在得到数学思维能力训练的同时，提高艺术创作能力和审美能力。对于"绘画与几何"的探索，使我们把数学思维和艺术创作、艺术审美融合起来，这对开发我们的智慧潜能、全面发展和成长具有重要意义。

五、学高方能为人师

病床上的决定

对任何一所学校来说，教学水平都主要取决于教师的水平。因此，如何采取有效措施提高教师素质，是校长应当优先考虑的重大问题。

读过本书第一章，读者朋友可能会记得我当校长前向全校教职工描绘学校宏伟蓝图的细节，就在那次会后不久，我患了急性肺炎，住进了北京海淀医院。

那是1997年，我人躺在医院里，心却在学校里，甚至夜里也在思考，而思考最多的就是教师队伍建设。

我常常想起美国、新加坡等国家一流中学的师资状况，人家有许多硕士、博士，真可以说博学多才，学生自然受益多多。可我们的教师学历偏低、进修又不足。当然，我绝非只看重学历或资历，名牌大学毕业生也曾被人大附中淘汰过几个，因为他们不适合中学教育。所以，我们要用一切手段，来培养中学教育所需要的优秀教师，不拘一格造人才。

一天夜里，我被一个灵感激动得夜不能寐。我想，人们常说名师出高徒，北京有那么多特级教师和数学教学专家，如果把他们请到人大附中来带徒弟，我们的教师不等于进了最好的大学吗？而且，我本身就是数学教师，与许多数学特级教师有着良好的关系，我可以先从数学突破。

我抓起电话，想马上告诉数学教研组的刘景波、许飞两位组长，可一看表才凌晨一点多钟，不忍心惊扰了他们的好梦，而自己却已没有丝毫睡意。终于，熬到了天亮，我立即给他们打了电话，约他们来医院谈教学工作。

果然，两位组长来后，问候了几句病情，也为师资水平发起愁来。刘景波是1963年首师大毕业生，在人大附中当了20多年的数学教研组长。他叹口气说：

"刘校长，咱校的数学家底您是清楚的，老的老，小的小，老的快退休了，小的接不上来，谁不急呀！"

许飞接着说：

"十几个年轻的数学教师素质不错，有热情，有闯劲，反应也快，关键怎么带。"

我一边输着液，一边谈起了昨夜的想法，两位组长的眼睛亮了起来。许飞说："这是个高招！可人家特级教师能来吗？"

我说："精诚所至，金石为开嘛。不去做你怎么知道不成？"

9月4日下午，我召开了专门会议，作出了以听课、评课、建立评价体系等方式培养中青年教师的决定，并逐一确定了拟聘请的数学特级教师和专家的名单。我将我的详细构想向他们作了介绍，并与他们一起，一步一步开始行动起来。这项工作准备了很长时间，这期间我担任了校长之职，立即着手将这个计划加以实施。

首先，我亲笔给许多数学特级教师和专家写了信，诚恳地谈了我们拜师的愿望，并邀请他们来人大附中共商大计。让人大附中教师喜出望外的是，9月12日下午，19位大名鼎鼎的数学特级教师和专家走进了人大附中。

面对北京中学数学界的精英们，我的心里充满感激之情。我说，我想集众家之长，来带一带人大附中的教师，并争取探索出一条师资培训的新路。特级教师流动带徒弟，不就是一所流动的名牌大学吗？

我的想法得到了特级教师和专家们的赞赏。经过认真的讨论，他们形成了一个务实的方案，即每周来两位特级教师，每位特级教师来工作一天，上午听两位年轻教师的课，下午评课；年轻教师经过总结反思，再来听课评课，切实提高教师水平。

自1997年9月开始，几十位数学特级教师和专家陆续走进了人大附中。年轻教师的每一节课都经过了精心准备，一般是先写出教案并试讲，由数学教研组讨论。也就是说，我们自己先要使足了劲儿，拿出最好的水平，再来倾听专家的评点，这样会有更大的收获。

我深知这是难得的机会，经常与特级教师和专家一起听课和评课。我们

1997年9月，和请来听课、评课、指导教学、带徒弟的数学特级教师、专家合影

发现，整个听课与评课过程中，课后分析最为重要。在特级教师评课之前，先听讲课教师自述教学思想与追求；在特级教师评课之后，讲课教师要写出教学总结。

来自东城的贺信淳先生是一位著名的数学特级教师，他在评梁丽平老师的课时，走到黑板前为她示范讲解三角函数中的正弦曲线，并且一边画图一边讲解。毕业于北京大学数学系的梁老师听得心悦诚服，因为这个既重要又难讲的题目，被贺先生讲得既透彻又明白，这不就是精湛的教学艺术吗？

梁丽平是幸运的，她的课还得到数学特级教师王建民老师的评点。后来，我又安排她去听北京大学数学系张筑生教授的课。在名师们指导下，梁丽平的业务能力突飞猛进，成为人大附中年轻的数学教研组组长。

我直接带的徒弟彭建平是个少年大学生，18岁即从北京大学数学系毕业。我多次听他的课，发现他有许多奇思妙想，只是缺少教学经验，于是我经常手把手帮他。他的成长也极大地受益于特级教师们，他们先后听课与评课数次。他深入钻研数学理论的精神，得到专家们一致好评。

有一回在某名牌大学，一位教授为中学教师们讲数学。讲得云遮雾罩时，彭建平站了起来，说："您讲得太复杂了，可以简捷处理。"教授愣住了，请他上台讲解。彭建平胸有成竹，就像特级教师那样一边演示一边讲课，果然非常简捷，引起教师们的一阵惊叹。那位教授也对他刮目相看，问他在哪所中学教学。彭建平回答："人大附中！"

数学特级教师来人大附中指导教学的活动持续了两年之久。著名数学特级教师孙维刚来了，他听了彭建平老师的课，给了"教态自然亲切，印象深刻"的好评。他在评课中指出："数学教学的起点要低，但落脚点要高，应当体现出数学思想和理论。"

彭建平越来越痴迷于数学。他向我提出回北京大学读研究生的请求，我支持了他，并建议他多向张筑生教授学习。如今，彭建平已成为北京大学的数学博士。我的另一个徒弟高辉，正在荷兰攻读计算机专业的博士学位。

2003年4月，彭建平应邀参加了"刘彭芝校长教育思想研讨会"。会后，他在《我的感想》中写道：

我于1992年7月从北大数学系毕业到人大附中工作，刘校长已经是副校长了，她平时工作很忙，有时需要有人代课或批阅作业，当时我很荣幸地担任她的助手。

因此，她在中关村的家，成了我这个不速之客时常造访的地方。有时，我晚上 10 点去，问到 12 点多才回，因为那时，她正同时上几个校长班，很晚才回家，到家后也不休息就和我讨论，教我如何教学，如何阅卷，如何讲评，使我很快适应了教学工作。如果时间允许，她会给我讲述自己做班主任的体会和带班的方法。让我记忆犹新的是，她还把自己平时积累的名人、教育家的语录拿给我看，那时，刘校长就非常欣赏陶行知先生的教育思想。直到今天，我才理解了校长的教育思想是她从长期的一线教学中积累产生的。

可以并不夸张地说，人大附中的每一位数学教师，都得益于特级教师的指导帮助。其中，仇金家老师的收获尤为突出。

前面提到过，仇金家老师擅长数学建模课，而他实际上是东北师范大学计算机专业的本科生。当初，是我鼓励他担任数学教师，因为我相信他的创新能力。他答应了下来，心中却一直有压力。

我们安排数学教研组组长刘景波老师当他的师傅，又先后请张思明、赵大悌、王健民等多位著名数学特级教师听他的课，给了仇金家极大的帮助。

一次，仇金家上研究课，海淀区教师进修学校校长赵大悌老师来了。这位文质彬彬的数学特级教师听完课后，慢条斯理地说："仇老师呀，你为什么讲话那么快呢？好课要给人舒服的感觉呀！要张弛有度，悦耳动听，切不可让人喘不过气来。"

年仅 23 岁的仇老师没料到语速快成了讲课的大忌。下课后，他反复观看自己讲课的录像，不得不承认这是一大毛病，而这毛病的背后是紧张。

1998 年 10 月 8 日，海淀区中学特色课展示会在人大附中举办。对于教育强区来说，这是一次大比武，既关系到教师个人形象，更代表学校水平。因此，许多学校都推举经验丰富的中年教师登台亮相，我却把这个机会给了只有一年教龄的仇金家。

仇老师一时慌了神，说：

"我刚来，怎么经得了这场面？"

"年轻人要敢闯嘛！"

我鼓励他说：

"你就讲你的数学建模，这个特色谁上得了？"

于是，仇金家决定把老课题讲出新意来，把题目定为"同类商品不同型号价格规律问题"。在特级教师的指导下，他精心设计，反复试讲。

登台之日，北京骨干教师培训班的教师们也前来听课。北大附中的张思明老师也来到现场助阵。仇金家的课一炮打响。美中不足的是，缺乏经验的他提前两分钟就下了课。

作为听课的特级教师，张思明首先看出了仇金家的潜力，并给予了充分肯定。同时，他又提醒这位初出茅庐的年轻人说：

"保持弹性，留有余地，这是教学的艺术。若想服人，不光要举正例，也要举反例，这才有力量。"

不久，国际大学生数学建模大赛在清华大学举行。虽然，这似乎与中学教师没直接关系，我还是努力争取到一个大会发言的机会，依然派仇金家老师登台，用英语宣读论文。后来，我又为他创造了赴日本学术交流的机会。我觉得，为教师寻找一切发展机会，是校长义不容辞的义务。

如今，仇金家已成为一位有一定知名度的数学教师。他讲的"同类商品不同型号价格规律问题"，已被选为新课程教材标准的范例。

当张思明等著名特级教师在编写新课程标准教材时，他们选中了仇金家一道合作，由他负责研究性学习方面的内容。据悉，仇金家参加编写的教材，已经通过了教育部的审定。我为他的成绩骄傲。

我欣喜地看到，经过名师点拨，我校年轻教师们的教学水平已经今非昔比，并出现了长江后浪推前浪、一浪更比一浪高的壮观势头。

在 反思中成长

反思，也就是反观自照、自我省察和自我审视。"吾日三省吾身"是有关反思的名言；"窥镜自视""三镜自照"是古人反思的佳话；"君子博学而日参省乎己，则知明而行无过矣"，阐述的是反思的重要作用。反思，是一种沉淀，也是一种修养。它表现为一种冷静的心态、一种做人的理智和一种透视自己的勇气。有了它，可以滤去粗率、浅薄的人生杂质，获得生命的感悟和人生的智慧。无论是一个人，一个团体，还是一个民族，学会反思都将受益无穷。

在工作中，为了让每一位教师都养成反思的习惯，我要求电教中心为所有的教师有代表性的课录像，并发在校园网上，供教师们反思自评或互相学习。曾有人担心这样做花钱太多，我说：

"这样做的确投入多，但产出更多，更有价值。"

高一年级语文教师刘准曾写过一篇文章，题为《也算是当头棒喝》，记述了课堂录像给自己带来的反思。他写道：

"老师，欣赏您的光盘呀！"耳边传来学生并无讥

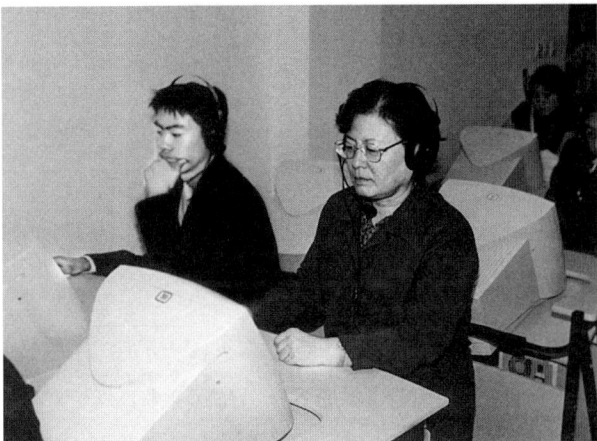

参加网上评课

讽的话。可是对我来说，却无异于当头棒喝。因为，当我看过三遍自己的课堂录像之后，当初上完区里研究课的那份激动早就荡然无存了。反思，惊出我一身冷汗。因为遗憾和惭愧！

当时的情景还历历在目：研究课一下课，学生掌声响起，老师好评如潮，自己也坠入快乐的云雾里。然而，当后来我带着一种满足的心态欣赏自己的课堂录像时，我的心渐渐冷静下来。我发现，那时的我是如何的在课上自问自答，是如何的有些做作，是如何的在问题上"引诱"我的学生，又是如何的为"引诱"成功而窃窃自喜，以为自己是多么的了不起；自己的教学基本功还不够扎实，锤炼教学语言的意识还有待加强，教学心理还不够成熟，教学手段还需要改进，一些细节还有待打磨，还可以再微笑一点，沉稳一点……如果不是教学录像为自己提供了反思的条件，自己又怎么可能跳出自己的躯壳来冷静地看到自己的不足呢？

这之后，我在每一次备课中，想得更多、准备得也更充分了。从教材内容的挖掘，到具体教法的使用；从每一处关键语言的推敲，到每一个手势动作的传达，每一个细节，我都不会轻易放过。这就是反思之后我对自己提出的新要求。

与刘准老师的感受不尽相同，英语教师张日娜则是取众家之长成一己之功。

2003年12月，为了参加海淀区青年教师风采杯大赛，张日娜想出了一个聪明的主意，她从校园网上把许多教师讲课的录像都拷了下来，用几天的时间逐一研究分析，有时竟欣赏到凌晨两三点钟。她发现数学老师以逻辑性见长，语文老师的特

色是引人入胜，而她的师傅程岚老师则以网络课件大展魅力……反思自己，他人的长处恰恰显出了自己的不足。于是，她开始精心设计自己的英语音乐课件——《世界的声音》。

大赛中，张日娜的课与众不同，她用自己儿子光着屁股戴耳机的画面，引入了音乐的话题。她微笑着对同学们说：

"全世界的孩子不管什么肤色都喜欢音乐。如果你是校长，你会选择什么样的音乐作为上课铃声呢？"

张老师以音乐为线索，以多媒体为手段，以学生为主体，使这堂英语课极具亲和力。结果，她荣获本届青年教师风采杯大赛一等奖中的第一名！

在利用课堂录像时，高一物理组发挥群体优势，集思广益，互相切磋，帮助青年教师打磨出了精品课。回顾往事，他们写道：

2003—2004 学年上学期，青年教师田鹏为参加海淀区青年教师基本功大赛，开始了紧张的准备工作。比赛规定，听课的学生由海淀区指定非本校的学生参加，并且只有在上课之前十分钟才能与学生见面。由于上课的环境和学生都是陌生的，需要有很强的应变能力，这对一个青年教师是一个很大的挑战。这时，课堂录像又发挥了重要作用。在一番精心准备之后，田鹏进行了第一次试讲。高一备课组全体教师不仅都去听了试讲，而且反复观看试讲录像，积极诚恳地提出了许多宝贵意见。比如：这节课自始至终应该突出强调的主要研究思想是运动的合成和分解，应该怎样把这种思想渗透到课的每一个环节？用平抛竖落仪演示平抛与自由落体的等时性，怎样操作效果最好？定量分析频闪照片得出平抛运动在水平和竖直方向的运动性质，是以老师分析为主，还是以学生自主活动为主？田鹏从网上下载的一些演示课件确实非常好，但是怎样用才是最能说明问题的？是不是把这些好的东西堆积起来就是最好的？带着这些问题，田鹏又看了自己的录像，对原来的教案进行较大的修改，并且进行第二次试讲。与前一次不同的是：（1）这次的演示实验由两位学生辅助演示，在讨论和得出结论的环节上，注意了所有的结论尽量让学生得出，如果学生得到的结论不正确，教师再进一步引导学生朝正确的方向思考，直到得出正确的结论。（2）定量分析频闪照片的工作，从原来的教师演示并分析改为将频闪照片印发给每一个学生，由学生自己测量、计算、分析，最后得出结论。（3）网上资料合理的选择和利用，学生理解起来困难的地方，就尽量选择能够辅助理解的片段播放，而通过学生自己动手就能够完成的环节，就果断地删除。同时，还选择了较新式的飞机投弹设备的录像片段播放，既提高了学生兴趣，活跃课堂气氛，又扩展了知识面。整个课主题鲜明、气氛活跃、学生参与度高。经过对试讲录像的反复推敲，田鹏的课有了很大改进，在这次青年教师基本功大赛上取得了优异的成绩。如果说以前他的课更多的只是在"模仿"老教师或者优秀教案的话，那么现在，课堂录像则成了他的另一位"教员"。只不过，这一次反思是在备课组全体老师的帮助下完成的，或者说这堂课也给物理备课组全体老师带来了反思。

六、让学生听到花开的声音

高考是个大课题

对于任何一所高中来说，高考都是一个无法回避的挑战。

2000 年，中国中小学教育出现了"减轻学习负担"的浪潮。的确，过重的负担摧残了孩子们的身心健康，甚至扭曲了他们的人格。因此，"减轻学生负担"不但是必要的，而且应当成为一条永久的教育原则。

但是，凡事必有度。如果以"减轻学生负担"为名，放弃对教学的严格要求，那是对学生负责的态度吗？现实生活中恰恰出现了这样的问题。由于怕被人扣上"片面追求升学率"的帽子，怕被当作应试教育的典型，有些教师不敢给学生布置作业，更不敢抓统一练习。

2001 年春天开学不久，我带领高三年级全体教师来到北京郊外的昌平南口某部队营地，举行高三教学研讨会。其实，这本是人大附中的传统做法，但在特殊背景下，教师们尚有些惊魂未定的感觉。

会上，我旗帜鲜明地说：

我们要正确地认识高考。素质教育不是不要高考成绩，高考成绩好也不一定就是应试教育的结果。我们应当理直气壮地抓高考，这是实践"三个代表"重要思想的具体体现。通过高考进入自己理想的大学，这是学生们梦寐以求的，代表了广大考生及其家长最根本的利益。所以，我们抓好高考，就是为国育才，就是造福于民，这是功在当代利在千秋的大事！

……

听到我这番坚定有力的话，教师们似乎腰板挺直了许多，目光里燃起了希望之火。这些充满爱心的教师们，一直牵挂着学生们的前途。

我又进一步提出：

我们要高考成绩，但不应该靠拼时间、耗体力、搞题海战术来提高成绩。我们要把高考当成课题来研究，通过科学的方法来赢得高考的胜利。这就是我们高三教学研讨会的宗旨。

我的思路得到教师们的热烈响应。他们纷纷议论起来：

"为了不让学生掉进题海里，我们教师要主动跳进题海里！"

"人大附中应当带领学生走信息高速公路，而不能走弯路，更不能走错路。"

教师们越说越激动，出了许多好主意，谁也没有考虑到，加大备考力度将会给自己带来多么繁重的工作压力。

当大家走出会议室的时候，一个个眉舒目展。部队政委见了惊奇地说：

"嗬！这么开心呐！好像从人民大会堂里走出来一样。"

是的，我们每次的高三教学研讨会，都是很成功的。我们做到了"不增加课时，周六、周日不补课，假期不提前上课"，而是在规定的教学时间内提高成绩。我们的信心来自于科学研究和团队精神。

以 2002 年为例，北京市夏季高考有了重要变化，即由"3+2"模式改为"3+X"模式，也就是语文、数学、外语加上综合——理科是物理、化学、生物三科综合，简称"理综"；文科是历史、政治、地理三科综合，简称"文综"。

怎么应付这一变化呢？我与王珉珠副校长形成共识：研究性学习是解决综合考试的一把钥匙，因为研究任何一个实际问题，肯定都是综合性的。如果学生具有了研究实际问题的经验和能力，他们会很容易找到解决问题的思路和方法。于是，我们决定采取高三上半学期进行文、理综合分科复习的策略。

第一学期将尽时，一向谨慎的王校长对我说了她的担心：

"下学期将开始文综理综的综合试题模拟训练，我准备让相关教师在寒假中出一些题。可是，他们也犯难，过去只出单科题，没有出过综合题，真是'老革命碰到了新问题'。"

我一听哈哈地笑了起来，说：

"你干嘛只想到找老师呀，为什么不找学生？"

"学生？"

王校长一愣，眼睛瞪大了。我拍了她一下说：

"咱校的孩子经过研究性学习的锻炼，在学科知识的交叉上可能比老师还厉害，他们年轻，脑子好使，一边编题，一边复习，这是一个高招。让学生出综合题能使他们在高考中处于更加主动的地位，因为会编题的学生比只会做题的学生更高明！这岂不是一举数得？"

"妙啊！"

王校长顿时眉开眼笑起来。

我又补充道：

"要让教师们先吃透命题的思路，给学生进行具体的出题指导，学生自己也可以研究。"

放假前夕，教师们向学生布置了编综合题的特殊作业。如理综的老师，根据2001年高考中一道以啤酒发酵问题切入的综合题为例，给学生提出了出题的思路和要求：一要结合当前的社会热点，二要联系现实生活中学科知识的交叉点，三要注意学科知识在生活中的应用。如"啤酒发酵"一题，既是化学与生物知识的交叉，又将学科知识综合运用于实际生活之中，是一道较好的范例题。学生们对这个作业反响积极，大有跃跃欲试的兴趣。

开学后，我到高三了解情况。在文综组，历史教师李晓风告诉我，两个文科班的学生已编出十几道题。我饶有兴趣地看着这些将地理、历史、政治结合起来出的综合题，感觉我们的学生还是很有头脑和水平的。

我又到理综组，找到备课组长王琦老师。她说，这个作业引发学生对物、化、生三科的综合性进行了探讨研究，也交来了不少题。不过，学生也缺乏经验，许多题出得不够理想。

我说："谁有经验？学生能编题就很了不起了，只要能用，尽量采用，并表扬他们！"

王琦老师给我看一道学生编的理综题："为什么壁虎能够紧贴在竖直的墙壁上？它到底靠的是什么原理？"

王琦告诉我，关于学生提出的这道题，在物理课堂讨论中，教师也难以给出确定答案。有的学生认为靠的是摩擦力，但立刻有人质疑：摩擦力不是主要作用，也许还有压强的作用。同学们发现：要解决难题还需要了解壁虎的生理结构。于是，下课之后，他们去查找生物学科的资料，果真发现壁虎的爪子上有个吸盘，不光有摩擦的作用，还有气压的作用，从而证明了壁虎能够贴在墙上的原理，除了靠摩擦力，还靠压强的作用。

"这是探究式学习啊!"

我兴奋地赞叹说:

"提出问题→讨论研究→查找资料→进一步研究分析→得出推论。通过这一个探究的过程,学生们尝到了自主学习的乐趣。更重要的是,他们发现了学科之间的联系点,从而将原本孤立分隔的知识有机地联系了起来,从而学得更主动更灵活。这样的学生还怕高考吗?不!高考是学生们施展才华的舞台!"

当2004年高考成绩公布之后,人大附中取得的优异成绩轰动了北京城。

我校高三(2)班学生费凡以640分的高分荣膺北京市高考文科状元。高三(13)班的王珏和马晨薇同学以692分的高分并列北京市高考理科第二名。我校600分以上的文科生7名、理科生218名,占北京市600分以上考生人数的1/10还强,占海淀区的1/3还多。有142名学生被北京大学和清华大学录取,另有49名学生考入中国人民大学,9名学生被复旦大学录取。

人大附中学生在高考中成绩优异的事实,充分证明了用素质教育指导高考的强大生命力。所以,费凡获悉自己的成绩后,他对老师说的第一句话是:"我圆梦了!我为人大附中争了光!我这个状元称号应该给人大附中!"

费凡是一个具有突出个性的学生。他认为,是人大附中"尊重个性、挖掘潜力"的办学思想和高水平、高素质的教师们帮助他圆了梦。进入高三后,他感受到了很大的压力,但他却将压力变成了动力。他深有感触地说:"在人大附中,同学们之间的竞争非常激烈,但这种竞争是良性的,不是恶性的,正因为此,竞争和压力反而能激发出巨大的能量。"

这样一个文科状元,却是"半路出家"的。高二文理分科时,尽管他更喜欢文科,但还是听从父母的意见,选择了理科班,因为他的理科成绩也很好。一直到了高三开学后一个星期,他的父母才又接受了学校老师的建议"你的孩子还是更擅长学文"而同意费凡转学文科。当时,理科班的教师们心情非常复杂,从感情上来说,他们都舍不得这个特别优秀的语文课代表;但从理性上来说,几乎所有的老师都认为费凡更适合学文。而且,高三转科也不符合学校的规定。

当我得悉这一情况后,果断地作出决定,同意费凡转学文科。

我说:"人大附中是一切为了学生的发展,既然转学文科对费凡的发展更为有利,为什么不转呢?我们应当尊重学生的意见,尊重家长的意见,满足费凡转学文科的愿望。"

高考成绩公布之后，费凡成为媒体争相追逐的对象。费凡从容面对。他在接受采访时所表现出来的博学、沉稳、机智与幽默令那些经多见广的记者们都感到惊讶。《新京报》的记者感叹地说："人大附中的学生太了不起了！"

2004年6月24日晚，新浪网特邀费凡和他的语文老师于树泉等人与网友聊天。

当主持人问费凡："网友想知道，高三复习的时候熬不熬夜？"费凡轻松地回答："不熬夜，一般晚上11点半以前就睡觉。"

谈到读书时，费凡说他小时候看书多，上中学后喜欢一些古文，如《论语》《孟子》，爱看名人传记和历史类的书，喜欢读《悲惨世界》等世界名著，也喜欢余秋雨的作品。

当主持人问到老师的感受时，于树泉老师说：

"一个考生能否成为状元有很大的偶然性，但是也有一个重要的条件，费凡的综合素质非常优秀，他不是一个学习机器。他的知识面非常开阔，因为他阅读的视野开阔，这使他的语言表达能力很强。再一个是他关注生活，善于思考，形成了他的整体优势。费凡的成功，并不是因为他赢得了状元这个称号，最主要的是他在人大附中'尊重个性、挖掘潜力'的教育理念和教学氛围之下，综合素质得到了切实而全面的提高。在人大附中，像费凡这样的同学不是一个两个，而是一批！"

我坚信，只要我们坚持尊重学生个性、坚持推进素质教育，学生就一定会不断取得好成绩，而不仅仅是高分数。教育的最高境界是培养真正的人，培养有独立人格并有丰富创造力的人！

校长当了副班主任

我当校长之后对有一个词感受特别深，那就是"身先士卒"。

2001年的一次高三教学研讨会，大家在分析情况时，普遍对三个班的状况表示担心。这三个班的班主任都是年轻的男教师，又都是第一次当班主任，面对复杂的情况经验明显不足。

我当即决断：由我和杨正川、王珉珠两位副校长一起，各兼任一个班的副班主任。我来到了最困难的高三（9）班。

高三（9）班由于以前换的老师多，管理上出现不少漏洞。所以，学生组织纪律性比较涣散，迟到早退现象严重，迎接高考的意识很淡漠。班主任黎老师(化名)

是东北师范大学物理系毕业生，1994年就来到人大附中任教，是一棵好苗子。可由于他从高二才接手班主任，工作一直不太顺利。一提起高三（9）班，他就摇头，叹气说：

"唉！太难管！"

对于我的到来，黎老师心情挺复杂，他认为我是"来督战的"，逼着高三（9）班高考出成绩。可他又表示怀疑，我这么忙的一个校长，能来高三（9）班几趟呢？

让黎老师意想不到的是，清晨，我是第一个走进高三（9）班的人。学生们早晨7点半开始自习，我7点15分进班，而黎老师一般是自习课开始后才来。我来的第一印象，就是教室里卫生欠佳，于是立即组织学生清扫干净。我一向认为，在清洁的环境里才能培育出清洁的心灵。

其实，比学生早到是我的习惯。多年当教师使我感到，教师早到是对学生无言的激励，会让学生觉得心里更踏实，更容易形成班级的亲和力。况且，对于校长的工作而言，唯有早晨是干扰最少的一段清静时光。

教室有两个门。我与学生们约定，给我留着后门，并留一把椅子，我只要有空，就从后门悄悄进来，与同学们一起听课。

说心里话，我走进教室比走进校长室更有激情，因为我爱学生，我一见到他们就兴奋，即使发现他们的缺点，也会勾起我潮涌一般的想象。与学生们在一起，总使我童心不泯青春焕发。

我特意准备了一个大本子，每个学生两页。第一页基本情况，如家庭背景、联系方式、学习状况、理想目标等等；第二页则是我对该生的分析与建议要点。与十几年前当班主任一样，我通过让学生写自我介绍的作文和与他们个别交谈，对他们的了解越来越深入。

一天傍晚，我召开了学生干部会议，谈了我在班里的发现与感想。例如，学生随意换座位、迟到早退、上课随意讲话、把政治老师气哭等等，而有些学生干部是带头违反纪律的。

也许，很久没有听到如此坦诚而亲切的批评了，学生干部们沉睡的心渐渐苏醒过来。他们敞开心扉，吐露了积压已久的心声。这次会议，我们一直开到晚上8点半，我让司机把他们分别送回了家。

黎老师也参加了这次学生干部会。

不久前，他因为批评一个女生上课说话，俩人发生了激烈冲突。那个女生在黑板上写了几行字：

"黎老师冤枉人！我是为了班级正常上课，才违心承认自己说话！"

我与黎老师谈起了这件事：

"中学生处于青春期，每个人都像一个火药桶，激化矛盾不是明智之举。尤其对女生工作要细致，多从学生角度想一想。你让她丢了面子，即使你说得对，恐怕也不会有好结果。再说，那是个多才多艺而又个性极强的女孩子。"

"唉，都怪我太急了！"黎老师承认自己工作欠妥。

我安慰他说："我与她已经谈过心了，她表示理解你并无恶意，并愿意协助你的工作。"

黎老师是个东北小伙子，内疚得直摸脑袋，连声说："刘校长，真对不起！我的工作没做好，让您费心了。"

我笑着说："我是你的副班主任，别那么客气。"

他也乐了，说："我把您扶正得了！因为您更像个正班主任，而我倒像个副班主任。"

2002年1月放假后，我与黎老师召开了一次高三（9）班学生与家长联席会议，让学生坐在前边，家长坐在后面。

我说："今天，我要祝贺大家，因为经过一个学期的奋斗，咱们高三（9）班的学习成绩明显上升了！根据我几十年的经验，如果同学们稳扎稳打，咱们这个班会创造更大的奇迹！"

听我这么一说，大家群情激昂，信心大增，因为他们终于盼来了转机。

我又说："我带超常班的时候，有一个重要的经验，就是一个班级的成功离不开团队精神，团队精神是激励每个人快乐奋进的伟大力量。我希望咱们高三（9）班，来一个学习经验交流，变一个人的成功为团队的成功，好不好？"

教室里爆发出热烈的掌声。

官远芳同学第一个站起来，介绍了自己学习英语的绝招。

徐跃同学站了起来，公开了自己学习物理的成功方法。

赵晶晶的父亲也站了起来，畅谈了培养孩子学习习惯的重要性及具体做法。

黎老师感动得直点头，他对我说：

"太让人激动了！高三（9）班从未有过这样知心的交流，每个人都快融化了！"

寒假中，我交给黎老师一项重要任务，统计出高三（9）班学生从高一到高三的各科学习成绩，并绘出成绩曲线图。我说，我们要研究每一个学生成绩起伏的原因，并给他们具体有效的指导帮助。

黎老师做事非常认真，他几乎用了一个寒假，完成了这项艰巨的任务。

开学后，我们以这份成绩曲线为依据，与各科教师密切合作，帮助每个学生制定了具体目标与措施。

高三（9）班终于进入了理想的状态，全班团结一致，纪律严明，人人发愤学习，并且互相关心互相激励。

原班长韩冬和男生张栋牺牲了个人的宝贵时间，把初中、高中学过的重点字词总结并打印出来，送给全班每一个同学，让大家深受感动。

韩冬却说："帮助大家就是帮助自己嘛！"

在 2002 年的高考中，原先处于困境之中的高三（9）班，把创造奇迹的梦想变成了可以触摸的现实：全班 47 名同学中，46 人考上重点大学，占全班学生的 97.9%；其中 600 分以上 25 人，占全班学生的 53.2%；考入清华大学、北京大学的 15 人。

官远芳同学以 683 分的总成绩，荣获北京市第二名，海淀区第一名。她实现了自己的愿望，成为清华大学生物科学专业的学生。

在捷报频传的时候，我和学生们听到了花开的声音。

第五章
世界是我们的教科书

大笔写大字，大人做大事。学校要传授给学生"大笔"，让学生成为"大人"，就必须推进课程改革，变"教科书是学生的世界"为"世界是我们的教科书"。

一个有远见的教育家，不但要看到教育的过去和现在，还要预见教育的未来。

一个有远见的教育家，不但要有历史的眼光、时代的眼光，更需要有世界的眼光、未来的眼光。没有这样的眼光就不可能有一流的教育，就不可能培养出一流的人才。

著名学者彼德·德鲁克在《21世纪的管理挑战》中预言：世界上所有的机构都要以全球竞争力作为策略上的目标，以国际上同业的顶尖标准衡量自己，否则就不会有生存的希望，更不要说成功了。

他说，这个时代要求每个人都应该是"变革速度最快、学习能力最强的人"。只有这样的人才能跟上时代发展的步伐。

一个井底之蛙，不会知道一井之外还有辽阔的天空、迷人的大海，还有绵延的群山、广袤的原野。

一个鼠目寸光、故步自封的人，不会知道外面世界的精彩，不会知道这个世界每天都在发生着怎样的变化。

我们不能做一个井底之蛙，不能做一个鼠目寸光、故步自封的人。封闭意味着落后，开放意味着进步。只有将世界作为我们的教科书，我们才会有面向未来的眼光。只有汲取中外教育思想的精华，使之成为人大附中的精神营养，才能让我们在与国内外学校的交流与融合中共同进步。

一、8门外语课

校园兴起外语热

1997年7月，当我在人大附中教职工大会宣布"创办世界一流学校"的宏伟目标时，也提出了21世纪的人才应该具备3项技能，即外语、计算机和驾驶汽车。

我说："人大附中会越来越开放，与世界名校的交流会越来越广泛。这一切都离不开外语。没有语言的交流，就没有教育的交流，也无法学习外国的先进文化和科学。毫无疑问，一个不会讲外语的教师，在一所国际交流频繁的学校里会生存得日趋困难。因此，我们要立即开办各种水平的英语学习班，为全校教职工补课！"

听到这里，会场一片寂静。他们也许没有料到，我一上任就抓起了外语，并且直言生存危机。

我笑了一下，又说："大家想一下，如果您到了国外，是不是想听到外国人对您讲中国话呢？所以，我希望每个人大附中的人，见到外国朋友来了，至少可以用外语打个招呼，做一简单的交流。可以说，这是创办一流学校最基本的条件之一。"

一石激起千重浪。一时间，攻克外语难关成了人大附中教师最热门的话题，因为人大附中的教职员工是不甘心落伍的。

经过调查发现，全校有221名教职员工报名学习外语，其中104人报初级班，另外一些教师报中高级班。教师们学习外语的积极性如火山爆发，就连退休教师也报名学习。教师有多大的本事，我就为他们搭建多大的舞台。于是，我们开办了7个不同水平的英语班。

创办世界一流学校，决不能只限于英语，我们的学生是要拥抱整个世界的人。

我开始与一些国际人士探讨，到底哪些语言是对外交流经常使用的，并且具有发展的良好前景。经过反复论证，我决定逐步开设8门外语课，即英语、法语、德语、西班牙语、阿拉伯语、日语、韩语、俄语。我这样做的原因之一，是考虑到有些学生在不同国家生活过，如果把所在国家的语言坚持学习下去，可能会变为一项特长，于己于国都有利。而且，来我校访问的国际友人日益增加，可以让学生来接待。

在我的积极推动之下，人大附中一边调进外国语大学的毕业生，如法语、西班牙语、日语教师，一边挖掘本校潜力，如韩语、俄语、日语教师由本校出国时间较长的老师兼任，同时还争取北京大学、人民大学和北京外国语大学的支持，陆续开设了8门外语选修课。

我校的语文教师古红云，是莫斯科国立师范大学的教育学硕士，她自然成了俄语选修课的理想人选。她曾担心，在今天还有多少人会有学习俄语的热情？在俄语眼下实用性很弱的情况下，又有多少学生肯投入精力和时间？不料，人大附中报名选修俄语的学生还不少呢。

"你为什么选俄语？"

在每学期俄语选修课开课的第一节课堂上，古老师总是怀着浓厚兴趣，带着几分好奇向学生提出这个问题。

"我崇拜普京。"

"俄罗斯和苏联曾经创造了许多世界第一。"

"我读过彼得大帝传记，我对俄国历史文化感兴趣。"

"世界级的文学家艺术家俄罗斯特多。"

"我想学会俄语，以后去俄罗斯旅游。"

"听说俄语有打嘟噜音，我想学学。"

……

为了展示俄罗斯深厚的文化底蕴，古老师借助自身的优势，把留俄期间搜集到的有关俄罗斯的风土人情、自然、人文景观的介绍资料，如照片、幻灯、电影、工艺品、书籍等等作为辅助教具，搬进课堂，使之成为生动直观的教材。例如：在介绍电影的时候，放映名著《童年》（高尔基自传三部曲）和《莫斯科不相信眼泪》《办公室的故事》等反映现代生活的获奖影片。把反映莫斯科、圣彼得堡及俄罗斯其他城市的名胜古迹和风景的影片或照片制作成课件，给学生放映，真实形象地再现俄罗斯的自然和人文风貌，使学生犹如身临其境。有学生说："今生一定到俄罗斯走一趟。"

高一（12）班的思雯同学酷爱俄语，无论寒暑雨雪，从不缺勤，并表示"要学出点样儿来"。

她在课余时间自费购买和收集了相当数量的有关俄罗斯方面的图片、画册、书籍（小说）和杂志，每次上课前都向同学推荐她的新物件，或为大家带来新书，或拿来画册，或推荐文章。她收藏的东西有些连老师都没有。

高二（1）班的朱秋实同学写道：

通过俄语我更直接地贴近了俄罗斯民族的声音。普希金的炽热，屠格涅夫的深沉，果戈理的睿智，托尔斯泰的雄浑，都浓缩在了小小的课堂上。我想，这就是我学习中最大的收获吧。

人大附中开设俄语课的消息传开了，引起俄语圈的关注。出版社的专家免费送来新编俄语教材和磁带。俄罗斯驻中国大使馆的人员，也赶来我校参观，对俄语教学表示热情支持。

马欣从北京外国语大学毕业的时候，听说人大附中要招收一位专职的西班牙语教师，她感到非常惊讶。她是学西班牙语的，深知出路较窄，想象不出一所中学会开这样的外语课。更让她料想不到的是，成为人大附中的教师之后，在我的推荐和帮助下，她作为唯一的中国教师代表，由西班牙教育部提供奖学金，赴西班牙萨拉曼卡大学进修学习。回国之后，马欣老师的西班牙语选修课深受学生喜爱。

初二（8）班的芮子晨同学，就是一个"西班牙迷"。他说，我"因为深爱着西班牙足球而报了名"。初学西班牙语让他吃了不少苦头，但他坚持下来了。

他回忆道：

第一节课上，老师毫不客气地留下了一个"艰巨"的任务。——读出西班牙语中"R"的发音。不会吧，上了一节课居然就让练一个字母的发音？可此"R"与彼"R"不是一回事，这叫卷舌，如大家再不明白，可以去听听鸽子的叫声。当堂课上，老师几乎全在讲颤音。下课时分，老师又讲了卷舌音的发声如何练习。

中午我拿起了刷牙缸，接了些水，含在嘴中，躺在床上，挺起肚子。不要误会，这是在练发音！我把硬邦邦的舌头不情愿地卷起来，用鼻子吸气，张开大嘴，用嗓子往水中吐气，使舌头颤动。5分钟后，一缸子自来水灌入了本人的腹内，那感觉犹如小孩被扔入湖中。

下午，在车上无意听到了"拉丁风情"的节目，虽然一个词都听不懂仍认真地听。

打开电视，看到了斗牛的节目。西班牙的ｔｖｅ电视台正在采访斗牛士，发了一个很长的颤音，我一听马上也跟着口形发起了颤音。最后，舌头几乎抽筋。

第二天清晨，轻轻地吹了一口："ｒｒｒｒｒ"！！此时此刻，这成功似乎来得有些突然，有些轻易，但来了，毕竟是来了！

让芮子晨同学倍受鼓舞的是，当他在欧洲旅行的时候，由于他会说西班牙语，经常受到礼遇。

在英国的夏令营里，当芮子晨听见盛饭的外国爷爷说西班牙语，立刻用西班牙语和他对话。那位外国爷爷兴奋极了，对芮子晨像对孙子一样亲，净给他盛好吃的。

在回北京的飞机上，芮子晨又碰上两位马德里帅哥，自然又交流起来。那两位帅哥眉飞色舞，控制不住地开怀大笑，因为他们实在想不到中国中学生会成为自己的"知音"。

芮子晨同学已经学了一年半西班牙语。他说："现在，西班牙语已经完完全全融入了我的生活，在我的初中学业里注入了新鲜的血液。"

2003—2004学年下学期人大附中外语选修课情况

课程编号	课程名称	任课教师	授课年级
315	新动力英语（初中）	鲁琼	初中
316	新动力英语（高中）	鲁琼	高中
317	初一英语听力选修课1班	张学梅	初一
317	初一英语听力选修课2班	张艳	初一
318	高中英语技能培养	赖丽燕、夏春云、朱京力	高中
319	基础德语1班	张怡	全校
319	基础德语2班	卢百羽	全校
320	中级德语	王江涛	全校
321	基础法语1班	林骁	全校

续表

课程编号	课程名称	任课教师	授课年级
321	基础法语 2 班	杨叶	全校
321	基础法语 3 班	邢抒洋	全校
322	中级法语	刘骏	全校
323	基础西班牙语	马欣	全校
324	中级西班牙语	马欣	全校
325	初级日语 1	何龙	初中
326	初级日语 2	杨杰川	高中
327	日语中级	杨杰川	高中
328	日语高级	铃木敏子	全校
329	阿拉伯语	刘振阳	全校
330	俄语	古红云	全校
331	韩国语	柳顺姬	全校
332	中级韩国语	柳顺姬	全校

开辟成才快车道

人大附中开设多门外语课的创举，受到了师生们广泛的欢迎，同时，也对学校提出了一系列的挑战。其中，关键的问题依然是师资。师资优劣决定教育成败。

从一些外语教师的成长变化中，我得到了一个启示，把提高教师的外语水平与提升教师的整体素质结合起来，这是优化师资队伍的有效途径。

何龙老师就是一个证明。

毕业于首都师范大学历史系的何龙，是一个长相标致的小伙子。他来到人大附中时，不会说一句日语。谁也难以想到，他不但开出了第一门外语选修课——日语，而且成为我校对日交流的重要开拓者。

何龙老师的奇迹来自于：经人大附中推荐，被公派赴日本学习。

从小学、中学到大学，一直学习英语的何龙，对日语一窍不通。为了到日本能听懂日语课，他开始了艰苦的突击学习。

一年半之后，当何龙返回国内时，他成了人大附中日语第一人。于是，我们请他开设了日语选修课，第一次开课就有100多人报名！目前我校已有3位日语教师。

1999年，人大附中选派几名学生赴日本友好学校——东京武藏中学学习生活一个月。参加过日语选修课的韦瑶是赴日学生之一。

武藏中学是日本一所高中名校，韦瑶当时是初三学生，上高一的课。让日本师生大为惊叹的是，韦瑶做题又快又好，数学水平比高一学生还好。要知道，这里是用日语讲课，而韦瑶是第一次来日本，仅仅从人大附中的选修课上学习过日语。

熟悉人大附中的人知道，我校教师进修或考察的机会很多。这是我的精心安排，因为一个不了解世界教育发展状况的教师队伍，是无法创办世界一流学校的。所以，我们克服各种困难，千方百计地为教师争取一切机会，让他们进入提高素质的快车道。

1996年暑假，我校即安排外语组11位教师，集体赴加拿大培训一个月。当时，人大附中的教师很少有人出国。考虑到外语教学的特殊需要，学校把仅有的机会首先安排给外语教师。1998年，学校又送外语组8位教师去人民大学外语系进修研究生，以后每年都有四五位去研读，一直坚持至今。

由此开始，我们创造各种条件、各种机会，包括去探亲、去陪读的机会，选派骨干教师去美国、加拿大、墨西哥、澳大利亚、英国、德国、意大利、法国、西班牙、日本、韩国、新加坡等国学习交流、参观访问、培训、学术研讨，还有带学生赴国外参赛或参加其他国际交流活动等，目前已达300多人次。

人大附中的教师出国学习，获得了真正的提高。我校的朝鲜族女教师柳顺姬就是一个突出的代表。

她是从东北师大中文系毕业来到人大附中任教的。她在一篇文章中写道：

人大附中是我永生难忘的学校，在这里我第一次登上了讲台，第一次面对可爱的学生，在人大附中我第一次尝到了爱情的甜蜜并在北京成了家，后来又有了可爱的孩子，当时的生活真是非常的幸福。可是天有不测风云，我的先生因病不幸逝世。我丈夫生病时，学校领导想尽办法为他找医生，为他找好药救治。先生去世之后，学校对我也是极为关心，多次到我的住处探望我，安慰我。

我能像今天这样从苦难中站起来，很多方面是学校对我关心和爱护的结果。我深深地热爱人大附中，热爱人大附中人。

当我的家庭生活处在最低谷的时候，是人大附中给了我机会，让我用学习忘却以往的苦痛。我永远也忘不了人大附中对我的恩情……

柳顺姬是人大附中推荐而由国家公派赴韩国的，在汉城大学读教育学硕士。当初这个安排，包含了我们领导班子想转移她失去亲人之痛的良苦用心。果然，到了汉城大学的柳顺姬把全部身心投入了紧张的学习。

柳顺姬虽是朝鲜族人，但由于过去一直生活在汉族人集中的地区，韩语无法与人交流。因此，她首先要过韩语关。

韩国有一种 family（家庭）亲情电话，在午夜之后是免费的，一般都是情人们互诉衷肠用的。柳老师请了一位韩国的女博士生用 family 电话做互教，即女博士生教柳老师一小时韩语，柳老师教她一小时汉语。于是，每天的凌晨，她都在紧张的学习中度过。

让韩国师生们惊讶的是，柳老师不但攻克了韩语关，而且在两年半的学习过程中，所选的科目成绩还都是 A，硕士论文也被评为优秀论文。汉城大学的教授们公认，柳顺姬是进步最大的学生！

1999 年 3 月，我接到了柳老师从韩国的来信，她表达了继续读博士学位的愿望，希望学校给予支持。她说，由于硕士全 A 的成绩，她可以获得奖学金，足以支付读博士的费用。

当时，尽管人大附中师资紧张，我还是大力支持她攻读博士学位，并希望她学成之后回学校工作。我想，柳顺姬是人大附中第一个在职攻读博士的老师，她的榜样作用对其他老师会有激励。

2001 年 8 月，以优异成绩完成了博士课程学习的柳顺姬，回到了人大附中。她开始一边工作，一边进行论文研究。

人大附中的教师们发现，学成归来的柳顺姬的确今非昔比。过去，她只能教中文，如今她可以用中韩双语讲中国文化，开了韩国语的选修课，负责中韩交流项目，并担任了人大附中国际部的教学主管。

经过 6 年的学习，柳顺姬老师的韩语已达到相当高的水平。她的硕士论文研究的是中韩"的"字不同用法，这即使对于韩国学者来说，也是一个非常专业的课题。

在人大附中，柳老师开设了初级、中级、高级等 3 个等级的韩国语课程，并采用舞蹈、游戏及各种资料辅助教学，深受学生们的欢迎。

高二（3）班的周婷婷说：

"上柳老师的课感觉特别舒服，课堂气氛特别好。她可以带动起你身上的所有兴奋点，让我们好像在玩中一样学到了丰富的知识。"

如今，有几位参加韩国语选修课的高三学生，已经报考了大学的韩国语系。

谈及自己的成长，柳顺姬在一篇文章中写道：

在我的心目中，刘校长是女中豪杰。在她的身边你会为她那种忘我的境界所感染。她把教育当成自己的事业，自己的生命，如果有任何人做出有损于人大附中的事情，她决不会饶恕，但却不掺杂丝毫个人的恩怨；她对学校的每一砖、每一瓦都如数家珍，她能读懂教职员工的心里话，是我们的贴心人；她像我们的母亲，当我们觉得自己做得不对的时候，我们会觉得对不起学校、对不起她；当我们做得好时，会产生发自内心的喜悦，跟着刘校长做事我们觉得浑身有使不完的劲儿。

火 爆的英语剧

毫无疑问，在8门外语课中，英语稳稳地处于龙首地位，因为这是全校学生的必修课。在人大附中的外语热潮中，英语剧的兴起极大地推动了英语的应用。

2002年9月开学以后，每个星期五中午，匆匆吃完午饭后，许多学生会不约而同地赶往同一个地点——有时是高中楼大厅，有时是中心花园，也有时在综合楼四层会议厅，但无论在哪儿，它们在那个特定的时候就是"英语剧场"，12:30将有一场演出在那里举行。

由各班轮流承办、学生自编、自导、自演英语剧活动已经有好几年了。它不但提高了学生听说英语的水平，更重要的是给了学生一片自由创造的空间。他们可以在这里异想天开、标新立异，可以在这里尽情扇动想象的翅膀，并将自己的奇思妙想变成现实。

他们排演的剧目丰富多彩，如《名侦探柯南》《指环王》《阿拉丁》《白毛女》《修女也疯狂》《神雕侠侣》《仙剑奇侠传》《最终幻想ⅤⅢ》《罗密欧与朱丽叶》《唐伯虎点秋香》等。

高二（4）班自认不是英语口语最好的班，于是扬长避短排演《音乐之声》，因为他们班有一群能歌善舞的可爱女孩。

高二（9）班排演《阿里巴巴与四十大盗》，这部英语剧单从盗贼人数便可让全班同学人人都有机会登台亮相，而且别具一格的阿拉伯风情，新颖别致的民族服装，还能给每个人很大的想象与创作空间。

高二（12）班的英语剧与众不同，他们没有现场的表演，而是用 DV 摄像，然后在电脑上混合编辑，最后以电影的形式展现在观众面前。他们班的班长高越担任剪辑师和特效制作，他选用的软件是十分专业的 Adobe 公司的 Premier6.0，许多镜头他都是一帧一帧地加颜色滤镜做成的。他们制作的纯英语惊险动作片《BLADE Ⅱ》，让观众大饱眼福。

高二（2）班自编自导自演的《指环王》是一部大型英语连续剧，一连上演了6 场，这台近乎专业水准的舞美设计和道具制作均出自本班学生王羽熙之手。

每一场英语剧的演出，都是一次发挥想象力、自由创造的过程。从构思到剧本写作，从表演形式到表演风格，从音乐到服装、道具，都由学生自己去确定去完成。每个人的演出服装，都是自己设计图纸，然后找来材料自己动手制作。演出道具更是倾注了他们极大的想象力，他们不墨守成规，有时甚至故意张冠李戴，让人耳目一新，与别人风格迥异是他们的追求。

他们编写的剧本更是不落窠臼。有轻松版的《白毛女》，有自己演绎的《神雕侠侣》，还有游戏版的《仙剑奇侠传》。

演出前，各班同学为吸引更多的观众，精心设计制作出一张张独具匠心的海报。海报的底本有的是手绘的，有的是在原来电影或游戏的海报基础上发挥而成的，有的是用电脑设计的，有的是十分简洁的剪贴画，有的干脆就是一幅剧中主要人物的漫画像。

高二（9）班的同学为他们的英语剧《阿里巴巴与四十大盗》制作了 12 张风格各异的海报，贴满了学校各个角落，其中"骑马的匪首"和"挥刀的女奴"让许多人称赞不已。李苗同学创作的"四十大盗"标准形象，被画在白色的鸭舌帽上，在校园风靡一时。

在这种无拘无束、自主开放的活动中，学生的想象力被最大程度地调动起来，潜力得到最充分的发挥。英语剧为他们展示多方面才能提供了一个宽广的舞台。

在《神雕侠侣》中饰演黄蓉的李雪佼说："英语剧让我感到了一种疯狂，一种为了班集体的疯狂；也让我感到了一种幸福，一种与大家融合在一起的幸福，一种被别人认可的幸福。"

在《音乐之声》中饰演 Lisel 的刘小鹤，讲起演英语剧的经历时一脸的幸福和激动。她说：

最难忘的是布置场地的那一天，大家都去了——修女、纳粹、管家、上校、男爵夫人，我的 6 个弟弟妹妹和我们的家庭教师。

舞台设在逸夫教学楼的天井中，下午一放学，我们就冲到那里。为了第二天的演出，我们已经准备了很久，歌舞、道具和对白，我们努力把一切做到完美，所以我们的舞台当然也要是最棒的舞台。

大家冲上台子便开始忙活每一件事。我们借来一块天蓝色窗帘作为幕布，幕布上点缀着我们精心制作的几个金色的英语字母——SOUND OF MUSIC（音乐之声）。为了将它挂起来，有的负责在二楼窗口往下放绳子，有的站在一楼窗台上举着窗帘，有的爬梯子，有的举竹竿，一直忙到天黑才将舞台布置好。然后我们围坐在一起吃着自己带来的干粮，大口嚼着，放声笑着，那是辛苦过，劳累后，欣赏的、满足的笑，那是只有共同经历过才会明白的快乐。

当学生的想象力被激发出来，当他们的创造热情被点燃后，学校所要做的，是给他们创造尽可能好的条件，给他们一个能尽兴表演的舞台。

最初，学校艺术宫还没建起来，英语剧演出大都在教学楼大厅或者操场上进行，不管是隆冬还是酷暑，只要是剧开演了，演员照样投入，观众照样沉醉，内容照样精彩，场面照样火爆。艺术节期间，我们将逸夫教学楼的一层腾出来，让他们将剧场搬进了室内。

一次，高二（13）班学生向学校提出，想将他们班的英语剧《唐伯虎点秋香》搬到刚建成的会议报告厅里演，因为那里的环境和音响是最好的。当时很多人反对，主要是怕学生把里面的东西弄坏了。

我说："有那么好的条件，把它关起来不利用更可惜，我们将它开放给学生用，他们一定知道怎么去爱护。"

会议报告厅的门打开了，高二（13）班的学生在里面进行了首场演出。

后来，聪明的同学们还想出了一个办法，在校外找场地拍摄，将英语剧《唐伯虎点秋香》制作成 DVD。每周五在教学主楼一层和二层的阶梯教室里放映时，场场爆满。每个班自拍的 DVD 还参加了中国首届 DV 数码艺术大赛，获得了广泛的好评。人大附中是全国唯一的参赛中学。

看过学生们演出的英语剧之后，我感到一种从未有过的振奋，因为多年来的"哑巴英语"终于变成了"响亮英语"。当学生们进入各自扮演的角色时，他们应用的英语已与课堂上的英语迥然不同了。我相信，他们会从中体悟出老师教不出来的丰富韵味。

二、外教教什么

外 教在学生中间

走在我们的校园里，常常会看见金发碧眼的外籍教师匆匆的身影，常常会看到来自不同国家、有着不同肤色的外国留学生和中国学生在同一间教室上课，在同一个球场玩球，在同一幕英语剧里扮演不同的角色。

一所优秀的学校必然是一个对外开放的学校，必然是一个海纳百川、兼收并蓄的学校。在中国经济正逐步走向全球化的今天，我们再也不能关起门来办学，再也不能死守着过去传统的培养模式，我们必须有办大教育的国际视野，必须有培养国际化人才的战略目标。

早在 1998 年，学校就开始聘请外籍教师。当时聘请的外籍教师主要在非毕业年级的实验班担任口语教学。他们的到来，给校园增添了一道新的风景。

初二年级马馨同学是这样描述他的外籍老师的：

马基（Macky）来自大洋彼岸的美国，有着圣诞老人般大大的眼睛，小小的鼻头，胖胖的身体和挂在嘴角上的微笑。她爱和我们一起唱歌做游戏，还把糖果发给说绕口令最好的同学作为奖品。她从不对我们发脾气，顶多用噘嘴表示她的不满。大家看到她可爱的样子，自然也会收敛许多。

克拉克（Clark）是个高老头（我是说个头高），与马基一样来自"山姆大叔"的故乡。他是一个典型的西方人，深深的眼窝里闪动着两只顽皮的蓝眼睛，高高的鼻梁上还顶着个红鼻头，一脑袋乱蓬蓬的头发，好像一个逃学的小学生。

克拉克喜欢和我们探讨诸如"如何维护世界和平""闭关政策给中国带来的影响""工业革命"等等世界性话题。当然，他也很愿意听我们讨论大到生命起源和外星人，小到自家的小猫小狗这些 free（随意）的话题。

圣诞节那天，克拉克还组织我们开了一个 Party。我们提前一天就贴出了海报，那天，大家穿着五颜六色的服装，从主持人到演员，全是我们班同学。我们站在台上一连唱了 14 首美国和爱尔兰歌曲。前来观看的其他班同学对我们羡慕不已，因为他们班没有外籍老师。家长们也对我们的演出大加赞赏，克拉克兴奋得又蹦又跳，见到谁都忍不住上前拉住人家的手说"Congratulations"。

从马馨同学的描述中可以看到，外籍教师给他们带来的不仅仅是英语口语的提高，还有异国文化，以及让他们耳目一新的教学理念和方法。

自 2001 年秋季开始，人大附中有计划、多渠道引进高素质的专职外籍教师。目前已形成招聘咨询、资历审核、签订合同、岗

和外教浏览校园网

前培训、课程设置、学生选课、调研反馈等一系列管理制度。

外教师资比国内师资更要严格把关。因为引进外教不仅成本高，而且对学生的影响大，必须保证质量。

人大附中引进的外教一般都是具有师范本科以上学历的毕业生，并且得到所在大学的推荐。

我们与美国的塞达维尔（Cedarville）大学和英国驻华大使馆文化教育处建立了长期的合作关系，每年进行交流，不断改进招聘工作。当外教进入人大附中之后，我们不但对其进行上岗前培训，还每学期组织一次对外教授课情况的评估，并请学生参与评论。不合格的外教经过帮助无效，则予以辞退。

有一段时间，一位美国教师把讲演课讲成了理论课，脱离了学生们的实际需要，学生们纷纷抗议。于是，这门课就暂时停止了。

事实上，大多数外教的课是受到学生热烈欢迎的。这些外教的年龄一般比高中生大不了几岁，与学生如同兄弟姐妹一样，关系一天比一天融洽。外教们的热情与诚意常常让中国师生感动。

一位美国女教师安贝尔·霍德金森（Amber Hodkinson），写下了她在人大附

中参加一个传统节日的经历与感受：

　　随着秋天的到来，外教们都开始为节日聚会忙碌起来。看着大家纷纷为这个聚会做着各种准备，五光十色的装饰和各种可爱有趣的奖品，我也为我该做些什么认真考虑起来。要知道，它的意义远不只是一个聚会，这更是让同学们了解中外文化的好机会。在这个聚会上，我是要扮成公主呢还是鬼魂呢抑或做一只动物？真是伤脑筋。但我知道我一定要做得很棒，因为我实在很希望这些孩子们能从繁忙的学习生活中解脱出来，过一个快乐的节日。

　　抱着这些想法，我出发去寻找我自己聚会上要穿的服装。我决定去天坛附近的一个市场逛一逛，看看有没有什么合我心意的东西。当我走进市场时，立即陷入了无数的摊位小贩和顾客之中。于是我就在这熙熙攘攘的人群中寻找着，突然它映入我的眼帘。真是"众里寻他千百度，蓦然回首，那人却在灯火阑珊处"。"那人"是一个清朝格格的头饰，它摆在一个小商店的门面上，庄重典雅，大气而不失精致。

　　在一个秋天的午后，我把自己打扮成了一个清朝格格（大概是中国唯一的一个金发碧眼的格格了吧）。我之所以选择这么一个头饰，是因为我想把中国文化也融入这个聚会中。我希望告诉我的学生们，他们的文化对我而言一样很重要。我希望他们明白我并不想要他们在学习另一种文化时忘掉他们自己宝贵的文化。我想这两种文化可以互相交流共同发展，而这正是我最想让他们知道的。

　　有了外籍教师，学生不出国门就能与外国老师进行零距离接触，本校老师在自己校园里就能和国际同行面对面交流。
　　本·密切尔老师写道：

　　我们在周三中午办了一个英语角。我们在外教办公室内放了一个篮子，初中孩子们把他们的名字写在小纸片上投入篮中，而我们从中抽出幸运者给予小小的奖励。我们用这个方法让更多的初中孩子参与进来。真有好多纸片啊！
　　我们每周五还在办公室外举办英语角，任何人都可以来，但来的大多数是高中生。在我们中间流传着一种有趣的说法：这些学生来英语角练习口语，而最终却把我们挤入角落。我们是美国人而不是英国人太糟糕了，要不我们可以不叫它"英语角"，转而叫它"把英国人挤到角落"。我是这样解释的，作为美国人，我们有更强的"私人空间"的概念，当人与人站得太近时，我们总是下意识地向旁边退一退。所以在英语角时，学生们一把我围住，我就向后退一退，最后总是退到了墙边或角落里。当然，我们在中国住了两三年后，对"私人空间"就不那么敏感了。凯西说他有一次回美国，在麦当劳排队时，就不自觉地和前面的人站得很近，直到前面那人抛来奇怪的眼光她才意识到。我估计不久我也会这样，我们不再在乎"私人空间"，我们已融入中国。

人大附中在我心中有着不可替代的地位，校领导给了我们充分的自由。我们可以组织学生开展各种活动，包括游戏、聚会、访问教师公寓等。他们还让我们参与学校的项目，让我们找到了自己的位置，例如英文录音、问题解答、写作任务等等。这等的尊重与信任促成了我们的成功，令我永怀感激。当别的学校还在由于缺乏信任和交流而裹足不前时，人大附中已经和外教结成了非常和谐的良好合作关系。但愿未来的校领导能够让这种合作关系继续下去。尽管越来越多的外籍教师涌入中国，要想形成这样一个人才济济的外教队伍还是很难的。人大附中成功地获得了这样的一支队伍，并且明智地让它发挥了作用。

14 门外教课

人大附中时常发生一些奇迹般的变化，开设 14 门外教课就是一例。

人大附中现有外教 16 人，几乎为每个班都开设了外教课，并可以达到每周 1—3 节，甚至还进行小班教学。可以说，外语教学达到前所未有的水平，学生们说外语的积极性也空前高涨，外语教师们颇有些心满意足。但是，我并不认为已经到了理想的境界，我开始思考一个新的领域——学科英语。

我校外语教研组副组长赖丽燕写道：

我正为我校外教课的丰富多彩而自豪和高兴，没想到刘校长有一天把我找去，严肃地说，外教课仅仅停留在目前的水平是不够的。我摸不着头脑地问："难道外教口语课还有什么发展不成？不是已经很好了吗？"刘校长笑了笑："口语课的确不错，但是应该有所发展，我们有些学生的英语水平已经很好了，仅仅停留在一般话题的口语课程，显然已经不能满足他们的需要了。现在需要向学科英语发展，即：以学科为载体，开设学科英语课，不仅可以扩大学生的知识面而且可以满足这些学生的口语较高的要求。心理学研究表明，学习一种语言如不能直接到目的国家去实践学习，要想取得成功，主要在于接触这种语言的时间量和使用目的语的多寡。为使学生学习英语后能够得到熟练应用，就必须营造浓郁的学习和使用英语的氛围。只有这样，学生才能不仅学会了一门语言，而且学会了一种思想，打开了一个知识宝库。"听了刘校长这一番话，我不禁为她对英语学科的教育理念所打动，要知道她是数学教师出身啊！通过几年的实践，我们已达到以学科知识为载体来学习英语的目的。

的确，我是数学教师，可我现在是一校之长，要对全校的教育教学负责。我虽然没教过外语，但我明白，外语是用来交流的，而交流是有内容的。对于学生来说，如果能将英语逐步引入学科课程，则不仅仅提高了英语的应用能力，还会对学科知识产生新的理解。当然，这是一项复杂的变革。我请本校的王琦老师尝试英语物理课，取得了初步经验。

经过我们持之以恒的努力，人大附中除了英语口语课、英文写作课、英美文学欣赏、英语演讲与辩论等语言类课程之外，还开设了学科英语课，即以学科知识为载体学习英语，现在开设有艺术体育类、数学与自然科学类、社会科学类学科英语课程。具体有英语舞台剧、音乐欣赏、影视欣赏、英式橄榄球、英语数学、英语化学、英语生物、英语物理、英语历史、英语地理等课程。

高二（15）班的刘心童是个身高 1.85 米的男孩子，他对人大附中的英语教学赞叹不已：

外教在英式橄榄球课上教学生玩橄榄球

我是从外校考进人大附中的，平生第一次见到这样的授课方式：其一，一个班里只有 20 人左右，平时略显拥挤的教室顿时显得空旷，而因为可以坐到前几排，老师的发音也从未有过的清晰，每个人都会有机会回答问题，这是来人大附中前想也不敢想的。其二，外籍教师进行专业课程教授。现在拥有外籍教师的中学本已不多见，而像人大附中这样居然可以找到专职外教传授专业知识更是中学中的凤毛麟角。学生还可以自己选择喜爱的学科进行学习，能够学到这些课程，真是三生有幸。

刘心童与他的物理外教杰希·麦格已经成了好朋友，称他"科罗拉多来的大男孩"。可是，他不能不承认："麦格的每节课都给我带来不同的震撼与收获"。

他写道：

我们知道，物理是一门很讲究基础概念的学科，而物理的根本其实就是定义。不得不承认，外文著作在翻译的过程中有些不准确的地方，这些小问题影响了我们对一些概念的理解。外教的到来，为我们带来了福音。

记忆最深刻的是麦格的第一节课，介绍的是牛顿定律和运动学。这些知识我们在物理课上可以说已经是烂熟于心，一听他要讲这些，恨不得跳上讲台给他讲。麦格显然也看出了我们的不屑，但他只是微微一笑，却要先给我们做一个实验。

实验器具很简单，一个斜面，两卷胶带，其中一卷绕得宽一些，另一卷窄一些。我们一眼就看出了他的计划：要做物体沿斜面下滑的实验。心里有了底的同时，我不禁暗暗发笑：这实验我们初中就讲过，结果当然是同样时间滑到底。想到当他看见我们全都知道答案后的失望和窘态，心中先是一阵窃喜，随后又有些不安，怎么说他也是老师呀！

麦格准备好实验后，先向我们提问："同学们，你们认为哪个先滑到底部？""同时！"我们不约而同地答道。"很好，还有没有其他答案？"出乎我意料的是他并没有失望，也没有发窘，而是表现得相当自然，好像一切他都了然于心一样。"我认为应该是小的先滑到底部。"什么？我简直不敢相信自己的耳朵，堂堂美国大学毕业生居然连这个小问题都弄错，我不知道是该气还是该笑，在忍住一切躁动后，大家渐渐静了下来。

在确认所有人已经都注意到他后，麦格的实验开始了。随着两卷胶带的滚落，本来趾高气扬的我们一下子就瘪了气：两卷胶带居然先后滑下斜面，而且较快的正是麦格所预言的较小的。

一下子陷入谷底的我们开始痛定思痛，思考着问题产生于何处。麦格既不生气，也不得意，只是略带笑容看着我们，一言不发。突然，一个同学明白了过来："胶卷不是质点！""You're！（完全正确！）"本来并不会汉语的他不知怎么就明白了我们的意思。刹那间，我们明白了许多。

接下来他又讲了很多，而讲的每一句我都听得很认真，只觉麦格人很好，英语很好听，物理很美。直到今天，一想到那个实验我还是记忆犹新，他带给我的远非只言片语能说清的。而那节课也只是我们与外教的难忘的回忆之一。

通过外教准确的传授，我们真正了解了物理中一些最原始也是最标准的定义和概念，像牛顿第二定律的最初表达式，或者说惯性准确的定义等等，都使我们的理解进一步加深。这直接推动我们对于定律进行深入的理解和思考。特别是像物理这样的学科，一旦有了这一层面上的思考，可谓是拨云见日，茅塞顿开。

与许多喜欢英语的同学一样，高二（15）班的李孟尧同学先后选修过物理、数学、生物、辩论等4门英语课程，收获颇丰。

他写道：

整天穿着橘红色衣服的外教叫约翰（John），他教我们辩论。

他的课堂总是那么充满活力和欢乐，给我印象最深的一件事情是：第一次课，他穿着一身黑客帝国中尼昂的黑色服装，戴着一副墨镜，一副冷峻的表情，简直可以拍电影。正当我们惊讶之时，他就以他的服装为引子，开始了他的介绍，使你不听都不行。每当我们犯困时，他便会给我们变一套小魔术，使我们顿时就来精神。然后神秘地问："Can you keep a secret？（你们能保守秘密吗?）"我们想听听他是怎么变的，当然说 Yes（是的），他就来一句"So do I.（我也是）"便开始继续讲课。我在他的课上可以说迈出了演讲的第一步。

这样的外教太多了：喜欢运动的乔尔（Joel），热爱攀岩的卡洛布（Kalob）……

几乎每个星期，我都要到外教办公室和他们"聊一聊"，高兴时还和几个外教一起到操场打橄榄球，玩飞盘……经过一段时间，连我爸都不得不承认我的英语发音和表达能力比以前有很大提高。这是在课本上学不来的！只有通过交流才能获得这样的提高。

实践证明，通过非语言类课程实现语言类课程的学习，是外语教学的成功模式之一。据了解，在中国香港、新加坡等地通过非语言类课程获取语言能力的成功例子很多。学生用英语来学习数学、化学、物理等课程，老师传授知识、解答问题，都用英语进行。在教学过程中向学生提供比较多的语言输入信息，让他们有更多机会接触英语，更重要的是让学生在无意识的情况下接触他们所要学习的语言。由于长期沉浸在英语教学之中，学生对英语耳濡目染，不但可以习得流利的英语，而且有利于学生英语逻辑思维的养成，这样学生就不仅学会了一门语言，而且培养了一种思维习惯。

学科英语教学的正常开展离不开教科书和参考资料，而以往学校选用的教材和参考资料都有不尽如人意的地方。我校的外籍教师和英语教师，根据两年来的教学情况，利用业余时间，历时一年，将教学内容编辑成册，形成人大附中校本课程系列教材的一部分。目前已投入使用的外教英语教材有口语交际和写作、数学、自然科学、历史与地理等等。

外教们对开设学科英语也兴致勃勃。女外教安吉拉教西方历史课，她写道：

我喜欢讲故事。历史就是一门讲真实故事的学科。这意味着我可以通过讲乔治·华盛顿、温斯顿·丘吉尔和朱利斯·恺撒等伟人的故事来教英语，这真是一件美差。我发现要让学生们专心听课就要让他们觉得这课有趣。如果他们笑了，那他们必然在听课。所以实际上我并不是讲故事，而主要是通过扮演不同的角色在学生们面前重现历史。你要是上我的课，你会发现我演过许多不同的角色。我今天也许是百年战争中一个英国兵，明天有可能是一个生死未卜的罗马角斗士，后天又可能是乔治·华盛顿军队中一个农民出身的小兵。我的学生们也在故事中担当一些角色。他们有时是雅典和斯巴达的城主，为了古希腊的权位而战斗。过了几周，他们又成了法国大革命时期一触即发的贫农。用这种方法教历史，可以激发学生们去讨论许多问题，这对初步理解历史是很重要的。人大附中一流的教学水平保证了我的学生可以在辩论中用英语一针见血地说出问题的本质。我和学生们之间的友谊促进了我们的相互了解。我们在一起的难忘经历同化了我们之间的文化差异，并丰富了我们的学识。

2003—2004 学年下学期人大附中开设的外教选修课

课程编号	课程名称	任课教师	年级
301	English Math Elective （英文数学选修课）	Joel（乔尔）	高中
302	English Physics（英文物理）	Jesse Magnuson （杰西·迈格努森）	高中
303	English Geography Elective （英文地理选修课）	Gilbert （吉尔伯特）	高中
304	English Biology Elective （英文生物选修课）	Hancock （汉科克）	高中
305	Spoken English（英语口语）	John（约翰）	全校
306	English Chemistry Elective （英文化学选修课）	Lisa Culver （莉莎·加尔佛）	高中
307	Western History Elective （西方历史选修课）	Angela Rosseau （安吉拉·罗素）	高中
308	Speech and Debate Elective （演讲与辩论选修课）	John（约翰）	高中
309	Music Elective（音乐选修课）	Patty Roach（帕蒂·罗奇）	高中
310	Drama（戏剧）	Julie（朱莉）	初中
311	Drama Elective（戏剧选修课）	Ben Mitchell（本·米歇尔）	高中
312	American Football （美式橄榄球）	Jesse Magnuson （杰西·迈格努森）	全校
313	English Video Elective （英文影视选修课）	Caleb（加利伯）	高中
314	English and American Literature Appreciation （英美文学欣赏）	William（威廉）	高中

杰 夫和他的同事

在人大附中校园里，经常会看到一位中等身材、将短短的金黄色头发从中分开的很酷的外国人，他就是来自美国的杰夫（Jeff）。

杰夫是学校外教组组长，在我们学校已有 4 年教龄。可是当初，杰夫与学校签合同时却只同意签一个学期。

杰夫大学毕业后，在美国一所中学当数学老师。他说之所以选择当老师，是因为喜欢跟孩子们在一起，喜欢与孩子们在课堂上交流的那种快乐的感觉。1998 年，从未到过中国的杰夫，利用假期到中国旅游。杰夫的弟弟当时受聘于中国一所大学，在那里教英语。弟弟带着杰夫游览了一些地方后，半认真半开玩笑地问他愿不愿意留在中国教书。

杰夫虽然觉得中国比他想象的要好，但到中国来工作却一时下不了决心，他又回到了美国。生活仿佛又回到了原有的轨道，但弟弟的建议一直诱惑着他。两年后，杰夫终于决定改变一下自己的生活，他给弟弟打电话，让弟弟在中国帮他寻找一所好的中学，他想来试试。

杰夫的弟弟将他的材料同时推荐给了北京市 3 所重点中学。我们看了杰夫的材料后，觉得他是一个非常合适的外教人选，马上通过杰夫的弟弟与杰夫取得了联系，并以最快的速度给他办好了签证。

杰夫后来说，在推荐的 3 所重点中学中，人大附中是对此事反应最快的学校，这给他留下了很深的印象。

2001 年 2 月，杰夫抱着干一段时间试试看的心理来到我们学校。我们带他参观校园，当他看到我们不但有校园网，有多媒体教室，还有可供 200 人同时上网的网络阅览室时，吃惊地睁大了眼睛，他没想到在美国一些一流中学有的硬件设施我们这里也有，在美国中学使用的教学手段，如多媒体技术等，这里也都有。而且，专供外籍教师居住的公寓也布置得非常温馨，小到窗帘，大到桌子、沙发、衣柜，都选配得既美观又舒适。厨房里，烤箱、冰箱、微波炉等生活用品应有尽有，生活跟在家里一样方便。

杰夫留下来了，但他还要看一看，所以只同意签一个学期合同。

开始，杰夫只教英语口语。那时，我开始有了开学科英语的想法。我们过去的英语教学内容主要是日常生活用语，它远远不能满足学生用英语进行学术交流的需要。如果他们在中学阶段就开始进入学术英语的学习环境，一定会对他们将来的发展大有裨益。

杰夫在美国是教数学的，我想让他来开一门英语数学课。杰夫听了我们的想法很吃惊，因为美国教师在中国几乎都是教英语口语，没听说有教英语数学的。杰夫说，他后来回美国休假，朋友们听说他在中国教英语数学都很惊讶。

杰夫将英语数学课开起来了，开始是作为选修课开的，后来转为必修课。教材是杰夫从美国带来的。过了不久，我们又动员杰夫开了两门新课——英语物理和英语写作。

在杰夫之后，其他外籍教师也先后开起了英语化学、英语生物、英语历史、英语地理、英语影视欣赏、英美文学欣赏、英语阅读与写作。

杰夫找到分管教学的副校长，提出小班教学的建议，他认为大班教学不利于师生之间进行交流和沟通，也妨碍学生参与到教学中。我们开校务会讨论后采纳了杰夫的建议。从那以后，所有与外教英语有关的课都实行了小班教学。

一个学期过去了，又一个学期过去了，杰夫一直没提走的事，他与学校的合同一次次往后续签。他还先后动员了十余名塞达维尔（Cedarville）大学的高材生来我校任教。

2002 年，杰夫利用暑假回国结婚，蜜月刚过，他就带着新婚妻子在 8 月 17 日赶回了学校，做开学前的准备工作。他说："我喜欢生活在这里，我喜欢这里的工作，喜欢这里的人。"

周一的全校升旗仪式，杰夫每次必到，并动员其他外教甚至来校探亲的外教家属也来出席。黄头发蓝眼睛的外籍教师列队出席升旗仪式，已成为学校一道亮丽的风景线。

杰夫说他之所以一次次留下来，是因为在这里他们的建议能受到尊重，他们的工作能得到肯定，他们能在这里找到成就感。

由于杰夫的突出贡献，2003 年，他荣获北京市政府颁发的"长城友谊杯奖"。这是北京市政府授予在京工作的外籍人士的最高奖项，北京市仅有十几位外国专家获此殊荣，其中中学老师仅杰夫一人。当从北京市市长手里接过获奖证书时，杰夫激动地说："这是我生命里得到的最高奖励。"

三、外语教学：从语言到思想

人机对话一对一

有人说我胆子大，外宾来人大附中参观，竟然让学生做导游翻译。这的确是我的做法。有一回，联合国来了一位官员，我也让学生陪同翻译。多位外教的文章，也都是我校学生翻译的，他们是李孟尧、王雨希、齐子超、林旭征、王也、谢肇谦等。

其实，我不是盲目做事的人。人大附中的学生人才济济，许多孩子的英语水平相当高，但他们大多除了外教的课堂，没有机会与外国人进行真正的交流。学校经常有外宾来访，需要有人接待，选派那些外语好的学生出面接待外宾，一方面可以展示人大附中学生的外语水平，更重要的，是能让学生在与外宾的直接交流中体会外语学习的要义，激发他们学习的兴趣，这岂不是个两全其美的办法！同时，让孩子参与，这是全世界儿童研究的重要主题。积极创办世界名校的人大附中，自然要为学生们创造各种机会。

在一次教育座谈会上，当时担任副总理的李岚清谈到中国学生外语听说能力比较差，大学本科生甚至研究生到国外，外语听说能力也不强。我对此深有同感，并一直在寻找对策。

为了加强英语教学，我们逐步扩大了外教人数。到 2004 年 9 月，人大附中聘请的外籍教师人数达到 16 位。在人大附中的花园里、操场上或者餐桌上，随时都能看到学生与外教自由交谈。可以说，外教在提高人大附中外语教学水平，促进校园内多元文化的交流方面贡献很大。但是，人大附中有几千名学生，仅靠少量的中外英语教师是远远不够的。

为了大面积提高学生的英语听说能力，我产生了创建英语教室的念头。

2000 年，澳大利亚行星英语公司同时与北京大学光华管理学院和人大附中商谈建立行星英语教室一事。在我们调研思考的过程中，该公司先捐助了北京大学光华管理学院一个英语教室，我带着骨干教师们去实地考察。

这一套英语软件是澳大利亚新南威尔士大学语言研究中心研制的，名为行星英语软件，共 8 盒，难度逐级提高。我们仔细看了演示，发现它设计了生动的界面，用真人录像，用英语同你聊天，还可以根据不同程度选择不同角色扮演。

老师们兴奋起来。

"学生一定喜欢！"

"这是与世界无障碍交流啊！"

"是个性化学习！"

也有的教师担心使用价格高而又限制多。的确，买行星英语软件只能买半年的使用权，不是用一辈子，半年之后想用也用不了。如果复制，惩罚是相当严厉的。

但此时，我的主意已定：建行星英语教室！使我动心的就是让每个学生都可以人机对话，可以按不同程度与方式，自主灵活地练习英语口语。

人大附中校务会接受了我的建议，先后建了两个行星英语教室，由初一和高一英语任课教师执教，在这两个年级开始使用，每个班每天加一节行星英语口语课，由各班英语教师负责组织教学，效果非常明显。

一位著名数学家的外孙女是人大附中高一学生。据她妈妈说，这孩子以前不敢出声念英语，自从上了行星英语课，仿佛变了一个人，一回家就大声地念，对英语越来越感兴趣。

从建立行星英语教室起，人大附中开始了外语教学的整体改革。

两年之后，我们发现了更实用的软件，将行星英语改为新动力英语，为外语教学改革提供了新的动力。

不 为老师教，要为学生学

21 世纪是网络的世纪，培养学生掌握在多媒体和网络环境中高效学习的方法与提高学生的学习能力是时代的要求，也是当今世界教育教学改革发展的大趋势。网络如何改变现在被动的学习方式？信息技术如何与课程有机整合？如何在学科课堂教学中开展研究性学习活动？如何在任务驱动型的活动中培养学生的信息素养、创新精神和实践能力？

上面一段文字是我校英语教师程岚在她的论文《基于网络的探索性学习模式》开篇提出的问题。

基于网络的研究性学习,是我校教育教学的重要特色。在这个方面,程岚老师无疑是一个优秀的代表。

来自南国的程岚小巧灵秀,却以充满现代化气息的教学魅力征服了那些比她高大健壮的学生。

程岚是北京林业大学科技英语专业的毕业生,1992年进入人大附中担任英语教师。与许多教师不同的是,她善于引用或制作一些有趣的课件,让学生们似乎在游戏中就完成了复杂枯燥的课业。

在学校的教学研讨会上,我经常介绍程岚的做法,倡导教师们都来制作课件,因为网络课件可以显著地提高英语教学效果。

1998年1月,程岚参加北京海淀区青年教师基本技能大赛,她参赛的课目是讲解"亚伯拉罕·林肯"。她运用林肯的一句名言导入话题,又用幻灯片打出了林肯的肖像和故居的图片,同时又播放出课文的录音。程老师的新颖授课法激发了学生的学习欲望与兴趣,也为她赢得了本次大赛的全能奖。

然而,程岚并不满足。她希望有一种方法能够集文字、声音、录像和动画于一体,创设教材难以提供的生动直观的情景,又能够加大课堂教学信息量的输入,扩大信息的密度和广度。

后来程老师发现多媒体电子幻灯就能解决这个问题。于是,她购买了一些多媒体电子光盘,收集了与林肯相关的图片、名言、轶事和录像,学会了 Power Point 的使用。在王玢和舒大军的帮助下,她制作了第一个多媒体电子幻灯课件。还用林肯的相关图片配上贝多芬的第九交响曲片段,为课件制作了一个片头,以期充分调动学生的学习积极性,激发学生的学习兴趣和求知欲,并使其初步感知教材内容,为正式学习做好准备。在同年10月的海淀区公开课上,同学们第一次感受到多媒体对多种感官的刺激,产生了极大的兴趣。程岚也成功地完成了这节课的教学任务。她自己当时很受鼓舞,她说:"学生如此感兴趣,使我制作多媒体课件的劲头越来越大,虽然制作多媒体课件和搜集素材耗时耗力,却也乐在其中。"

这样的实验进行了一年多,程老师突然感觉到这种看似完美的教学课件却有一个致命的弱点:课堂仍然是以教师为中心,学生是顺着老师设计好的思路,沿一条直线被动地接受知识。那么能否有一种课件是非线性设计的,有很强的交互性,并且能够充分发挥学生的主动性和创造性呢？2000 年暑假，她开始学习 Frontpage 网页的设计，因为网络课件就具有以上的特点。她尝试从自己的第一个电子幻灯课件入手，将其改造为网络课件。

在教育部颁布《英语课程标准》之后，我召开了外语教师座谈会。我说："《英语课程标准》提出力求合理利用和积极开发课程资源，这对教师们提出了相当高的要求。我们只有认清学生的主体地位和学生的接受能力，使教学内容和方法与之相适应，才会取得良好的效果。"

程岚继续深入探索，改进她的教学课件。英语教学应该帮助学生了解相关文化背景知识，了解不同文化之间的差异。所以，在有关林肯这一课的网络课件的"文化背景"模块中，她分 7 个部分介绍了相关文化背景知识。这些内容可供学生自学、老师备课和老师授课。她还提供了 10 个与林肯相关的网站链接。每一个网站都有简短的介绍和星级评价，为学生提供了认知发展和思维训练的个性化学习材料，能够培养学生在互联网时代的信息素养以及自主搜集、整理和加工信息的能力，并且通过访问不同网站，为其他老师搜集素材提供了很多方便。

课件中交互性和智能性方面的设计体现在"听力训练"的练习设计中，做完之后点击"完成"便能自动判卷，给出正确答案，显示答错的题目。点击"清除"之后可重做。这在"阅读前的预测活动""阅读理解练习""快速阅读练习"和"小测试"栏目中均有体现。另外，在设计"写作训练"中的"词汇学习"和"写作任务 2"的答案时，采用的是悬浮显示。

这个课件挂在人大附中校园网和互联网上，不受时间和空间的限制，不同年级、不同程度的学生可按照自己的步伐学习。课件界面友好，操作简单、灵活，充分发挥学生的主动性和创造性。而且最重要的一点是，所有源代码都是开放和通用的，可以供其他老师二次开发利用，更新、修改、增加新内容也很方便。

网络课件设计既为教师的教服务，又为学生的学着想；人机交互学习的特点，把教师的教学过程和学生的学习过程紧密地融为一体，形成教师、学生、教材和教学方式的新组合。

在人大附中 2003 年科研年会上，我又一次提议，请程岚演示她的最新网络课件——《旅行》。

担任高三毕业班英语课的程岚，在讲英语阅读与写作训练课时，竟然让学生们玩起了一个旅行的游戏：每个学生都变成了一个旅行者，到了汽车站，要先查汽车时刻表，乘上所需要乘的公共汽车；下车后，进入一个比萨店，翻看菜谱，买到既可口又优惠的比萨；到达机场，看明白平面示意图，去办理登机手续……

这堂课是在网络阅览室进行的，每个学生面前都有一台计算机。因为是限时闯关游戏，即要在 10 分钟之内完成乘车、买比萨和登上飞机等程序，而每一环节都有许多项目要作出选择，并非容易的事。所以，学生们仿佛身临其境，行色匆匆如同真正的旅行者。

"OK！好，登机喽！"

过了关的学生情不自禁地欢呼起来，那些超过 10 分钟的同学成了误机的旅客，只好从头再来。

我最初看到程老师这个课件时，就受到了震动：我们总在倡导教育创新，程岚反复制作网络课件不就是教育创新吗？在她的课件中，充满了让学生做主人的意识，不断让学生选择，处处要用真本领，这和新课程改革的追求是一致的。我在教师当中倡导程岚的这种教学方法，因为 21 世纪最重要的学习，就是掌握管理知识和处理信息的能力。程岚使用的这个网络游戏，让学生在逼真的环境中，切身体验如何处理信息，将会让他们受益终生。

我尤其欣赏的是，程岚没有浅尝辄止，而是步步深入。波斯纳（G.J.Posner）在 1989 年提出一个"教师成长公式"，即经验＋反思＝成长。程岚正是这样成长起来的。她把用现代化教学手段授课的目标，牢牢定位在有利于学生学，而不是仅为了教师教。

为了让学生的英语基础扎实过硬，程岚又把旅行游戏做了扩充，让学生以给妈妈写信的方式，用英文写出自己登机或误机的经历。由于这个游戏生活气息浓厚，学生也都有话说，如看错了时刻表、坐错了车等等。这是一种开放的、情境的作文，对学生迎接高考帮助很大。

辛勤的探索获得丰厚的回报。2001 年 2 月，程岚荣获北京市 2000 年中小学英语优秀教学课件评比一等奖；2001 年 11 月，在全国中小学基于网络环境的教与学暨高中研究性学习研讨会上，她的论文《网上发现式学习的思考与实践》荣获一等奖；她还被破格晋升为高级教师。

2003 年暑假，我推荐程岚作为中国唯一的教师代表赴韩国利川，参加联合国教科文组织的教师培训活动，主题是"面向和平的国际理解教育"。

让各国教师刮目相看的是，中国教师程岚气质高雅、多才多艺。她展示了中国的民族服装——旗袍，又表演了舞蹈《花木兰》，还唱了豫剧《谁说女子不如男》。她展示的厨艺——木耳炒肉，也叫人胃口大开。她还与一位印尼教师合作，用多媒体为同行讲了一课——"建立人的内心的平和"。

在这次培训活动中，程岚是唯一一个使用多媒体的教师，并引发了同行的好奇，纷纷赞叹："中国进步真快！"他们又问程岚：

"您什么情况下使用多媒体？"

程岚愣了一下，回答：

"我们中国人大附中的老师天天用！学生也天天用！用多媒体上课多好啊！"

理 解才会有心灵的彩虹

当高二学生陈欣奕准确地叫出哥伦比亚大学一位负责人的名字，那位美国女士的眼睛顿时一亮。她惊奇地说：

"我来中国多次，以前从未有人叫准过我的名字，你一个中学生怎么就一口叫准了呢？"

"我是人大附中的学生！"陈欣奕自豪地回答。

在2004年全国首届青少年英语口语大赛北京赛区中，进入复赛的多数是我校学生。考官惊叹：

"你们人大附中的学生太厉害了，赛场都变成你们的考场了！"

比赛结果，全市10个一等奖，人大附中取得5个。

北京市举办中小学生趣味科普英语创意大赛，我校连续7年荣获团体一等奖。我还因此荣获"优秀校长"称号。

让我们的学生从掌握外国语言到熟知外国文化，最好的体会之一是理解与交流。

与外教的朝夕相处，使人大附中的学生随时有机会接触外国人，有些甚至成了好朋友。

数学外教乔·哈里斯（Soel Hollins）应邀到一个学生家做客，却发生了意想不到的事情。他写道：

我仍然清楚地记得，有一次一个学生邀请我去他家与他们全家共进晚餐，我非常高兴地应承下来了，因为这是一个观察中国家庭、更多地了解中国文化的好机会。同时，我也十分乐意与一个中国家庭共享我们的生活和文化，我为此而感到自豪。但是在他们家，我却生病了。我被弄得十分困窘，但也无可奈何。我们没有办法决定自己什么时候会生病。这个学生的一家人精心照顾我，使我觉得他们对待我就像对待他们的儿子一样。从那以后，我就一直把我当成那个学生的哥哥。为了回报他们的好意，我也把他们请到了我的住处。这样，就像那次我与他们一起分享他们的生活一样，他们与我一起分享了我的生活。

正是这些友情使得人大附中对我来说很不一般。有朝一日，当我离开中国时，将不仅仅是离开了在北京一所学校的一份工作，也将离开我的弟弟妹妹们。这就是我心目中的人大附中。在这里，我找到了一些比数学更值得爱的：我的学生，同事，学校当局，以及人大附中的全体师生。他们的爱感动了我，这就是为什么我爱这所学校，也爱人大附中的全体师生。

李孟尧同学写出了大家接触外教的心情：

从初一开始，学校就给我们请来了外教——劳伦·克拉克（Loren Clarke）先生。这是一位已经 60 来岁在中国待过 10 多年的美国人。他的中文讲得不错，而我们当时正处于英语启蒙期。我们和他交流从一开始就没有什么障碍：一般情况下与他结结巴巴地说英文，实在不行再加上手势，急了的话最后还有一招：说中文。

外教授课主要的优势不仅体现在课堂上，课下的交流中体现得更为突出。我们一些胆子较大、也比较积极的同学课下经常去和劳伦聊天。渐渐地，最初的那种对开口说英语的惧怕感减少了，劳伦成了我们的朋友。我们在"侃山"之中，聊到了中外的历史、经济文化，而且还一起做游戏。

后来，劳伦盛情邀请我们去他在北京的家里做客。到了他家之后，我们才发觉：他对中国的了解真的很多。他住在北京北部郊区的一个四合院，家里的装饰中西结合，在一间大屋里还摆放着他正在雕刻的真正的船，别有一番情趣。他还说要带我们去湖上泛舟呢。我们进一步了解到劳伦年轻的时候在学校的爵士乐队吹小号，到中国来后曾经在国际广播电台工作过。通过劳伦的介绍，我知道了美国乡村歌曲和爵士乐，开始学习用英语简单介绍某个事件，到后来甚至还学习用英语写论文。我渐渐地发现，和老外交流原来并不是那么困难的事情！

在人大附中的英语爱好者中，由宓的名字越来越引人注目。她两次荣获全国中学生英语能力竞赛一等奖，又荣获英国驻华大使馆家居设计竞赛最佳创意奖，并担任了学校电视台的英文主持人。

由宓写道：

实际上我的一切尚可算得上闪耀的事，都是在进入人大附中的高中后接踵而至的。而且可以肯定，与其说是人大附中的环境造就了我，不如说是周围发生的一切在"刺激"我前进的。

高中之前没有什么运用英语的机会，简直是"巧妇难为无米之炊"。人大附中丰富的英语活动一开始就令我目不暇接，同时也鼓励着我渐渐摆脱人生地不熟的新生的拘泥。在我高一时，学校英语角的传统尚是以班为单位演出舞台剧，而当时的高二（12）班（后来被冠以人大附中DV鼻祖）用DV把它以电影的形式拍了出来，而且合成的效果相当出色，这着实把我镇住了。不过就像前面提到的，学校里有一种开放的气氛鼓励着学生们想去尝试，我恰好敏锐地捕捉到了这一点。接下来我自编自导自演自剪辑，带领着班里的同学，开始了DV电影之路。人大附中的英文电影短片成了风气，延续至今。

就我个人来讲，最初的那部小电影把我带上了路，得到2003年北京首届国际DV论坛年会剧情片大奖的提名不说，更被一家名为 *Seventeen*《青春一族》的美国引进版杂志相中作了cover girl（封面女郎），他们看上的就是我的独立和敢想敢干。这应该归功于学校——也许空气里都有催人上进的因素。登上封面后的我有一阵社会活动较多，各个媒体纷纷前来采访，甚至一天之内飞到上海去参加杂志的新闻发布会。家长写明情况后，老师都很支持。这追根溯源也是学校的办学思想：尊重个性。我相信现在早已不是"两耳不闻天下事，一心只读圣贤书"的时代，学校培养我们既有优异的学习成绩，又不脱离现实社会，鼓励参加各种可能的社会实践，对我们将来的发展必将有莫大的帮助。

由宓同学的英语才能让《我的非正常生活》的作者洪晃感到惊讶。曾在美国生活多年的洪晃女士，现为北京昂蓝互动广告有限公司执行总裁，并编辑《青春一族》等时尚杂志。一天，洪晃收到一封英文的E-mail，来信者自称是她们的读者，希望提点意见，批评她们不让年轻人参与到刊物中来，还建议她们应该坚持欧美风格，不要跟着别的刊物哈韩哈日。这封 E-mail 英文之流畅让洪晃赞叹，她以为是个专业学英语的青年，而且肯定已经读了大学，可不记得在哪里见过她。于是，洪晃回了一封 E-mail 问她是谁，这才知道她是人大附中高二学生由宓。

过了一个星期，洪晃实在好奇，又约由宓到办公室聊聊。由宓是个前卫而又生活多彩的中学生，她与洪晃聊天时加了许多美国口语，比如"asif！"这是非常时髦的美国中学生语言，意思是"好像多什么什么"。洪晃问她这么"土"的美国话怎么也会说，由宓回答道："我看电影。"

洪晃称赞由宓特殊而优秀。由宓骄傲地说，如果请她当《青春一族》的顾问，她可以"THINK NORMAL"。洪晃简直听傻了，因为能够这么用英文的人很少，语言运用之妙犹如中国古代诗句"春风又绿江南岸"中的"绿"字。她感叹道，今天的孩子太厉害了！她说，由宓是对她影响最大的孩子之一。

四、与世界沟通无障碍

看 看外面的世界

曾经，学生的天地很小很小，教科书就是他们的全部世界。他们的眼界局限在教科书所提供的狭小空间，他们的思想拘泥在书本所给予的现成答案，他们的创造力拘禁在教科书所划定的范围。久而久之，他们会以为教科书就是这个世界的全部，他们会以为书本里的色彩，就是这个世界的全部精彩。

一个以教科书为世界的学生不可能成为创造之才，一个没有世界眼光的学生不可能有以天下为己任的情怀。

正是基于这种认识，在启动教师留学计划的同时，我们也启动了中学生留学计划。

几年来，我们学校已有 500 多名学生先后出国作长期或短期留学参观、访问，他们用自己的眼光去观察不同国家的不同风景，用自己的心灵去感受不同文化所带来的冲击。他们用自己的手去触摸这个世界，用自己的耳朵去聆听它发出的回声。

翻阅他们的留学日记，我看到的是惊奇、感动、思索和成长。

2001 年暑假，李丹宜等几位同学开始了去澳大利亚"三一"文法学院的留学生活。在 2001 年 8 月 3 日的日记中他写道：

吃过早饭，我们正式开始了在"三一"的课程。前两堂课，是专门为我们开的。第一节课是澳大利亚诗歌，老师教我们朗诵英文诗歌，还教我们如何由语言体会出作者的感情。第二节课是非常有趣的澳洲地质学。虽然老师们尽量放慢语速，用简单易懂的词句来解释课程的内容，然而这到底是纯英语教学，所以我在理解上还是存在着一些问题。尽管听课有困难，我还是认真地听，毕竟机会难得，能懂一点是一点。

接下来，就到了激动人心的时刻了——我们终于可以加入"三一"学生们的课堂，体会一下在外国中学上课的滋味了。

我和贾梁一组，在凯（Kai）——一个在澳洲出生的日本男孩的带领下，加入到他们的课堂中。我本来满怀信心地以为起码可以听懂五成，结果两堂课下来，我的英语自信心受到"沉重"打击——自己那点水平还真是差得远呢。不过，课虽然听不太懂，我还是多少感受到了他们的课堂气氛。比如上 PE（体育课），老师在讲到有关压力和性格的时候，大概是为了让学生更好地理解其含义，她随意叫了几名同学按照她的要求上台表演。被叫到的同学也没有推托，爽快地走上讲台表演。他们的即兴表演使得台下的同学不时发出阵阵笑声。

吃午饭的时候，我们跟尼克（Nick）他们聊起天来，流行音乐、体育运动、各自的爱好，都是大家感兴趣的话题。

放学后，我和贾梁随凯的父母来到他们家，成为他们临时的家庭成员。

2001 年寒假，一批初中学生踏上了去友好学校新加坡莱弗士书院和莱弗士女中留学的路。

初二学生高稀玥在《我的新加坡之行》中记下了她留学生活中一个个难忘的片段：

到达新加坡的第三天，我来到了莱弗士女中，与我的学伴见了面。她是一个聪明伶俐的小姑娘，不高的个头让我总觉得她比我小得多。她的中文说得极好，再加上她活泼开朗的性格，我们很容易就聊到了一起。整个上午她边给我介绍她的学校，边带我到各处参观。这是一所到处是绿树，整齐美观的学校。她告诉我说，她们学校有许多不同的 CCA（社团），包括华乐、网球、登山等等，还有些稀奇古怪我从未听说过的社团，这真是一件非常有趣的事。她问我们学校有没有社团，我说"有，有很多"，说这话的时候我很骄傲。我还告诉她我们学校有在国际比赛中捧回了冠军奖杯的"三高"足球队、国际象棋队，还有在全国比赛中多次荣获大奖的合唱团和管弦乐团。她向我投来羡慕的目光，说："好厉害呀，你们学校的团队得过那么多奖呀！"

我在莱弗士女中上的第一堂课，是一节让我感到新奇、特殊的课程——家政课。这节课要学的内容是做比萨饼和果冻。初次下厨做比萨，不免有些手忙脚乱，总是忘记先加什么再放什么，丢三落四的，还把手也烫着了（当时紧张得一点儿都没觉察到）。在学伴和其他新加坡同学的帮助下，我完成了亲手做的第一个比萨饼，它便成了我这天的午餐。或许因为自己一向爱吃比萨饼，或许因为这是自己的劳动成果，我的确觉得这顿午餐格外好吃。我想，学校安排这样的课程，绝不仅仅是为了教给学生一些简单的烹饪技能，更重要的是教会学生生存的能力。

又是一个清晨，学伴来接我上课，并递给我一份她们学校学生自己办的校刊。我打开一看，心里暗暗吃了一惊，刊物虽然是学生办的，但全是有关身边老师的内容，有些是关于老师的家庭、经历、兴趣等的介绍；有两版特别介绍了老师最心爱的宠物；更有趣的是还将一幅《卧虎藏龙》的电影海报换上了老师的头像，真让人忍俊不禁，然后是有关老师的一些问答题，最后还有一个看你是否能成为好老师的自我测试。不难看出，新加坡的中学生真是既大胆又活泼。

看着她们的校刊，我不禁联想起了我们学校的校报《成长宣言》。这也是一份很不错的报纸，但它刊登的几乎都是学生们的事情，很少讲到老师，可是学校是由学生和老师共同组成的，如果除了学生的话题，也说说身边老师的事情，那一定会很受欢迎。

时光飞逝，转眼间15天的留学生活结束了。坐在返回北京的飞机上，俯瞰着一丛丛浓绿的树木，一片片金黄的海滩，我觉得我们仿佛是一只只刚刚破壳的雏鹰，我们向往飞到一片更广阔的天空，学校便为我们插上了飞翔的翅膀；我们渴望学习更多的新鲜事物，学校便为我们开启了通向世界课堂的大门。

每个寒暑假，学校都要组织部分学生去国外或作短期留学，或参观交流。除此之外，我们也积极创造条件，让学生有机会在国外留学较长时间。比如高二年级的杨露同学就在美国留学了一年，回国后，她写道：

2003年，我有幸体验了另一片文化海域上的另一种教育风景。

随着飞机的尾流从天空划过，我降落到了这个叫作西棕榈滩的美国东南部小城。时值盛夏，我受到了寄宿家庭热情的欢迎。大约一星期过后，学校就在这个炎热八月的一天开学了。

一早，寄宿家庭的女主人斯蒂西（Stacie）带我来到了我要就读的学校。在一位主任的耐心帮助下，我填完了几张基本情况的表格并完成了选课。这些信息很快被输入了电脑，我有了自己的学生ID，我正式入学了。这时，门外响起了敲门声。一个胸前挂着ID的学生走了进来。老师吩咐道：这是新来的同学，你去带她四处走走，熟悉一下校园，然后带她去 405 教室，现在是第四节课，她的历史课。

我就这样糊里糊涂地被带走了。回头望望斯蒂西，她微笑地站在那里看着我走远。这时心中突然莫名地涌起一种将要失去亲人的不安。

身边的同学帮我推开了 405 教室的门。一股逼人的寒气袭来，我被赶鸭子上架似的请进了门，他便一溜烟走掉了。什么？又被抛弃了？我在十几位同学的众目睽睽之下无助地站在原地。没办法，我硬着头皮走到那位一直盯着我的非洲老师面前，用蹩脚的英语说明了来意。老师伸过巧克力色的大手拿走了我的课表，核实身份后，我拿到了一本有合订本辞海那么厚重的历史课本。不可思议，在我们课本里不过十几页的美国历史竟摇身变得如此丰富，更不敢相信我将要在这一年里读完这一本密密麻麻的小字。

离下课还有五分钟的时候，老师就早早结束了课程，同学们也都收拾好书包，下课铃一响便鱼贯而出。后来我才了解到其中的缘由。这里的每节课是一百分钟，而课间只有八分钟。同学们要忙着换教室，最远的两间教室几乎要用整个课间才可走到。所以是没有时间留给老师拖堂的。

由于课程安排得紧，午饭时间就成了交流的最好时间。我下课后便直向食堂奔去。一进门便后悔了。买饭的队伍竟然比我位于世界人口第一大国的母校食堂的队伍还要长。而且这里人人都讲一口流利的"鸟"语，听到我耳朵里便成了嘈杂的嗡嗡声。于是我感到了一种比上历史课时还局促的不安，就好像硕大食堂里的每一个人都在看我（其实是没有的事）。买完午餐后我便慌忙逃到了门外，躲在一个像我们学校的午后一样安静、悠闲的地方吃完了我在学校的第一顿午餐。

虽然学校每天的课程只是从早上七点到下午三点十分，可看起来美国学校的课堂上最充裕的就是时间。因为他们对理想模型的学习并不钻得很深，并且省略了大部分烦琐的做题过程。像化学，我们重视的是方程式的记忆和定量计算，而他们重视的是观察实际的反应过程及对化学反应的感性认识。大多数书中提到的实验都可以在老师的指导下由学生亲自动手，这样便会在无形中加深学生的印象。

作为校长，我常常思考，世界一流的学校，培养出来的学生应该是什么样的？它的学生应该具备什么样的能力？我想，"与世界交流无障碍"应该是他们必须具备的能力之一。

2004 年寒假，我们组织一批学生去英国一所语言学校学习。高二年级的王梓同学回来后说：

英国的语言教学跟我们不一样。进去的学生先考试，然后进行分层教学。学习方法有讨论式教学，有研究性教学。讨论的话题有法律、有环境保护、有饮食文化，甚至还有爱情和婚姻。学习方式更是五花八门，有讲故事、做游戏，也有即兴演讲、英语剧表演、搞社会调查。讲法律时，老师将我们带到当地一个法庭去旁听。讲英国文化时，老师带我们去博物馆参观。为了训练口语，老师将我们分成一个个小组，让我们上街进行社会调查。我们小组调查的题目是：布什时代与克林顿时代有什么共同点和不同点？我们站在马路边随机向过往行人做调查，在与他们的交谈中，我发觉自己的口语大有进步。

高二年级丛乐同学在美国则经历了一次"体验式教学"。那是一节有关椰子知识的课。老师将他们带到椰子树下，亲自爬到树上摘下了一个椰子，然后教他们怎么打开，怎么除皮，怎么弄下椰蓉。老师还告诉他们，椰子壳的纤维能用来编织头饰，椰子树的叶子可用来编筐子、扇子。做了一遍示范后，老师让他们自己摘下椰子，也从头到尾做一遍。丛乐说："在这种体验式的教学中我们不但学到了知识，也感受到了快乐。"

我相信，这些经历将会成为孩子们一生的记忆和宝贵财富。在以后的人生里，他们或许还会一次次出国，但他们永远不会忘记第一次走出国门时留下的这行深深浅浅的少年足迹。

"领 航员计划"

与世界各国学生进行对话和交流，并不只限于出国这一种形式。我们寻找着各种各样的机会，让学生通过各种不同方式，实现对话与交流的目的。

2002年春天，当校园的桃花、梨花、玉兰开得轰轰烈烈的时候，一位美国人走进了我们的校园。他叫马克·欧普曼，他还有一个中文名字"欧睦"。

欧睦先生家住加利福尼亚州，原是SUN公司的工程师。后来他离开公司建立了一个名为"OUMU"的基金会，由他本人担任基金会董事长。这个基金会的宗旨是，鼓励和发展中美学生之间的相互了解和交流。

欧睦先生此次来中国的目的，是想寻找几所中国学校，与自己家乡的美国学校进行友好交流，让不同国度的学生了解对方的文化和生活。他将这个计划取名为"领航员计划"。

到北京后，他听友人谈到了人大附中，便决定"微服私访"亲自作一番考察。

他在校园里东看看西看看，发现我们的学生很活跃，英语也不错，见到他都会彬彬有礼地问候。他还发现我们学校的课外活动很丰富，有围棋、象棋、足球、乒乓球、陶艺制作、管弦乐队、合唱团、英语剧表演……

欧睦先生对学校一位老师说："我想见见你们学校的校长。"

我立即约请欧睦先生见面。听完他来中国的目的和对"领航员计划"的介绍，我马上对他说："我很赞同你的计划，我希望我的学生有更多的机会与国外的同龄人进行交流，我们愿意跟你合作。"

我们很快就签署了合作协议书。为了促进交流，他还给学校捐赠了几台苹果电脑和数码摄影机等。

欧睦先生的"领航员计划"是：选择初中年级大约50名学生，与美国的同龄学生建立一对一的联系，双方一方面通过电子邮件进行日常沟通，同时利用数码摄像机和数码相机拍摄、制作短小的生活纪录片，然后上传到欧睦网站，让异国同龄人了解和感受对方的生活和文化。

我们将"领航员计划"的消息发布给初二年级所有同学，由他们自愿报名参加。不久，第一批"领航员计划"的参加者与美国加利福尼亚州的50名中学生结成了笔友。

初二（8）班王南子同学的笔友，是一位跟她同龄的小女孩，住在洛杉矶，父母都是大学教授。王南子最想知道的是她每天的生活，她都有哪些爱好，还有，她们那里的老师是怎么上课的，作业多不多？

对方想知道的是中国的长城有多长，人们都吃些什么，穿什么样的衣服，放假都去哪里玩？

王南子用英文给她回信，回答她关心的问题，还将自己的照片送给她。

她问笔友："你们是怎么过圣诞节的？"

对方传来了她们圣诞节狂欢的照片。

笔友问她："你们中国的春节是怎么过的？"

王南子给她讲庙会的热闹、年夜饭的喜庆。

她们还交流对一些事情的看法，比如"禽流感"，比如伊拉克战争。

通过近一年的电邮交往，王南子发现自己的英语水平大有长进，而且对美国中学生的生活、学习也有了更为真切的了解。

参加"领航员计划"的同学还互发数码照片，把自己拍的数码 DV 作品发到网上互相交流。中国同学拍的有"我们的宿舍""我们的教室""街头报亭""中国的庙会"等。美国同学拍的有"我的生活""我们的一天""我们的社团活动"等。

美国同学好奇地向他们打听："什么叫'抻面'？"他们马上去街头拍摄了"抻面"的 DV 短片传到网上。

他们问美国同学："你们是怎么过周末的？"

美国同学马上将他们郊游的照片传过来了。

参加"领航员计划"的共有 8 所学校约 470 名中学生（4 所美国中学和 4 所中国中学）。

2003 年 10 月，欧睦在中国举办了"欧睦大奖 2003"活动，这个活动是"领航员计划"的内容之一，要求学生自己拍摄、自己编辑制作并上传反映社会生活的 DV 作品。

中国有 4 所中学参加，我校参与"领航员计划"的学生组成两支队参赛。按活动规定，各参赛队当场抽签确定拍摄主题，然后用 4 个小时完成作品。

我们两个队抽的主题分别是"街头游戏"和"修鞋"。

张天、贺虎、郭雄飞等人抽的拍摄主题是"街头游戏"。他们商量后，决定到丰台广场附近抓拍素材。到那里后，发现丰台广场果真很热闹，有跳街舞的，有玩健身球的，有下棋的，还有观棋的……他们拍了很多素材。

另一队拍的是胡同里一位修鞋匠的工作和生活。

回来后，两队同学马上对素材进行编辑制作，并配上英文解说。结果，我校两支参赛队分别夺得"最佳视觉效果奖"和"最佳纪录片奖"。

我们不放过任何能让学生参加国际交流的机会。

1998 年，一个偶然的机会，我们得知美国麻省理工学院（MIT）制定了一个派大学生到中国考察实习的计划，便马上与他们联系，邀请他们到我们学校来。从那以后，他们每年都派 4 名大学生到我校举办 MIT 暑假计算机夏令营活动，我校参加此项活动的同学已达到 60 多人。

我们不放过任何一个可以让我们的学生走上世界舞台的机会。

像俄罗斯国际青少年科技交流、英特尔国际科学与工程大奖赛、世界首家创新网页大奖赛这些活动，我们都积极鼓励学生参加。

得知国际教育资源网（I-EARN）举办"生活的准则"征文活动，我们鼓励英语作文写得不错的高一学生智恒积极参加，英语老师程岚还主动对他进行辅导。后来，智恒的英语作文得了大奖，并作为中国唯一学生代表赴美参加国际教育资源网年会，在大会上宣读自己的文章。走向世界让他们获得的是丰富的知识、开阔的视野和难得的机遇。

手 拉手快步走

2004 年 5 月下旬，我校 5 名中学生兴高采烈地登上了飞往美国的班机，开始了在菲利普斯学校的短期留学生活。

这是我们和菲利普斯学校建立友好学校后派出的首批留学生。

几年来，我们已先后与美国、英国、加拿大、澳大利亚、日本、新加坡、

和新加坡友好学校的领导一起观看学生表演的小品

芬兰、泰国等国家的十余所一流中学建立了友好学校，定期互派教师和学生到对方学校学习、交流。这些友好学校已成为我们瞭望世界前沿的窗口。

这样的窗口越多，看到的风景就越多，视野就越开阔。

一天下午，我收到一封字迹工整的信函。打开一看，是一份有关美国菲利普斯学校的介绍。菲利普斯学校是一所闻名遐迩的世界名校。从这个摇篮里曾走出了美国总统老布什和小布什，走出了小肯尼迪和好几位美国参议员。该校提出的口号是，"培养 21 世纪的世界领袖"。

我一直很欣赏菲利普斯学校那句很有名的校训：没有知识的仁慈是虚弱的，而没有仁慈的知识是危险的。

我仔细阅读了那份介绍后了解到，菲利普斯学校始建于 1778 年，是一所拥有 1000 余名学生的独立的男女寄宿制学校。该校的学生来源几乎遍布美国的每一个州，有相当一部分学生还来自于世界 30 多个国家。在学校注册的学生中有 34% 是有色人种。学校拥有先进的教学设施，拥有 12000 件作品的陈列美国艺术品的艺术画廊、有考古学方面的博物馆、有 120000 册藏书的图书馆，还有 65 亩的鸟类保护区和天文台。

学校 18 个院系给学生提供了 300 门课程，既有必修课，也有为学生个人兴趣设置的选修课。仅运动系就能为学生提供 50 多种运动、舞蹈和练习，供学生在不同的基础上进行选择。此外，学校还有各种各样的俱乐部和组织，每个学生都被要求承担学校的义务工作，如清扫宿舍、帮助学校办公室、在学校食堂工作、到白喉带鸫博物馆帮助编目等等。

最让我心动的还是该校的办学宗旨：致力于帮助年轻人挖掘潜力——不仅是智力上的，而且也包括艺术、运动和精神上的，从而使这些年轻人能过一种富有责任的充实的生活。这与我们学校的教育理念有异曲同工之处。

在这份介绍的下面留有联系人的电话和地址。我一看，联系人叫韩源，住在北师大专家楼。我拨通电话，约韩源先生马上见面。

放下电话，我立即赶到北师大专家楼。

在交谈中知道，韩源先生是美籍华人，现任菲利普斯学校中文系主任，多年以来，他一直致力于中美两国之间的文化交流。2001 年，菲利普斯学校制定了一个让 11 和 12 年级的学生有机会到中国、法国、意大利或西班牙进行全日制学习，并利用暑假与德国、日本、俄罗斯以及中国交换学生到对方国家学习外语的计划。他此行的目的，就是来寻找能和菲利普斯学校结为合作伙伴关系的中国学校。

他坦率地告诉我，为了找到一所与他们办学理念相近的学校，他已多次回中国，找了近一年。在这一年里，他在全国各地走访了不少学校，有一些学校硬件设施很不错，但是紧紧盯着的是世界金牌而不是学生的发展。这次回来，他在中国各省市一共拿到了 70 多所学校的介绍材料。

我向他详细介绍了我们学校的情况，包括我们的办学目标、办学思想、办学理念和培养目标。我说："我们的培养目标是努力使每个学生在德智体美诸方面都得到全面主动的发展，为他们获得终身学习的能力、创造的能力、生存和发展的能力打下坚实的基础，为他们将来成为各领域的拔尖人才打下坚实的基础。"

韩源先生听了连连点头。告别时，我邀请他去学校实地考察。他欣然应诺。

不久，韩源先生和菲利普斯学校的校董来到我们学校。他们参观了我们的网络实验室、网络阅览室、平面设计室，然后走进模拟驾驶室，看着设备先进、可供20人同时练习的模拟驾驶室，他受到了极大震动。他说："没想到你们学校连这个都有，看样子你们真是在为学生的发展考虑。"

几个月之后，韩源先生再次造访人大附中，并告诉我们，经过校董事会讨论，最后决定将北京人大附中和上海大同中学作为他们学校的友好学校。韩先生说：我们不是评你们是不是中国最好的学校，而是我们感觉你们学校选修课多，社团多，学生的活动多，与我们学校很相近。

不久，菲利普斯学校与我们签订了合作协议。

在诸多友好学校中，日本的武藏中学是最早与我们学校建立友好学校的。多年来，两校坚持每年互派短期留学生，一般为一个月左右。

武藏中学也是一所各界精英辈出、在日本很有名气的学校。从1922年建校至今，该校一直坚持的

与日本武藏中学校长合影留念

育人目标是：培养融汇东西文化，达成民族理想的人；雄飞于世界的人；独立调查、独立判断、独立思考的人。

去武藏中学学习的学生一批又一批。高二年级（6）班朱宇同学在他的《我的31天》里，这样记述他留学日本的见闻：

武藏中学虽然有着80年历史，但它却是一所不为传统所束缚、很现代的学校。这里没有统一的着装，没有限制发型颜色的校规，也任由学生佩戴自己所喜欢的饰物，但这并不是所谓的"放任"，这正是武藏思想的一个体现——要想培养出能够独立思考且有自我调节能力的人，首先要尊重个性与自由。这个思想正与我校的办

学思想不谋而合。

这里的学生有很强的自学能力和社会适应能力。在武藏中学，老师讲课很少占满50分钟时间。一般都是讲完课就离开，虽然也会耐心回答大家所提的问题，但很少像中国老师那样帮助同学一起找问题、解决问题。这样一来，属于个人的时间变得充裕了，与此同时自觉与自学能力就显得尤为重要，不会有人督促你，你应该学会自己安排时间，有"自调和自控能力"。六年下来，几乎个个武藏生都有很强的自学能力和社会适应能力。

在武藏中学上课，没有很多教科书，代替的是一些以教学大纲为基础、老师们自己编制的讲义。国语，就是一门比较有特色的课。说它有特色，是因为这门课是由学生授课的。老师呢，则在旁边听课、为授课的同学打分，只是起到一定的辅助作用。于是，在每一节国语课前，都会有一名同学根据课文的内容去收集材料、写评论、编写出这一课的讲义，然后在课堂上为大家讲解、回答大家的问题，这被他们称作"发表"。

实践已证明，这种交流和学习，学生收获的不仅仅是语言技能的提高，而是获得了一个更加开放的视角，能够在一种更广阔更丰富的文化背景下观察和理解这个世界。而这正契合了我们要将学生培养为"心灵广阔、个性鲜明的个体"的教育理念。

而我们的友好学校中，新加坡莱弗士书院是和我们联系最紧密的。每年暑假，我们都要派10名教职员工前去学习英语、参观交流；他们派学生队伍来人大附中学习奥林匹克数学和历史等。至今，已经坚持了五六年。

今天，对于人大附中的师生来说，走出国门，以世界为教科书，已不仅仅是一种理念，而是一种常态的行动。

这里有个国际部

2002年4月，学校成立了一个很特别的部门——国际部。当国际部的牌子挂起来的时候，许多人都觉得很新鲜。其实，成立国际部的想法在我心中由来已久。

要办一流的教育，必须有面向世界的胸怀，必须有面向未来的眼光。因为，随着全球经济一体化的发展，人才国际化将是一种必然的趋势，所以，我们今天的教育要尽早为明天做好准备。一方面,要真正将"教科书是学生的世界"变为"世界是我们的教科书";另一方面,要大力吸引留学生,使学校优秀的教育资源为来自世界各地的学子服务。我认为,一所世界一流的学校,应该是一个能为"来自四面八方的年轻人"提供受教育机会的国际校园,在这样的校园里,中外学生能在彼此的相互了解中,达到沟通和融合。而这种沟通和融合正是人类社会发展所需要的。

基于这样的思考,国际部应运而生,它将肩负起管理外籍教师和留学生的重任。

2002 年春,我们通过互联网公布了学校招收留学生的信息。很快,就有来自世界各地的学生报名。经过严格的笔试、面试,有 10 名学生获得了入学资格。他们分别来自韩国、澳大利亚、加拿大和日本。

对留学生怎么教,怎么管理?招生开始之前,我就一直在考虑这个问题。我考察过国内一些招收留学生的中学,他们的做法一般都是将留学生单独编班,单独教学。可是我认为这种做法不利于中外学生的融合,更不利于外国留学生的学习。我们决定打破单独编班的惯例,对留学生实行插班制,根据他们的实际水平,将他们编入各个不同的班级,让他们跟中国同学一起上课,成为班集体的一员。

于是,第一批 10 位留学生,被分到了从初中到高中的不同班级,他们穿着印有"人大附中"字样的校服,跟中国同学一起听课,一起踢球,一起玩耍。站在集合的队伍里,如果不细看,还真分辨不出谁是留学生。

这 10 位留学生很快就融入到中国孩子中间,学习成绩进步很快。

一年的实践证明,插班是一种较为成功的尝试。2003 年,我们决定扩大招生,并改变过去一步到位、只招插班生的做法,增加了预科班。这一年,我们共招收了 48 名新生,这 48 名留学生分别来自 11 个国家和地区。其中,22 人为插班生,26 人为预科生。我们根据预科生的汉语水平,将他们分为 A、B、C 三个班,并为他们配备了 15 名任课老师,其中一名外籍教师。给他们开设的课程有汉语综合课、听说课、英语、数学、历史、地理、计算机、体育、音乐、中国文化、美术、书法等。学生还可以根据自己的兴趣和爱好,选修学校开设的各种选修课。然后,学校定期对他们进行考试,合格者便可进入正常教学班,成为插班生。

来自韩国的朴宝兰和崔之馨,因口语测试不过关留在了预科班,可是在老师的精心辅导下,她们刻苦学习,仅用了两个月就攻克了语言关,学校很快就将她们转到了普通班。如今,这两位韩国姑娘不但与中国同学交流无障碍,而且能说一口流利的普通话。

2003年新学期开学不久，国际部老师向我反映，有一些插班生学得较为吃力，经校务会商量，我们决定为这些学生另开小灶，专门为他们开办补习班。任课老师每周单独为他们补四次课，主要是解难答疑，帮助他们消化当天课堂上的教学内容。这种方法深受学生欢迎。没想到，这一做法在2004年留学生招生工作中，竟成为一个亮点，不少学生和家长就是冲着我们学校为留学生办补习班来的。

在人大附中，留学生的个性同样能得到尊重，他们的爱好同样能自由放飞。

一位来自英国的留学生喜欢打篮球，想进校篮球队，他的要求马上得到了满足。

一位来自美国的留学生跟学校提出，他喜欢弹钢琴，原来在家每天都要弹，住集体宿舍后一直没练琴，担心时间长了手会生。学校在做好其他同学工作，他承诺不影响其他同学后，让他将钢琴搬进了宿舍。

他们同样能和中国同学一起竞争学生会干部，来自韩国的朴美兰，不但评上了年级三好学生，而且当上了年级学生会体育部长。

他们同样能参加学校的各种社团，在学校武术队、合唱团、管弦乐团，同样能看到他们的身影。

国际部虽然只有4名工作人员，却承担着留学生学习和生活方面的管理工作。在留学生的眼里，国际部就是他们的家，国际部的老师就是他们的亲人。他们生病了，老师们会像亲人一样守在他们身边；他们有了思想问题，老师们会循循善诱地跟他们促膝谈心；他们学习有了困难，老师们会去与年级组长和班主任协商，在学习上给予他们更多的帮助。为了使他们了解中国民俗文化，国际部的老师还带他们去参观北京的胡同，教他们做中国的小吃。每逢节日，国际部还会组织他们开展各种丰富多彩的活动，并在留学生公寓为他们开辟了活动室、自习室。

走进留学生活动室，迎面就可以看到一行大字：你的家，我的家。在这个家的墙上，贴着他们和家人的照片。

在预科班学习的韩宰赫曾用中文写了一篇他留学中国的感想，他说：

我来中国之前，就特别喜欢中国文化，尤其是中国历史。我可以用韩语讲许多中国的历史故事、传说、小说，比如《三国演义》《西游记》《姜太公钓鱼》。现在我有机会来中国留学，到人大附中学习，我是从零起点开始学汉语的。经过一年学习，我进步很大，现在我可以用汉语讲我知道的故事了，例如《三顾茅庐》《仓颉造字》《塞翁失马》等，我可以用汉语背诵中国的历史朝代，我越来越喜欢历史课，课上，我还给同学们当老师，把我听懂的内容讲述给大家……

2003年"非典"时期，学校放假后，留学生都回家了。回到父母身边的韩国留学生金伦辰，每天都牵挂着老师和同学的安危。6月初，听说初三和高三的同学分别要参加中考和高考，他千里迢迢为他们寄来了几百个口罩。

留学生们渐渐融入了人大附中这个大家庭，他们爱学校，爱他们的老师和同学。我有理由相信，无论他们将来走到哪里，都不会忘记人大附中，因为他们也是人大附中的学生。

2004年，我们又扩大了招生计划，留学生的国别已由上一年的11个增加到16个。美丽的校园、自由宽松的学习环境、一流的教学质量，吸引了众多的外国留学生。

在人大附中未来的发展中，国际部任重而道远。

第六章
开辟超常教育的绿色通道

在教育发展中，必然会遇到公平和效率的关系问题。过去很多人讲公平优先，兼顾效率；现在，很多人讲效率优先，兼顾公平。那么，有没有一条更好的道路，让公平和效率双赢？人大附中近20年的超常教育实践，就是在探索这样的道路。公平和效率有机结合、实现双赢，必须坚持因材施教，让每个学生的潜力都得到最充分的发挥。

进入21世纪，人才培养越来越个性化。超常教育和常规教育互动，符合这种大趋势。

美国教育实验家沃什伯恩曾尖锐地指出："把能力非常不同的儿童铸成同一个模子里的强制教学，不仅没有效果，而且是有害的，甚至是残酷的。"

1985年9月，40名十一二岁、智力超常的孩子走进了人大附中数学实验班。从此，我们开始了超常教育的探索之路。

在学制上，我们走过了一条从初、高中四年制到五年制再到六年制的回归之路。这并不是一种简单的回归，而是对教育规律、培养目标的重新认识。我们要开发的并不仅仅是智力因素，还有非智力因素；我们要培养的并不仅仅是智力超常的人，而是德、智、体、美全面发展的人。

在学习内容上，我们从只重视数学到多学科发展，以发挥学生的特长与兴趣为目的，进行一系列的课程改革，增设了与现实生活联系紧密而又能提高学生各种能力、有利于学生可持续发展的选修课，以培养学生的创新思维和实践能力。

在超常学生的选拔上，我们从只重视学生的学习成绩到注重各种特长和潜能，从只偏重智力因素发展到智力、非智力因素兼顾考虑、双重并举；在选拔方式上，从形式单一的结果判断，发展到培养与选拔相结合的过程性评价。在近20年的实践当中，逐步形成了一套科学合理、行之有效的独特的选拔方法。

从数学实验班——华罗庚数学学校——华罗庚学校——仁华学校，人大附中的超常教育走过了近20年历程。如今，在这块超常教育的实验田里，已经绽开了令人瞩目的奇葩——已形成从小学到高中的超常教育实践与理论研究体系；已建立适应超常学生培养需求的超常教育体制；已拥有一支高素质的教师队伍；已有一套凝聚多年研究成果和集体智慧的超常教育实验教材；已培养出一批又一批出类拔萃的人才。

这里已成为学校新教材的实验基地。如今，已在学校普遍开设的科学实践课、创造发明课、现代少年课、社会实践课、心理导向课、形体课、生物环保课等都是从这里最先开始的。

这里还是学校课程改革的实验基地。如今，学校开设的英语数学课、英语物理课、英语化学课等120门选修课，有不少也是从这里最先开始的。

超常教育，为人才的成长开辟了一条四通八达的绿色通道。

一、人大附中第一班

让 思维自由放飞

有人曾将传统教育体制下的学生称为"学奴"——他们背着沉重的书包，整天在题海里沉浮，为了分数拼命，为了能上大学拼命，少有个性的展示，更乏灵智的闪耀。

有人曾将传统教育体制下的课堂教学称作"人灌"——教师像机械化养鸡场里的机械手，不停地将知识喂给学生，不管对方的消化能力，也不管对方是否感兴趣。这种教育的结果是，让很多学生患上了"厌食症"。

不分特点、不分层次的教学模式对一些智力超常的孩子来说更是一种残酷的摧残和无法忍受的痛苦。因为这些孩子往往具有更鲜明的个性特征，他们思维敏捷，想象丰富，他们喜欢独立思考，不喜欢人云亦云；他们喜欢自由自在地放飞自己的思维，而不愿意受到约束和捆绑；他们视探索为乐趣，不愿意有禁区，更不愿意画地为牢。如果对他们仍采用"人灌"的教育方法，无疑是对他们智力和潜能的扼杀。

正是基于这样的思考，1985 年 9 月，人大附中在初中办起了第一个超常儿童实验班。其目的是探索一套将智力超常学生或部分智力正常学生培养成超常发展的人才的教育教学方法。

可是，对这样一群特殊的学生，怎么教？教什么？

人大附中第一班

　　从 1987 年担任高中实验班班主任兼数学老师到后来兼任华校校长，我一直在思考、在探索。

　　1987 年，第一届初中实验班学生即将毕业，如果高中不办实验班，这些孩子就只能分散到各个普通班。为了使超常教育实验不被中断，我向校长提出了高中成立一个两年制实验班与初中实验班衔接的建议。

　　校长问我："如果高中办实验班，谁来带这个班？"

　　我说："我想带。"并阐述了我能带好这个班的理由。

　　校长同意了我的建议。

　　高中实验班成立后，我担任该班班主任兼数学老师。当时，高中实验班学制为两年，由于全国高中数学联赛在每年的 10 月份举行，为了参赛，实验班的学生实际上在 1 年时间内就必须学完高中全部课程，即 6 本教材。这么多内容怎么教？首先，教学方法必须改革。

　　我校钱金荣老师是一位教学经验非常丰富的老教师，他受卢仲衡教授自学教学法的启发，在初中实验班开始了自学教学法的尝试。当时，我经常去听他的课，我发现自学教学法有很多优点，其中最重要的一条是：它调动了学生学习的主动性和积极性，更好地发挥了学生的主体作用，又恰到好处地发挥了老师的主导作用。

　　钱老师的经验启发了我：为何不给每个学生订一整套高中数学教材，再给每人配上一套"教参"呢？实验班都是尖子学生，自学能力强，如果有了"教参"，不但可以激发他们的学习兴趣，而且可以调动他们的自学热情。

　　暑假里，我东奔西走，终于买到了只给教师使用的"教参"。新学期开学时，我把全套 12 本教材——6 本课本、6 本"教参"全部发给了学生。

　　学生有了"教参"，便有了一位看不见却时刻相伴在身边的"老师"。这样，我这个课堂老师的角色相应就要发生改变。我的改变是，变"授"为"学"，在指导学生学习的过程中培养他们独立学习、独立思考的能力。

　　在教学上，我采用课本、教参、测试题三结合的方法进行教学。课本知识以学生自学为主，然后采用"模块"的方式进行重点分析和讲评，即打破章节之间的顺序，以知识点为主线进行梳理。所以，多数情况下我采取的是单元教学，而且我的数学课全是两节连排，凡是书本上学生一看就明白的内容，我全放下让学生自学，自学之前，我会设计方案，提出具体要求，并要求学生自学后做书后的练习。

　　上课时，我抛弃了"老师讲，学生听"的传统教学模式，通过讨论、板演，让学生的大脑和双手像一台高速运转的机器一样开动着。所以，讨论式、研究式、激发式、启发式是我经常使用的教学方法。每讲一章新课前，我都让学生对照"教参"自学教材；上课时，由学生担任主讲，然后由他们自己将例题推演出来，将定理证明出来，将思考题讨论回答出来。对一些"一题多解"或"多题一解"、能激发学生创造性思维的数学题，我请有不同解法的同学抢答，谁先想出，谁上黑板写，不用举手。有时一节课，密密麻麻地会写满几大黑板。对于他们已经自学过的知识我不再重复讲解，而是将这些知识变成一些问题提出来，要求学生回答，在回答的过程中去发现学生知识的遗漏点、薄弱点和疑难点，然后再进行重点讲解。我讲完后，再让学生上来讲，一直到大家都弄明白了才放下来。

当时，一些前来听课取经的老师对我的这种教学方式颇有微词。他们看到，在我的课堂上，唱主角的是学生，我这个老师反而成了配角，一节课下来，学生讲的比老师讲的多，学生在黑板上写的字比老师写得多。我在黑板上写出题，然后说一二，会做的学生就往上冲，如果下面的学生还有不一样的解法，继续往上冲。他们听了我的课后说："这叫什么课呀？这么乱！这是老师讲课还是学生讲课？"

其实，这并不是放任自流。老师在课堂上的作用就应该是鼓励、启发、诱导、点拨、质疑、解惑，因为只有当学生真正成为学习的主人时，才能激活他们的创造思维。老师虽然隐身在学生的背后，但自始至终是这台"戏"的导演。

这种打破常规的教学方法，不但提高了学习效率，使他们在高中第一年就完成了高中全部数学课程。而且极大地调动了学生主动参与学习的积极性和热情。因为他们知道，如果不事先预习，如果不将预习的内容真正弄明白，在课堂上他们就会失去抢答的机会，失去上讲台给全班同学讲解、板演的机会。所以，当他们认为自己预习得比较充分时，就盼望着上数学课，和老师应战，和其他同学"比武"。

我们班有个学生叫张旭，来自一所普通中学，上初三时，曾获北京市中学生物理竞赛二等奖。高一第一学期，他的数学课成绩总落在后面。他人挺聪明的，就是一上手算题就错。他有些悲观泄气，认为自己学不好数学。有一次数学课上，我在黑板上出了一批题，其中有一道是求极值的题。有四位同学先后在黑板上写出了四种解法后，由于张旭自学过一些微积分知识，他"噔—噔—噔"地跑到黑板前，用求一阶导数、二阶导数的方法也做出了此题。我一看，他的解法与前四种解法相比更简便，于是便让他给大家讲解自己的解题思路。听完后，同学们用热烈的掌声表达了由衷的赞叹。我接着表扬说："张旭同学超前学习，灵活运用知识，题目解

把学生带进数学王国遨游（20世纪80年代）

得很好。"一边说，一边又一次带头为他鼓掌。在热烈的掌声中，张旭开心地笑了。我马上放下原定的教学计划，因势利导地给大家讲解利用导数微分求函数极值的方法。这是当时高中课程里没有的内容，大家听得非常专心。那堂课，张旭始终很激动很兴奋，他不但用自学的知识漂亮地解出了题目，而且老师还因此调整了教学计划。从那以后，张旭对自己有了信心，他刻苦练习基本功，将过去欠缺的数学基础知识一点一点地补了回来。

每一堂数学课，都是一场有"剧情"、有"高潮"的话剧。我提出设问，学生回答、讨论，甚至唇枪舌剑地争得面红耳赤。当他们巧妙地回答出了我提出的问题，漂亮地解出了我出的难题时，当他们由于某个同学提出的问题引起激烈争论时，便会激动不已，兴奋无比。每次数学课上完，大家都意犹未尽，课上没讨论完的问题，课下会接着争论不休。因为在这个过程中，他们感受到了自学的乐趣，也体会到了学习的快乐。

我不但在上课时培养学生听课的兴趣、回答问题的兴趣、讨论问题的兴趣、解题的兴趣、提问题的兴趣，下课后，还注意培养他们认真做作业的兴趣、看数学课外书的兴趣、探讨钻研的兴趣。

我要求学生每天完成作业后，对照"教参"自己用红笔批改，对做错了的题，自己不知道错在哪里、需要老师讲解的，在题号处画一个圈，我会在检查作业时特别留心这些问题，或个别、或集中进行讲解；如果对"教参"的答案有争议，用红笔写在作业本上，与老师讨论；也可以在作业本上向老师提出课本以外的数学问题，请求解答；提倡一题多解，重点问题在课堂上直接讨论，共同研究出最佳方案。

实验班的孩子思维敏捷，有很强的记忆力和丰富的想象力，他们好奇、好想、好问，但是，若要将来成就一番事业，仅有这些是不够的，还必须有百折不挠的毅力和脚踏实地的精神。所以，在教学中，我很注意对学生的进取心、自信心和意志品格等个性和心理品质的培养。

给学生解答疑难问题

高二第一学期开学不久，我发现数学成绩一向很好的胡成城和钱海龙不做课内留的数学作业，问他们为什么时，钱海龙回答说："做难题去了，没时间做课内作业。"胡成城则满不在乎地回答说："放学后看小说上瘾，没时间做数学作业。"

我想，要教育他们重视基础训练，培养踏实的学习态度，必须用事实说话。我连续发了两份卷子，判下来，钱海龙成绩全班倒数第一，胡成城全班正数第一。不做作业还能拿第一，这一下，不但胡成城得意了，不少同学也对他佩服得五体投地。但是我不动声色，因为我发现他做题速度很慢，这可是数学竞赛的大忌。

几天后，我又发下一份卷子。我说："今天这份卷子，目的是测速度，共十道大题，谁第一个做完，喊一声，全班立刻交卷。"

卷子交上来了，我一判，胡成城竟然不及格，在全班排到30多名，这是他从来没有过的。紧接着，他参加了10月份全国高中数学竞赛。结果，一试丢分较多，其中一道立体几何题就是课内数学题，同去参加竞赛的同学都做对了，就他错了。这再次让他痛定思痛。从此，胡成城老老实实学习数学课内知识，扎扎实实练习数学基本功。高中毕业时，他以优异成绩考进北大数学系，现在已是美国哈佛大学的教授。

古人云："授之以鱼，不如授之以渔。"一个老师若想让自己的学生拥有多多的"鱼"，最聪明的办法莫过于教给他们捉"鱼"的办法，鼓励他们自己去捕"鱼"。

古往今来的许多事实证明，使人成功的不是知识和经验，而是探索性和创造性的思维方式。这种思维方式不是对头脑中已有事物的再现模仿，而是由此及彼的大跨度的发散迁移，只有这种思维活动才能产生真正独立的判断、真正的创造和

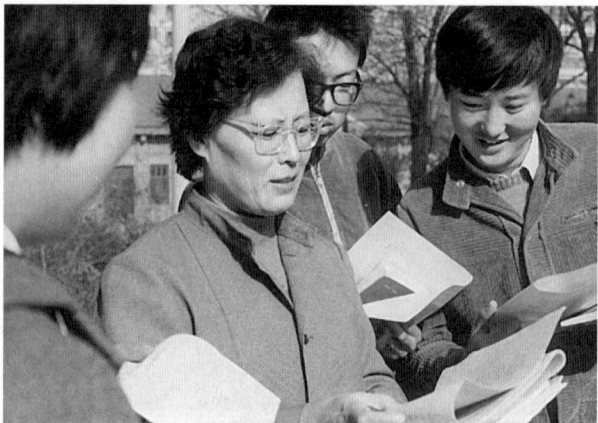

鼓励学生自己去寻找问题

发明。我赞赏和看重并力图通过自己的教学培养的，正是这种独立的创造性思维。我以为这种训练和培养，对于智力超常的学生尤其重要。

所以，在我的课堂上，"自学自讲"是训练独立思维的常法；"一题多解""多题一解"是调动发散思维的良方；"猜测联想"是鼓励大胆猜想，不怕难题的妙招；"怀疑质疑"是培养不迷信书本的独立精神的办法。让我高兴的是，我的良苦用心，大大激发了学生的学习兴趣，使教学取得了事半功倍的效果。

一次，我在课堂上给他们出了一份难度较大的试卷，共30道选择题。大家做完后，我开始对试卷进行分析讲评。讲到第10题时，一个叫李晓卫的学生举起手来，"老师，这道题你判错了，这四个选项没有一个是正确的，我和庄骏认为这题的答案应是……"

班上同学和我都愣了一下，教室里一阵少有的沉寂。我看了一下自己教案本上的答案，发现跟李晓卫说的一样，再仔细看看卷子，发现卷子刻写错了。我心里顿时充满了内疚，自己竟这么粗心，判卷子时居然没有发现这个错误。

见其他同学还不知所以，我没有马上说出真相。我问李晓卫："你们能证明吗？"

李晓卫说："庄骏已经把推证过程写在卷子边上了。"

我走下讲台，看了庄骏的推理过程，他的推理过程清晰明了，准确无误。

我没有急着表态，说："好，大家分组讨论一下，到底哪个答案对，一会儿，派代表上来讲。"

讨论很是激烈。结果，五个答案都有支持者。这说明许多人对这个问题的概念还不十分清楚。就此，我又提出了新问题，再一次引导学生做进一步研究探讨，最后，回到第10题的答案，并向他们说明了问题真相。

我说："庄骏和李晓卫两位同学有主见、有胆识，敢于独立思考，不迷信老师和书本，值得大家学习。"我带头为他们鼓起了掌。

一 个女孩子的数学人生

颜华菲，一个平平常常的女孩子。

据她自己说，跟同学玩智力竞赛时，总要比别人"慢半拍"，她特羡慕那些脑筋转得快的同学。上初二时，去参加市里举行的数学竞赛，分数低得她自己都不好意思。这让她的自信心受到沉重打击，她开始怀疑自己的能力，甚至发誓再也不参加任何比赛了。

那是 1986 年 2 月。

那时我心里已经有了让学生去摘取国际数学竞赛奖牌的梦想。我想在初二年级组织一个数学小组。当时，我只是一个普普通通的数学教师，但我的想法得到了学校领导的支持。

数学小组选拔赛在全年级进行。卷子是我出的，有一定难度，特别是最后一道大题，学生几乎都不会做。可是我从颜华菲的卷子上发现，她虽然没有完全做出这道题，但从已做出的部分看，她的思路是正确的。

那天中午，我将她叫到办公室，我指着卷子上的那道题说："这道题你没有全做出来，不过，这已经很不错了，如果时间再充裕一些，你就能写完整了。前面都做得很好。"我还告诉她，这份卷子，她得分最高。

颜华菲后来回忆这次谈话说："可以想象这些话对一个情绪正低落的学生来说是一种怎样的激励。我的情绪立刻高昂起来，当天回家就又翻开书，找了几道难题，一直干到深夜十二点。"

颜华菲对数学不再只凭一时兴趣，她开始有了目标、有了动力，凡是能弄到的题，她都要一试身手，她还自学了《抽屉原则》《数学归纳法》等书，对几何她更是全身心投入，每天对着几幅图形想啊想啊，甚至到了废寝忘食的地步。

在接触中我发现，颜华菲是个自尊心强、不甘示弱的孩子，但同时也有好面子的一面，而且情绪容易发生波动，有时能学得兴高采烈、兴致盎然，可遇到困难就会无精打采。于是，看到她浮躁时，我就暗示她要踏实；在她情绪不佳时，就鼓励她，给她打气。我允许她在完成教学大纲的学习内容后，自己支配课堂时间，可以不上课，自学其他新知识。可以不做已经会做的作业，去探索更深的领域。对她偶尔迸发的古怪思路，总是给予鼓励，支持她独辟蹊径。

颜华菲在《我的数学成功之路》中，回忆了她中学时代的生活：

12 岁那年，资质平平、成绩中等的我跨进了人大附中的校门。那时的我，从来没想到过参加数学竞赛，更不敢奢望获奖夺牌。

上初二时，年级为选拔数学小组进行了一次考试，两个小时的紧张答卷后，我沮丧地离开了考场。然而第二天，老师告诉我，我的成绩居全年级第一。就这样，我加入了数学小组，开始了我的数学生活。

在数学小组里，黑板上的内容是那样新奇、神秘。课内刚讲授了绝对值定义，这里就出现了绝对值不等式；答案中一下子罗列了三种不同的解法，这也算是一个结果?! 因式分解最有趣了，"十字交叉"真是件法宝，但一碰到二次二项齐次式或三元轮换式就又束手无策了；"试一试待定系数法"，老师微笑着介绍了新方法。用一下，居然屡试不败。太妙了，我深深地被吸引住了。完成课堂作业之后，到处搜罗题目来做，有时一道题就花上几天的时间。

初中毕业后，我们数学小组大部分人都进了高中实验班，让我惊喜的是，刘老师不但仍是我们的数学老师，还担任我们班主任。上她的课是一种享受，你只要带着脑子就行了。她从不死背课本，而是早已把各类知识理成系统，并配备了各种难度的习题，足以满足不同水平的需要。她鼓励我们进行创造性思维，提倡标新立异，允许我们各抒己见，有什么好的解法、意见，都可以自由地说出来。

我最喜欢听的是试卷分析课。它别具特色，非常有吸引力。由于题目是精选的，每道题通常都牵涉到好几方面的知识，刘老师在分析过程中，很注意揭示其内在联系。她还常常由书本延伸到课外知识，有时甚至会涉及到大学内容，如微积分、空间解析几何等。她从不把学生限制在中学知识范围内，而是随着需要不断补充内容，吸引我们自己去查找资料，去探索未知的领域。

一个没有进取心、没有远大目标的人，不可能走得太远。我和全班同学一起协商，订出了每个人的远期目标和近期目标。我鼓励他们要敢于参加竞争，要有到全国、到国际数学竞赛上拿金牌的志气。我请数学家王元先生到班里来开讲座，培养学生的数学素养，开阔他们的眼界。我还请一些数学专家来给学生系统地讲授不等式、几何变换、数论等教材以外的知识，拓展他们的知识体系。

为了培养他们勤于思考、敢于质疑的精神，我鼓励他们写数学小论文。我告诉他们，这些论文可以是对一个定理的新的论述和证明，可以是对一个数学问题粗浅的探讨，还可以是学习数学过程中的感想和领悟。最后，我将这些论文装订成册，发给学生传阅。

这时的颜华菲，已不是昔日那个毫不自信的小女孩了，她开始把到国际数学赛场上拿奖牌作为自己的奋斗目标。我千方百计搜集整理了 7 大本数学竞赛资料，里面既有国际竞赛题目，也有全国联赛试题和各省、市、区赛题，并配以详细解答。我将这 7 大本资料装订成册发给大家后，颜华菲从头到尾将它"吃"了个透。有时为了一个题目的解法，她甚至会一连思考好几天，几乎达到痴迷的程度。

一次，颜华菲告诉我，她数列方面比较薄弱，我马上给她找来了有关数列的参考书和卷子。当时班上教学也正进行到这部分内容，我跳出课本框框，将数列知识延伸到典型数列求和、递推数列特征方程、求通项的一般方法等，并融竞赛题的难度、趣味于普通习题中。这样，学生得到的就不仅仅是课本上的数列知识。数列后来成了颜华菲的强项，在一次次数学竞赛中，有关数列的题目，她几乎丢过分。

我带的这个高中实验班，有一部分学生是从初中数学小组直升上来的。在我的辅导下，他们的学习进度大大超过了普通班的学生，大部分人在进高一时已经学完了高中全部课程。高一第一学期开学不久，就是全国高中（高三）数学联赛。我们班派颜华菲等 4 名同学参赛，结果全部获奖。获得一等奖的颜华菲被选入"第三届全国中学生数学冬令营"，之后又被选进"第 29 届奥林匹克数学竞赛集训队"。

第二年 10 月，又逢全国高中（高三）数学联赛，实验班学生几乎全部参赛，有 17 人获优胜奖。在北京

和颜华菲亲如母女

到机场迎接在第三十届国际奥林匹克数学竞赛中获得殊荣的颜华菲

赛区前 42 名获奖者中，有 11 人是我们实验班的学生，其中颜华菲等 3 人进入前 6 名，并被选入"第四届全国中学生数学冬令营"。

1989 年 7 月，第三十届国际奥林匹克数学竞赛在西德布伦瑞克举行，中国代表队一举夺得团体冠军，在这支夺冠的队伍里就有颜华菲，她是唯一一名来自高二的学生，获得了一枚银牌。

在这之后不久，颜华菲被保送进入北京大学数学系学习。1993 年，她修满学分提前毕业，赴美国麻省理工学院攻读博士学位，师从组合学大师 G. C. Rota，并于 1997 年获得博士学位。然后在纽约大学科朗数学研究所做一期博士后，从 1999 年开始在德州农工大学任教。2001 年她获美国斯隆奖，2002 年获终身教职，2004 年晋升为正教授。

她在给我的来信中说：

刘老师，如果没有遇到您，我也会是一名好学生，但只是普普通通的好学生，那样我就不会进入数学迷宫体会到数学的奥秘和无穷的乐趣。

理 科实验班出了文学博士

阎延文是拿着在"幼苗杯"数学竞赛中取得的骄人成绩走进初中实验班的。

可是这个小女孩爱数学，更爱文学。上小学时，便开始在报刊上发表作品，并在市级征文比赛中获得一等奖。进入实验班后，她本以为与文科无缘了，因为这是一个以数学为特色的理科实验班，同学大都是数学高手，她认为在这样的班里能保住一席之地已是不易，肯定没有时间和精力看书写作了。连一向支持她发展爱好特长的妈妈也说："喜欢文学，别的科目落下怎么办？若是跟不上班淘汰下来，岂不前功尽弃？"

然而，事情并没有如她想象的那样发展。不久她就发现，理科实验班的老师同样鼓励学生全面发展，并为这种发展创造条件，提供机会。

开学不久，阎延文写了一篇课堂作文《童年趣事》。带她语文课的赵老师看了，对这篇作文大加赞赏，并鼓励她在全班同学面前朗读。在赵老师的推荐下，这篇习作还得以在《北京日报》上发表。这让阎延文大为惊喜，更让她惊喜的是，作品发表后，赵老师还专门跟她进行了一次谈话。

赵老师说："你的文笔不错，构思布局也有一定功底，你有没有想过要发表更多的作品？"

阎延文摇摇头。因为那个时候的她，正处在矛盾中——她不愿放弃文学和写作，可又怕影响了自己的理科成绩。

赵老师鼓励她说："你应该写下去。"

"我能有那样的精力和时间吗？"阎延文犹豫地说。

"有，从你的学习成绩来看，你还有相当大的潜力，你可以考虑文理并重，以文助理，这就是你的优势！"

"这就是我的优势！"阎延文的心为之一亮。

赵老师的话让她找到了自己的位置，也找到了发展自己的途径。初二时，她的散文《小草赋》发表在《小星星》杂志上；她以实验班生活为内容的散文诗《春天的旋律》在学校第一届艺术节上获奖。在初中紧张学习之余，她还阅读了几十部中外文学作品，并写下了十几万字的散文札记。

阎延文上高中时，我正好担任他们班的班主任兼数学老师。新学期的第一节课，我便请大家作自我介绍，讲自己有哪些爱好。有的同学说喜欢下棋，有的同学说喜欢打球，有的同学说喜欢游泳，有的同学说喜欢跳舞……

阎延文说："我喜欢文学和写作。"

不久，年级举办智力竞赛，我让阎延文和另两名同学组成代表队参赛。阎延文很兴奋，赛前她和两名同学进行了大量准备，并在竞赛中取得了好成绩。

不久，学校举办合唱节，我又让阎延文在合唱节目中担任配诗和领诵。我还推荐她参加北京电视台《法制园地》节目的摄制。

　　高一年级下学期，阎延文观看纪录片《让历史告诉未来》后写了一篇读后感。后来，这篇文章在北京市少年宫举办的"我们在历史和未来之间"征文比赛中获高中组一等奖。

　　我兴奋地将她的奖状高高地举到全班同学面前，让全班同学为她鼓掌。

　　高二时，阎延文写的说明文《香烟的自述》被《初中课堂作文范例》选为例文。我又将她的文章拿到家长会上朗读。

　　阎延文后来说，当初，当她得知是我担任他们班班主任时，心里曾暗暗担心，怕我这个教数学、抓竞赛出名的老师不会支持她发展爱好。可是她没想到，我不但支持她发展自己的爱好，还多次请她在学习经验交流会上介绍学习语文的经验，并在家长会上宣读她的习作。

　　阎延文学习语文如鱼得水，可是学习数学却少了一份自信。因为在这个理科实验班，大都是数学高手，不少人胸前都挂着数学竞赛的奖牌。这给了她很大的压力，所以她在数学课上经常很沉默，很少发言，更不敢上黑板去板演。

　　有一次，我从阎延文的作业中发现，有一道立体几何题她一题多解，思路和方法都不错。第二天上课时，我首先请她上黑板演算并给同学们讲解自己的思路。开始，阎延文似乎不相信自己的耳朵，用疑惑的眼神看着我。当确认我点的就是她时，马上兴奋得满脸通红。这是她第一次上讲台为那些数学高手解题，在阐述自己的思路和方法的同时，她的自信心也在一点一点地复苏。阎延文不再自卑，不再气馁，到高二时，她的数学成绩在班上进入了前10名。

　　根据观察我发现，智力超常的学生常常会有一种很突出的迁移能力，即将某门单科的原理、方法迁移到其他学科的能力。

　　阎延文就曾深有体会地说："我在学习过程中确实体会到了老师说的'文理并重，以文助理'思想的合理性和重要性。文科较好的成绩坚定了我学习的自信心，使我在学习理科时也能不骄不躁，稳步前进。而且较好的语文能力对自学时迅速把握核心内容、确切理解题意，都有很大帮助。我曾尝试着将语文课上学到的'写段意'、'找中心'、'列提纲'等方法用在理科书籍的阅读上，收到了很好的效果。文理科的互补和渗透，使我的知识结构得到了有效的调节和平衡。"

　　我还发现，这些智力超常的孩子，他们也和同龄人一样好动好玩，兴趣广泛。比如说颜华菲吧，就酷爱踢足球，还喜欢打牌。每天下午放学后，在足球场上奔跑的准有我们班的学生，他们经常踢到天黑了，看不见球了才回家。我们班个儿最高的学生是查元桑，他不但是校篮球队的中锋，还是班级足球队的守门员、班级排球队队员，可是他的学习一点没落下，不但拿到了全国数学竞赛优胜奖，还在全国物理竞赛中获一等奖。

这让我认识到，这些智力超常的孩子，他们的发展要求并不仅仅只是数学，他们还有练习写作的要求，还有画画的要求，还有踢足球、打篮球的要求，还有玩的要求。总之，他们有全面发展自己的要求。满足他们的要求，让他们获得自己希望的发展，这才是一种合理的、人性的教育。

一次，是上体育课的时间，外面却淅淅沥沥地下起了雨，见雨一时半会儿停不下来，学生都很失望，因为他们早就盼着上体育课了。体育老师见不能上课，就将这节课让给了我。见我走进教室，下面响起一片失望的叹息声，学生都以为我是来给他们布置作业的。 没想到，我说："这节课你们不能出去了，就在教室里下棋、打牌吧。"

教室里顿时响起一片欢呼声，也许这太出乎他们意料了。大家马上围坐在课桌前玩开了。

由于超前学习，这个班在高二就要提前毕业，他们将和高三学生一起参加高考。

高二下学期一开学，我就给每个学生发了一张调查表，让他们填写自己第一想上的学校，第一想上的专业。然后我骑上自行车到一所所高校找系里的领导介绍、推荐他们。那时，天还很冷，只要有空我就骑车出去跑，全班40个学生，我一个都没漏掉，每一个人都作了推荐。当时我心里有个想法，这些孩子个个智力超群，我希望他们都能进自己理想的学校，学习他们热爱的专业。因为这个班的学生很特殊，他们是四年制或五年制的学生，且个个出类拔萃。而大学并不知道人大附中有这样一个班。

阎延文最想上的是北京师范大学中文系。我想，这孩子这么优秀，是可以直接保送进大学的。我拿着阎延文发表的作品找到北师大招生办，向他们详细介绍她的情况，希望能让她保送进入该校。

校方没有立即同意保送的事，但同意为阎延文单独设计一个考试，如果考得好，就可以保送。

考试内容是，在两个小时内完成一篇3000字的作文。阎延文没有辜负大家的期望，她在规定时间内完成了两篇不同体裁的作文，而且这两篇作文均被该校中文系教授评为一类文。

这样，15 岁的阎延文被直接保送进入北京师范大学中文系。

7 年后，她成为当时中国最年轻的文学博士。

现在，阎延文已经成为一名作家。

交 出"秘密武器"

实验班是各路"豪杰"云集之地，他们在强手如林的环境中是会和平竞争，还是会使尽手段厮杀？这是我一直密切关注，也一直在思考的问题。

著名教育家苏霍姆林斯基说："依我们看，用环境，用学生自己创造的周围情景，用丰富集体生活的一切东西进行教育，这是教育过程中最微妙的领域之一。"

在这个班里，我努力营造一种和平竞争的环境，引导学生把追求知识、探寻真理作为自己的远大理想，而不是将获得分数、名次作为最高的追求。

在我上数学课的时候，每当有同学解答问题精彩时，我都带头鼓掌，表示赞赏和祝贺。久而久之，这慢慢成为全班的一种习惯。有同学回答问题正确，他们会报以热烈的掌声；有同学提出了一种新的解题思路，他们会报以热烈的掌声；有同学学习进步了、取得了好成绩，他们会报以热烈的掌声；有同学比赛获奖了，他们同样会报以热烈的掌声。

在掌声中，他们懂得了，一个人不能为名利所累而放弃对真理的追求。在掌声中，他们不断抖落自私、嫉妒、狭隘的尘埃，以积极、坦荡、磊落的姿态投入竞争。

我还经常召开学习经验交流会，要求同学们毫无保留地把自己潜心琢磨出来的学习方法和经验介绍给大家，进行交流。

颜华菲同学交出了自己的"秘密武器"：学习中，什么时候出现漏洞什么时候补；对自己解不了的题，先强攻，百思不得其解后再看答案，看有关书籍，然后再找此类题做，再看书。这样，一个新知识就以实例—公式—实例—公式的顺序反复出现在自己面前。她还有一个"秘密武器"，这就是喜欢躺在床上思考问题。她说，躺在床上的时候，总是她创造力最旺盛的时候。

刘劲峰同学交出了自己的"秘密武器"：他将自己的学习方法、理解记忆的思维过程用程序设计的方法排列出来，以此来介绍他是怎样接受新知识，怎样将这些知识点串成知识线、知识面又怎样连成知识网。

阎延文同学也交出了自己学习语文的"秘密武器"：用轻松和娱乐的态度对待语文学习。读语文书时不坐在书桌前，而是坐在沙发里或靠椅上，尽量做到身心放松，全神贯注；对课本知识一般不硬背，也不在考试前熬夜突击，而是边学边看边记，必要时像讲故事一样复述；把语文学习插在理科复习的间隙里，就像吃厌了油腻的东西后喝了一杯爽口的清茶，既有收获又是休息。

王宽宏有过目不忘的本事，他交出的"秘密武器"是：在轻音乐美妙的旋律中学习。

查元桑同学是一个全面发展的多面手，数学、物理、计算机纷纷在各级竞赛中获奖。大家一直很纳闷，他何以会有这么充沛的精力，涉足那么多的领域，而且都能那么优秀。他也交出了自己的"秘密武器"：是坚持不懈的长跑锻炼，使我有了强壮的体魄。

他说：

刚进实验班时，我感觉压力一下子增大了，在强手如林的同学中，我又争强好胜总想学到前面去，因此只注意拼命学习，而忽视了体育锻炼，渐渐地身体越来越差了。身体一差，脑袋就发蒙，干什么都不听使唤。后来我开始练习长跑，无论是刮风下雨，还是下雪，我都坚持长跑。一冬下来，我的体质明显增强了。学习的时候，觉得一做题就像小老虎一样来劲，而且还有充沛的精力发展其他方面的爱好。

一些同学还将最使自己受益的各类书拿到学校互相传阅。

阎延文在回忆实验班的学习生活时说：

记得那时每周一的班会都是我们班法定的"学习经验交流课"，老师请在某些方面有突出表现的同学介绍自己合理安排时间、提高效率、学玩兼顾的经验。同学们坦诚相见的思维方式、经验体会使我受益匪浅。

那时我们激烈地争论，却从未伤过和气。我们敢说某人做题真"臭"，敢把黑板前的演算者挤下来，却从不贬低别人抬高自己。与某些人的主观臆测相反，我们班虽尖子云集却绝少倾轧和嫉妒，反而以善于鼓掌在全校闻名。每当有同学出了成绩，无论获奖、保送还是小测验有了进步，都会得到全班同学热烈真诚而又持久的掌声。在求真知的理想光环下，每个人的心灵都被净化了。生活在这里像一曲清纯的代数，坦荡而又均衡。

实验班的学生天资好，聪明好学，成绩优异，因而更容易受到社会的关注、家长的喜爱、老师的青睐和同龄人的羡慕和崇拜，这很容易使他们产生高人一等、自命不凡的优越感。这种优越感可能会表现为无视他人及其存在的价值、不尊重他人和他人的劳动、不关心他人痛痒、一切以"我"为中心等缺点。

对这些缺点，也许有的人会认为瑕不掩瑜，但是从孩子的长远发展考虑，这些缺点有可能成为一种潜意识，支配着他们的思想、态度和言行，使他们成为与时代精神格格不入的精神贵族和自私自利的个人主义者，影响他们建立平等、民主的观念以及与此有关的责任和权利意识。这对他们成才和社会发展都是不利的。

高一新学期开学时，我设计了一项活动，让全班同学对学校的食堂、传达室等所有服务部门做一个调查，他们都是谁？他们在干什么？他们的工作有什么意义？给学校带来了哪些变化？

同学们利用课余时间走进了食堂，走进了传达室，走进了锅炉房，走进了校园清扫队，走进了水工、木工、电工房，走进了图书馆，走进了办公楼……他们的心被深深震动了。为了使他们有一个清洁的校园环境，清洁工每天早晨6点多钟就开始打扫校园；为了让他们吃上干净可口的饭菜，食堂的师傅们不但严格把好进货关，而且开展技术练兵活动不断提高自己的烹饪技术；教室窗户玻璃破了，木工师傅总是在第一时间赶来将它修好，为的是不让学生着凉受冻；下水道堵塞了，水工师傅会马上挽起衣袖将管道疏通……

通过这次调查，他们知道，正是因为有这么多人在默默无闻地工作着，他们才有这么好的学习条件和校园环境。师傅们的劳动同样有意义，他们中的每一个人都值得尊重和爱戴。同时，学生们认识到，每个人受教育程度不同，工作岗位不同，报酬不同，但每个人通过劳动以不同的方式对社会作出一份贡献却是相同的，因此每个人在人格上是平等的，没有高低贵贱之分。

在新年到来之际，同学们自发地组织了一个活动：给学校所有为学生服务的部门的每一位老师和员工送一份贺卡。

从那以后，学校搬煤堆，扫厕所，挖坑植树，清理垃圾这些最脏最累的活，他们总抢在前面干。

老师是学生人生旅途中重要的领路人。老师的品质和人格对学生有着深刻的影响。老师的一个眼神，一句话语，一个动作，一种行为，也许会成为推动他们脚步的一种力量。如果是爱的力量，会将他们送进天堂；如果是邪恶的力量，也许会将他们推进地狱。正如一位学者说的：造就一个人，或者毁掉一个人，就看你是如何教育的。

学生在生活上有困难，我会尽力去帮助他们。下雨天，他们被困在教室里，我会给他们送去雨衣雨伞；冬天，有的人衣服穿少了，我会取来毛衣、外套给他们穿上；住校生病了，我会做好热汤面送到宿舍；远郊区县的同学节假日没有回家，我会将他们请到家里做客；对于家庭经济困难的同学，我会帮他们申请助学金……

一次，一位家住北京郊区的同学在玩秋千时不小心掉下来，胳膊刮在一根铁丝上，被扎了一个大洞。当时天已经快黑了，老师也都下班了，在场的同学马上分工，一部分人将受伤的同学送到医院，一部分人负责通知老师和其他同学。在很短的时间里，我和其他同学都赶到了医院。全班同学焦急地守候在急诊室门外。当得知受伤的同学不用住院时，大家都争着要将他请回自己家里养伤。最后，家离学校最近的钱海龙将受伤的同学"抢"回了家。在钱海龙家养伤的一个多月里，每天都有班上同学带上好吃的去看他，有的同学主动给他记课堂笔记，有的同学给他补落下的课。

在对别人的关爱中，他们的心灵得到了净化和升华。

人大附中首届（89 届）超常试验班学生情况统计表　班主任兼数学教师：刘彭芝

姓名	性别	本科就读学校及专业	硕士、博士就读学校及专业	学位
颜华菲	女	北京大学数学系	麻省理工学院数学系	博士
张 杰	男	清华大学电子工程系	加州大学洛杉矶分校硕、博	博士
胡成城	男	北京大学数学系	约翰·霍普金斯大学硕士、华盛顿大学博士	博士
唐义武	女	清华大学电子工程系	清华大学、俄亥俄州立大学	博士
黄 巍	男	清华大学计算机系	美国伊利诺伊大学	博士

续表

姓名	性别	本科就读学校及专业	硕士、博士就读学校及专业	学位
孙建兰	女	北京医科大学	辛辛那提大学博士、哈佛大学博士后	博士
阮弋星	男	北京大学数学系	南加州大学计算机工程、数学系	博士
王　则	男	北京大学数学系、美国明尼苏达大学	斯坦福大学数学、医学信息科学	博士
张翼凤	女	北京大学生物化学系	北京大学生物化学、美国加州大学	博士
申　磊	男	北京大学生物系、美国USTC生物学	约翰·霍普金斯大学神经科学	博士
李晓卫	男	北京大学物理系	北京大学物理系、美国德州大学	博士
莫春晖	男	北京大学生物化学系	加州理工学院神经学	博士
秦昭晖	男	北京大学数学系	中科院硕士、密歇根大学博士、哈佛大学博士后	博士
葛之宇	男	北京大学数学系	美国伯克利大学	博士
杨晓剑	男	清华大学计算机系	中科院硕士、美国西北大学博士	博士
查元桑	男	上海交大生物医学系	北京大学经济学硕士、博士	博士
阎延文	女	北京师范大学文学系	北京师范大学文学硕士、博士	博士
宋毅昍	女	北京医科大学	中国医科院硕士、东京医科齿科大学博士	博士
刘劲峰	男	清华大学电子工程系	中科院硕士、美国加州大学博士	博士
华　炜	男	清华大学自动化系	清华大学硕士、美国佐治亚理工学院博士	博士
石　晶	女	北京大学	加州大学旧金山分校博士、麻省理工学院博士后	博士
王宽宏	男	北京大学生物化学系	亚特兰大埃默里大学博士	博士

续表

姓名	性别	本科就读学校及专业	硕士、博士就读学校及专业	学位
王茂岗	男	中国科技大学	美国西北大学	博士
刘卫东	男	首都医科大学	中医研究院硕士、多伦多大学内科博士	博士
吴昕雷	男	北京大学无线电系	美国克莱姆森大学物理、计算机	双硕士
郭学彬	男	北京大学无线电系	北京大学遥感专业	硕士
杨锐	男	上海交通大学自动控制系	北京大学光华管理学院	硕士
周庆彤	男	清华大学自动控制系	清华大学经管学院	硕士
庄骏	男	清华大学计算机系	清华大学计算机	硕士
张旭	男	北京大学物理力学系	美国新奥尔良大学应用数学	硕士
姜炜	男	清华大学应用数学系	美国马凯特大学计算机科学	硕士
裴劼	男	北京大学电子系	北京大学信息科学	硕士
夏铁军	男	清华大学建筑学系	澳大利亚昆士兰大学MBA	硕士
徐立	男	中国人民大学工业企业管理系	中国人民大学MBA	硕士
姜春岩	男	北京医科大学		硕士
钱海龙	男	南京大学数学、国贸系		双学士
汪春阳	男	清华大学电子工程系		学士
傅志昱	男	清华大学计算机系		学士
陈民	男	清华大学电子工程系		学士
赵翔	男	清华大学工程物理系		学士

二、从"慢车道"驶上"快车道"

发 现的快乐

什么是超常儿童?

对于这个问题,不同
的历史时期、不同的研究
者会有不同的认识。在超
常教育的实践中,我赞同
我国部分心理学家的观点,
即:"超常儿童的心理不只
是智力和才能的高度发展,
而且是优质智力、创造力
及良好的非智力个性特征
相互作用构成的统一体。"

与实验班毕业生亲如一家

超常儿童所表现出来的超常智慧,并不仅仅由先天素质所决定,它更多地来自于科
学合理的教育。

对于这些智力超群的孩子,一个模式、一种手段整齐划一的传统教育体制,显
然不能适应他们发展的需要。长此以往,大量具有优异智力和创造潜力的儿童将会
被埋没。他们在常规教育中"吃不饱",却得不到新的营养补充。他们想跑,没有
可以奔跑的道路;他们想飞,找不到起飞的跑道。于是,他们只能无奈地跟着众人
在"慢车道"上缓慢地蛇行。

超常教育,就是要铺一条可以让他们自由奔跑的道路,可以让他们快速起飞的
跑道。

当校长后,我对超常教育有了更深刻的认识。我认为,要培养超常儿童,首先
需要有一双会发现的眼睛。

在对数学天才儿童的研究中,我发现,这些孩子往往对数学有着浓厚的兴趣,

有突出的自学能力，有超常的记忆力和心算能力，有强烈的独立意识和坚强的意志品质，而且富有创造性。

写到这里，我脑海里浮现出一张张充满稚气的脸和一个个来自记忆深处的片段。

在美国斯坦福大学物理系的名人墙上，钱江的名字赫然在目。可是当初，钱江与人大附中实验班差点失之交臂。

那年，12岁的钱江参加了人大附中初中实验班考试，成绩排在面试名单之外。面试那天，抱着试试看的心理，父亲带着他又来到了学校。当时我兼任华校校长，正好主持那天的面试。

面试完一批孩子后，我看见不远处有一个小男孩正朝这边不断张望着，眼睛里充满了羡慕的神情。见我看见了他，那小男孩牵着父亲的手走过来。他就是钱江。

他父亲告诉我，这次考试，钱江考得不理想，但希望学校能给孩子一个机会，因为孩子非常想上人大附中实验班。

我问钱江平时喜欢看什么书，他回答说："喜欢看数学书和科普方面的书。"

"看哪些数学书？"我问。

"中学、大学的都看过。"

我心里暗暗吃了一惊，我说："看到哪里了？"

"微分方程。"

这次不仅仅是我吃惊了，他父亲也很吃惊，因为他根本不知道自己的儿子已经能看大学的数学书了。

可是这孩子是不是在说大话呀，他才12岁，真能看懂那么深奥的大学数学书？我心里存有疑问："我出几道题你做给我看看，行吗？"

他马上回答说："行。"

我当即让他写出初中的代数、平面几何，高中的三角、平面解析几何及微分求一阶、二阶导数的相关公式，没想到他竟然都给我写出来了。我惊喜过望，再一问才知道，这些内容全是他利用假期自学的。

一个12岁的孩子竟有如此强的自学能力，能有兴趣记下这么多公式！我当即拍板说："来实验班吧，你被录取了。"

钱江就这样走进了人大附中实验班。

在实验班，钱江很快就显示出了自己的实力。他不但数学学得好，而且兴趣广泛，喜欢涉猎多方面科学知识。他上初三时，全国举办第一届"雷达杯"赛，这是一项考察中学生在数学、物理、化学、天文、地理、生物多学科综合知识和独立思考及创新能力的大赛。担任评委的是著名物理学家王大珩院士、著名天文学家王绶琯等国内一流专家和学者。各学校一般都是在高中二、三年级选派参赛者，我却破格选派钱江去参加比赛。

钱江果然不负众望，经初试、复赛、面试多轮选拔淘汰，他从数千名参赛者中脱颖而出，拿回了"雷达杯"天才少年奖，成为这项赛事中唯一的初中学生获奖者。在第二届、第三届"雷达杯"大赛中，他又两次获"雷达杯"天才少年奖，成为连续三届获得此项大奖的学生。

钱江不但数学好，物理也学得不错。上高二时，国际中学生数学竞赛和物理竞赛同时举行。数学老师动员他参加数学竞赛，物理老师动员他参加物理竞赛。最后他们来找我裁决，我说："这个决定权不是你们，也不是我，应该由钱江自己选择。"

结果，钱江选择了物理，并在联合国教科文组织于罗马举办的国际中学生物理大赛中获得银牌。

钱江同学爱好广泛，在学校的很多活动中都能看到他的身影。记得有一天，中午吃过饭后，他急急忙忙往实验楼跑，中途遇到我，我问他："钱江，你干吗去？这么着急！"他回答说："今天中午生物小组活动，是剥羊头，我快迟到了！"

还有一件事我印象深刻。钱江上高中二年级时，利用寒假写出了一篇论文——《关于平面 Euclid 几何 Hilbert 公理体系形式化的讨论》，他将这篇论文送到有关部门组织的小论文比赛评审委员会参赛，可是没有一个评委能看懂这篇论文。于是论文被退回来了。我听说后，马上拿着他的论文找到了正在中国科学院数学研究所做博士后的田卫东先生。

我说："这个学生思维非常活跃，对数学的理解能力非常强，请您鉴定一下他的这篇论文，如果有价值，请您写个审读意见。"

田卫东先生看完他的论文后，认为作者对数学的理解"远超过普通的高中学生"，并评价论文"将 Hilbert 公理体系形式化，考虑给出了形式系的一致性、独立性、完备性和模型……从中可以看出作者已相当了解形式系统的基础知识和通用的研究方法，并能自己提出有价值的问题，用所学的知识去解决它，显示出他的独创能力和解决问题的能力"。

后来，钱江的这篇论文获得北京市中学生科技论文二等奖。

1996 年，钱江被保送到北京大学物理系。1998 年，他产生了转学美国斯坦福大学物理系的意愿。我听说后，马上给美国斯坦福大学写了一封情真意切的推荐信，介绍和推荐钱江。后来，钱江获得该校全额奖学金赴美留学。在校期间，他曾师从诺贝尔奖获得者 B. Laughlin 教授，他坚实的知识背景，对问题的独特见解和分析能力，深得这位教授的赏识。上大三时，B. Laughlin 教授便让钱江代替自己讲授"量子力学"，判阅研究生作业。因成绩优异，2000 年本科毕业时，钱江获得斯坦福大学该届唯一的一个最优秀毕业生奖。

还有一张充满稚气的小女孩的脸，也同样清晰地浮现在我的脑海里。她叫郭佳。

前来考实验班的小学生，大都上过奥校（奥林匹克数学学校）或华校（华罗庚数学学校），即使没上过这两个学校，也参加过各种培训，而且他们中大部分人都在北京市甚至全国拿过竞赛奖牌。可是郭佳不但没拿过奖牌，没上过奥校、华校，甚至连培训都没参加过。可郭佳的父亲认为自己的女儿是超常儿童，听说人大附中实验班招超常儿童，他一次次来学校找校办、找教务处，希望能让他女儿进实验班。

接待他的老师很为难，郭佳既未参加实验班招生考试，又没有获奖证书，怎么能证明她是超常儿童呢？于是他们跟郭佳的父亲说："你去找一下刘校长吧，看她怎么说。"

我问她父亲："何以证明你的女儿是超常儿童？"

他说："我女儿语文、数学成绩都非常好，平时语文考试几乎回回拿第一，数学几乎回回拿满分。"

可是能回回拿满分的孩子不一定就是超常儿童。我约了一个时间，让郭佳到学校来找我，并带上能证明她成绩和才能的卷子。

郭佳来了，还带来了一大摞她做的卷子。我一看，这孩子字写得工工整整，卷面干干

尊敬的刘校长：
师恩难忘
97 届学生郭佳赠

净净，心里顿时有了好感，再一看，各科卷面成绩都不错。看完卷子，我给她出了10道数学趣味题，这些题有一定的难度，要做出来不但要有扎实的数学基础，还要有丰富的联想能力。结果，郭佳连猜带做，对了8道半，这已是相当了不起了，因为即使是华校的学生，能达到这个水平也很不错了。最后，这个既没参加学校招生考试，也没拿过奖牌的郭佳被我们破格录取了。

初一、初二时，郭佳在强手如林的实验班不显山不露水，可是初三中考时，考了个全区第一名。到了高中，更是芝麻开花节节高，她在数、理、化学科竞赛中捧回了一、二等奖。

毕业后，郭佳以高分考入清华大学。她和父亲一起来到学校，执意要将一个花瓶送给我，上面刻着"尊敬的刘校长，师恩难忘——97届学生郭佳赠"。

此刻，一张张充满稚气的脸从我脑海一一闪过，我为发现他们而激动，而快乐。

可 以不上课的学生

一个人渴望学习的知识，总是自己还没有了解的知识。如果他已经了解了，便会失去对这种知识的渴望。

一个人的学习热情和冲动，总是产生在获得这种知识之前。如果他已经获得了，便会失去这种热情和冲动。

可是，整齐划一的教育模式，无视学生之间的差异，无视由差异带来的不同学生的不同感受，将所有学生都纳入到同一个模式里。一些已超前学习的学生，不得不重复学习已经学过的知识；一些对新知识充满渴望的学生，不得不按部就班地跟着课堂进度走。这不但是对生命的一种浪费，也是对学生潜能的扼杀。

在超常教育实验班，我们跳出了传统教育的窠臼，摒弃了整齐划一的教育模式，为不同的学生提供不同的教育：已经掌握的知识可以不学，已经会做的题可以不做，已经弄明白的问题可以不听。别的同学上课，他们可以去图书馆看书，去实验室做实验，可以自己进行研究性学习。

肖梁就是一个有这种"特权"的学生。

肖梁从小就喜欢数学，有明显的数学天赋，小学3年级时，进入华罗庚数学学校学习，4年后进入人大附中实验班。开学后不久老师就发现，肖梁"吃不饱"。

老师在课堂上讲的内容他早已了熟于心，对这种翻烧饼的重复学习已经缺少兴趣，所以上课时他常常精神涣散，注意力很难集中。

在分析了肖梁的情况后，我们认为，对这样的学生应该制定特殊的学习计划，让学习内容和学习进度跟着他的感觉走，不能将他局限在课堂上，应该给他提供更大的学习空间。

学校批准肖梁不必按部就班地听所有课程，他可以去图书馆自学，也可以去实验室做自己喜欢做的实验，并派老师对他进行个别辅导。

因为有比较充裕的、能够自己支配的时间，肖梁在初中阶段就自学了全部高中数学课程及部分微积分知识。正是由于这种既超前又具有广度和深度的学习，使肖梁在高中一年级时就获得了中国数学奥林匹克银牌，为北京市夺得团体第一名立下汗马功劳，并入选当年的国家集训队，成为年龄最小的队员。2001 年，肖梁在第42 届国际数学奥林匹克竞赛中一举摘下金牌，圆了自己的金牌梦。

由于学校给肖梁提供了广阔的学习空间，于是他将既博又专作为自己的学习目标，除了数学以外，他还在初中阶段自学了高中和部分大学的物理、化学知识，并做了大量的实验。学校实验室对他大开绿灯，他可以随时去实验室做实验。有时已经是晚上了，他突然冒出了一个好的想法，激动地将电话打到实验课老师家里，老师会马上从家里赶来悉心指导他做实验。

正是在这种宽松适宜的环境里，肖梁获得了全面的发展。这位数学金牌的获得者，又获得了第 16 届全国中学生物理竞赛一等奖，获得了全国高中学生化学竞赛初赛一等奖。他甚至还在全国中小学生作文竞赛中拿过奖，在海淀区书法大赛中拿过奖。

在荣获北京市中小学生银帆奖的颁奖大会上，肖梁作了这样一段发言：

今天，我站在这里，回忆过去的中学时光，深深地感到，是人大附中给了我真正的自由，开发了我的潜能，使我能全面发展，培养了我的科学探索和创新精神。正是这些，使我能够尽情地展示才华，用自己的理解力和创造力去探索科学的奥秘，引导和推动我走向世界竞赛的舞台。

当我代表中国参加在美国举办的第 42 届国际数学奥林匹克竞赛取得满分获得金牌时，望着鲜艳的五星红旗冉冉升起在异国他乡，我心中一遍又一遍地唱着国歌，那一刻，我真正领悟到了作为一个中国人的责任和骄傲。

陈欣奕也是一个享有"特权"的学生。

陈欣奕刚到实验班时，是一个很害羞的小女孩，上课很少发言。她的班主任兼语文老师张莉莉在她的作文本上，一次次留下鼓励的话——"不要只默默地坐在那里，该表现时就要敢于表现""好好努力，你一定会成功"……陈欣奕渐渐有了自信，也敢于在众人面前表现自己了。

在我的印象里，陈欣奕是一个很会表现自己的女孩。那是在她高一第一学期的时候，12月份，我亲自参加选拔赴"人类基因组"参加课题研究的12名学生时，规定每人用限定时间介绍自己，当所有人都面试完后，她立即又对自己进行补充介绍，而且说个没完。她被选中了。

她对学习英语有独特的悟性，小学毕业时就学完了《新概念英语》一、二册，初中英语课本的内容对于她来说早已不在话下。英语老师程岚便给了她一种特殊待遇：陈欣奕可以不听她的课，自己安排自学；可以不做她布置的作业，自己安排做课本外的练习。

陈欣奕不但喜欢英语，对化学、生物也情有独钟，初中阶段就开始自学高中化学、生物知识，并且涉猎广泛。于是，她的化学老师和生物老师在她上高二时，就将她推荐到高三年级的化学奥校、生物奥校，使她能经常听到来自大学和科研院所的大师们的传授。

高一暑假时，陈欣奕参加托福考试，取得了610分的好成绩，高二时被美国四所名校同时破格录取，并获得全额奖学金。这一年，陈欣奕17岁。

17岁的陈欣奕在走出国门前，出版了她的自述作品《常春藤不是梦》，她终于圆了自己要上世界名校的梦。

对 一个学生的"会诊"

对于不同的教育对象应施以不同的教育，这是教育理论的第一要义。

就如这个世界上绝没有完全相同的两片树叶一样，每一个学生都是独一无二的。对学生因材施教，不但能让每一个学生都得到适合自己的教育，而且能使教育效益最大化。

智力超常的学生是一个较为特殊的群体。法国超常儿童研究专家Jean Charles Terrance在研究中发现，在正常教育环境下，超常儿童往往会发生适应困难现象。

他将这种情况称作"不同步综合症"。多数心理学家认为，造成"不同步"的原因来自个体与环境两方面，而社会教育现状和家长方面的问题可能是矛盾的主要方面，即没有提供适合他们身心发展特点的教育和环境，因此阻碍了超常儿童智力水平的充分发展。

在超常儿童最初的成长过程中，常常会因为父母或老师的疏忽或无知，使他们的发展成畸形状态。一些孩子往往会在某一方面表现出超常的智慧，而在另一些方面却又表现出难以理解的低能。如果不对他们进行及时矫正，一棵天才的小树苗即使长大了、长高了，或许也只是一棵"歪脖子树"。这不符合超常教育的培养目标。超常教育要培养的是全面发展的杰出人才，而不是一个大脑聪慧、行为怪癖的人。

校园里，初一年级一个名叫易园的孩子引起了我的注意。这个个子跟同龄人一样高的孩子，像小学生一样，脖子上挂着家里的钥匙。不仅挂着钥匙，还挂着月票、钱包，走路的时候，脖子上挂的那几样东西在胸前荡来荡去。我问他班主任，这孩子怎么把那么多东西都挂在脖子上？

班主任告诉我，这孩子经常丢三落四的，钥匙、月票、钱包不知丢过多少回了，他父母没办法只好想了这么个绝招。

易园是个数学小天才，上小学时就拿到了华罗庚数学竞赛金牌。他最绝的本事是能一心二用。他的任课老师跟我讲，他上课经常不听讲，不是看自己的书，就是躲在下面玩。

有一次，老师发现他没听课，神情专注地不知在干什么，他走过去一看，发现易园正在一张自己画的国际象棋棋盘上自己跟自己下棋。老师拿刚才讲的问题考他，他居然什么都会。开始，老师以为是巧合，后来又试了几次，在他玩得兴致正浓时突然点他起来回答问题，他居然都能对答如流。

易园在数学上确实表现出超乎常人的聪明和智慧。记得他在华校小学部读三年级时，年级老师来找我反映，说他上课经常不听讲，总是低头干自己的事。我去找易园，问他为什么不听课，他说老师讲的内容他全会。我便当场对他进行了测试。结果发现，不但四年级学的内容他会，五年级、六年级学的内容他也会。测试后，我让他连跳两级，从三年级直接升到了六年级。

可是，他虽然是个数学小天才，但在其他方面的表现却不怎么优秀，有的方面甚至很低能。比方说，他做什么事只顾自己，很少考虑别人，也不顾别人的感受。那时学生在学校吃饭实行包桌，男女生搭配，每桌都有桌长，大家轮流做值日生。

值日生要负责端饭菜，分饭菜，还要负责洗碗。如果是轮到他值日，他宁可不吃饭也不干活。一般同学如果有自己不爱吃的菜，会主动匀给其他同学，可是他宁愿倒进垃圾桶也不给别人。

上体育课，老师喊立正，他的身子歪着斜着，永远站不直。老师让齐步走，只要一听到口令他就不会走了，两只手要么一起往前摆动，要么一起往后摆动，既滑稽又可笑。

一天，有老师来告诉我，说易园在军训基地与教官发生了冲突。事情的缘由是，教官发出口令"蹲下"，其他同学都蹲下了，只有他半蹲着，作马步状。教官说他是故意捣乱，他不服气，顶撞教官说："我没捣乱，你发的口令就应该是这种姿势。"

我觉得易园的种种表现，有点像法国超常儿童研究专家 Jean Charles Terrance 说的那种"不同步综合症"，对这样的孩子应该怎么进行教育？

我决定将专家、老师，还有易园的父母都请到学校，对这个孩子进行"会诊"。

在随后的家访中，我们了解到，易园的父母都是高级知识分子，年近 40 岁才有了这个儿子，所以视作掌中宝，百般呵护。虽然他们非常重视孩子的早期智力开发，但比较忽视非智力因素的培养。

"会诊"那天，我们请来了中国科学院心理专家查子秀教授，易园的小学老师、初中任课老师和班主任，还有他的父母和学校领导。大家对他进行了认真分析，找出了他人格和心理缺失的原因，并制定了比较具体的因材施教的方案。

首先，大家认为，他之所以不听课，是因为"吃不饱"，学有余力，对他这样的学生，应该另开"小灶"，让他"吃好吃饱"。其次，学校和家庭要密切配合对他进行养成教育，从一点一滴的小事上培养他良好的生活习惯。另外，要引导他多参加集体活动，在活动中培养他的集体观念和关心集体、关心他人的品德。

这次"会诊"后，数学老师许飞针对他"吃不饱"的情况，给他增加了一些新的学习内容，并出一些难度比较大的题让他钻研。见他越来越有兴趣，许老师又让他负责给班上同学出题，如果他出的题把班上的同学都难住了，许老师就让他上来给大家讲解。这样，不但使他更有了学习兴趣，而且还锻炼了他的表达能力和与同学沟通的能力。

班上一有集体活动，班主任总是鼓励易园参加。有一次，他们班组织登泰山，易园想打退堂鼓，后来硬是被班主任动员去了。

在集体活动中，常常独来独往的易园渐渐融入了班集体，他在感受别人给予的温暖和关爱时，渐渐懂得了做人的道理。

老师和同学发现，易园变了，变得可爱了，变得懂事了。高中毕业时，他以优异成绩考入清华大学。

从 名落孙山到国际金牌

那是一个几乎不眠的夜晚，我一直守候在收音机前。

在这个城市的某个角落，有一对夫妇也跟我一样彻夜难眠。我们都在牵挂着一个人，我们都在等待一个来自远方的消息。

这个人是他们的儿子，这个人是我的学生，他叫姚健刚。

姚健刚读小学 6 年级时，在北京市"迎春杯"小学数学竞赛中以绝对优势获得第一名。第二年，已走进人大附中初中实验班的他，却在"华罗庚金杯"少年数学邀请赛中惨遭失败，任何奖项都没获得。这个结果是大家万万没有想到的。因为论基础，姚健刚在小学成绩一直出类拔萃，在中学，又在超常教育实验班学习，怎么会在短短的时间里，成绩就一落千丈呢？

姚健刚的父母忧心如焚。当听说我正担任高中第一届实验班数学老师和班主任时，他们萌发了请我当姚健刚辅导老师的念头。在一个寒风凛冽的冬夜，他们敲响了我家的门。

他们向我诉说心里的苦恼和祈求。我静静地听着，心里很矛盾。从他们的介绍里，我知道这孩子是棵好苗子，可是当时我正带高中毕业班，学生马上要面临高考，我爱人又正生病。我将这些困难告诉他们，就这样，我们一直谈到凌晨两点多钟。最后，我还是被他们感动了，我对他们说："我答应辅导你们的孩子，不过话说在前面，我不收分文报酬。"

就这样，长得虎头虎脑的姚健刚成了我的编外学生，我对他开始了长达 5 年的辅导。

数学是思维的体操，它不但需要灵气和悟性，而且需要锲而不舍、坚忍不拔的意志品质，而后者，往往是取胜的关键。针对他的特点，我对他的辅导进行了精心设计，这就是：基础打牢、启发思考、定期设计、具体布置、心理培养、定期检查、具体辅导。

　　培养是从一点一滴开始的。姚健刚的父母中年得子，全家视他为心肝宝贝，既怕磕着，又怕碰着。我见他到我家来上课，不是乘车，就是走路，从没见他骑自行车。一问才知道，家里自行车买回两年多了，父母怕他摔着，硬是没让学。

　　那时，已经快放暑假了，我给他布置了一个特殊的作业。我说："假期学会骑车，开学后骑车上学，我要检查。"

　　那个暑假，姚健刚学会了骑车，他发现学自行车比学数学容易得多。

　　两个月后，姚健刚跳级参加北京市初二数学竞赛，获得第12名，失落的自信又重新找回来了。

　　姚健刚在回忆这段学习生活时说："我印象最深、受益最大的是刘老师对我进行的启发式教育，这种方式能够使我真正理解各门学科的内在魅力，增强学习兴趣，这种方式培养和提高了我的自信能力，而且还使我形成了坚忍不拔和锲而不舍的良好的非智力品质。"

　　进初二以后，姚健刚在各种数学竞赛中频频获奖。每次比赛前夕，我都会跟他作一次交谈。离开时，他总是斗志昂扬，信心百倍。

　　1994年，姚健刚参加全国高中数学联赛，从数万名竞赛者中脱颖而出，进入中国数学奥林匹克国家队，俗称"冬令营"。然后经过两轮考试，从100多名营员中选拔二十几人组成国家集训队，最后再通过近一个月的集训，从国家集训队队员中选出6名最优秀的学生组成国家队。整个集训过程，要进行十几次考试，特别是最后两次大考，每次四个半小时做三道题。整个选拔过程，竞争异常激烈，没有扎实的功底，没有良好的心理素质，没有坚强的毅力，是很难获得成功的。

　　经过几年的培养和磨炼，姚健刚不但有了坚实的数学功底、良好的心理素质，更重要的是他有一种坚忍不拔的毅力和意志。

　　那年3月，姚健刚入选国家队，我却因劳累过度病倒了。听说我生病住

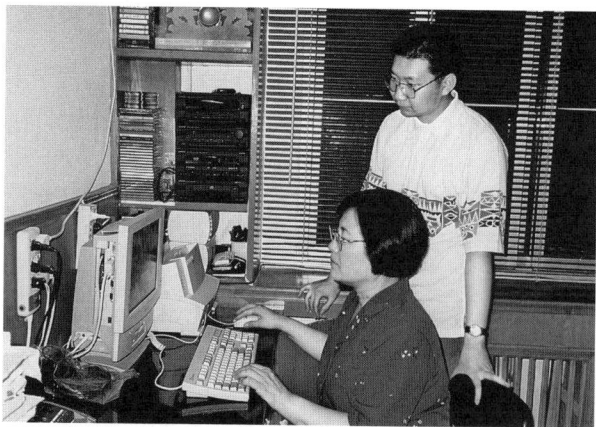

与姚健刚一起上网

院的消息，姚健刚心急火燎地马上赶到医院看望。我和这个孩子之间已不仅仅是普通的师生关系，还有一种浓浓的亲情，我为他的每一点进步而高兴，为他的每一次情绪波动而忧心。

姚健刚在河南济源参加国家队的培训，我在医院几乎每天都要跟他通一次电话，调节他的心理。

1994 年 7 月，第 35 届国际数学奥林匹克竞赛在香港举行，共有来自 69 个国家和地区的 385 名选手参加竞赛。

7 月 20 日晚，应该是竞赛结果揭晓的时间，我一直守在收音机旁，直到第二天清晨。当中央人民广播电台早间新闻播出人大附中姚健刚获得金牌时，我高兴得跳了起来。这时，姚健刚的父母得知儿子获奖的消息也一路狂奔地来到我家，我们都激动得热泪盈眶。

为 他们推开机会之门

2004 年 6 月 9 日，我随北京市教委组织的考察团登上了飞往伦敦的班机。考察团由市教委领导和六所高中示范校校长等组成。我们此行的任务是：考察英国高中 A-Level 课程，并与英国剑桥国际考试委员会的官员商谈合作事宜。

对于英国高中 A-Level 课程我早有所闻。因为，8 年前，我将超常实验班 4 名学生严奇、赵越洋、沈雷、牛晓毅送上赴英国求学的路，他们在米尔菲尔德（MILLFIELD）中学学的就是 A-Level 课程。在后来的几年里，我们又先后送去了超常实验班的肖宝强、高孟、侯阳阳、肖盾、赵云鹏、陈殊等 6 名同学。

机会之门频频向人大附中的学生打开，源于当初我作出的一个决定。

那是 1995 年 11 月。一天，一位熟人给我打电话，说香港一位爱国人士设立了一个雷瑞德教育基金会，准备资助 15 岁、成绩优秀的中国北京、香港的学生赴英留学。为鼓励学生在海外有多元化接触、多元化发展，该基金不仅提供学费、书本费和食宿费，还提供旅游、文化和体育活动经费，以及每年一次的回国旅费，使学生在学业和品格上获得全面发展。雷瑞德教育基金会此举的目的是，送优秀少年到英国接受皇家贵族教育，希望他们学成后报效祖国，能像他一样去资助更多的中国学生。

他问我对这件事有无兴趣，如果有兴趣，可挑选部分优秀学生去参加雷瑞德教

雷瑞德教育基金会赠送的纪念品

育基金会在北京举行的考试（均用英语）。

我经过思考，决定选送学生。这不仅仅因为雷瑞德教育基金会能为学生提供全额奖学金，而且他们创办基金会的宗旨与我的教育思想不谋而合，这就是培养全面发展的人，学成后将自己的成就推惠于有需要的人。一个智力超常的人，不但是一个学业优秀的人，同时也应该是一个有爱心、有社会责任感的人。

我一直在尽我所能地为学生创造一切机会，当机会之门出现在眼前时，我要迅速抓住！我对着话筒激动地说："有兴趣，非常有兴趣，我会挑选优秀学生参加考试。"

放下电话，我在想，我不能送最优秀的学生去，最优秀的学生要留在自己的国家，出成绩，为国争光；但也不能一个好的都不送，这么多名校的学生去考试，竞争不过的话，一个也考不上，就太遗憾了。所以我从当年初三9个获全国数学竞赛一等奖的学生中选了一个一般者——严奇；又挑选了高三年级15岁的沈雷，另在初二第二实验班里选了两个学生：赵越洋和牛晓毅。

经过反复考虑，最后选派了6名学生去参加考试。

考试那天，我提前赶到考试现场。到了那里后发现，各学校推荐来的学生很多，带他们来考试的都是家长。这次考试主要包括一个小时的笔试、用英文写一篇文章和一个小时的面试。我一直守候在考场外，直到他们一个个都考完了才离去。因为我知道，对于我的学生来说，这是一次重要的选择。

第一次，雷瑞德教育基金会共选拔了6名学生，其中就有4名是我们学校的。

1996年9月初，严奇等4名同学进入英国米尔菲尔德学校学习A-Level课程。

坐落在英格兰西部的米尔菲尔德学校，是世界闻名的国际性贵族私立学校，该校学生来自世界50多个国家和地区，其中一些学生为亚太和中东地区的王室成员，所以该校将为社会培养高素质英才作为自己的办学目标。

从人大附中宽松自由的校园环境里走出去的 4 名学生，在米尔菲尔德学校如鱼得水。

1996 年 12 月，英国各媒体纷纷报道一条新闻：华裔少年扬威全英数学大赛，北京男孩以最高分勇夺冠军。这个扬威全英数学大赛、勇夺冠军的北京男孩就是严奇。

英国《西部日报》的新闻标题是"数学天才严奇算出了一切"：

> 来自中国的 16 岁的严奇是英国顶尖的数学头脑之一。
> 严奇来自北京，不太懂英文，他在一次全国数学测试中与其他两个人并列第一。这一测试有 26000 名学生参加，是 90 分钟的多项选择题，满分 125 分，严得了 120 分。

米尔菲尔德中学校长克里斯托夫·马丁说："在米尔菲尔德中学参加今年数学竞赛的人当中，前十名有六名是来自亚洲，其他四个是英国学生——他们是出色的数学家，只要申请就能进牛津或剑桥。"

文中所说的数学测试其实就是全英高中数学奥林匹克竞赛，到英国才 3 个月的严奇一举夺得金奖，在第二年的全英高中数学奥林匹克竞赛中他又再次摘冠。

正如米尔菲尔德中学校长所言，两年后，严奇顺利进入剑桥大学三一学院数学系。如今，他已在美国耶鲁大学完成研究生学业，开始攻读数学博士学位。

沈雷在米尔菲尔德中学就读期间，获得两枚全英数学奥林匹克金牌和两枚全英物理奥林匹克铜牌。1998 年，沈雷进入英国牛津大学，在大学期间，曾任牛津大学中国文化学会会长。2002 年，沈雷在牛津大学

英国《西部日报》刊登的严奇新闻

获得研究生学位，现供职于世界第二大银行——摩根银行。

1998 年，赵越洋代表米尔菲尔德中学参加全英物理奥林匹克竞赛夺得金牌，当年便被英国剑桥大学录取。现正在该校攻读博士学位，并被该校评为优秀博士生。

正是由于他们的出色和优秀，1997 年，雷瑞德教育基金会又一次将选拔出国留学生的目光投向人大附中。

在这次被推荐的学生中，有一个小男孩叫肖宝强。

小学升初中时，肖宝强以两分之差没能达到人大附中的录取分数线。那天，他和妈妈一起到学校看公布的录取名单，见名单上没有他，眼睛里顿时充满了惆怅和失望。

这一切都被我看在眼里。在这之后的几天里，我脑海里经常会浮现出他那双失望的眼睛。在面试中，我知道这孩子爱好广泛，而且特别痴迷计算机，是玩电脑游戏的高手。就在录取工作就要结束的前一天晚上，我得知有一名被录取的学生因故不能来了，便马上想到了肖宝强。我马上将电话打到他家里，告诉他："你被录取了。"

我没有看错人。开学时，肖宝强以最后一名成绩进入第二实验班，可到期末考试时，他的成绩就在实验班里名列前茅。当得知雷瑞德基金会将再次选拔学生出国留学的消息后，我马上想到了上初二的他。虽然雷瑞德教育基金会选拔的主要是 15 岁学生，但我相信肖宝强的潜力。为了使肖宝强在竞争中获胜，我给他联系了北京外国语学院的老师，利用晚上时间，对他进行英语强化培训。

通过一轮轮面试，14 岁的肖宝强成为雷瑞德教育基金会资助的年龄最小的留学生。

7 年过去了，肖宝强已从剑桥大学电子信息工程系毕业，被摩根银行香港分行录用。他在给我的邮件中说："我生命中最大的两个转折点，或者说是最大的两颗'星'都是您摆在我面前的。我可以很坦然不带丝毫做作地说，没有您，就没有我的今天。"

2001 年，雷瑞德教育基金会再次从我校选拔了 3 名学生，他们是：肖盾、赵云鹏、陈殊。

当年，6 岁的肖盾以倒数第一的成绩进入华校。可是在人大附中的校园里，他成长为一个学习好且多才多艺的孩子——在全国中学生数学联赛中获一等奖；随北京市少年宫交响乐团赴瑞士参加国际管乐节获得银奖；2000 年，人大附中代表北京参加在上海举办的中学生奥林匹克头脑大赛（OM）时，肖盾是代表队成员之一，他和同学们以出色的表现在大赛中获得金奖，并代表中国赴美参加比赛。

这样一个优秀的学生，当他获得新的发展机会时，一定会有让人惊叹的表现。在米尔菲尔德学校就读时，肖盾在全英奥林匹克物理竞赛中获金牌；在英国皇家海军组织的工程挑战赛中，他以队长身份带队参战夺得冠军。他是学生学习协会副主席，校乐队首席小号，足球、羽毛球队主力队员。毕业时，在所学的 6 门 A-Level 课程中，肖盾获得了 6 个 A——近满分的成绩，并如愿被剑桥大学圣三一学院工程系录取。

2003 年 4 月，由于学业优秀、全面发展，肖盾获得了由英国教育文化委员会颁发的全英国际学生金奖，这是从来自世界 98 个国家的 1700 多名非常优秀的候选人中评选出来的最高奖项，也是全英中小学国际学生中的唯一金奖。消息传来，我由衷地为他高兴，因为他为祖国争了光，为中国人争了光。

每年假期，学生们回国，都会回母校看看，并跟老师们一起座谈，对中外教育进行比较。

当我为他们一次次推开机会之门时，当他们的身影在我的视线里渐渐消失时，我总在心里一遍遍地为他们祝福，我是多么希望他们学业有成，早日成为社会的栋梁之材啊。

如今，几年过去了。我真想这次赴英国考察时，能有机会在英国见到他们。

这世界上的事情真是无巧不成书。当我正沉浸在回忆和遐想中时，一位中年女士在经过我身边时突然停下了脚步，问："您是刘校长吧？我是侯阳阳的妈妈。"

侯阳阳的妈妈告诉我，她此行是去英国参加女儿的研究生毕业典礼。

侯阳阳在米尔菲尔德

2004 年 6 月 3 日，与阔别多年的留学英国的学生见面。

学校学习期间，曾获英国数学奥林匹克竞赛金奖、英国物理奥林匹克竞赛银奖。2000 年进入剑桥大学电子信息工程系，在大学期间，曾任中国文化促进会主席（剑桥）、中英大学生会委员，她和同学一起创办的社团成为剑桥大学最活跃的社团之一。他们在剑桥市中心的酒吧举办中国卡拉 OK 之夜，不仅吸引了来自中国的留学生，还吸引了许多英国同学。他们每周末办中文班、书法班，为喜欢汉语和中国书法的外国同学义务授课；他们展示中国厨艺，举办中国精品电影展，将中国文化介绍给来自世界各地的外国同学。为了沟通海外留学生与国内的联系，2002 年暑假，侯阳阳和回国休假的同学一起组织了"牛津、剑桥才子汇京城联谊会"。参加联谊会的，除了牛津、剑桥的才子，还有英国大使馆的教育参赞、剑桥大学的教授。她还和同学联合剑桥大学所有亚洲学生社团合办了一年一届的中国春节福利晚会，并将晚会门票收入全部用于中国希望小学建设。据悉，他们捐赠筹建的第一所希望小学于 2004 年破土动工。

2004 年 6 月 3 日，我与这些阔别了几年的学生终于在伦敦见面了。除了在美国的严奇和在香港的牛晓毅，其他人都来了。他们亲热地围着我说着分别后经历的种种机遇和成功，和我一起讨论英国的 A-Level 课程。看着他们年轻、自信的脸，我心里充满了骄傲和自豪。

这次英国之行，收获颇丰。我不但见到了分别几年的学生，而且对英国的伊顿中学、哈罗中学、米尔菲尔德学校进行了考察，对他们开设的别具一格的 A-Level 课程有了更深入、更具体的了解，这将会对我们进行新一轮教学改革提供有益的启示。

与英国伊顿公学校长温德莎·伯克肖合影

与英国米尔菲尔德学校彼德琼森校长合影

三、奏响和谐的乐章

15 岁少女的音乐舞蹈专场

对超常教育，我们同样经历了一个螺旋式上升的认识过程。

1985 年，学校开始办第一个超常实验班时，注重的是学生在数学学科方面的发展，看重的是竞赛成绩。为了早出人才、快出人才，将实验班从初中到高中的 6 年学制压缩到了 4 年。

在担任高中第一个实验班班主任和数学老师的实践中，我开始渐渐认识到，这种揠苗助长的培养方法并不利于人才成长和发展。在沉重的学习负担下，学生不但过早地失去了童年的欢乐，而且其他方面的爱好和特长也得不到发挥。这种教育，也许能培养出一些数学尖子，但这样的数学尖子很容易是一个缺少个性、缺少色彩的乏味的人。

爱因斯坦说："青年人离开学校时，应是作为一个和谐发展的人，而不只是作为一位专家。否则，他连同他的专业知识就像一条受过训练的狗，而不像一个和谐发展的人。而要成为一个和谐发展的人，取决于自由而全面的发展。"

1989 年，我担任副校长，主管超常教育。在我的提议下，实验班学制从 4 年改到了 5 年。后来，又改回到 6 年。教育思想的转变不但体现在学制上，也体现在校名和招生条件上。我将华罗庚数学学校改为华罗庚学校，招生对象不再仅仅是数学尖子。我重新设计了招生条件，将招生对象从学科的佼佼者，扩大到琴棋书画和体育艺术方面的特长生，扩大到组织能力、演讲能力等在同类人群中出类拔萃的学生。

其实，在从认识到实践的过程中，我也同样经历过激烈的甚至痛苦的思想斗争。

当时我得知，中国科协准备在北京市选拔 10 名高中优秀中学生，由 10 位中国生命科学领域的科学家院士一带一地领着做课题研究。对于学生的发展来说，这无疑是一次很好的学习机会。如果参加选拔，实验班的学生是最有竞争力的，可是这些学生大都是竞赛种子选手，如果让他们参加选拔，势必会影响竞赛成绩。当时内心的斗争真的是很痛苦，一边是学校的荣誉，一边是孩子的发展。最后我决定选择后者。

我亲自到实验班做动员，并将10位科学家的科研课题都抄写在黑板上，鼓励他们根据自己的兴趣和爱好去参与竞争。结果全班同学都报了名。经过激烈竞争，任重和鲍羿同学双双当选。这两个学生当时都是数学奥林匹克竞赛的种子选手，这次当选，改变了他们的发展方向。

为了使实验班有更多的学生能亲自参与科学家的科研课题，我到北京地区的一些科学院所和大专院校推荐我的学生，为他们寻找机会。这样，又有部分学生走进了科学家的实验室。

后来，跟着科学家进行生命科学研究的任重，其科研论文《果蝇唾液腺染色体压片技术》荣获"第九届全国青少年科技论文比赛"一等奖，鲍羿的论文也在这次比赛中获二等奖。

这更让我认识到，超常教育的目的是要培养全面和谐发展的人，而不仅仅是某一学科的专才。

2000年9月30日，我们为一位中学生举办了一场两个小时的个人音乐舞蹈专场。这位学生的名字叫杨夏男。

杨夏男出生在一个知识分子家庭，早期的智力开发，使她成为一个兴趣广泛的孩子。她不但学习成绩好，而且喜欢弹钢琴，喜欢唱歌、跳舞。6岁考入北京市小学生舞蹈团，7岁登上灯火辉煌的舞台为观众表演钢琴独奏，8岁参加北京市舞蹈比赛获一等奖，随后又跳着《童心盼奥运》的独舞考进中央电视台银河少年艺术团。

1995年，杨夏男考入人大附中初中实验班。很快我就发现，这个有一双大眼睛的小女孩，几乎是

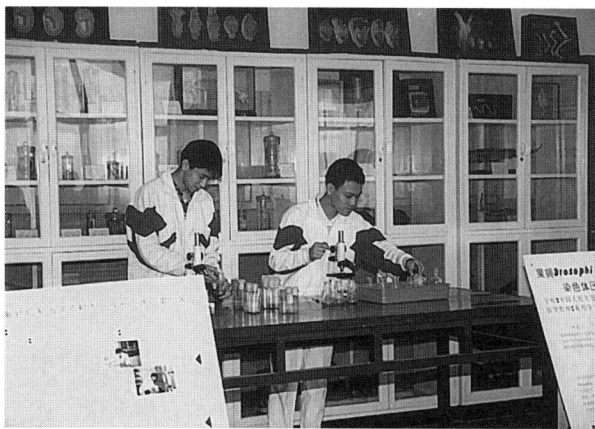

任重和鲍弈在国家重点实验室做实验

学生们中最忙碌的人。在学习之余，她还学琴、练舞，常常放学后咬几口面包就匆匆赶往中央电视台参加排练，有时为了演出，还不得不在上课时间请假。

有人认为，超常教育实验班不是艺术特长班，它培养的是学科方面的拔尖人才，像杨夏男这样兴趣广泛的学生不适合在实验班学习。我的认识却恰恰相反，对超常教育实验班学生的培养同样要"全面发展，突出特长"，同样要给他们一片自由放飞的天空，同样要让他们快乐地成长。

对于杨夏男这个忙碌而特殊的学生，学校特许她可以自由掌握上课时间，只需按时完成作业，参加考试。如果参加排练、演出耽误了课，回来后，任课老师都会帮她补上。

虽然有这样的特许，杨夏男并没有丝毫放松自己，她常利用坐车的时间背英语、背课文、思考解题方法。不知有多少次，她因在公共汽车上埋头看书而忘了下车；更不知有多少次，她为了反复计算一道题，顾不上吃饭和休息。不管是学舞累得浑身酸痛，还是练琴时至深夜，她总坚持一丝不苟地完成作业。

为了让她和舞蹈队的孩子有良好的排练条件，我亲自安排布置把办公楼三层的职工活动室改建成舞蹈排练厅。这样，杨夏男和跟她一样热爱舞蹈的孩子们，就可以经常在一起讨论艺术，切磋技艺。

杨夏男的各方面才能，在人大附中这个自由开放的环境里得到了尽情的施展。她是团支部宣传委员、校学生会文艺部长、校刊副主编、舞蹈队队长。她还是《少年之友报》的小记者，并有多篇中、英文作品在报刊上发表。

对于像杨夏男这样有独特艺术爱好和潜力的孩子，学校总是千方百计为她们提供施展才能的舞台，为她们开辟更广阔的发展空间。

1999年底，我得知教育部和中华世纪坛组委会要在品学兼优的学生中选拔"中华世纪少女"，参加中华世纪坛开坛圣火点燃的仪式。我兴奋地意识到，这是学生展示才华的好机会。于是，学校专门成立了选拔小组，并为初选出的学生制作画册和风采展示录像，提供给中华世纪坛组委会。

最终，杨夏男以出色的才华和全面发展的综合素质脱颖而出，成为数万名参选中学生中的幸运者，担任中华圣火采集传送任务的"中华世纪少女"。

杨夏男曾作为学校优秀学生的代表在香港回归之际参加"京港青少年"交流团赴港进行访问交流；曾作为中学生舞蹈团中唯一的特邀独舞演员在澳门回归之际赴澳门做民族舞蹈表演；曾作为北京市中学生代表，在长城上用流利的英语宣读致国际奥委会的申奥演讲；她还作为人大附中代表队成员赴美参加国际中学生 OM 大赛……学校为她提供了一切可能的机会，让她的才能尽情地挥洒。

杨夏男也曾有过困惑和挫折。

那是她高一学期期中考试之后的一天，上午课间操时，我远远地看见她孤独地徘徊，我敏感地意识到，她一定有心事。中午，我将她叫到办公室，她迷茫地低垂着头，向我倾诉了她的苦恼：课程进度的加快，繁多的社会活动和排练，成绩大幅下滑，她感到了老师的误解和同学们的冷落，来自家长的压力更加重了她的挫折感。泪水顺着她的脸颊滚落下来，她声音哽咽地说："我不知道该怎么做，是不是该放弃一些社会活动和爱好……"

我清楚地知道，杨夏男未来发展和成功的优势正在于她的综合发展和艺术才华，若只追求分数和名次，她会成为一只折断翅膀的小鸟，难以高飞。此时此刻，她需要的是信任和宽容。我对她说："成绩有起落是很正常的，人生不可能一帆风顺没有挫折。"

杨夏男抬起泪眼问我："您不觉得对我失望？您不看重我的成绩吗？"

我提高了声音，说："我看重你的成绩，但我更看重你健全的品格，更看重你全面发展的综合素质，这些都是分数反映不出来的。只要树立信心往前走，我相信你能在自己选择的路上走出自己的精彩。社会不仅仅需要书本知识，更需要全面发展的人才。你不必处处做得最好，也不必老想着别人怎么看你，你只要做最好的你自己。"

杨夏男在翩翩起舞

离开时，她的嘴角又挂上了开朗、自信的笑容。

那次谈话之后，杨夏男乐观地把中学生活当作自我潜能开发的尝试，她毫无负担地将自己投入竞争，不再只以高分为追求目标，而是踏踏实实积蓄能量，认认真真开发自我，向更高的层次迈进。对需要考试的各个学科，仍然保持旺盛的学习兴趣。在无法用排名次比较的领域中，仍然表现出如饥似渴的求知欲望。她真正地为自己而学习，为生命的成长而努力。

2000 年，人大附中 50 周年校庆前夕，杨夏男来找我，表达了一个让我又惊又喜的心愿，她想举办全国首场中学生个人音乐舞蹈专场，向校庆献礼。

这是一个大胆的设想，学校应该全力支持。在繁忙的校庆筹备活动中，我利用一切可能的时间安排专场演出的筹备工作，无论是排练进度、节目审查，还是联系剧院、印制画册和请柬，我都一一布置。我还常常从繁忙的工作中抽身来到排练场看她的排练，她跳的独舞《蒙古人》令我百看不厌。看着她优美的舞姿和可爱的笑脸，我会忘掉所有的烦恼和疲倦，享受成功的喜悦和幸福。

2000 年 10 月 5 日，杨夏男个人音乐舞蹈专场在中国剧院举行。

大幕徐徐拉开，杨夏男以她精彩的舞蹈和流畅的钢琴曲打动了所有的观众。

专场演出圆满成功。她舒展柔软的双臂完成最后一圈漂亮的旋转后，用深深的鞠躬回报满场的掌声和鲜花。然后，她走到我面前，眼含热泪地将手中的鲜花送给我，扑在我的怀里，一切话语尽在这久久的拥抱中。

2002 年 5 月 8 日，还有一个多月，杨夏男即将参加高考。这天晚上，我校要给参加全国校长研讨会的校长们举办文艺晚会，我请杨夏男来表演她的独舞《蒙古人》。跳完舞后，我对到场的校长们说："杨夏男是人大附中高三学生，还有一个多月即将参加高考。她在人大附中跳了 6 年舞，捧回了许多奖牌，用她优美的舞姿迎接、送走了数不清的来宾。现在，她就要离开学校、要离开我们了。"想到再也不能经常看到这个活泼可爱的女孩，我的眼泪止不住流了下来。此时，杨夏男已泪流满面，泣不成声。

6 年来，不知有多少次，她欢快优美的舞姿消除了我身体的劳累和心头的烦恼。每当坐在台下，看着她翩然起舞，我的心里就会漾起无法形容的快乐和满足。

让 小"画家"自由绘画

2001 年，15 岁的王羽熙出版了 3 册、16 个章回的连环漫画《新游记》。

2003 年，由他担任导演、策划，兼道具和服装设计，并担任主要演员的英语舞台剧《指环王》，在学校连续上演多场，好评如潮。

谈起王羽熙，也许得追溯到 6 年前那个寒冷的冬日。那天，我收到一封信，是一位小学老师写来的，向我推荐他的学生王羽熙，说这孩子虽然数学成绩不大好，可是有绘画天赋，3岁时就能将小动物画得像模像样，四五岁时就开始创作短幅连环画，小学二年级时就举办了个人画展，作品在市、区中小学生绘画比赛中多次获奖。

那时已经放寒假了，我决定在招生工作开始前，见见这孩子。我们约好大年初一上午在学校见面。那天，王羽熙来了，和他一起来的还有他母亲。

见了面，我笑眯眯地问王羽熙："你长大了准备干什么？"

长得胖墩墩的王羽熙马上回答说："我想当画家。"

"你喜欢画什么？"我问。

"小动物！"

他马上拿起桌上的铅笔和纸，一会儿工夫就画出了一只活灵活现的大公鸡。

"你还喜欢画什么？"

"孙悟空。"

说着，他又画了一幅惟妙惟肖的"孙悟空三打白骨精"的铅笔画。

"除了画画，你还喜欢什么？"

"喜欢历史和古诗。"

说着，他一字不落地背了《将进酒》。

这次见面，王羽熙给我留下了很深刻的印象，我看出这孩子确实很有绘画天赋。在那个寒假，王羽熙还根据历史长篇小说《水浒传》创作了绘画作品《一百零八将》。

如果仅看学习成绩，王羽熙确实不够我们学校的录取条件，但他画中流动的灵气，他对绘画的痴迷劲儿，都令我心动。"人生天地间，各自有禀赋"，王羽熙的特长是绘画，如果给他提供一个适合他发展的学习环境，使他的特长得到更好的发挥，他同样能成为人才。

招生工作刚一开始，我就给王羽熙的妈妈打电话，我说："王羽熙我们要了，让他去实验班吧，那里的环境更适合他的发展。"

这有点出乎他们的意料，因为能进实验班的孩子大都是理科成绩特别好的孩子。

进了初中后，王羽熙的数学还是学得很吃力，他说："尽管我上数学课时常常是一头雾水，可一点儿也不影响我对绘画的爱好和追求，上天赐予我对画画那与生俱来的兴趣和天赋也许是对我的一种平衡吧。"

可是他父母却很着急。为了让他把理科补上去，他们开始反对他画画。当时，王羽熙迷上了军事武器，每天翻阅查寻资料，整本地画着。一次，学校召开家长会，他母亲看到了他的成绩，回到家后，气急败坏地撕毁了他那本画满了飞机、大炮的画本，并重重地惩罚了他。

但这并没能阻止王羽熙把满脑子的故事和想象用绘画的形式表现出来。在家里不敢画了，他就在学校画。那时，他已经开始构思《新游记》，一有课余时间，他就和同学在一起编一些很有意思的故事。这些有趣而又富有想象力的故事激发了他的创作灵感，他将这些"灵感"随时画在作业本上，像后来书中的"小雷音寺"和"唐僧收徒"就是在课余时间和同学一起构思的。

初二上学期，王羽熙的"不务正业"终于被母亲发现了，她从书包里搜出了他用作业本画的几本连环漫画《盟军敢死队》《水浒》《三国》和刚刚开始创作的《新游记》。一时怒从心起，又想把它撕个粉碎。可是当她静下来慢慢翻看儿子的作品时，儿子丰富的想象力和日趋成熟的绘画技巧又不能不让她惊叹。她很困惑，不知道是该给儿子一顿惩罚呢，还是让他画下去。她找到了王羽熙的班主任和各科任课老师。

她本以为老师们会批评她管教不严，没想到老师们都很欣赏和重视王羽熙在绘画方面的才气，鼓励他往这方面发展。语文老师白秀芹对她说："你不应该反对王羽熙画画，也不能要求他面面俱到，他画连环画本身就说明了他的才能。我相信王羽熙将来在画画上是会有成就的。"

她还得知，老师并没有因为王羽熙成绩不好而歧视他、瞧不起他，班主任将出班刊的任务交给他；英语老师请他帮忙画英语教学需要的图片；劳技课老师让他为教材画插图；语文老师还让他在课堂上用画面表现古诗的意境。

只要有展示才能的机会，我们都会让王羽熙参加。有一次，联合国教科文组织的一个代表团要来学校参观，我让王羽熙现场展示他的绘画作品。学校举办各种活动时，也积极给他提供大显身手的机会。

王羽熙初中毕业后不久，一天，他母亲来学校找我，说王羽熙出版了一套连环漫画作品《新游记》，出版社准备召开一个有关这部作品的讨论会，可王羽熙希望这个会能在人大附中开。我这才知道，王羽熙初中毕业后考到了一所普通中学。原来，他父母认为，当初学校破格录取了王羽熙，还把他放在超常实验班，可是他学习成绩一直不好，对此，他们心里一直充满了内疚，于是王羽熙初中毕业后，他们便悄悄地自己报了一所普通中学。

他母亲拿出了王羽熙写给我的信，他的信是这样写的：

刘校长：

您好！我是王羽熙，3 年前您把我作为特长生招进人大附中。记得那年大年初一，我第一次踏进人大附中校门，您问我长大准备做什么？我说："我想成为画家。"

今天，我用自己的创作证实了我的实力，向我的目标迈进了一步。

我不是一个全面发展的学生，坦白地说，我的数学卷子经常是"大好河山一片红"，这有些像韩寒所说"我不是一个全才，而是一个去掉了'王'字的人才"。也许正是因为我上数学课时那不识庐山真面目的窘迫，上天才赐予我与生俱来对绘画的兴趣和天赋。在人大附中，我酝酿和创作了这部《新游记》，是同学们的参与给了我灵感，是老师们的鼓励给了我信心和勇气。

初中毕业时，我渴望留在人大附中，几次要求妈妈去找您，因为我觉得我不会辜负您的希望，将来我要从事电脑动画艺术。艺术类，数学只是参考分，我会考上艺术院校的。可是妈妈一直没敢去找您。无奈中，我只好去了一所普通中学。可是当同学们陆续接到人大附中的录取通知书时，我心中感到的是心灵上的冲击和阵阵失落。是啊，附中的 3 年时光，校园、校长、老师、同学给我留下了太多美好的回忆，我在这所学校里学到了知识，增长了智慧，成长了自己。尽管我的数理化不好，但 3 年的中学生活是我最幸福最快乐的时光，离开这所美丽的校园我真的很难受。人大附中的校牌至今仍放在我的铅笔袋里。

当离开人大附中已成定局，"化悲痛为力量"，我要用假期将我的《新游记》创作完成，让它成为我初中生活的一个句号，用我的特长回报您，回报学校，回报老师。

经过两个多月的苦战，我终于完成了我 15 岁的大作《新游记》，出版后，我要将它献给您，我知道这是对您最大的安慰和敬意，也是附中素质教育的一颗果实。

出版社希望开一个《新游记》的作品讨论会，我还是想请您在附中开，因为在我眼里，您是最可敬的校长，也因为《新游记》的酝酿和创作是在我初中时期。教师节到了，献上我对您最衷心的祝福。

您永远的学生：羽熙

2001 年 9 月 6 日

看完这封信，我心情很不平静，我对他妈妈说："你当初为什么不来找我呢？不过，这也怪我，我一直以为他还在我们学校。"

"他去新学校后怎么样，适应吗？"我问。

"不怎么样，开学到现在，我就没见他笑过，每天都愁眉苦脸的。"他母亲说。

王羽熙为本班排演的英语剧《魔戒》所画的海报

"那就让他转回来吧。"我说。

他母亲不相信地看着我说："真的能回来？您还愿意要他？"

重建和平的"伊甸园"

历史刚迈进21世纪，在美国就发生了震惊世界的9.11恐怖事件。血腥的一幕，时刻在提醒我们，人类需要安定与和平。可是9.11事件并没有使人类停止战争和毁灭，中东的战火却愈演愈烈……人类用自己制造的各类武器继续互相残杀，多少无辜的百姓在饱受着战火带来的痛苦、灾难和死亡。特别是那些生活在战乱中的儿童充满恐慌和无奈的眼神，使我们更加深了对战争、恐怖事件的痛恨和对和平、民主的渴望。

资源被掠夺，环境被污染，地球这个人类唯一的家园，也被人类破坏的满目疮痍。这一切都来源于人类的贪婪。

我热爱和平，热爱自然，热爱绘画，我要用我的作品去呼吁人类埋葬战争，埋葬贪婪，去建设一个和平、民主、自由安宁的伊甸园。

在伊甸园里，蔚蓝的天空象征着自由，绿色的大地铺满了生机，写实的大手代表着人类应有的力与美，手中那棵根深叶茂的生命之树是正义和自然的力量，它将埋葬和摧毁一切邪恶，让和平鸽自由的飞翔，这才是我们人类应该拥有的生活。

参赛作者：王羽熙
性　　别：男
年　　龄：18岁（作品创作与16岁）
所在学校：北京人民大学附中

王羽熙"重建和平的'伊甸园'"的画和文字

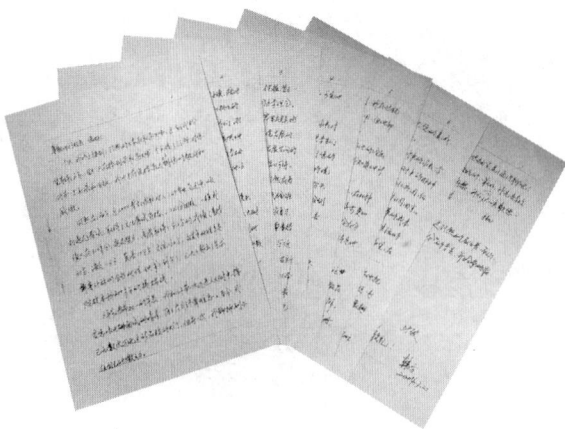

王羽熙母亲给刘校长的信的影印件

"当然愿意要，他本来就是我们的学生嘛。"

说完，我马上将负责教务工作的老师叫到办公室，吩咐说："马上去开一个接收证，你负责跟王羽熙妈妈一起去把王羽熙转回来，但一定要得到对方学校的同意。"考虑到像王羽熙这样的孩子需要有一个更宽松、更宽容的学习环境，我又对那位老师说："你一定要找一个能够接纳他的班主任。"

几天后，王羽熙又回到了人大附中。

又是3年过去了。王羽熙高中毕业，考入了北京电影学院，学习电影美术。他母亲给我写了一封长信：

尊敬的刘校长：

您好！今天，我终于接到了羽熙的大学录取通知书，这一刻我盼望等待了6年，因为只有捧到录取通知书，才实现了羽熙对您的第一个承诺和回报，我才有资格表达对您的敬仰和感激。

羽熙在1月份近2000考生（录取25人）的专业角逐中，顺利通过了考试，取得了文化考试资格。2月份回校，一模成绩只有300多分，通过努力，高考取得了412分的成绩（数学33分、语文113分、英语104分、文综162分，文综中地理多是需要计算的自然地理，他拿不到分），已大大超出了艺术院校本科提档线200多分。

6年前，春节初一的早晨，我和儿子第一次迈进人大附中，接受您对他面试的情景，历历在目，终身难忘。至今，我已无数次迈进这所名校的大门，但每一次，我都抑制不住自己的激动。

当高中您第二次招他回校时，我在办完转学手续，陪他回附中的那天，正是那年北京的第一场雪，纷纷扬扬的雪花和校园里叽叽喳喳的喜鹊在迎接着我们。羽熙甩下我，飞奔在学校的马路上，张开双臂，高兴地大喊："人大附中，我回来了！"而后，他拉着我从教学楼到食堂、图书馆……把学校转了个遍。我知道这是他16年来最高兴的一天。

一个常人不解，数、理、化犹如天书，死活学不会的孩子，按常规也只能就读于一般般的学校，可他却穿上了人大附中的校服，正是您这位校长以教育家的慧眼，认识到他所具有的艺术天赋和发展潜力，并在附中给了他最好的教育和特长施展的环境，才使他能在艺术特长和文化课上，取得今天的成绩。在您的学生中，在人大附中精英辈出的人才中，羽熙不过是沧海一粟，斑斓中的一色，但对羽熙来说，却是他的全部。

羽熙的成长验证体现了您"尊重个性，挖掘潜力，一切为了学生的发展，一切为了祖国的腾飞"的办学理念。人的大脑不应该是一个装东西的容器，而是一把需要被点燃的火把；好的基础教育，就是要提供给学生燃烧发展的空间和环境。您就是给孩子们点燃火把、提供发展空间的智者。有您这位手持火把的领跑人，人大附中跨入世界名校，指日可待。

学校是他的天堂，是他待不够的乐园。在学校里，羽熙有着极好的人缘和领导能力。林爽、姜锐、刘家怡等实验班的同学也都是他的至爱亲朋。高考前几天，学校让在家复习。姜锐几次跑到我家给羽熙讲数学，不然，他数学考不了33分。当《大众电影》约稿时，他三个晚上写了近万字的电影论述，同学们争先恐后帮他改稿子；当新西兰大使要约见他的时候，同学一篇篇地帮他翻译文章……同学们的真诚让我感动。毕业离校是羽熙最难过的事，他几次梦呓般地对我说："刘校长要是能够把电影学院收购了就好了，我就可以在学校多待几年了。"可见他对您和学校的感情至深。

记得在他初中时，因定制西装校服，有的家长对此不满，上告有关领导，您在大会上谈了此事，希望学生们能理解。羽熙回家后很难过地和我叙述了您的讲话，我感到我有责任以家长的身份，用我的观点和看法来支持您和学校。当我把写好的信，分头交到人民大学校长和海淀区教委领导手中后，体会到一种能为您和学校尽力的快乐和满足。不久前，我才告诉他，他很感谢地拍拍我说："妈，你真棒！"

高二下学期的寒假，海淀区电教馆的游老师告之，全国电脑比赛取消了高中组的绘画，只有动画，其他参赛的学校都是师生共同制作，已经准备了一年之久，交作品时间只有20天左右，问羽熙是否参赛。时间对于他来说，比一般的学生更宝贵，素描、色彩的专业基础需要大量的课时才能达到高考水平。他和我商量时，我有些犹豫，因为任何奖项对他考入的学院都没作用，但他却坚决要参加，他希望能获奖回报您和学校。

做动画，他是个生手，没人指教，只凭着他的绘画功底，每天做到深夜，尽管没获大奖，可我知道他所倾注的情感。

羽熙所进入的是一个有着无限前景的专业。在附中他策划执导《指环王》英语舞台剧后，对电影美术更加喜爱。他有着远大的理想和目标，我相信他会在今后的发展中去奋斗、去实现。为您和学校争光将是他永远的动力和精神源泉。

6 年多来，我虽然只和您见过几面，但我最关注关于您的报道。海淀区教科所刘冠英《中国教育的脊梁》的文章更加深了我亲身体会和对您的了解。您对中国基础教育所作出的贡献已载于史册，任何赞誉的词汇都不足以表达我对您的敬仰，您的真诚、直率和高尚的人格魅力净化和感动着我。

我不同于那些以分数考入附中的学生的家长，学校只是孩子中学学习的一个阶段，我对您和附中的那种情感已是我生命中的一部分。我 15 岁去黑龙江兵团，后来转战南北，近 30 岁才从河南转成工人对调回京。改革后工厂的败落，我们过多地承受着改革的成本和生存的艰难，对羽熙的培养教育是我生活的希望和寄托，您和附中的老师们成就了我的希望。在我疲惫的心里，您给了我一片永存的温暖……

我同儿子一样为要离开附中而难过，我帮他把校服洗净、漂白存放在柜子里，将他们班和您一起照的毕业照摆在书桌上……雄鹰总要离巢，展翅才能高飞，让我们等待他的好消息吧！感谢学校的领导和执教过羽熙的各位老师们，感谢他们接纳了羽熙这位"拉分"的学生，并给予他最好的教育。

此致

敬礼！

韩方

2004.7.20

四、道在器之上

做 灵魂的向导

致天下之治者在人才，成天下之才者在教化，教化之所本者在学校。学校的一切工作都是为了培养人才。

何为人才？我认为重点是两条：一是高尚品德，二是聪明才智。而高尚品德与聪明才智相比，高尚品德更重要。高尚品德是灵魂，是精神。有了高尚品德，聪明才智才可以服务于祖国，造福于人民。所以，高尚品德是"道"，聪明才智是"器"，道在器之上。

"高智商并不是成功的保证。"我认为，智力对一个人的成就只有30%的作用，其余70%是其他因素，即人格因素和社会因素。所谓人格因素包括非智力因素和品德因素。

未来社会充满竞争，而竞争的内容决不仅仅限于学习成绩和考试分数。无数事例证明，走向事业辉煌、开创成功人生的关键是高尚的品德情操，持之以恒的毅力，克服困难的勇气，自学自励的能力，乐观豁达的性格，是关心社会、同情他人、善待自己的修养，是善于相处、善于合作、善于把握自己与他人情感的能力等这些非智力因素。

智力超常的孩子，思维活跃，对学习有浓厚的兴趣，对问题常有独到的见解，可是由于他们从小到大受到过多的保护和关心，得到太多的赞扬和荣誉，因此有的人常常会暴露出骄纵、自私、任性、心理脆弱、受挫力差等弱点。

一天，初一实验班的刘卫民老师收到一封"举报信"——该班8名同学联名要求撤换他桌（当时中午吃饭10人为一桌）的桌长，理由是：第一，每天吃饭，桌长最后一个到；第二，桌长分饭不均，总是第一勺给自己，第二勺给自己好友，越往后越少，尤其是分大家爱吃的排骨时更是如此；第三，不洗餐具。"民愤极大"，8名同学要求撤换。

刘老师暗中进行了一番调查，情况基本属实。这位桌长是班里的数学尖子，小学时曾获北京市数学迎春杯一等奖，奥林匹克数学竞赛一等奖，科技英语二等奖。

在她班上还有一个孩子，在小学时就是北京市有名的数学尖子，获得的奖项数不胜数。这孩子聪明活泼，爱开玩笑，却常常以自我为中心，上课想说就说，想笑就笑。课间休息时，50多人的教室已经拥挤不堪，他却不管不顾，常常跳起来摸高、拍球，甚至随意扔瓶子砸坏公物。

像这种智商高却有人格缺陷的孩子，在实验班并不是个别的。

在张文侠老师任班主任的高一实验班，也有类似的事情发生。班上卫生按规定每天轮流由几个同学负责，可一些人认为只要学习好，竞赛出了成绩，其他都无关紧要，他们只顾自己学习，不履行自己的职责，黑板没人擦，地没人扫，果汁盒、废纸到处乱扔，教室里经常脏兮兮的。

这些现象让我忧心忡忡，也使我更加重视和关注超常学生的思想品德教育。青少年时期是人生观和道德观形成的关键时期，这个时期形成的思想品质会影响人的一生。我们的培养目标首先应该是成人教育，即教育他们学会做人，做一个正直、善良、严谨、有责任感的人，其次才是成才教育。一个有才能而没有灵魂的人，给社会带来的也许不是建设而是破坏。所以，在这个成长的关键时期，老师应该是学生灵魂的向导。

正是基于这样的考虑，我才将师德摆在评价教师的首位，我才会对师德不好的教师实行一票否决。因为，学生"亲其师，信其道"，就会"学其理"。

对此，我深有体会。

有一年，初中实验班招进了一名叫计宁的外地学生。计宁当时只有10岁，从小就生活在四川的他，吃不惯学校的饭菜，一到吃饭的时候就躲起来，害得老师经常四处找他。当时我是副校长，兼他们班数学老师和班主任。一天，我听说他因水土不服拉肚子，下午放学，我就将他放在自行车后座上带回了家。

放学带计宁回家

我爱人老邓也是南方人，会做南方人爱吃的饭菜，我就让计宁在我们家住下来。老邓每天变着花样给他做好吃的，小计宁吃得可高兴了。每天早上我用自行车带他去学校，下午放学了，我又用自行车将他带回家。就这样，计宁在我们家住了一个多月，小脸长胖了，也红润了。学校一位老师见我成天忙得陀螺一样转还带着计宁，让我把计宁交给她带。后来，计宁在那位老师家又住了一年多。

老师的关爱，起到了潜移默化的作用，小小年纪的计宁成了一个乐于助人的孩子。

身体力行是一种引导，和风细雨的教育也是一种引导。

在一次主题班会上，张文侠老师给全班同学读了一篇文章《义债》。文章的主人翁是一位瑞典的银行家。一次，他的银行遭到了抢劫，银行里所有的存款被一抢而空。按规定本可以作为意外事故把客户的存款一笔勾销，而他却在变卖了自己的全部家产之后，带领全家人开始了历经 30 余年的还债生涯，用全家人的血汗钱，一点一点地还清了所有客户的存款。此时，他已是一位白发苍苍的老人了……

当读到许多客户含着眼泪一次又一次地将汇款退回，而他一次又一次地将汇款单重新寄出时，同学们的心被深深震动了，他们为这位银行家的责任心而感动。

读完这篇文章后，张文侠老师又引导大家围绕"信誉和责任"的主题进行讨论。

从那以后，他们班再没发生不做值日的现象，很多同学早晨七点钟就赶到学校，在早读之前就把教室打扫得干干净净，让同学们在一个清洁舒适的环境里开始一天的学习生活。

我发现，实验班有些学生埋头学习，对与己无关的事熟视无睹，充耳不闻。如果不进行正确的引导，久而久之，他们就会对他人漠然无情，对集体和社会缺乏责任感。这与 21 世纪对人才素质的要求是不相符的。

1989 年，联合国教科文组织召开了"面向 21 世纪国际教育研讨会"，会议主题定为"学会关心"。并强调指出，未来社会的人要从学会关心自己到学会关心他人、关心社会和整个人类的前途和命运。

一场"为失学儿童献爱心"的活动首先在初中实验班开展起来。班主任陈宝萍从中国青少年发展基金会得知，河北省宽城县霍家店村一名叫王素华的小女孩因贫困失学。她马上在班上发起了"每月节约一元钱，帮助贫困地区儿童"的活动。

很快，"为失学儿童献爱心"活动延伸到整个年级。不但实验班的同学捐出了自己的零花钱和压岁钱，其他班的同学也纷纷捐书捐物。

我决定亲自带实验班学生去河北省宽城县霍家店，让他们将捐款捐物亲手送到失学儿童手里。

那天，我们200多位师生一大早就乘车出发了。除了初中实验班48名同学，其他班也派出了学生代表。

到了村里，已经是下午三点多钟。当地农民虽然很贫困，却非常热情、好客，几十名学生很快就被他们分别"抢"回了家。对于这些生长在大城市的孩子来说，这是他们第一次走进乡村，第一次走进农民家庭，第一次跟农民同吃一锅饭，第一次跟农民同睡一张床。

回来后我们又召开了主题班会，大家争先恐后地抢着发言，这次下乡在他们心里引起很大的震动，他们第一次认识到人不能仅仅只为自己活着。

在他们的帮助下，失学的王素华又回到了学校。消息传来，大家都非常高兴。他们第一次体会到了关心他人、帮助他人的快乐。

后来，实验班不少同学还与霍家店小学的学生建立了通信联系，不时给一些贫困生寄钱寄物。他们还将王素华接到北京，带她游览了故宫、天安门。

在帮助别人的过程中，他们收获了快乐和幸福。

做 人要学"秋生哥"

李秋生是个中等个儿、偏瘦的小男孩，可能是由于他在班里总是像老大哥一样关心别人，总是抢最脏最苦的活干，同学们都喊他秋生哥。

刚上实验班时，李秋生不是班委，老师只让他拿班里的钥匙，负责早上开门。他家离学校远，要骑半个小时的车，可是无论冬夏，无论刮风下雨，每天早上他总是第一个到校，从没有耽误过开门。一个人这样干一个月、两个月也许不难，可是他坚持了几年。

学校搞大扫除，李秋生主动要求去清扫开水房，因为那里的下水道经常堵塞，又脏又臭，他硬是用手将脏东西一点一点掏出来。手弄得又脏又黑，用肥皂洗了好几遍，还是黑的。

高二开学后不久的一天，按名单排序应该是朱义和李秋生两人值日。当时李秋生已去了国家集训队，已经有十几天没回学校了。可班主任老师那天早上6点多钟到校时却发现，班里的值日已经做完了。她以为是朱义做的，早读时，她表扬了朱义，可朱义站起来说："不是我做的，我7点多钟到校时，发现值日已经做完了。"后来才知道，是李秋生做的，他早就算好那天该轮到他做值日，所以天不亮就从集训地赶到学校，把值日做了，再赶回去。

了解到真相后，同学们都被他的责任心深深感动。这是一种潜移默化的教育，实验班的学生也一样喜欢模仿自己敬佩的人，他们在不知不觉中受着身边同学的影响。

更让他们受震动、受影响的是，李秋生居然为了照顾一个生病的队友，痛失了一次获得数学金牌的机会。事情的经过是这样的：李秋生是全班第一个竞赛出成绩的人。上高一时，他参加高三全国数学联赛获得全国第二名，入选奥林匹克国家集训队，后因成绩排在第8名，以两名之差没有进入国家队。回来后，他更加努力，高二时，又再次以优异成绩入选奥林匹克国家集训队，这一次他志在必得。集训人员要通过10次考试，最后选拔出6名同学代表中国参加国际奥林匹克数学竞赛。在前9次考试中，李秋生的成绩一直名列前茅。第10次考试的前一天晚上，一位队友深夜突患疾病住院，李秋生自告奋勇去医院守护。第二天，他带着一夜未眠的疲倦走进考场，因一道小题失误，以两分之差，未能走进中国代表队，再次与国际金牌失之交臂。

消息传来，我们固然为他未能入选国家代表队遗憾，但他在如此重要的人生关头甘冒落选的危险，去守护他人的生命，这种牺牲精神是可赞可嘉的。在他从国家集训队回来的那天，学校组织老师和同学手捧鲜花到火车站迎接。我们要用这种方式告诉大家：金牌固然重要，但精神和品德是无价的，"道在器之上"。

回来后，李秋生将在冬令营和集训队学到的知识毫无保留地传授给同学们，他将试卷、解题心得和经验编成讲义，每周四下午给大家讲授，一直讲了两个多月。

他还和陈卓思等几位同学一起向学校借了一间小教室，组建了一个讨论组，起名为"γ（伽莫）山庄"。他们在"山庄"定期切磋学习经验，探讨数学难题的各种解法，或将自己编写的题目拿出来，大家共享。李秋生将这种方式称为"伙伴式学习"。他认为这种伙伴式的互助学习，受益的是每一个人。

我们大力宣传李秋生和陈卓思他们创造的"伙伴式学习"，引导学生用积极、健康的心态面对竞争。

榜样的力量是无穷的，同学们从李秋生的身上学到了应怎样对待学习、怎样对待挫折、怎样对待别人。

如果说李秋生是以榜样的力量教会了他们如何做人，那么杨中则是以自己锲而不舍的努力告诉了他们这样一个道理：一个人获得成功的决定因素不是智商，而是良好的心理素质和意志品质。

杨中是从外校考入高中实验班的。刚来时，他各科成绩都较差，特别是数理化成绩，几乎每次测验都排在全班末位。但他有极强的进取心和自信心，他相信靠自己的努力一定能追上其他同学。他不懂就问，问老师，问同学，有时放学后，他会因为一个问题跟老师谈上一两个小时。有一次，他竟一连向老师问了40多个问题。

有一天天黑了，班主任发现教室门没锁，推门一看，杨中仍趴在桌上做题，她问："你怎么不开灯？"杨中这才抬起头，发现天黑下来了。

班主任老师鼓励他说："杨中，好好努力，我相信你一定能成功！"

功夫不负有心人。高一第一学期期中考试在班上排47名的杨中，在第二学期的期中考试中一下就跃到了年级第7名，并在北京市高中物理竞赛中获二等奖。

杨中的成功给了大家很大的震动。他对自己充满信心的强者的心态，他顽强的抗拒挫折的能力，他不达目的誓不罢休的拼搏精神，都令同学们深深地感佩。那年的五四青年节，学校要求每个班评选一名勤学尊师的标兵。

老师在班上问："我们班选谁？"

同学们齐声回答说："杨中。"

杨中在高考中再次证实了自己的实力，他物理考了满分，成为北京市单科状元。

我们宣传李秋生，学生喊出了"做人要学秋生哥"的口号。我们宣传杨中，倡导踏实、勤奋、一丝不苟的良好学风。事实证明，这种来自身边的教育，是一种影响力最大的教育，它使自省、自律、自我完善成为一种内心的要求。这种教育，才是一种深入灵魂的教育。

这两个当初由我亲自招入人大附中的孩子，如今已长大成人。杨中考入清华大学，并被保送上研究生；李秋生从北京大学数学系毕业后，又回到人大附中任教，成为一名学生喜爱的、非常出色的数学教师。

五、这里的老师也超常

英 雄不问出处

对于一个人来说，经历是人生的财富，不管是欢乐过还是痛苦过，不管是成功过还是失败过，都会在生命里留下深深浅浅的脚印。

肖森（化名）的命运非常奇特。15 岁，获全国中学生数学联赛第一名，被选入数学奥林匹克冬令营。16 岁，被保送到北京大学数学系。4 年后，他因学习成绩不理想，在北京没有找到工作。

在这段并不长的人生里，肖森经历了从巅峰坠入谷底的巨大落差，也经历了从"神童"到"差生"的难言痛苦。

肖森说离开大学前的那个学期，他几乎每天都在炼狱中煎熬。临近毕业，同学们有的在忙出国，有的在忙考研，有的在忙找工作，只有他不知道自己人生的路在哪里。他为自己久久地沉迷在游戏机前而深深地懊悔。

肖森在北京找不到工作，只好回到老家四川。在他住的那个小城里，他一直是许多青少年的榜样，父母一直为有他这个儿子而骄傲。回家后，肖森不敢对父母说出真相，他怕父母承受不了这样的打击。一个月后，他悄然离开家，只身到北京打工。

有一天，我的学生姚健刚跟我谈起了肖森。他与肖森是大学同学。这一下勾起了我的记忆。在肖森上大学一年级时，曾在姚健刚的介绍下，参与过华校《试题解析》一书的编写工作，后来他还来华校讲过课，很受学生喜欢。在我的记忆里，他是一个很聪明，对数学非常有悟性的年轻人。

姚健刚说："校长，你能不能破例让他到我们学校来工作，他会干得很好的。"

因为按招聘规定，肖森是不符合条件的，一是他没有本地户口，二是他只有大专文凭。但我想破这个例，因为我觉得他是可塑之才。

几天后，姚健刚带他来见我。我对肖森说："你先在华校办公室干，关系和户口问题，以后再考虑。"

肖森上班后，我首先帮他联系到中国人民大学函授学院学习。后来，我去派出所咨询，我对他们说："肖森是个难得的人才，我们非常需要他，你们帮我想想办法，怎么样才能将他的户口办进来？"

我为肖森的事去了好多次，派出所的人见我老往那里跑，也被感动了，给我出主意说："在北京工作满3年后可以办绿卡，户口就有希望办进来。"

之所以这样不遗余力地到处为他奔波，是因为我觉得在肖森的身上有一种潜能，这种潜能一旦被挖掘出来，就一定会爆发出令人惊叹的创造力。

第一个学期，我让肖森在华校办公室工作，因为在那里他可以尽快熟悉学校的情况。第二个学期，我觉得该给他压压担子了，就让他先带初中两个普通班的数学。

肖森很兴奋，他早就想上讲台讲课了。华校有一位数学老师叫徐明皋，学生都爱听他的课，因为他总能在课堂上将学生的学习热情调动起来，从不给学生出偏题、难题，而是引导学生自己去解决一个个问题。

肖森一有空就去徐老师班上听课。他渐渐地悟出了一个道理：不是谁讲的课难谁就是好老师，而是要引导学生往前走；谁引导得好，谁能将学生的学习兴趣调动起来，谁就是好老师。真正的好老师不出偏题、怪题难学生，他们给学生做的题应该是能启发学生思路、能举一反三的。

肖森迷上了教学，他成天琢磨的就是怎样让课堂活跃起来，怎样才能将学生的思维激活。为此，他精心设计每一堂课，准确把握学生的脉动，使每一堂课都像一个乐章，在层层推进中到达它的高潮。

肖森将两个普通班带得有声有色。一年后，我决定让他教初中两个实验班的数学。这个决定遭到一些人的质疑，他们觉得肖森在普通班数学教得不错，并不能证明他能教好实验班，因为实验班都是超常儿童，一般的教师根本胜任不了。

我不信肖森不行，因为我已看到他的潜能开始爆发，如果给他一个更能发挥潜能的舞台，他一定能做出不凡的业绩。

正如我所预料的，肖森在实验班大受学生欢迎。这些高智商的孩子们，谈起他们的肖老师，简直佩服得五体投地。

学生说："听肖老师的课你不可能开小差，因为他总带着你不断地思考，不断地质疑，不断地探求，你会不知不觉地跟着他往前走，并在这个过程中体验到成功的快乐。"

在他的引导下，数学不再是枯燥的、死板的，它是一种有趣的思维体操。它不再是永远也做不完的、令人厌烦的题海，精挑细选的题目是一把把打开智慧之门的钥匙。

在肖森的学生那里，我听到了一个个有关他的故事。

一次，他讲的一个数学问题同学们都没见过，于是他就让大家一起讨论。学生三人一组、五人一团地围在一起讨论得很热烈，后来，有一组学生提出了一种与众不同的方法，并用这个方法将问题解决了。肖森发现，他们使用的方法比自己的要好。也许有的老师即使认为学生的方法比自己的好，也会将这个想法藏在心里，肖森却对学生说出了自己的方法，并激动地表扬他的学生说："你们的方法比老师的好。"

还有一次，肖森给学生讲"图形剪拼问题"。从小到大他一直认为剪 4 刀才能拼成一个正方形，当年他的老师就是这么告诉他的，他也从没怀疑过。那天在课堂上，一个学生站起来说："老师，我只用剪 3 刀就能拼成一个正方形。"

肖森惊喜地说："真的吗？来，来，你到黑板上演示一下，你是怎么剪的。"

那位同学"咚咚咚"地走上讲台，果然只剪 3 刀就拼成了一个正方形。

肖森又激动又兴奋地说："太棒了，你真是太棒了！"说着带头给他鼓起了掌。

第二天，肖森在课堂上当着全班学生的面说："昨天晚上回去后，我在教学笔记上写下了几句话。这就是，人的智慧是没有止境的，老师有时也得向学生学习。所以，你们不要迷信权威，要敢于质疑。"

在这样的教学活动中，学生从他那里得到的不仅仅是知识，还有做人的坦荡。这无疑是一种潜移默化的教育。

后来，肖森做了华校办公室主任和华校命题组负责人后，学校担心他带两个班的课太重了，决定给他减下一个班。被减下来的那个班的孩子们不干了，连他们的家长也不干了，他们找到我，只有一个要求：让肖老师回原来的班。

一转眼，肖森到人大附中已经几年了，我欣喜地看着他一步一步走出人生的低谷，在他挚爱的事业里又重新找回了昔日的自信和辉煌。

与 学生同行

中等个子，圆圆的脸，一双大大的眼睛总是笑意盈盈。单从外表看，梁丽平是一个很普通的女教师。

可是经她辅导的学生，在参加的各种数学竞赛中，获奖人数占到了北京市获奖总人数的近三分之一，并有三人次进入国家数学冬令营，一人次进入国家集训队。1998 年高考，她所教的班级，全班数学平均分达到 135 分，并有 3 人获数学满分（北京市共 4 人）。

她曾在 1997 年和 1998 年连续两年担任北京数学奥林匹克集训队的班主任和教练；2001 年 3 月，受中国数学奥林匹克委员会委托，担任数学奥林匹克协作体的教练。

28 岁时，她就被破格晋升为中学高级教师，并担任我校数学组组长，成为北京市最年轻的高级教师和教研组长之一。

1991 年，21 岁的梁丽平从北大数学系毕业走进人大附中。她虽然缺少教学经验，但也少了很多条条框框的束缚，所以她不囿于传统的教学模式和方法，在教学上进行大胆探索和创新。

我一直认为，敢于探索和创新是一种很可贵的品质，只有具有这种品质的人才能作出不同凡响的业绩。在我的提议下，22 岁的梁丽平担任了初一实验班的数学老师。

她当班主任后不久，区里要在我们学校组织一次数学公开课。我决定让她来讲，那时，她带的班已进入高一年级。而且我告诉她，要用课件讲。那时，大家还都不会用电脑做课件。梁丽平根本就没想到这么重要的公开课会让她来上。她不自信地说："我能行吗？"

我鼓励她说："你能行，我来帮你，我还可以请人来教你做动画课件。"

那是一节"立体几何"课，我跟她一起设计教学，我们一起商量出脚本后，我又将一位会三维动画的学生家长请来指导她做课件。课件做好后，我让她先给我试讲。试讲后，我提出改进意见，包括讲课时该用什么样的语气、语调，如何把握课堂节奏等等，然后一遍一遍进行修改和练习。

她上公开课那天，来了许多外校的老师和专家，她一看阵势又害怕了，我一再给她鼓劲，让她别紧张、别害怕，其实，当时我比她还紧张，她毕竟还年轻，又加上初次用电脑操作，我真担心她一紧张讲砸了。

我坐在教室最后一排，目不转睛地看着她。梁丽平真是好样的，这堂公开课讲得非常成功。在暴雨般的掌声中我走出教室，迎面碰上校教务处几位老师，我激动地挥着紧握的拳头说："小梁子成功了！小梁子成功了！"

在梁丽平带的那个班，数学尖子比比皆是，有国家级数学比赛的获奖者，也有市级数学竞赛的冠、亚军。他们中不少人已开始自学高中数学课程，有的甚至已学到大学微积分内容。在课堂上，他们常常会提出超出教材的非常规问题，这些问题，有的不是书本知识就能解决的。

梁丽平说，对这些智力超常的孩子，老师应该在心理上把自己放在跟他们平等的位置上，使教学过程成为师生互动、共同探讨、共同发展的过程。所以讨论式教学是她经常使用的办法。对于某些章节，她采取"以问题带教学"的方法，即让学生提前自学，然后在课堂上提出自己的问题，回答别人的问题。在这样的讨论课上，精彩的不仅仅是解答，而且经常会有不少好问题提出来。在讨论的过程中，她会把自己也当成学生中的一员，一起思考，一起发现问题、解决问题，使教学成为教学相长的过程。

在超常实验班，老师被学生问住是挺正常的事，学生给老师"留作业"也是经常的事。

有一次，实验班的两位同学就给他们的老师梁丽平留了这样一道作业题：椭圆的两个定义都非常的优美，可是这两个定义是怎么产生的？这两种定义看起来毫无关联，可它们又是如何统一到椭圆的呢？

实际上，当学生在课堂上提出这个问题时，梁丽平知道一种解释，但是她认为那不是一种最好的解释，所以她没有告诉学生。另一方面，她也期待着同学们通过思考之后，能有更多的发现，给出更好的回答。

所以在课堂上，梁丽平并没有给予回答，而是对学生说："我觉得这两种定义之间一定会有关联，但是我还不能给你们一个满意的解释，课后让我们都来思考一下，然后再来讨论。"

下课后，梁丽平对这个问题进行了反复琢磨，找到了一种比较满意的解释。但是她并不急于将自己的想法告诉学生。

在课堂上，她首先提问："有没有同学已经将椭圆的第一定义和第二定义统一起来？"

无人回答。

她接着又问："是否有同学能说出这两种定义的共同点？"

仍然无人回答。

她提高了声音又问："难道这两种定义真的毫无关联吗？"

同学 A 小声嘀咕："怎么没有？它们都是椭圆！"

教室里笑声一片。她示意大家安静下来，接着说："A 同学说的没错，它们都是椭圆，怎么可能没有联系呢？大家可以尝试从两种定义本身甚至字面上去想一想。"

过了一会儿，同学 B 站起来，犹犹豫豫地说："我觉得这两种定义的共同点是：均包括到一个定点的距离。"

她正想鼓励他说下去，同学 C 一拍脑袋："对呀，这可能就是这个问题的突破口吧！"

教室里鸦雀无声。同学们有的沉思、有的翻书，过了一会儿，同学 D 站起来说："是不是只要把第一定义中到两点的距离转化为到一点的距离就可以了呢？"

这句话提醒了正在翻书的 A，他站起来，一边思索一边说："如果是这样的话，只要看看课本第 72 页椭圆标准方程的化简过程就可以了。"

这也正是梁丽平找到的最好的解释。可就在这时，她突然发现同学 H 正兴奋而期待地看着她。H 是位腼腆的女孩，踏实认真，一向不太多说话。看着她的神情，梁丽萍用鼓励的语气问她："你还有什么新的想法吗？"

H 轻声地说："老师，我有一个新的发现：其实这个椭圆方程的化简过程是可以再进行简化的。"

哦？梁丽平很惊奇，请 H 上讲台给大家讲一讲。H 一边讲，一边将自己的方法写在黑板上。

真是绝妙的想法！怎么想到的呢？同学们一边赞叹，一边议论纷纷。

"真是太精彩了！"梁丽平带头给 H 鼓起了掌。

这道学生突发奇想的作业题，就在这种师生互动的探讨中找到了最满意的答案。

学生常常给梁丽平以惊喜，梁丽平也常常给学生以惊喜。她给予学生的知识远远超出了教科书。比如说在讲"排列组合"这一章时，她加进了"组合模型""组合几何""组合数公式"等一些连大学教科书上也没有的内容，而这些内容反映的是一种高屋建瓴的数学思想，这种思想能有助于学生数学思维的发展。

演绎推理是数学学习和研究的重要方法。现有的定义、定理的产生和发现过程，事实上无一不是创造性思维的结晶。因此，在数学教学中，努力揭示知识的发生过程，使学生体验问题的探索过程，非常有利于培养学生类比、归纳、猜想和探求的能力。

所以，梁丽萍在教学中，总是把自己的思维过程原原本本地展示在学生面前，包括解题思路及其产生的原因，让学生明白为什么要这样想。她经常和盘托出自己在思维过程中所走的弯路和所犯的错误，并鼓励学生也及时进行类似的"暴露"，让其他同学引以为戒。

这种长期的"展示"和"暴露"有效地培养了学生的思维能力，使他们能够及时总结经验教训，学会合理地调整思维方向，尽量少走弯路和少犯错误。

李颖老师在教学中发现，学生大多只关注定理、公式这些前人研究出的结果，而不大关注结果推导的过程，而这个思维过程才是最重要的。于是，在讲新的定理和公式之前，她总会对学生说："书上只给我们提供了证明这个定理的一种思路，大家再想一想，有没有更好的思路？"

于是，学生的思维之火就在她的煽动下越烧越旺。

在 国际论坛上

1995 年，"第十一届国际天才儿童学术会议"在香港举行，我带领 15 名教师带着自己的学术论文出席了会议。

超常教育是新教育理念、新教育方法、新教学内容、新教学形式的试验基地，参与超常教育的每一位教师既是探索者，也是实践者。所以，在我当副校长主管超常教育工作时我就提出了建专家型教师队伍的目标。因为我们办超常教育的目的是：为我国超常教育事业的发展探索一条新路；为我国普通教育改革提供试验基地并积累教育经验。我们的办学任务是：摸索一套科学实用、简单易行的鉴别与选拔超常儿童的方法；编写一套适合超常儿童使用的教材；培养一支适宜从事超常教育的高素质的教师队伍；建立一种适应超

在参加第十一届国际天才儿童学术会议期间穿着同事代我买的蓝色套装和台湾同行留影

常儿童成长与发展的新体制。

对超常教育目的和任务的进一步明确，始于 20 世纪 90 年代初。

1990 年前后，我在一次会议上认识了中国科学院心理研究所查子秀教授。当时，查教授正在进行超常儿童的研究，我将她请到学校，给我和老师们介绍国内外超常儿童的研究和教育。

从她的介绍中我得知，中国超常儿童研究尚属起步阶段，需要有更多有志之士投入这项研究。而我们学校的超常教育已经进行了几年，却一直缺少理论总结，更缺少对超常教育特征、规律、培养任务和目标的理论探讨。这使我对超常教育理论研究的重要性，有了更紧迫、更深刻的认识。

1993 年，"第十届国际天才儿童学术会议"在加拿大多伦多举行。我带着自己撰写的论文《对北京市华罗庚学校数学超常儿童的特征研究》出席了这次会议。

这次学术会议不但让我开阔了眼界，了解到世界各国超常教育最前沿的信息和经验，也使我认识到，要搞超常教育，科研必须先行。

我们把实验班教师参加科研作为提高超常教育水平的根本，大力组织、鼓励教师进行科研，提出教什么研究什么。不但组织教师对中外超常教育理论与实践进行学习、探讨和研究，为了开拓他们的视野，及时掌握国内外超常教育教学实践与理论研究的动态，还多次组织教师参加区、市、全国超常教育科研会议，先后有 100 多人次出席。

国际天才儿童学术会议每两年召开一次，从 1993 年开始，我们每次都派老师参加。选拔的条件是，必须有观点新颖、见解独到、内容扎实的科研论文。先后有50 多名实验班教师赴加拿大、中国香港、美国、土耳其、西班牙、泰国、韩国等国家和地区参加国际天才儿童学术会议，有 40 多篇论文在大会上宣读和交流。

1997 年 8 月，"第十二届国际天才儿童学术会议"在美国西雅图举行，我校有 7 名教师参加了这次会议。数学老师祝厚元、语文老师何宗弟等人先后在大会上发言。

2001 年，我们派 5 名教师参加了在土耳其召开的"第十四届国际天才儿童学术会议"。为了宣传中国的超常教育，他们在主会场举办了"人大附中超常教育展"。我们的实践和经验引起了与会者的极大关注，他们通过人大附中这个窗口，了解了中国的超常教育。

我校教师撰写的有关超常教育的论文频频在学术杂志上发表，《中国超常儿童心理发展和教育研究 20 周年论文集》收录了我校教师 7 篇论文。

我写的《对北京市华罗庚学校数学超常儿童的特征研究》，程贤明老师写的《93 届、95 届高中学生实验班与普通班学生体育单项成绩对比分析报告》，在首届全国中小学教师、教研员教学论文"教研杯"评选活动中均获得一等奖。

我们与美国、日本、中国台湾地区的研究者一起合作完成了"数学奥林匹克竞赛优胜者跨文化研究"课题。研究结果共发表 3 篇论文，其中一篇是由我执笔完成的。我们还与中国科学院心理所合作承担了国家自然科学基金项目"超常与常态儿童成就动机比较研究"课题。

学术上的不断研究探讨，为我校超常教育理论的形成奠定了坚实的基础，同时也为我校超常教育的发展创造了更为便利的条件。

在 2000 年召开的中国人才研究会超常人才专业委员会第二届理事会上，我被选为副理事长兼秘书长。

超常儿童教育是一个系统工程，既需要有一支高素质的教师队伍，也需要有一套适合超常儿童教育的教材。可是在中国，还没有一套现成的可供超常儿童学习的教材。教材的编写几乎要从零开始。

谁来编写教材、编写什么样的教材？这是我一直苦苦思索的问题。

20 世纪 80 年代末 90 年代初的一个星期天，一位叫刘治平的学生家长来家里找我，他儿子在我们学校上高中。那天，我们聊了很久。刘治平是一位教物理的大学教授，他对儿童早期智力开发很有研究。儿子小的时候，他用石子和火柴棍摆成图形，设计出各种各样很有趣的数学题，儿子学数学的兴趣就是从那时候开始的。我对他的教学方法产生了浓厚的兴趣，我觉得，如果让他来编写华校小学一、二年级的教材，他一定能做得很好。

刘治平欣然接受了我的邀请，开始了小学一、二年级教材的编写。

在教材编写队伍里，有像刘治平这样既有理论研究又有实践体验的大学教授，有在华校任课的老师，也有通过全国或国际数学竞赛获金银牌后走进北大数学系的大学生。他们编写的教材不但处处蕴藏着创造的智慧，而且深入浅出，易于为学生接受。这套专为超常儿童编写的教材共有 57 本，包括数学、物理、化学、外语、计算机、创造发明、现代少年等，投入使用后一直深受学生欢迎和喜爱。

如今，人大附中的超常教育已走过了近 20 个春秋，在不断的探索中，我们逐渐培养出了一支高素质的教师队伍。正是因为有了他们，学生的思维之火才会越烧越旺。

我们逐步建立起了一种将选拔与培养结合在一起的独具特色的超常教育模式——属校外培训性质的小学部（主要承担选拔任务，兼顾培养），属常规中等教育、纳入人大附中建制的初中部和高中部（主要承担培养任务）。

这种已趋成熟的超常教育模式，培养了一批又一批品学兼优的学生。

姚健刚，第35届国际数学奥林匹克竞赛金牌获得者，进入北京大学数学科学院学习后，先后获得北京大学三好学生标兵、北京市优秀三好学生、北京市杰出青年志愿者，并获得北京大学"五四"奖章。现在美国伯克利大学读博士研究生。

陈卓思，1997年保送到清华大学经济管理学院学习，不但是该院学生会体育部部长，还是棋牌队领队，1999年3月加入中国共产党，同年，获清华大学"一二·九"优秀奖学金。

肖盾，2001年获得全额奖学金赴英国学习A-Level课程，并于2003年考上剑桥大学圣三一学院工程系，同年4月获得由英国教育文化委员会颁发的全英国际学生金奖。

田勤政，就读加拿大皇后大学，进校不到一年半，就成为皇后大学化学系两名本科生之一，参加在渥太华举行的第39届国际纯粹及应用化学大会及第86届加拿大化学协会年会。并在无机化学／理论化学／物理化学分组中获得一等奖，收到了在加拿大本科化学会议上进行报告的邀请。

接待数学家王元（王则之父）和王则夫妇来访

王则，在美国斯坦福大学获得两个硕士、一个博士学位，已在国内外知名学术刊物上发表论文40多篇，并著有《基于综合领域的图像检索》一书。

……

他们从人大附中实验班起飞，飞向了更广阔的天空。

第 七 章
创造教育燃起智慧之火

　　我们今天重视劳动技术教育，与 20 年前重视劳动技术教育有什么不同？我想，最大的不同就在于：我国的国民经济已开始由劳动密集型生产向技术密集型生产转移，由粗放型经营向集约型经营转移。适应这两个转移，今天的劳动技术教育要不断增加科技含量，把劳动技术教育与创新教育有机地结合起来，使劳动技术课成为培养学生创新意识和进行发明创造活动的主要途径。

　　长期以来，加强中小学的劳动技术教育是人大附中始终不变的原则，重点是培养劳动观念、让学生热爱劳动、养成劳动习惯、掌握劳动技能等。劳动技术教育自然是必要的，可回想一下，我们教给学生哪些本领呢？不外乎做饭、洗衣服、修自行车之类。其实，这些技能完全可以由家庭教会。越来越宝贵的课堂该做些什么呢？我想起了陶行知先生的"教学做合一"理论。依照陶行知先生的思想，应当以做为中心，而"做的最高境界就是创造"。经过反复的思考，我产生了一个越来越强烈、越来越清晰的想法：人类已经进入了知识社会和信息时代，劳技教育应当转向创造教育，基础教育应当奠定创新的基础。
　　我想起一件往事：我的女儿上中学时反感死记硬背的学

习，不爱写没完没了的作业，却悄悄地写下了两大本小说，连我都搞不清楚她是什么时候写出来的，更不明白她何时迷上了文学创作。但是，女儿的课余创作却使我看到了孩子们的巨大潜能。作为教育工作者的神圣使命之一，应当是发现孩子、解放孩子，让孩子快乐成长。

一、一个战略的转变

种 子入心会发芽

有一天我下班回家，一进门，觉得屋里有点儿不对劲儿，没容我细看，女儿兴奋地对我说："妈妈，看，爸爸多棒！一个人把我们的房间变了个样！"

我一看，房间里的书柜、衣柜、写字台全换地儿了，真不知他一个人是怎么弄的。

先生面露喜色，慢悠悠地说："杠杆原理嘛。阿基米德不是说，给我一个支点，我能撬动地球，何况几个小柜子！"挪动这么大的衣柜、书柜，一根木棍就解决，我真不能相信，就让他现场表演了一番。这下，我服了。

老邓虽在中科院计算机所搞研究工作，可一点儿不呆，心灵手巧，家里常能见到他的小改革。桌椅板凳、收音机、各种电路改装，甚至孩子的衣服、被褥他都能做得很好，常让我感慨搞科研的人所具有的聪明才智和动手能力。听了他的话，我脑子里灵光闪现：在学校搞一个科技办公室，组织学生开展各种科技活动。科学研究可以开发学生的智力，发明创造可以让他们动手把奇思妙想变成实物，既有趣又能培养学生的综合能力，岂不是两全其美。

上任以来苦苦寻求的开展工作的突破口，在不经意间出现了。

第二天一早，我就找到胡校长，把建立科技办公室的想法提出来，胡校长表示支持，但人手和办公室只能我自己想办法。

1990 年，人大附中成立了科技办公室，这是我担任副校长后采取的一个重要行动。

早在担任实验班教学工作的时候，我就深感孩子们的学习生活太苦太单调了。1989 年，我担任副校长以后，常常思考的一个问题就是："怎样能让孩子们多学点东西，能让他们在学习中多得到些欢乐。"改革开放给中国社会带来了前所未有的变革，也必将给中国的基础教育带来挑战和机遇。身为一名教师，我不愿做个平庸的教书匠；作为人大附中的副校长，我更不愿做一个因循守旧的管理者，我要寻找机会，抓住机遇，有所作为。

当时的人大附中，已经在教学、管理和超常教育等方面取得了相当的成功，高考成绩显著，社会声誉日渐提高。但在这成功的背后，我却发现了不足。现代教育不能缺少科技活动。可当我跑了市区许多青少年科技活动指导机构之后发现，人大附中在科技活动方面严重落伍了，在一些科技项目中几乎处于空白的地步！这个状况让我坐卧不安。应该说，这不仅仅是人大附中的不足，而是中国传统教育面对时代与社会的剧变所显现出的缺失和滞后。在这个日益开放，信息技术迅猛发展已带来知识飞速更新、传播途径日益宽广、受教育者的思想日趋活跃的时代，我们的教育仍局限于书本知识的灌输而忽略了能力的培养和训练；过于注重学生学习成绩的提高而忽视了他们综合素质的培养和开发。我发现，当时学校的科研工作十分薄弱，根本没有人抓；我们有最聪明的学生，但在青少年科技发明上却是一片空白。于是我提出成立人大附中科技办公室，在全校倡导教学研究和科学研究，对师生的教学科研活动进行统一指导和管理。

科技办公室的成立好事多磨，最初连个办公室也没有，我费尽周折，一个人满校园找，才在学校操场看台下找到一间堆满废弃杂物的库房，又自己找人把它清理出来。有了房子还要有人专职负责，这项工作才可能真正开展起来。于是我找到一个在科研方面很有才华和能力的副主任，希望他来主抓，没想到他当即提出："你能满足我五个条件，我就抓，因为抓科技离不开这五条。"我问他："是哪五条？"他说："一是经费，二是人，三是房子，四是时间，五是权力，能做到我就干。"我一看，这五条除了房子我一件也做不到，而我找到的那间破库房，也一定不是他想要的。无奈，我只能自己亲自抓。后来，我发现原来在高中教俄语的教师方志强现在没有上课，于是立刻把他要到科研办公室，帮我一起抓学生科技活动。方志强老师是个单纯率真又勤奋肯干的人，我们在工作中配合得十分默契。

从那时开始，学校的科技活动在一些人的漠视和不解中从无到有，慢慢开展起来。1990—1995 年 6 年间，方志强老师不顾自己年过半百，干瘦的他整日骑着一辆破旧的自行车，跑遍了北京城，为学生们请专家，请老师，买材料，带学生参加各种活动。可以说，在人大附中的每一个角落，在北京市的许多地方，都留下了方老师为孩子们奔波的足迹。学校科研活动的开展，方老师真是立下了汗马功劳。

我经常跑海淀区青少年科技馆，既带领学生去活动，也请专家到人大附中指导，并与科技馆的兴趣小组对应，努力在我校播下科技活动的种子。

人大附中的科技活动渐渐受到了学生们的喜爱：生物、天文、摄影、航模、车模、手工、电脑动画、小发明等课外兴趣小组都在活动，人数最少的组也在 30 人以上。显然，科技活动亟须加强师资力量。记得当时的天文小组没有专职的负责老师，我就想办法请海淀区科技馆的田桂香老师，每周来学校一次，辅导天文小组开展活动。

1992 年，人大附中决定筹建天文台。我又请退休教师、原地理教研组组长于润洲到地理教研组，参与天文台的筹建工作，并指导天文小组。这位兴趣广泛又有责任感的老教师欣然答应下来，并发挥了重要作用。

同一年，毕业于北京大学城市与环境学系的王育宏来到人大附中。我了解到这个小伙子爱好天文地理，当即找到他，开门见山地问道：

"你有没有兴趣负责指导学校的天文小组？不是短期的而是长期的！"

"愿意！"

年轻的王老师一锤定音。从此，在这一老一少两位教师的指导下，天文小组开展了许多富有创造性的活动。

我曾聘请海淀区青少年科技馆的田桂香老师担任人大附中天文小组科技活动校外辅导员，从她那里获悉 1995 年 10 月将发生日全食，而泰国为最佳观测点。中国科学院拟组织专题考察团赴泰国。我想方设法争取到 4 个名额，由于润洲老师带队，年轻的地理老师王育宏和两名学生一行 4 人组成人大附中日全食观测团，赴泰国观测考察。学校承担了教师的全部费用和学生的一半费用，又为他们从天文台借来两台便携式高级天文望远镜。

1995 年 10 月 24 日早晨，我们的观测团到达距曼谷 300 多公里的坤武里县观测站点。那是一个非常晴朗的早晨，当地居民也纷纷走出家门，争相观看这一天文奇景。我们的观测团租了一所中学的操场，横幅上书写着"中国 CHINA"醒目字样。周围有许多其他国家的观测者，他们对中国一所中学能派出团队来此观测很是惊奇。

10 点 53 分，激动人心的时刻来到了！难以见到的日全食出现了，直至 12 点 33 分太阳复圆。

人们发出一阵阵惊喜的叫声。此刻，谁不想先睹为快呢？可是，两个教师两个学生仅有两台高级天文望远镜。让高一学生严人斌和初三学生陈冬至感动万分的是，日全食即将出现之时，两位老师毫不迟疑，让学生最先观测。

"那您……"

学生一时不知所措，于老师推了他们一把，说：

"快！分秒不能耽误！"

王老师一边调仪器一边风趣地说：

"学生在先，先生在后，教师是为学生服务的嘛！"

于是，两个学生一人一台望远镜，聚精会神地观测起来。于老师则取出自家的摄像机记录下了观测的全过程。师生们还拍下了许多珍贵照片。返校后，观测团精选出 22 张照片，在新建的人大附中天文台举办了日全食影展。

泰国实地观测日全食的活动，极大地激发了严人斌同学探究天文的兴趣。他撰写的《日全食期间日冕观测研究》一文，荣获北京市中学生科技论文一等奖。高中毕业，他考入北京大学物理系。毕业后，又进入美国伯克利大学天文系深造，攻读博士学位。

1997 年 3 月，人大附中天文小组又赴我国黑龙江的漠河地区观测日全食。由于当地天气寒冷，我们劝年事已高的于老师在家休息，而派王育宏老师率队前往。

与严人斌一样，此行的学生王继成的论文也荣获北京市中学生科技论文一等奖。

最让人叫绝的是，王老师和王继成同学还分别拍摄下仅现一秒的日全食"贝利珠"奇景。更为珍贵的是，王老师拍到了水星、金星与日冕同一画面的照片。据悉，在他之前全国从未有人拍到过这精彩一瞬。王老师的作品荣获全国一等奖。专家们称赞他为中国的天文事业作出了贡献。

人大附中学生的科技活动，从无到有，从最初多方借助社会力量到形成队伍、形成气候，一点一点发展起来。种子入心会发芽。今天，人大附中学生在科技活动和创造发明上取得了丰硕成果，应当源自当初的精心播种和随后的悉心培育。

OM 竞赛一鸣惊人

大约是 1991 年的秋天，我从海淀区青少年科技馆馆长那儿得到一个信息，即将举办海淀区"OM 竞赛"。何为 OM？就是 Odyssey of the Mind，原意为头脑漫游，简称为 OM，其实就是国际头脑奥林匹克比赛之意。它是 1987 年由美国首先发起的活动，现已有 50 多个国家和地区参加。我国是会员国之一。创造力的培养是头脑奥林匹克活动的核心，它要求动脑与动手相结合，科学与艺术相结合，自然科学与社会科学相结合。它不仅要求有全新的解决问题的思路，而且还要有把思路变成现实的本领。在众多的科技活动中，它深受学生欢迎。

我要来一套 OM 竞赛题，仔细看了一下。这是一个综合性的比赛项目，什么"长期题""短期题"，又要钳子又要锉的，有需要动手的，有需要动脑的，还有动针的，动线的，真是五花八门，无所不包。听说这个比赛以前一直在上海搞，虽然我从未见过，对这个竞赛的内容一点不了解，但直觉告诉我这个竞赛符合创新教育的宗旨。它能锻炼学生手脑并用，促进他们综合素质的发展。虽然学校没有一点经验，但我抱定一个理念：只要是要求中学生做的，人大附中的学生就一定能做，而且一定能做好。

参加竞赛首先要确定选手。我找到高二(5)班班主任田利英老师，对她说："给你一个任务，从你们班找些学生参加 OM 大赛。上海已经搞过了，北京还从没有搞过。现在海淀区要进行这项比赛，我想派你们班的学生去参加、做主力。你看怎么样？一定要拿下！"听我这么一说，田利英老师的兴致一下被调动了起来："北京还没参加过？行！我们班学生没问题！校长，你就吩咐吧。"

我之所以选择高二（5）班，是因为这个班的科研气氛浓厚，而且是海淀区科技活动先进集体。

OM 竞赛吸引了高二(5)班，班委会会议刚刚开完，便有 10 名学生自愿报名。

准备工作是具体而复杂的。

人大附中参赛队抽签抽到的初赛题目是"变速器"。

"变速器是什么东西？"

同学们一时傻了，因为这与他们的学习与生活离得挺远。一个学生开始反应过来。

"对了！变速自行车不就是变速器的作用吗？"

"聪明！那就是变速器。"

同学们有些兴奋起来。但是，又有同学提出了问题：

"这是 OM 比赛呀！只有显示多种变速，而且设计美观合理，才有获奖的希望。"

于是，同学们纷纷行动起来。他们在父母的帮助下，来到工厂向工人技师请教，又到研究所向专家请教，并找来大大小小许多轴承和齿轮，开始了一遍又一遍的实验。

为了一个变速器，同学们忙了一个月！当我去参观他们的实验时，这些往日里只懂书本的学生，向我讲起了运动学、角速度计算以及齿轮的咬合等新名词，还有很多的感受。

一个星期天的上午，比赛在海淀区青少年科技馆大厅举行。海淀区几十所中学都派出了参赛队。为了增强人大附中参赛队的实力，我又从第一实验班选派了两名反应机敏的学生参赛，力求有一个好的开端。

人大附中参赛队展示了自制的变速器。那是一尺见方的设备，用按钮或手摇方式变挡，大轮带动小轮，产生了 5 种不同的速度！

进入复赛，先是接受关于变速器的答辩，后是抽签做现场自编自演小品，选派 4 名队员登场。

我们的学生早已熟悉了 OM 竞赛规则，武萌、林丛科、陈忠 3 个男生和女生李泉落落大方进入赛场。

按规定，每队抽 5 次签，每次要在一分钟内设计 5 个智力小品。第一签是"一套警察服"，武萌与林丛科分别扮演交警与司机，而李泉扮演行人；第二签是"画一幅实现不了的幻想图画"，小画家陈忠登场，画了一幅在蓝天白云间种水稻的画；第三签是"靠信号控制越过障碍"，武萌蒙住双眼，靠林丛科拍手指挥前进；第四签是"针穿线"，固定一根线，用一块磁铁引着针飞转却不贴线，4 个同学配合完成；最后一签是"剥桔子"，剥开时裂缝越小越好，武萌登台，旋转了一圈剥开了桔子，仅留下一条线而皮不断……

我和方志强、田利英老师一直在现场眼巴巴地看着，每一签都叫我们的心高高地悬着，而学生们灵活的应对又让我们连连叫绝。当进行到第三签"靠信号控制越过障碍"时，我看见武萌与林丛科两个男生那么机智，又那么默契，兴奋得我的心都快跳出来了。我惊叹中学生的创造力，也为有这样聪明的学生而倍感骄傲。

人大附中第一次参加 OM 竞赛大获成功，初赛与复赛均荣获冠军！参赛学生们载誉归来，轰动了人大附中校园。这是一个良好的开端。由此开始，人大附中多次参加海淀区、北京市和全国乃至国际的 OM 竞赛，并连续 6 年荣获北京市第一名。

1999 年 11 月，我校田勤政、洪伟哲、许谖等同学代表北京市参加了在上海举办的 OM 车模挑战杯竞赛。同学们出色的表现受到评委的好评，最终以总分第一名的成绩摘得桂冠。

2000 年 3 月，我从全校培训的 15 名学生中选出了一组 7 人（由技术、舞美、形体综合组成）参加在上海举行的国际 OM 选拔赛。教师给这组同学以重点指导。另一组没被选上的 8 名同学，不甘落选，即便是自费也坚持要到赛场上去试试。孩子们为了参加比赛，几天几夜不回家赶制作品。当时还是初三学生的田勤政发着高烧，仍执意不肯回家。他们自己设计，自己制作，自己编演，将自己的作品起名为"网络黑客"。最后，教研组把情况反映到校长室。

我被孩子们热切的请求和积极主动的参与精神打动，立即赶到排练场听取了"网络黑客"组的陈述，并观看了他们的演示，当场决定两组同学全去上海参赛，经费可再做商量。顿时，所有的同学都欢呼雀跃。在上海比赛的日子里，同学们几经拼搏，终于获得了团体总分第一名，为学校赢得了荣誉，争取到了代表中国北京去美国参加总决赛的资格。遗憾的是，"网络黑客"项目由于临场失误，成绩欠佳。但返校后，我仍给了他们积极的鼓励。

2000 年 5 月，北京市第六届 OM 竞赛又如期举行，同学们的参与热情极高，纷纷要求参加比赛，以展示自己的才华。学校共派出三个队，选择了头脑奥林匹克竞赛的所有题目，它们分别是"收缩的结构""讨厌鬼，滚开""弹力车"。每个题目都给参赛者提出了不同的要求，需要学生运用创造性思维解决题目所给出的问题。"讨厌鬼，滚开"这个队由 7 名实验班的孩子组成，他们将自然科学与人文科学相结合，重新设计了"病毒""黑客""千年虫"共三个"讨厌鬼"，其中的"黑客"就是上海比赛的失败作品，但同学们这次重新设计了它，借助声光电等表现方法，辅助以优美的肢体语言，赋予它更新的理念和更完美的技术。

最终，这次比赛，同学们获得胜利。人们的良知和正义战胜了三个"讨厌鬼"，体现了绿色网络的理念。他们出色的表现力和创造性以及整个过程体现出的良好的合作精神受到评委的一致好评，最终在众多参赛队中脱颖而出，获得第一名的好成绩，青年教师李作林也获得"优秀辅导员"的光荣称号。

2000 年 6 月，"弹力车"代表队代表中国参加了在美国田纳西州举办的国际OM 竞赛。这是我们第一次参加 OM 国际竞赛，同学们热情高涨，但是出发前却遇到了很多困难。因为比赛需要托运很多东西，包括科技竞赛的车模及演出的服装道具等。7 名参赛队员中有 4 名是从舞蹈队选拔的小同学。大家互相协作，尽量少拿自己的东西，有的同学甚至放弃了携带日常用品，更多地为全队减少负担。另外，出国参加比赛要耽误两个星期的课程，又面临期末考试，很多同学有点担心，我就亲自与他们谈心，免除他们的后顾之忧，鼓励他们处理好学习与比赛之间的关系。

由于是初次出国的科技参赛队，再加上时间紧、任务重，很多没有预想到的情况随时都可能发生。为了保持比赛作品"弹力车"的完整无损，按机场货物运输规定给它做了一个保护架。保护架做好后重量足有 1 吨多！在首都机场是靠 8 名解放军战士协助装上车的。上飞机后，原以为比赛作品可以直达比赛地点美国田纳西州，不料在洛杉矶还得转换飞机。远在异国他乡，没有任何退路。面对 1 吨多重的庞然大物，同学们硬是利用杠杆和滚动摩擦，团结协作，使出全身解数，在半小时内完成了道具和行李的转移。等飞机再次起飞时，汗水已湿透了他们的衣背。飞机起飞后没多久，再一次停在一个机场，并作短暂休息。细心精明的队长田勤政同学趁上洗手间的时间察看了货舱过道，突然发现我们的庞然大物又被"吐"了出来。他们立即与机场进行交涉，由机场负责再"吃"回去。真不敢想象，若没有田勤政同学的机敏，当我们人到了目的地时，参赛作品不知会被丢在什么地方！

历尽了千辛万苦，当我们演出成功后，全场 18 个国家 24 个代表队，全体起立，对我们的成功给予了最热烈的掌声。"弹力车"的队员们最终没有辜负学校的期望，获得了竞赛长期题第一名的好成绩。当同学们回校后，看着他们疲惫而又兴奋的面孔，我既心疼又兴奋。人大附中学生的优良素质不仅在国内是领先的，在世界上也是一流的。

二、谁来托起明天的太阳

学 校引来科技教师群

我在《知识经济时代呼唤创新教育》一文中写道：

从当今的国际形势看，知识已成为经济发展的主要动力，21世纪将是知识经济占国际经济主导地位的世纪。而以知识为基础发展经济，就必须依靠知识创新。因此，创新是知识经济的内核。

小到一个人，大到一个民族，创新精神是要靠激发的，创新能力是要靠培养的。而激发创新精神、培养创新能力，从根本上讲，要从孩子抓起；一个国家有没有足够的科学储备，有没有持久的创新能力，关键在基础教育。

参加OM比赛获得的一系列成功，让我看到了学生们的巨大潜能。我想，培养学生的创新精神和实践能力，让他们从小养成爱动脑爱动手的良好习惯，这是每一个教育工作者的基本功。所以，狠抓创造教育已是我铁定的决心。真要在创造教育方面干出一番事业，必须建设一支具有创新精神和实践能力的科技教师队伍。

由于创造教育是一门综合性很强的学科，对教师的要求很高，教师不仅知识面要广，还要有较强的动手能力。当时的师范院校很少有创造教育专业，致使专业科技教师存在很大缺口。很多学校就是由于师资问题使得创造教育进展缓慢，这使我意识到组建一支精干的科技教师队伍必须打破常规，用创造性的思维，不拘一格选用人才。

1992年上半年，英语教师张丽亚看我格外热心科技活动，向我推荐一位搞发明创造的教师竺豪桢。我看了他撰写的一本教学用书《创造发明基础》，并考察了他在教育部举办的两用柔性栏架鉴定会上作的演示和讲解。直觉告诉我，这是一位实干家。原国家教委柳斌副主任在鉴定会上的一席讲话及国家教委的鉴定结果更坚定了我的信心。1992年的北京，发明创造进入教学主课堂尚无先例，但我认定发明创造教育是对学生开展动手动脑能力教育的一种极好的方式，在全面推进素质教育过程中具有特别重要的意义，也有着广阔的发展前景。张老师问我对竺老师有没有兴趣，又说此人是学物理的，但不教物理。我说我很有兴趣，现在学校的科技活动正缺人手，尤其缺中青年专业教师。张老师还告诉我，竺老师的妻子是北京知青，现已调回北京。

但是，调人难，调一个劳技课教师更难。

我当时是副校长，必须请示校长同意，还需其他副校长同意，甚至还要争取上级人事部门的支持。可是，领导们的认识容易一致吗？

学校的确缺少学科教师，可我调的是一位搞科技、搞劳技教育、搞发明创造的教师，算是什么专业呢？又不教物理课，怎么破格调入呢？这真的成了一个难题。

千军易得，一将难求。我关于发明创造教育的构想与诚意感动了竺老师，也说服了各位领导。一年之后，竺豪桢正式调入人大附中。

我没有看错人。竺豪桢老师对工作十分投入。他在一个全新的基础上开始了自己的工作。我要尽一切可能为竺豪桢老师创造条件、提供设备，尤其是解决他的后顾之忧。首先面临的问题就是住房。

竺老师当时的家不但十分拥挤，而且离学校太远，一趟要将近2个小时。由于发明创造教学不同于常规教育，大量的工作需要在课后与学生共同切磋交流一起解决，每个项目都要经过反复推敲和细致入微的工作才能完成。别人下课了，可竺豪桢老师的课才刚刚开始，每天都要熬到很晚才能回家。长久下去可不行。

那个阶段的人大附中，虽然认识到全面提高学生素质的重要性，但落实措施还很不到位，例如办公楼、实验楼，周末及平时非办公时间，全部上锁。更严重的是，由于工作废寝忘食，竺豪桢老师经常不知不觉就被锁在楼内。虽然竺老师不说，但我觉得，人大附中应该对得起竺老师的努力，不能委屈了辛辛苦苦调进来的人才。

于是，在校务会上，我郑重提出为新调进来的教师解决后顾之忧，尤其是竺豪桢老师，要按专家对待。经过多次争取，学校终于同意，专门为竺老师配备了实验楼的钥匙，并提供了住房。

竺老师刚来人大附中时，科技教师并没有编制，而劳动技术课又是必修课。我把科技教师放到劳动技术学科任课。劳技教育该怎么搞，当时大家都还没有一个比较准确的认识。我的基本想法是劳动技术教育起点要高，立意要新，要符合时代发展的方向，要用明天的技术武装今天的学生为未来服务。劳动技术要通过实践—认识—再实践—再认识的过程，使学生实践水平更高，认识更科学。经过反复调研、汲取国内外科技教育的经验，我认为劳动技术创新教育与科学技术可以融为一体，统称为技术教育。

竺豪桢来到人大附中后，人大附中的发明创造课如鱼得水。为了充分发挥竺老师的作用，我组织了一场全校普及发明创造课的知识介绍，分年级，几个班一起，在图书馆二层能容纳300多人的阶梯教室上大课。

人大附中的创造教育出现良好势头，劳技课上的小发明层出不穷。但是，劳技教师力量依然过于单薄，加上1995年调入的马勇老师，人大附中才有两位劳技教师。为了让劳技课有广阔的发展空间，和科技接轨，我决定吸收外援力量，充分发挥本校老师的潜力和兼职教师的作用。

从1997年到2001年，劳技教研组由最初的两个人迅速发展到10个人，其中外聘教师5名。他们是分别来自物理、机械、数学、化学、美术、电子等不同专业的精兵强将，其中有大学教授，有中科院高级技工，有工厂的副厂长，有刚毕业的大学生，每个人都具有自己的专业特长，且都具有很强的动手能力。

劳技教研组的人多了起来，但很少发生常见的矛盾。老师们经常对学生提出的问题从不同角度提出自己的观点，诚恳切磋，互相学习，整个教研组的学习气氛很浓。很多兄弟学校的老师参观我校的科技教育后都感慨地说：

"这个教研组简直就是一个科技发明俱乐部，每天都会有智慧的火花，思想的碰撞。"

老师们也感觉到在这个教研组工作虽然很辛苦，但是很快乐。劳技教研组多次被评为"海淀区优秀教研组"。像这样一个涵盖如此众多学科的教研组，在中学里是罕见的。

多 高的墙多深的基

1994年是人大附中创造教育成果丰硕的一年，我校学生获得19项创造发明奖。随后几年，获创造发明奖的学生更是数以百计。

奇迹是怎么发生的呢？

也许，人们会认为是几个专职教师起了作用。的确，他们功不可没。但是，人大附中的创新机制起了更为关键的作用。常年抓研究性学习和超常教育，坚持现代教育技术与课程整合，这些都为创造教育提供了坚实的基础。

曾与同伴们一起荣获全国发明展览会金奖、美国田纳西州国际 OM 竞赛长期题第一名的田勤政同学在《我青春开始的地方》一文中回忆：

> 创新是一个民族发展的灵魂，而人大附中正是培养这灵魂的地方。
>
> 在从初中到高中这近六年的时间里，我几乎从没有间断过在劳技教研组参加活动，因为不断发展着的劳技教研组始终让我保持着好奇心和浓厚的兴趣，这也使我对劳技组的发展有着极其深切的感受。初一我刚进入人大附中时，劳技教研组似乎只有竺豪桢和马勇两位老师每周上一节创造发明课。办公楼三层的那间劳技教研组的小办公室里堆满了各种仪表、航模和机械原件。那时的劳技组似乎有些简陋，但就在这里，我却深深地感受到隐藏着的无限力量——创造的动力！与我有着共同爱好的一群同学，在这里享受着让幻想尽情飞翔的快乐，在老师的鼓励下，享受着创造的激情！

说起田勤政，人大附中的老师们心里都会涌起别有一番滋味的骄傲，因为他的变化太让人惊奇了。他本是普通班里的一名普通学生，因为痴迷于创造发明，激活了自己的学习潜能。他在高中搞发明创造时，经常连续几天待在制作室里，晚上也不回家。有一次，他的父母急了，深更半夜来到人大附中找儿子，发现儿子正躺在制作室里呼呼大睡呢。

高三毕业，田勤政考上了清华大学，也考上了加拿大皇后大学，并得到全额奖学金。到了加拿大，他学习、创造、制作都很出色，品学兼优。他在宿舍的床头上，贴了一面鲜艳的五星红旗，念念不忘报效祖国。

人大附中的劳技课发展得红红火火，应归为三大因素：一是学校领导具有强烈的创新意识，将劳动技术教育与创造教育紧密地结合起来；二是建设了一支高水平的师资队伍；三是编出了极富特色的校本教材，并制作了一套学具。

1998 年 10 月，人大附中自编的劳技课选用教材《发明与创造》(高中版)，由教育科学出版社正式出版了。我担任这本教材的主编，中国科学院院长路甬祥题写了书名，中国科学技术协会副主席、北大方正技术研究院院长王选为本书作序。

关于这本教材的价值，王选先生在序中作了全面的评介：

《发明与创造》（高中版）这册劳技课选用教材面对的学生在小学和初中就接受了劳动技术的训练，对他们提高层次是十分必要的。本册教材主要由三部分组成：第一部分是引入面向 21 世纪的高新技术及未来社会的激烈竞争意识，以突出创造型人才在竞争中的作用，使得我们的学生有 21 世纪的紧迫感；第二部分通过讨论、设计、操作，学习科学探讨和发明创造的一般方法，培养学生爱科学、学科学、讲科学、用科学的良好习惯，用创造思维的方法来指导学生劳动实践；第三部分是对发明创造的评价和专利知识简介，使学生对创造性的劳动有一个正确的认识，能用法制（《专利法》）来规范和提高自己创造性劳动的层次。本册教材结构合理、思路清晰，符合小平同志"要面向现代化、面向世界、面向未来"的指示精神，为我国面向 21 世纪的劳技教育与发明创造的结合，作出了有益的探索。

人大附中的老师们开玩笑说："劳技教研组是刘校长的心肝宝贝！"我承认，我偏爱这个教研组，给他们的支持也特别多，因为这是创新的前沿。

劳技教研组的创新气氛极为浓厚。譬如，来到这里的师生都会非常熟练地查阅"知识产权网"，非常专业地做各种专利检索。

竺豪桢老师解释：

"创造发明的首要条件就是具备新颖性，而只有经常做专利检索，才会知道别人是否有相同的或类似的发明专利，从而选择自己的新思路。"

我想，当学生们漫游在"知识产权网"上，他们青春的大脑一定会火花四射，目光一定会更加敏锐，翅膀一定会更加有力。

三、领先只是暂时，创新才能永恒

10 个科技教室震动校园

诺贝尔奖获得者、著名物理学家杨振宁博士曾在《人民日报》撰文说：

> 要增强中国的社会生产力，需要的是很多会动脑又会动手的人……不该认为读书努力就是好学生，应该说，有很强动手能力和创造精神的人才是好学生。

这段话让我思索了许久。我之所以重视创造教育，就是为了培养有创新精神和实践能力的学生。为了达到这一目标，仅仅改变观念是不够的，仅仅加强师资和编写教材也是不够的，还需要调整相关的办学结构。

我们常说，要让英雄有用武之地。这地在哪里呢？

1994 年，也就是竺豪桢老师来人大附中的第二年，我想成立劳技组，但没有办公室，无奈，我硬是把当时多媒体教室后面用来听课的一间小屋子定为劳技组办公室，并在实验楼里专门腾出一间教室作为创造发明专用教室。

当我们引进科技教师达 10 人之多时，一间科技教室怎么够呢？

学校越发展，越感到校园拥挤，教室不够用。然而，我却变着法儿增加科技教室，先后建起了平面设计、缝纫、陶艺、汽车模拟驾驶、摄影、制图、金工、木工、电子、计算机等 10 个科技专用教室。这在人大附中的历史上是从未有过的新鲜事，自然让劳技教研室的教师们兴高采烈，他们摩拳擦掌要大干一场。

可是，这些变化也让一些教师想不通，一时间议论纷纷：

"人大附中快成职业高中了！"

"这哪像办学呀！学校像个大车间喽！"

"刘校长搞素质教育真舍得下本呀！"

……

任何一个新的事物当人们不是很了解的时候，都会用传统的眼光来审视和评论，这是很正常的事。我便逐步把自己的思想、理念及做法向大家介绍，更用学生们的创新成果，用不断的成功和社会的认可，来争取教职员工们的理解与支持，从而使全校师生形成统一的思想与行动。陶行知说得好："处处是创造之地，天天是创造之时，人人是创造之人。"我的梦想就是把人大附中变成一个处处充满创造的学校。

我有一个强烈的愿望，就是让我的学生在学校生活得美好、快乐、丰富多彩，而不是过早失去童年的乐趣，被学习压得抬不起头来，更不应当厌恶学习和生活。我相信，动手操作会让许多孩子体验到成功的快乐。

为了在全校推进创造教育，利用"科技月"的机会，我组织十几场科技报告会，让全校每一个学生和教师都听到科技老师的讲座，看到科技成果的展示。在浓郁的科学探索气氛中，人大附中成立了发明小组和发明协会，成为学生们创造发明的摇篮。

第一个给我留下深刻印象的是王建东同学。这个男孩子从京郊平谷县考入人大附中，开始时学习吃力，一度有些情绪低沉。

参加发明协会之后，王建东由于做事踏实认真，被推选为秘书长，他成了竺老师的助手，对发明创造跃跃欲试。竺老师点拨他关注人们身边的需要，寻找小发明的灵感。

王建东在家乡常接触木工活儿，对合页的功能比较熟悉。他发现，原来的合页设计有缺陷，一种是弹簧式自闭，另一种是常开常闭。能否发明一种更简便更安全一些的自闭合页呢？竺老师肯定了他的设想，鼓励他大胆尝试。由于王建东的脑子里有了课题，上物理课时听到"自锁角"这个原理时，一下子茅塞顿开。经过一段时间的实验，他终于发明出一种按螺旋线自动关回的合页——"Ⅱ型自闭合页"。这项发明还申请了专利，在青岛举办的全国发明展上荣获银奖。

竺老师带王建东去青岛参展回来告诉我，王建东的发明引起了许多厂家的兴趣。一位厂长总跟着他们，要出一万元买这项专利，王建东没有答应。当他们去海里游泳时，那位厂长主动为他们照看衣物，还请他们吃海鲜，拼命争取拿到专利。

后来，据中国发明协会了解，仅广东省就有16家企业在生产"Ⅱ型自闭合页"，并已广泛应用于建筑和家庭装修领域。非常有趣的是，就连人大附中的8层教学大楼，也采用了这种"Ⅱ型自闭合页"。

一项发明改变了一个人的生活。王建东从此充满自信，勤于读书，以求知为乐。高三毕业，他考入了中国政法大学。如今，他已成为海淀区一名小有成就的专职律师。谈起"Ⅱ型自闭合页"的发明过程，他百感交集地说：

"真是胜读 10 年书啊！"

小 发明为何如雨后春笋

凡是来人大附中参观过的人，很少有人不感叹学生发明之多之奇。也经常有人纳闷：

"在一所名牌中学里，拼命读书是司空见惯的现象，在国际学科大赛中获奖也不稀奇，但有这么多发明作品太让人惊讶了——你们的学生没有升学压力吗？他们哪来这么多时间泡在创造发明之中呢？"

作为人大附中的校长，我为他们的创造力吃惊。但我可以确认一点，学生们参与发明创造，全都是自觉自愿的，是从兴趣与责任出发的。在中学阶段，我并不是想逼着学生真的搞出什么大的发明创造，而是要让学生养成一种善于动脑勤于动手、无拘无束地去畅想、去探索的习惯，培养他们具备这样一种精神、一种素质。在我看来，只有具备了创新的素质，才能成为创新人才。

内蒙古工学院机械系毕业的韩海燕老师，曾做过多年的职工技术培训，1998年来到人大附中。她辅导过的学生屡屡获奖，鲍臻同学就是一个代表。

2002 年 8 月，鲍臻发明的"双连杆防泄地漏"，曾在全国科技创新大赛中荣获二等奖。这个细高个男孩，平时不苟言笑，被同学称为班里最酷的男生。他是一个电脑迷。上网时嫌手不够用，突发奇想：键盘有上下键可用，鼠标为什么不可以有上下键呢？他想起了韩老师讲的组合法，就开始了尝试，如在鼠标前加一方块，又与某处串接等等。结果，他发明了"多功能鼠标"，并申请了专利。2003 年 8 月，他的这项成果在韩国国际中学生发明比赛中获得银奖。同年 11 月，该作品又在第二届全国中小学生劳动技术创新大赛中荣获金奖。

在全校开设"机器人与单片机"选修课的马勇老师，也是一位指导学生发明的高手。2004 年 2 月，马勇老师指导人大附中的学生组装机器人，参加机器人足球对抗赛，在北京中小学生信息技术大赛中荣获一等奖。

初二学生贺虎和李泽昊，一提到机器人就眼睛发亮。可是，当他们动手操作时才发现，这个项目极为复杂。按新课程标准设计的这个项目，就是用单片机开发机器人。所谓单片机，就是一台以处理器为核心的电脑。

这是一场特殊的足球赛。每队两个学生指挥两个机器人，一个当进攻球员，另一个当守门员。比赛在室内举行，长方形的足球场上颜色深浅不同，以便机器人识别，防止他们自摆乌龙，或者自相残杀。

这又是一场高技术的比赛。如果程序设计得好，你的机器人球员会向外发射红外线，通过传感器接收信号，找到塑料的足球，并把它射入对方的大门。而且，机器人要组装得合理，才会在合理冲撞中稳如泰山。

比赛开始了。双方指挥员都瞪大了眼睛大喊大叫，可机器人却不慌不忙出征，急得学生们直蹦。但是，比赛规则非常严格，那就是双方指挥员不能伸手干预，只能靠程序操作一比高低。

贺虎和李泽昊的脸上渐渐露出笑容，因为他们队的机器人表现神勇，配合默契，稳稳地压住了对方。马勇老师也一直在观战。他心中有数，贺虎和李泽昊虽然只是初二的学生，但都已是组装机器人的老手，他们在小学时就迷上了机器人，有过带机器人参战的经历。这一次，他们如愿以偿，大获全胜。

同年5月28日—6月2日，我校代表北京参加在澳门举行的2004年青少年机器人世界杯大中华区选拔赛。在中学组机器人搜救比赛中，有76支强队激烈竞争。在马勇老师指导下，我校的黄郁东、李煜东表现得智勇双全，荣获大中华杯第4名。6月25日，我校参赛队又远赴葡萄牙首都里斯本，参加第八届青少年机器人世界杯大赛。

一天下午，我陪同客人来到了平面设计专用教室。北京师范大学数学教育专业毕业的硕士李作林老师，正在教学生用三维动画设计模型。当李老师演示一个镂空的蓝色球体时，客人惊叹不已，说：

"这么精湛的艺术品，也是学生设计出来的吗？"

李老师是来自山东临沂的小伙子，他微笑着回答：

"这是高三女生张紫潇的作品，她是我们学校漫画社的社长。她审美眼光比较独特。"

"是您辅导的吗？"

客人追问道，见李老师腼腆地微微点头，又问：

"这一定是高难度的设计！怎么做呢？"

"先建立数学模型，给模型赋予色彩，选择适当的材质，加入光线适宜的灯光，渲染生成出一个圆体。"

这个模型实在太复杂了，李老师讲起来也挺费劲儿。他接着解释了一些技术名词，什么"内部挤压""倒角""布尔运算""加工物化"等等。

直到今天，那个淡蓝色的镂空球体似乎还在我眼前旋转，它是那么神秘、优雅，它展示出当代中学生非同寻常的艺术创造力。

在众多发明创造的学生之中，有一位学生叫洪玮哲。

一次，竺豪桢老师谈起了原来他在浙江的学校遇到的一件意外的事故：由于操场小，加上不小心，一名女生被远处投偏了的铁饼击倒了，险些丧失生命……

听到这件事，洪玮哲陷入了沉思。在研究性学习过程中，他已经积累了不少经验，知道怎样从问题入手，找出解决问题的办法。他决定发明一个带声响的铁饼，让全世界的人不再受到投偏铁饼的伤害。他的想法得到了同伴田勤政和石淼的响应，3个男孩子一齐忙碌起来。他们查资料、访专家、设计电路图，反复试验。

经过长时间的探索，在竺老师等人指导下，3个初三学生终于发明了一种用于投掷器材的警示装置，并结合铁饼的特点，将该装置埋置在铁饼内，制成飞行中可发出鸣响的铁饼。作为第一发明人，洪玮哲的主要贡献在于：根据手触铁饼的导电作用和投掷出手后铁饼具有的加速度，构思了"D触发器"和多个"与非门"的巧妙配合，完成了独特的逻辑电路和触发装置的设计与制作，实现了铁饼在出手后的飞行过程中发出警示鸣声。该项发明于1999年10月获波兰第二届国际发明博览会特等奖，还获得1998年第十一届全国发明展览会金牌奖、1998年北京市青少年发明创造评比一等奖，并于1999年6月被授予中国实用新型专利。

1994年，高二的竺越和王建东发明了"新型电话"，在北京市青少年发明比赛中获得三等奖。他们的贡献在于将电话与计算机组合起来，做出了一个新接口。

1995年，与竺越、王建东同班的曲扬同学发现了"新型电话"的缺陷，他利用数学的矩阵优化了电路布线，降低了生产成本，发明制作了"中英文电话计算器"。该作品在计算和通电话时，可伴有中英文语音、数字显示，在减少误拨号码和美化环境方面有独特功效，还具有报鸣功能。曲扬的这项发明在全国发明展中荣获金奖，并获得了北京中小学生最高荣誉奖——银帆奖。如今，这位勤于创造的曲扬正在芬兰攻读博士学位，而他的工作场所是在芬兰的国家重点实验室。

1996年，比曲扬低一届的吴斯同学，仍在琢磨"新型电话"和"中英文电话计算器"。他产生了一个新的思路，从人文关怀出发，设置了盲人触摸键，从而发明了"可供盲人使用的电话计算一体化装置"。他的这一作品在北京国际发明展上荣获银奖。

也许可以回答"小发明为何如雨后春笋",因为在人大附中,劳动技术课已经极具魅力,成为学生发展的一种动力,并让学生深受其益。当代学生的一大进步是学会了选择,当他们认定科技小发明是自己成才的快车道时,谁肯落后于人呢? 同时,我将发明创造课作为必修课,纳入人大附中的劳技课之中也起了重要作用。

星 星之火可以燎原

"人大附中的劳动技术教育是全国素质教育的窗口!"

这是教育部原党组书记、中国教育学会会长张承先对我校的评价。1998 年 6 月的一天,在中央教科所所长卓晴君、副所长许长发的陪同下,张承先会长专程考察了人大附中的劳动技术教育。

我汇报了人大附中的劳动技术教育特色:"以发明创造为龙头,以金工、木工、电子为基础,以 21 世纪人们必备的技能,如计算机使用、汽车驾驶等为必学项目,兼及缝纫、陶艺、摄影、平面设计等其他项目内容"的劳动技术教育新体系。当张会长参观了一批劳技专业教室并听了劳技课,又参观了劳技成果展之后,连声说:"很好! 很好!"

他说:

"人大附中重视学生的全面发展,使劳动技术教育走出了一条新路子,把它推上了新台阶,赋予其新时代的特色。"

临别之际,这位老教育家欣然为人大附中题词"开创国内领先国际一流的劳动技术教育"。

我 1989 年担任副校长,抓起人大附中学生科技活动和发明创造教育以后,深感我国基础教育中培养

陪同张承先等领导参观劳动技术教室

学生动手动脑的东西太少，创新教育环境比较薄弱，一直在思索、探寻如何加强劳动技术教育的科技含量。因此，我想把全国各地有志于创造教育的中小学校长团结起来，希望能在全国范围内，将在这方面能够达成共识的教育界同行组织起来，形成合力，为孩子们编写一套适用的教材，制作出教具，培养出一批从事创造发明教学的骨干教师，共同探索和促进劳技教育的创新和发展。

为此，1995年，我向中国教育学会中小学劳动技术教育研究会提出申请，建立"全国青少年劳技教育发明创造专业委员会"，以便更好地组织、推动青少年创新教育，从而培养他们的创新精神和创造能力。我的申请很快获得批准。1995年10月，"全国青少年劳技教育发明创造专业委员会"（以下简称"少创委"）成立大会在人大附中举行。本着规模不求过大，力求起到带头和示范作用的原则，我们在全国范围精选了100多所学校派代表参加了成立大会。教育部基教司负责劳技教育的李树海处长到会，并发表讲话；中国教育协会副会长、中央教科所所长卓晴君，被推选为全国青少年创造发明专业委员会名誉主任；我校竺豪桢老师担任秘书长。

从那时开始，卓晴君一直关心和支持人大附中的劳技教育创新。她曾在《一位不断创新进取的校长》中写道：

记得在1995年，在推进素质教育的过程中，有不少人，包括家长在内，对推进素质教育中是否要加强劳动技术教育的问题还存有疑虑和不解（主要认为，强调劳动技术教育是"左"的做法，强调劳动技术教育会削弱文化知识教育）的时候，刘彭芝却敏锐地认识到，劳动技术教育不仅是学生全面发展不可或缺的重要组成部分，而且是培养学生创新精神和创新能力的重要载体，因此旗帜鲜明地予以加强。

1995年，她提出申请，要在中国教育学会中小学劳动技术教育研究会内，建立青少年创造发明专业委员会，以便更好地团结和组织全国的有识之士、有志之士共同推动这项教育。自此以后，她在全国团结和组织了一大批中学校长，探索通过劳动技术教育培养学生创新精神和创新能力的路子。目前，这些校长和他们所在的学校，不仅劳动技术教育开展得好，而且学生的创新意识、创新能力得到了培养，有力地促进了学生的全面发展，也推动了学校全面实施素质教育的工作，在全国很有影响。

"少创委"成立之后，1996年元旦，我就组织和召开了"少创委"的首次教材编写会议，参加会议的有天津、北京、湖南、浙江等地"少创委"的代表，还有北京大学和科协的专家教授。会议确定编一套高中版、初中版、小学版《发明与创造》丛书的编写目标和写作纲要。随后，经过努力，高中版、初中版由教育科学出版社分别于 1996 年 10 月和 1997 年 5 月正式出版，小学版由人民出版社于 2000 年 1 月正式出版。1996 年 10 月，我安排竺豪桢去法国巴黎参加国际发明展，我校学生发明的"高效液压升降装置"获巴黎国际发明展览会的银牌奖。

1997 年 11 月，在湖南株洲二中召开了"少创委"第二次代表大会，会上我做了题为《全方位地发挥劳动技术教育的综合效应》的报告，后来这个报告被评为全国劳技教育论文一等奖。教育部基教司李树海处长作了关于高中劳动技术修改意见的讲话，提出发明创造是劳动技术教育的深层次发展，并首次把培养学生的创造能力写入劳动技术教育大纲。

1999 年 8 月，在浙江省新昌中学举行了"少创委"第三次代表大会，我们首次在全国劳技创新教育中评选优秀论文，我任评委会主任。在会议进行的同时，中央教科所和中小学劳技研究会的 10 位专家对由"少创委"组织设计及"少创委"生产中心开发生产的劳技创新教育配套器材进行了联合鉴定，推出了一批科技含量高、创新意识强的学生学具。之后，在北京、浙江、湖南、湖北、陕西、新疆等地，劳技创新教育都相继进入了课堂。

同一年，由北京市教委发文，人大附中为全市举办"劳技教育师资培训"，分区进行，每周一次，共举办了 10 次。

进入新世纪之后，"少创委"每两年举行一次的代表大会发展成为"全国劳技教育创新大赛"，2001 年和 2003 年连续两次在北京举行，我担任大赛执行主席。2003 年 10 月，我们在中华世纪坛举办大赛，仅到会参赛的项目就有 3000 多个，可见范围之广，规模之大。

与此同时，人大附中的劳技创新教育也取得很大成绩，受到社会各界的称赞与认可。成绩面前我没有停留脚步，我用这样一句话激励老师："领先只是暂时，创新才能永恒"。

2001 年初春，北京市科委工业设计促进会将英国的国家设计教育委员会的专家带到我校交流座谈。我校学生用流利的英语介绍了自己的创新作品"铁路智能防冲撞道口"。英国专家惊讶地说："你们有这么优秀的学生！"随后又有德国、芬兰等国的技术教育专家先后来到我校参观交流。这些交流给我的启示是，推动技术创新教育的发展，不仅要跟上科技现代化的步伐，跟国际技术教育的大环境接轨，还必须给学生们一个施展聪明才智的大舞台。

2004年7月，由我担任负责人的国家"十五"课题——"劳动技术创新教育发展研究"课题组召开会议，通过对全国范围劳技教育课开展情况进行调查发现：凡是开展创新教育的学校，劳技教育课都处于上升势头；而固守旧的劳技课模式，仍然给学生开设车、钳、缝纫等过时内容的学校，劳技课则呈衰落趋势，有些学校甚至无法开课。

回顾人大附中创新教育十年来的发展，我深感改革开放使我的创新教育梦想成真。我还要特别感谢在我们的创新教育中给予我支持和鼓励的科学家们，他们中有：诺贝尔奖获得者杨振宁博士，中国科学院院长路甬祥教授，国防科工委副主任聂力中将，中科院和中国工程院两院院士王选，中国工程院副院长杜祥琬等，以及默默奉献、为我国的创新教育作出贡献的所有专家。

"创新是一个民族进步的灵魂，是国家兴旺发达的不竭动力。"这不仅是针对国家而言的，也是对一个企业、一个学校、一个人来说的。我相信，在人大附中敬业勤勉的老师和热情努力的学生面前，没有什么攻克不了的难关，没有什么实现不了的梦想。

第八章
给学生一片自由放飞的天空

快乐，应该永远与成长相伴。当"郁闷"一词越来越频繁地出现在孩子们口中时，教育工作者便多了一项神圣的使命：让孩子们快乐地成长。能带给孩子们快乐的老师是好老师，能让孩子"从心所欲不逾矩"的学校是好学校。

我希望孩子们将来回忆起他们的中学生活时，感觉是幸福的，快乐的，是有独特收获的。我要让人大附中的每一个学生都能找到展示自己才华的舞台，我要让校园成为孩子们最向往、最喜欢、最留恋的地方。

每一个学生都是一个鲜活而丰富的生命，自由幸福地发展是他们的需要，而创造一个让他们自由发展的校园环境更是对生命的爱护和尊重。

因为，只有自由地发展才能健康地成长，只有自由地发展，才能活跃地创造。成长需要宽松的环境、肥沃的土壤、自由的空气。创造需要心智的自主、精神的舒畅、思想的独立。学生不是冰冷的容器，不是任人驾驭的机器，他们有血有肉有思想有感情，他们是具有独立人格和丰富心灵的人。

当他们为了求知而走进校园时，教育不应是禁锢，不应是扼杀，教育应该是尊重与宽容，是欣赏与关爱，是引导与激励，是平等与合作。学校应成为他们幸福成长的乐园——不仅要让他们通过现在的努力获得将来的幸福，也要让现在的成长过程充满幸福和快乐。

一、海阔凭鱼跃

追 梦少年

少年时代是多梦的季节，走进中学校园的孩子们，他们的梦想丰富而又斑斓，有人想当科学家，有人想做画家，有人想做作家，有人想当主持人……

然而，如果我们不小心翼翼地呵护他们的梦想，不用充满鼓励的目光去关注他们的梦想，不去帮助他们实现自己的梦想，梦想也许就会慢慢地熄灭。梦想熄灭了，生命也就暗淡了。

程丛夫的梦想是做一个 F1 车手。

1996 年夏天，学校初中部开始招生，一个满脸稚气的小男孩由父亲领着来找我。他的考试成绩不太理想，但他很想上人大附中。他的父亲说："我孩子喜欢开卡丁车，还拿过奖。"说着拿出一摞证书。

我一看，这孩子叫程丛夫，12 岁时就拿到了第一届北京卡丁车顺翔杯赛个人冠军。

当时赛车运动在中国兴起不久，虽然我对这项运动了解并不多，但知道卡丁车是一个很少人玩的项目。我问程丛夫："你想长大了当卡丁车车手？"

他低着头腼腆地说："我想当 F1 车手。"

"什么是 F1 车手？"我问。

程丛夫的父亲告诉我：F1 是方程式赛车运动的顶点，全世界只有 22 个人有这个资格。这些车手一般在六岁至十六七岁之间参加卡丁车比赛，之后参加福特方程式、雷诺方程式等中级比赛，大约在 20 岁左右参加 F3 及 F3000，最后才能成为 F1 车手。中国至今还没有 F1 车手。

他父亲还给我讲了有关程丛夫的两个小故事。

六七岁的时候，他带程丛夫去玩"过山车"，这个年纪的孩子按规定是不能玩这种游戏的。可程丛夫坚持要玩，于是他做了一个决定：和游乐园签订保证书，让儿子试一试，如果出了问题，责任自负。使在场所有的人惊讶的是：6 岁的程丛夫在"过山车"上，神情自若，即使是车体倒悬行驶时还笑着跟大家招手。程丛夫父亲由此看出，儿子有同龄孩子少有的冒险精神。这让酷爱赛车运动他，萌发了让儿子学赛车的念头。

当时北京顺义开了一家卡丁车场，他一有空就带儿子去玩，踮着脚尖还够不着赛车方向盘的程丛夫迷上了赛车。为了培养儿子，他专门从日本买了一辆无极变速的卡丁车，这成了程丛夫最初训练的"车伴"。

有一次，北京下着大雪，气温达到零下十几度，程丛夫仍坚持要去训练。进入赛车后开了不一会儿，突然在跑道的那头停住了。他纳闷地跑过去，车内的一幕让他惊呆了，儿子像一座冰雕一样坐在车里，浑身上下被厚厚的一层冰包裹着。他试图帮儿子把头盔摘下来，可手刚轻轻地拍了一下，就见"噼里啪啦"的冰块裂开，掉下来。程丛夫的手脚已经冻得没知觉了。可是下来暖和了一会儿，手脚一恢复知觉，他又上车了。

听了这位父亲的述说，我觉得这么有个性、有冒险精神的孩子一定会不同凡响，我们应该帮助他实现自己的梦想。于是程丛夫走进了人大附中校园。

赛车是一项必须经常训练、经常要参加竞赛的运动。为了让程丛夫的训练和比赛不受影响，学校批准他可以不按时上课，落下的课程，由各科任课老师给他补。每次他参加训练和比赛回来，老师们都要利用晚上休息时间给他补落下的课，辅导他做作业。

1999年，临近中考时，全国卡丁车锦标赛和欧洲卡丁车公开赛相继举行。程丛夫陷入左右为难的境地——如果参加比赛就得放弃中考，可是这两场比赛他盼望已久；不去参加，对他而言将是莫大的遗憾。

得知这个消息，我对程丛夫说："你全心全意去比赛，不要担心也不要有顾虑，如果参加不了中考，学校负责向上级请示，保送你上高中。"

有了这个承诺，程丛夫全身心地投入到每一场角逐中，在全国卡丁车锦标赛中获得年度总季军，在欧洲卡丁车公开赛中取得第24名的好成绩。他回来后，学校兑现承诺，将他保送进高中。

在人大附中的校园里，程丛夫一步一步地向自己的梦想走去：

14岁，夺得北京卡丁车锦标赛年度总冠军。

15岁，开始参加欧洲卡丁车赛事。

16岁，获国际A级个人最佳车手。

17 岁，在国际方程式赛车年度总决赛中获亚洲方程式冠军、法国方程式冠军，成为英格兰福特方程式提姆车队车手，也是中国内地第一个走出国门加盟欧洲方程式车队的车手。

18 岁，获亚洲雷诺方程式挑战赛总成绩亚洲第三名。

英国雷诺方程式锦标赛是一项十分重要的赛事，历来被视为进入 F1 的跳板。在这项比赛中，汇集了目前欧洲所有最好的车手，他们中的佼佼者将有机会晋升为 F1 车手。

2003 年 9 月，程丛夫在该锦标赛第 15 轮比赛中夺得第 15 名，成为世界三大 F1 车队之一的迈凯伦车队的签约车手。

签约不久，程丛夫回国后专程到母校看望我，看望他的老师和同学。看着他挺拔的身材，满脸阳光的灿烂笑容，我拍着他的肩膀对他说："希望你在实现理想的征程上要坚定，要勇往直前。赛车是一项风险很大的运动项目，也希望你一定要注意安全，只有技艺精湛，才能确保安全。"

程丛夫对我和老师、同学们说："从初一到高中，我在人大附中生活了好几年，这块校园，这里的老师、同学们对我的影响很大。我非常敬重刘校长，可以说，没有人大附中，没有刘校长以及老师、同学们对我的支持和帮助，我很难走到今天这一步。成为迈凯伦车队的签约车手是荣幸的，但做一个人

🔲 和程丛夫在校园合影

大附中人我更感到荣幸。到目前为止，还没有一个中国人成为 F1 车手，成为中国第一个 F1 车手，是我心中的梦想。希望人大附中，希望校长、老师、同学们多多支持我，你们的支持会给我很大的力量。"

程丛夫，距离自己的梦想只有一步之遥了。而人大附中，曾经是他向上的阶梯。

* * * *

王一南同学兴趣广泛，喜欢音乐、下棋、泥塑、玩电脑，但他更喜欢的还是画画，最大的梦想是当一名世界著名的艺术大师。

一岁多时，他开始着迷汽车，后来又迷上了画汽车，再后来他看见什么画什么，6岁时，他的作品在"俄罗斯反法西斯胜利五十周年"画展中获国际三等奖。

当初，他的母亲拿着儿子厚厚的一摞材料来到人大附中时，曾有许多人怀疑这个孩子的才华，认为他没有什么特长。但我看到王一南画的那些画，总觉得在那稚拙的画笔中隐藏着特别的情趣和才能。于是，力排众议，特招了他。

2000年，VISA国际组织举办"奥运畅想少儿绘画大赛"。得知消息，王一南画了一幅《一家五口看奥运》。画面上是他们一家五口神采飞扬的头像：爸爸、妈妈、他，还有他们家的猫咪和大黄狗，每双眼睛里的图案表示各自喜爱的奥运项目和相关内容，妈妈眼睛里是网球和自由体操，爸爸眼睛里是足球和自行车，王一南的眼睛里是射箭和悉尼歌剧院。五个头像正好组成五环标志。

这幅想象奇特、充满童趣的作品被评为中国赛区特等奖，王一南还代表中国少年儿童赴悉尼参加总决赛和观看第27届奥运会。他的画被展示在悉尼达令港最令人瞩目的位置，并被美国VISA公司制作成明信片。北京申奥期间，王一南的画《奥运接力赛》被北京奥申委选为招贴画，贴在北京的大街小巷。

王一南寄来的明信片

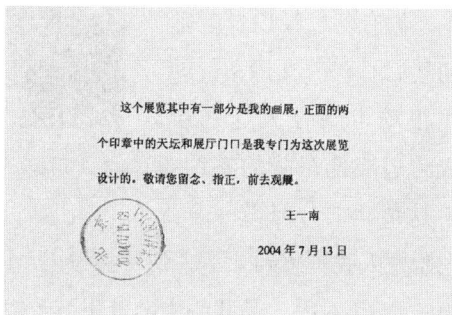

至今，我还为自己的独具慧眼颇感得意，我更欣慰于人大附中自由宽松、崇尚

创新的校园氛围，为王一南提供了创作的灵感和天地。他的作品多次获奖，并被刊登在《中华小记者》上。

2002 年，首届"国际奥林匹克体育与文学大赛"举行，王一南将自己为奥运会画画的经历写成了一篇作文——"我与奥运"送去参赛，结果，这篇图文并茂的作文荣获中国赛区青少年组一等奖。

颁奖大会在北京国际饭店举行。那天，我早早就赶到了会场，看到王一南笑眯眯地手捧证书站在主席台上，一种幸福而又自豪的感觉顿时溢满了我的心。

在我们家墙上，挂着王一南送给我的两幅铅笔画。一幅是我的漫画，小小的身子，大大的脑袋，画的旁边写着："人大附中的办学目标是：国内领先、国际一流、创世界名校。"还有一幅是他和他的小狗蹲在挂有人大附中校牌的校门口，上面写着"尊敬的刘校长：您辛苦了！我和兄弟唱支歌，祝您新年快乐！"

王一南涉笔成趣，巧寄深情

我将这两幅画挂在最醒目的地方，来来回回看见它，心里就特别高兴。

* * * *

初二学生张雪绯的梦想是在北京金帆音乐厅举办一场个人钢琴演奏会。

在学校全力支持下，2000 年 11 月，"张雪绯个人钢琴演奏会"在金帆音乐厅举行。

* * * *

高三学生宋淼的梦想是，在告别中学时代时举办一个摄影展。

3 年前，宋淼扛着她的"照相机大炮筒"，带着她的一大堆摄影作品走进了人大附中。

为学生宋淼的摄影作品展剪彩。右二为摄影家侯波

3年过去了，宋淼的摄影特长在人大附中得到了充分的发展，她的摄影作品多次获奖，其中包括三次全国金奖。当得知她想举办个人摄影展的想法后，我们积极地鼓励她，并开始了紧张的筹备。

2004年5月18日，"宋淼摄影展"在学校高中楼一楼大厅揭幕，学校几位主要领导出席了开幕式，我和著名老摄影家徐肖冰亲自为摄影展剪彩。宋淼终于在高考前实现了自己的梦想。

程丛夫、王一南、张雪绯、宋淼……，一个又一个追梦少年，在人大附中实现了自己的梦想。

我 是一条鱼

我喜欢将校园比喻成一片蔚蓝的海，我希望每一个学生都是一条鱼，在这片海域里自由自在地游弋。

2002年夏天，一条"小鱼儿"悄悄地"游"进了人大附中校园。他是来寻找"大海"的。

这条"小鱼儿"叫李立达，曾因主演电影《我是一条鱼》获中国第九届"铜牛奖"最佳儿童演员奖。

刚考完中考的李立达是带着一颗好奇心来的。他听说人大附中不但高考升学率高，而且学生学得很轻松；他听说人大附中为学生开了很多选修课，学生想学什么就学什么，即使没有这门课，学校也会应学生的需求将课开起来；他还听说人大附中学生社团很多，只要学生有兴趣自己就可以牵头组织起一个社团。

那是8月份的一天，我正在忙着开学的事，有人来告诉我，有一位中年妇女带着孩子一定要见校长。

我放下手里的事赶忙下楼。只见，一个长得很帅气的小男孩向我走来，他落落大方地自我介绍说叫李立达，初中刚毕业，非常想到一所环境宽松的学校学习，听别人介绍了人大附中后，觉得这个环境特别适合自己，不知学校愿不愿意收他。说着，递给我一份他的履历表。

简短的交谈，我了解了孩子的经历。

他6岁开始学游泳，每天晚上都要游四五个小时，11岁时报名横渡琼州海峡。筹委会说他年龄太小没让报。13岁那年，他决定在自己生日的那天独自横渡琼州海峡，给自己的生日送一份礼物。

那天早上6点钟，他独自从徐闻县下水，经过近10个小时拼搏，终于游过全长34.3公里的琼州海峡，抵达海口市的海岸，成为中国成功横渡琼州海峡年龄最小的游泳健儿。

他告诉我，电影《我是一条鱼》主要是根据他的经历拍摄的，电影里的主角由他自己担任，虽然从未演过电影，但他演得非常成功。我能看得出，这是个很有个性、很自信的孩子，心里有了几分喜爱。

他说那部电影讲的是一个老人跟一个孩子的故事。老人原是一位非常优秀的水手，曾做过轮船上的大副，他一直梦想能横渡琼州海峡。听说有个筹委会在组织横渡琼州海峡活动，他去报名，在那里他遇到了一个也来报名的孩子，因为他太老，孩子太小，他们被筹委会拒之门外。老人决定自己来训练孩子。最后，孩子横渡成功，老人实现了自己的梦想。

我觉得这个故事很有寓意。老人虽然没有亲自横渡海峡，但他的梦想在孩子身上实现了。有谁能说他不是一位成功者？

我不也曾有过许许多多的梦想吗？我不是也希望着这些梦想能在我的学生身上实现吗？

今天，我更希望每一条"游"进人大附中这片海域的"小鱼儿"幸福、快乐，希望他们都能到达成功的彼岸。

李立达迈进了人大附中。他没有失望，这里的学生不用在题海里苦苦挣扎，高质量的分层教学，使每一个学生都能体验到学习的快乐。他喜欢诗词，这里有诗词选修课，他喜欢现代文学鉴赏，这里有现代文学鉴赏课。他喜欢天文，这里有聚集着许多天文发烧友的学生社团"天文社"。周末碰上好天气，他会和同学聚集在学校实验楼顶层，那里有天文望远镜，还有一个模拟的苍穹。有个周末，李立达还和同学结伴去北京郊外的昌平观察流星雨。

如今，这条"小鱼儿"已进了高二理科实验班，他说他将来的理想是当个金融家。

＊　＊　＊　＊

初一年级的李晶莹，也是一条刚"游"进这片海域不久的"小鱼儿"。在她眼里"人大附中像个奇妙的'百宝箱'，里面有许多'奇珍异宝'：足球联赛、乒坛争霸、口语擂台……还有合唱团、舞蹈队、网球俱乐部等社团"。

李晶莹喜欢写作。她说：

我在校园里也找到了一片可以任我自由驰骋的天地——"小作家"协会。每周一下午，一想到放学后就可以参加"小作协"活动了，便按捺不住心头的喜悦。

在那个简单、狭小却布置精巧、充实温馨的小屋里，聚集着一群具有丰富想象力、热爱文学的"才子""才女"。"小作协"有一大特点，这也正是它比其他作文班和正规作文课更有魅力、更吸引人的地方：在这里你可以与其他成员畅所欲言，漫谈文学；在评论某人作文时，可以直抒己见。在这里，学生是每堂课的主角，老师则是一个忠实的听众。

"小作协"像一位天使，帮我插上想象的翅膀，让我在广阔的文学天空自由翱翔；"小作协"像一把花伞，帮我挡住世俗的风雨，让我充满活力地尽展个性；"小作协"像一把钥匙，令我打开了灵感的大门，让我思如泉涌。

大 幕为你拉开

教育的意义是什么？是把人的本质引申出来，引申出一个超越自己而站立起来的人；是赋予人以更丰富的内涵，使人获得尽可能全面、充分、自由的发展，使人生活得更美好，更有意义，更有价值；是让人的潜能得到淋漓尽致的发挥，让生命的能量得到充分释放，获得一种愉悦身心的成就感。

每个人都希望有一个表现自己的舞台，每个人都希望能尽情地展示自己的精彩，而学校就应该是那个搭建舞台、为学生拉开大幕的"人"。

我们为敢于竞争、敢于表现的学生搭建舞台。

2004年3月22日下午，学校综合楼可容纳近千人的报告厅挤满了来自各个年级的选手和观众，人大附中第二届主持人大奖赛决赛正在那里举行。

主持大奖赛的是来自高二的两名学生。他们用轻松诙谐的话语介绍来自各个年级的8位选手，这些选手是经过一轮轮初赛、复赛的比拼后才站在今天的聚光灯下的。

比赛分四个环节。第一个环节是一分钟"主题演讲"，第二个环节是"主题辩论"。辩论双方由现场抽签决定，然后现场抽题。

来自初二的周奕彬，是8位选手中年龄最小的，也是经过一轮轮比赛后唯一一个冲进决赛圈的初中生。她的辩论对手是高一年级的一位同学。穿着白衬衣、方格裙子的她，神态自若地站在对手面前。

他们辩论的主题是：学习知识重要，还是培养能力重要？对手是正方，周奕彬是反方。见两人唇枪舌剑，斗得难分胜负，台下的同学一边鼓掌，一边报以阵阵喝彩声。

比赛环节一个比一个精彩。选手们开始进入"异想天开"环节。屏幕上出现一个画面：一个密封的笼子里有一个人，笼子外面有两只飞来飞去的鸟，那人看着外面的鸟，那鸟看着笼子里的人。题目是：看了这幅画，你想起了什么？

还有一个画面是三个形状不同的台灯。题目是：如果让每一个台灯讲一段话，它们分别会说些什么？

孩子们的想象力真是丰富极了，他们思接千载，视通万里，妙语连珠。

这场大赛的每一个环节都是学生组织者们自己设计的，屏幕上的字幕、动画也是他们设计的。坐在台下的老师们则是这场精彩展示的欣赏者。

我们为学生张扬个性、展示才华搭建舞台。

一年一次的学生代表大会，也是学生展示自己的机会。开会前，综合楼大厅里早已摆上了由候选人自己设计、自己编制的海报、宣传画，或是"选XX不遗憾"这样的竞选标语，或是"Who am I？我是……"这种句型结构的自我宣传文章。

投票前，每位报名参加候选的同学要做一分钟演讲。为了展示自己不同的个性，不同的精彩，有的用即兴赋诗来表达自己，有的用英语侃侃而谈，有的捧着自己的成果上台，有的则穿着自己设计的志愿者服装亮相。一位想竞争学生会体育部长的同学则一路打着跆拳道上场。

初二年级的王姝同学说："我演讲时，就感到那时那刻手下撑的演讲台，脚下踩的大舞台，面前所有的观众，乃至这整个会议室都是属于我的。当整个舞台上只有你一个人的身影时，当整个会议室只回荡着你一个人的声音时，当台下都是支持你的眼神时，你的心中又怎能不涌起展现自我的激情呢？"

我们为文艺爱好者搭建舞台。

每逢校园艺术周，学校便成了欢乐的海洋，环绕着校中心花园的是一个个精心布置的舞台。有表演歌舞的，有表演武术的；有跳健美操的，有吹萨克斯、拉二胡的，有话剧，有小品，有相声……只要你有艺术才华，只要你想表演想展示，你就可以在这里尽情地吹、拉、弹、唱，这里就会有你的舞台。

一年一度，学生们可以在新年联欢会上与老师同台献艺，各显才华，笑语欢歌，激情洋溢。

2000年，学校建起了艺术宫。艺术宫里有各种用于艺术教育的专用教室，有拥有先进音响设备的音乐视听教室，有舞蹈排练厅，有合唱排练场。学生们下课后会像鸟儿一样快乐地"飞"到这里，这里是他们的天堂。

我们为喜爱国际象棋、围棋和各项运动的学生搭建舞台。

围棋队连续7年获"大三元杯"比赛冠军，战胜了清华大学、北京大学冠军队。

国际象棋队的成绩更是骄人，他们不但捧回了十几个全国冠军奖杯，而且成为世界青少年奥林匹克团体赛冠军得主。

五子棋获中国冠军，世界冠军、亚军。

一年两次的春、秋季运动会，是全校师生的盛会。运动场上，健儿们奔跑、腾跃、拼搏、奋争，到处是年轻矫健的身影；运动场四周，各班学生为他们喝彩、加油、挥臂、助阵，充满了团结进取的激情。

我们不仅有400米塑胶跑道、人工草坪足球场，还建起了塑胶篮球场、塑胶排球场、人工草坪网球场、人工草坪羽毛球场和游泳馆，孩子们在各种运动中增强体魄，放松心情，也在对自己的体能和精神进行挑战，对自己的意志和品格进行磨炼。

大幕徐徐拉开，内容日渐精彩。人大附中素质教育的大舞台永远没有闭幕之时，人大附中学生的潜能和才华将会得到更充分的开发和展示。

走 上国际大舞台

古人云：诗言志。言之不足而嗟叹之，嗟叹之不足故咏歌之；咏歌之不足，故手之舞之，足之蹈之也。就是说，当言语不能表达人们的情感时，就用诗歌来表达，而当诗歌也不足以表达情感时，音乐和舞蹈则成为人们抒发情感的最佳方式。可见，文学艺术，是人类至性至情的自然流露与表达，它们彰显着人性的真善美。因此，完整的教育不能没有艺术教育，美育是人类完善自身，造就高尚人格的重要途径，也是尊重人的个性，开发人的潜能的重要手段。

2004年的春天，是人大附中艺术教育收获硕果的季节。

我们的交响乐团曾多次获得市、区乃至全国各类比赛一等奖；合唱团、舞蹈队也曾多次在市、区中学生艺术节或各类比赛中获奖。在2003—2004学年中，学校交响乐团不但又一次在北京市第七届中小学生艺术节中获得西乐组一等奖第一名，而且赢得了首届全国中小学生艺术展演一等奖第一名的佳绩。与此同时，学校合唱团、舞蹈团也相继在北京市中学生艺术节、合唱节中荣获一等奖。三个团在同一年度北京市最高级别的中学生艺术比赛中同时荣获一等奖，创下了人大附中，也许是北京市中学的一个纪录。

为此，作为文化部委派参加2004中法文化年的活动项目之一，同时应法国昂热大卫中学邀请，人大附中交响乐团、合唱团、舞蹈团一行135人，组成人大附中学生艺术团，于2004年5月23日至6月5日赴法进行为期14天的交流演出活动。

作为校长，我为孩子们幸运地获得这个机会而高兴。我深知，这些孩子是用了无数个课余、假日、寒冬酷暑，才练就了一身精湛的技艺，为学校，为祖国，也为自己赢得了这份殊荣，他们将又一次走上国际大舞台，展示人大附中学生，更展示中国中学生的风采。我专门委派副校长刘小惠担任艺术团团长。因为此次出访是在上课期间，临行动员时，为了不耽误学生的文化课，刘小惠副校长要求孩子们带上书和课本，业余时间复习功课。

我对学生说："不带书！不带课本！14天的时间，好好学习交流，好好学英语、法语，多观察，勤动笔记日记，我相信你们的收获会比在学校读书上课大！"话音未落，孩子们一片欢呼。

5月25日，艺术团来到巴黎南部的小城昂热市，在这里进行赴法首场演出。孩子们在随笔中这样描写初到昂热的感受："昂热是一个历史悠久的小城，一栋栋白顶灰墙的房屋在蓝天绿野的映衬下，显得宁静典雅，也隐隐透着些不可亲近的清高，就像骄傲的法国人。"然而，看到中国学生的演出，法国人震惊了。我们的很多节目都返场六七次，最后，全场观众站起来鼓掌，要求学生们加演。我们的交响乐团除了演奏《云南音诗》《梁祝》《火把节》等民族乐曲之外，还演奏了法国作曲家圣桑的《第二钢琴协奏曲》。音乐素养颇高的法国人被中国学生的高超技艺征服了。他们说："这是任何一个专业演奏员演奏起来都感到困难的曲目，没想到中国中学生能把法国作曲家的作品演奏得这么淋漓尽致，太不可思议了！"在昂热市音乐厅金碧辉煌的圆形穹顶下，久久回响着法国人发自内心的热烈掌声。

第二天，法国许多报纸把人大附中学生与昂热大卫中学交响乐团的演出作为头条新闻进行报道。

昂热演出大获成功，但艺术团还有更重大的任务。

6月2日，人大附中艺术团在巴黎联合国教科文组织总部会议中心进行专场演出。这场演出既是此次中法文化年的活动项目之一，又是联合国教科文组织举办的中国文化周的开幕式专场音乐会，意义非常重大。

这一天，来自世界70多个国家的驻外使节、文化教育参赞、各国主管教育的高级官员等观看了演出，教科文总部会议中心大厅里一次次响起持久而热烈的掌声。舞蹈团专为此次出访编排的舞蹈《俏花旦》，在间奏音乐中引进了京剧的曲调板式，配上孩子们活泼俏皮的表演，引得观众惊喜、兴奋，不断鼓掌。掌声让孩子们跳得更加神采飞扬，台上台下相互激发，气氛热烈。到场观众说："没想到中国学生有这么高的艺术水平！"有关官员说："这次交流演出创下了我国中学生一次出访人数最多，演出规格最高的新纪录。"

新华社、北京晚报、音乐周报以及国外多家媒体采访报道了这次演出，认为人大附中学生在国际大舞台上充分展示了当代中国中学生的精神面貌和艺术风采，为人大附中、为北京、为祖国赢得了赞美和尊重，圆满完成了这项意义重大的任务。

人大附中学生艺术团在法国共演出 6 场，均大获成功。

我为孩子们出访演出的成功而高兴，我也相信，走出国门，走上国际大舞台，会让他们更深切地体会祖国和荣誉的意义。当法国人发自内心地为他们热烈鼓掌的时候，这些学生的心里一定充满了自豪；而置身欧洲文化的中心，也会开阔孩子们的眼界，让他们对西方艺术，对以前演奏过的西方音乐作品，多一点感受和体会，使自己的审美情趣升华提高，为自己，也为人大附中，赢得更多的机会。

二、假如中国有 100 个"三高"

足球会上的特邀代表

有人认为人大附中"三高"足球俱乐部的发展是中国足球事业的一个奇迹。有人认为"三高模式"是培养足球后备人才的一种新模式。

说它是奇迹，是因为孕育它发展的母体不是体校，也不是大企业，而是一所中学。

说它是一种新模式，是因为它不同于专业竞技体制下足球后备人才的培养模式。它的培养模式是：高道德水准＋高文化水平＋高运动水平，它要使每一个从"三高"足球俱乐部走出去的青少年成为品学兼优、运动水平一流的高素质人才。

1999 年初，海滨城市——青岛，中国足球工作会议在这里召开。我作为特邀代表，与"三高"俱乐部秘书长李连江一起参加了这次会议。

我走进了一个陌生的世界，一个男人的世界。与会代表无一不是体委领导，体协官员，足坛名宿，甲 A、甲 B 领队或职业足球俱乐部的理事长，几乎清一色的男性。

他们用疑惑不解的目光打量着我。也许在问：她是谁？她来干什么？

我之所以要来参加这个会，是因为我们学校有一个"三高"足球俱乐部，它的发展已到了一个关键时期，我是"三高"足球俱乐部理事长，我必须了解更多的信息，才能把握它的发展方向。

说起"三高"，得追溯到 1992 年。那年，中国掀起了中国足球体制改革的热潮。这股改革的春风，也在平静的人大附中校园掀起了涟漪。从 1985 年就开始组建的几支学生足球队陷入经济困境，学校再也拿不出钱养活他们了。可是这几支球队经过几年的打拼已经有了不俗的成绩。球队要生存要发展必须借助社会力量，引入市场机制。

可是，我们的球队既不是职业球队，也不是专业球队，他们只是业余球队，队员全是在校中学生。如果要改革，怎么改？

经校务会研究，成立以"三高"命名的足球俱乐部。俱乐部的合作伙伴是北京国兴电子有限公司。

1992 年 12 月，北京国兴"三高"足球俱乐部正式成立，成为北京市第一家正式注册的足球俱乐部。

"三高"俱乐部成立带来的变化是：学校的大门打开了，社会上的资金流进来了；有了资金的支持，高水平的教练、专家走进了校园。

体制改革带来的是足球人才梯队一条龙的形成：俱乐部在人大附中周边挑选了四所小学成立了俱乐部小学部，下面有从小学一年级到六年级的 6 支球队，本校有从初一到高三各个不同年龄段的队伍。中国人民大学也加入其中，成为俱乐部人才输送的主渠道。

1996 年 8 月，俱乐部球队代表北京市中学生参加第 6 届全国中学生运动会，获得男子足球比赛亚军。

1997 年，我就任校长时，北京国兴电子有限公司因经济原因已退出俱乐部，我们的新合作伙伴是北京电视台，俱乐部也因此更名为 BTV 三高足球俱乐部。

如果说，当初成立足球俱乐部是因为经济原因所迫，那么经过几年的思考和探索，我们逐渐认识到了它的重要意义，从而能站在更高的角度审视我们正在从事的这一事业。我希望我们的学生首先是一个具有高素质的人，只有这样的人才能真正踢好球。我希望我们的俱乐部不但要走出"国脚"，还要走出更多的本科生、硕士生、博士生。

大会中间有分组讨论，我被分到了甲 B 组。我找到主办方要求参加甲 A 组讨论，因为甲 A 在中国是一流的，我想听听他们怎么说。

主办方同意了我的请求。在讨论中我了解到，在一些发达国家，校园和俱乐部不但是培养体育竞技人才的主渠道，而且是一些体育项目发展的母体。把学校办成培养运动员的摇篮，是世界体育运动发展的趋势，也是中国体育运动发展的一个方向。

这次青岛会议，让我受益匪浅。

从青岛回来后，我们加紧建设训练基地。

这个新建起来的基地，有 6 块专业足球场，有宽敞明亮的教学楼，有干净舒适的宿舍。它不仅保证了俱乐部现有的几支队伍的训练、学习和生活，还承担着很多北京市乃至全国的足球赛事。一些国外的俱乐部和学校也慕名而来。仅 2002 年暑假，基地就接待了来自日本、韩国和澳大利亚的 3 支学校和俱乐部的少年足球队。

有了梧桐树，引得凤凰来。

2002 年 4 月，"三高"足球俱乐部又增加了一位新的合作伙伴——中国华星集团公司。俱乐部正式更名为北京华星 BTV 三高足球俱乐部。

2002 年 9 月，国际象棋少年队进驻基地。第一份礼物就是在马来西亚夺得了世界男子少年团体冠军。

2003 年 9 月，经国家教育部中国中学生体协和中国足协双方协商同意，中国国家女足少年队进驻"三高"基地进行为期 3 年的培训。

2004 年 4 月，教育部学生体协、中国足球协会、人大附中在"三高"足球俱乐部举行"共建玫瑰之星中国中学生女子足球队"签字仪式。中国中学生女子足球队正式落户"三高"基地。这支足球队的队员在训练的同时，将在"三高"俱乐部接受语文、数学、外语等基础文化课学习。

在签字仪式上，中国足协副主席阎世铎情真意切地说："中国足球只有真正进入学校，才有机会改变现在落后的现状。"

一流的训练基地，为"三高"足球俱乐部的球员们搭起了一个"飞起来"的平台。

2002 年 8 月，俱乐部二队代表北京市中学生参加第 8 届全国中学生运动会足球比赛获冠军。

2002 年 8 月，俱乐部五队代表北京市中学生参加"挪威杯"世界青少年足球锦标赛获冠军。

2003 年 11 月，在第 18 届世界中学生足球锦标赛上，人大附中足球队获得女子组冠军、男子组亚军。

当"三高"俱乐部的孩子们有了飞翔的"平台"后，我又开始考虑整体输出的问题。"三高"队员高中毕业后，不是进了专业队，就是分别走进了各个

在第 18 届世界中学生足球锦标赛中"三高"俱乐部女足获冠军、男足获亚军

大学。如果能向一所大学进行整体输出，那么就能形成一个完整的培养链，真正实现"一条龙"式的培养。

2002年，俱乐部一队的20名队员马上就要高中毕业了，凭实力，他们可以考进各个大学，但是我希望这支队伍不打散，能整体走进某所大学。

恰好这时，我们听说北京理工大学正在考虑发展一个能形成学校优势的运动项目。我们马上与该校体育部取得了联系。他们听了我们的介绍后，对这支队伍很感兴趣。几天后，全国乙级联赛的一场比赛在"三高"基地举行，与山西球队对阵的正好是俱乐部一队。我们邀请北京理工大学的领导前来观看比赛。这场比赛的结果是，俱乐部一队以5∶1战胜了山西队。队员们精湛的球艺和在场上表现出来的良好作风，给几位大学领导留下了深刻印象。他们说，只要这20名队员高考成绩达到学校规定的录取分数线就全部录取。

俱乐部一队的队员们没有辜负期望，他们在高考中取得了良好的成绩，整体走进了北京理工大学经济管理学院。

就在这一年，北京理工大学足球队（即"三高"俱乐部一队）代表北京市大学生参加第2届飞利浦全国大学生足球比赛一举夺得冠军。2003年，再次蝉联冠军，并代表中国大学生队参加了世界大学生运动会，取得了足球比赛第7名的好成绩。过去历届大运会，都是由国家派"国奥队"或"国青队"出征，而这次出征大运会的队员清一色都是在校大学生，而且来自同一所大学。

北京理工大学的领导对我们说："你们不但给我们送来了一支冠军队，还给我们送来了'三高'的理念。"

曾带领这支队伍出征2003年世界大运会的著名足球教练金志扬回来说："我第一次感受到有文化的人踢球是什么样的，有文化的人知道自己在踢什么和为什么而踢。"

2004年，又有一批"三高"队员毕业了，他们被整体输送到中国人民大学。

"三高"足球俱乐部的路越走越宽。因为人们看到，从这里走出的运动员不但球技好，而且综合素质高。

人才不能跛足而行

为了实现"三高"培养目标，我们提出"要想踢好球先要做好人"，注意在点点滴滴的日常生活、学习和训练中，培养学生的优良品德，教他们学做人，做好人。

对于每一个走进"三高"俱乐部的学生，俱乐部都要与他们的家长签订一份协议书。

协议书的内容包含三条：一、受到学校纪律处分；二、两门主课不及格；三、无故不参加训练三次以上。若违反其中一条即停止训练。

第一批走进俱乐部的队员，3个月后，就有2人被停训。

除了这份协议，俱乐部还制定了"百分管理规定"，每月评定一次。其中，思想品德和作风40分，文化学习30分，训练30分。

在协议书里，思想品德被摆在首要位置，并实行一票否决。而在"百分管理规定"里，思想品德占了40分。从中即可看出，"三高"足球俱乐部对思想品德教育的重视。

"首先做一个好人，其次做一名好学生，最后做一名好运动员""要想踢好球先要做好人"，这是"三高"基地的老师们经常挂在嘴边的话，每一个学生都耳熟能详。

品德教育是一种养成教育，它体现在一言一行里，体现在一个个细节里。基地组织举办丰富多彩的主题班会，有"我眼中的足球""如何面对失败""我和我的父母""打开我们的心扉——谈与异性同学的交往"……这些活动，和风细雨般地滋润着队员们的心田。

基地推出"同甘共苦""荣辱与共""肝胆相照"的格言。它像一面镜子，每一个人都会在"镜子"面前及时校正自己。

即使在远赴墨西哥进行为期一年的培训时，我们的老师仍坚持每天带着学生升国旗、唱国歌，让爱国的种子在每一个人心里深深扎根。

每一个已走出"三高"或仍在这里学习的学生，正是从这种坚持不断的养成教育里培养了相互信任、相互促进、团结协作、取长补短的优秀品质；正是从老师的教育和引导里懂得了做人的道理。

孙伟同学在一篇文章里曾记述了一件让他刻骨铭心的往事：

那是在初三上学期，我们队参加了北京市俱乐部杯的比赛。在小组赛中，我们连赢两场，再赢一场我们就出线了。

我们的对手是某足球队。比赛一开始对手的动作就很大，有的对方队员嘴里还骂骂咧咧。当我们打入两球后，对方的动作更大了，不合理的飞铲等动作经常出现。当比赛进行到下半场时，对手又一次恶意犯规，把我方队员常晓铲倒，又一脚踢向常晓的头。当我看到这一切时，再也无法控制心中的怒火，冲上去把犯规者撞倒，又踢了他一脚。结果裁判给我和犯规者各出示一张红牌，将两人同时罚下场。

这时，我很后悔，也很难过，是我给队里造成了损失，给俱乐部抹了黑。

教练没有批评我，却语重心长地给我讲了一个故事。

中国队 80 年代的优秀球员容志行，在一次与西亚队的交锋中，对方多次恶意犯规，他都没有报复，并劝自己的队友要忍耐，不要报复。在一次进攻中，对方两人同时向他飞铲，他巧妙地躲过，那两名球员重重地撞在一起，倒地不起。这时，只要容志行射门，球必进无疑。可是容志行却将球立即踢出边线，过去搀扶那两人。他的行为征服了对方，也征服了在场的观众。全场顿时响起暴风雨般的掌声。

我低下了头，知道自己错了。教练讲的这个故事让我明白，在球场上，一个人的人格力量更胜过球技。

一位著名国际足球裁判员曾去过冬训基地，他说："在冬训基地，看到在小树林读书的运动员，不用问，肯定是人大附中的球员；在食堂吃饭，饭后桌子上最干净的，不用问，肯定是人大附中的球员；在比赛场上，最尊重裁判尊重对方的，不用问，肯定是人大附中的球员。"

最让我动容的却是俱乐部每次大赛前的体能测试。他们每天苦练 2 个小时后，紧接着要做 12 分钟跑步测试体能。为了不让一个人掉队，他们中体能最好、跑得最快的，总是分别跑在队伍的最前面和最后面，差一些的在中间，他们相互鼓励，"跟上，跟上，坚持下去！"的喊声此起彼伏。

让我最难忘的却是 1999 年 5 月在意大利举行的世界中学生足球锦标赛。那次，我以队长身份亲自率队参赛。每一场比赛都是意志的较量，面对身高远远超过自己的外国球员，我们的队员敢拼敢抢，一场一场地硬是打进了前 16 名。

第二天是争夺世界八强的一场硬仗。我方一名主力队员在前一场比赛中摔伤了，造成左臂肘关节骨折。可是当听说第二天我们面对的是一支很强的队伍时，这名队员找到我坚决要求上场。

我说："你伤得这么重，又打着石膏夹板，怎么能让你上？"

可是他缠着我和李连江软磨硬磨，坚决要求上场。李连江说："不行，按规定，场上运动员身上不能带硬物，你带着夹板，怎么上？"

他马上说："那我明天上场前，把夹板拿下来。"

第二天，他果真将打上才两天的石膏夹板拿下来了。见他态度如此坚决，我和李连江商量后，只好让他上了。

看着他端着那只受伤的手在球场上奔跑、抢断、铲球，我的心一直紧紧地揪着，同时也被感动着，我为有这样的学生而自豪。

我们的球队终于赢得了那场关键性的比赛，进入了世界八强。

回到学校后，在星期一的升旗仪式上，我向全校师生讲我们的队员在意大利球场上的顽强拼搏，讲那名受了伤却主动请缨的队员。我说："在国家利益和个人安危面前，他选择了为了国家的荣誉和利益而战，这就是爱国主义精神。"

这就是我们的学生，他们是绿茵场上的健将，也是一个大写的人。

为了实现"三高"培养目标，我们提出"学习成绩是踢球的上岗证"，努力激发学生的学习兴趣，在文化学习上不让一个学生掉队。

2002年1月，北京下了入冬后的第一场雪。

人大附中教师赵小平扛着一包密封试卷走进了北京火车站。她此行的任务是给远在广东清远冬训基地的"三高"队员送去区初三统考试卷和寒假作业，并负责在当地监考。

中国足协每年都要举办冬季训练营，来自全国各地的运动队都集结在那里进行训练。对于足球运动员来说，这是锻炼自己的一个极好机会。2002年的冬季训练营开营时，初三学生正在进行紧张的期末复习，准备参加海淀区统一组织的初三统考。是留下来准备考试，还是去参加冬季训练？这是一个两难的问题。

最后我们决定，参加冬训，让各科教师随队伍同行，在营地复习备考。

区里统考时间定下来后，为了让远在广东清远冬训基地的学生与本校学生在同一时间、同步考试，学校决定派赵小平老师携带密封试卷乘特快列车前往清远。

考试在基地的一个食堂里举行，考生每人一张大圆桌，监考老师除了赵小平，还有教练员。考场纪律严明，监考老师不时巡视。考试一连进行了3天。考完后，为了赶上区里统一阅卷，赵小平老师马上带着密封的答卷连夜赶回学校。

"学习成绩是踢球的上岗证"，并不仅仅只是一句口号，它是"三高"的理念。从学生走进"三高"足球俱乐部的第一天起，教练和老师就让他们明白，他们首先是人大附中的学生，其次才是俱乐部球员，学习永远是他们的第一任务。

可是对于这些既要学习又要训练的孩子们来说，学习与训练永远是一对矛盾。为了避免重训轻学的思想，学校对他们提出了"学习是训练的上岗证"，同时将学习成绩作为参赛、选拔干部、评先进的标准，并设立学习进步奖，对学习有进步的学生及时进行奖励。基地每学期都要进行英语百词有奖竞赛，数学50题基本功大赛，征文和演讲比赛，还将球队老队员、人民大学博士生宋刚请来与大家座谈，通过新老队员对话，让他们明确为什么要学，学什么，怎么学。

兴趣是学习的第一推动力。基地实行小班教学，这样，既增加了师生之间的互动性，而且能让每一个学生都参与到教学中，使他们体会到学习的快乐。各科老师为了提高学生的学习兴趣，培养他们的学习能力，开展各种丰富多彩的教学活动。语文老师组织他们到公园、校园周边调查、采访；数学老师将多媒体引入到教学中；历史课、政治课老师用生动的故事将他们引进知识的殿堂……

为了保证俱乐部队员的学习质量，学校选派各科优秀教师到基地任教，并按俱乐部各年龄组别的要求，编排教材，安排教学。每次重大考试都由学校统一出题，谁也不例外，一个也不能少。为了给学生提供更好的学习条件，学校还在基地建了计算机室、外语语音教室，并配备了外籍教师。

在教学上，基地实行教学班和训练队双轨管理模式，实行"主教练负责制"，一手抓训练，一手抓学习。实行班主任包班制，早读、统练、晚自习，一包到底。任课教师除了完成教学任务，还必须负责学生的学习辅导、答疑、补课。为了提高学生的学习效率，政治老师把教学内容列成图表，挂在教室的墙上，便于学生复习；数学老师把知识整理成网络，印发给学生；语文老师为学生准备了两块阅读板，经常把好作文及学习资料、练习答案写出来，贴在阅读板上，让学生传看……

对于这样一群特殊的学生来说，"学习、训练、比赛"经常相伴而行。为了保证他们的学习时间、学习质量，我们实行老师跟着学生走，学生走到哪里，课堂就开到哪里。

1997年，俱乐部20名队员踏上了前往墨西哥美洲足球俱乐部培训的路途。学校派3位任课老师一起同行。3名老师要担负6门课的教学任务。上午训练，下午从1点钟开始上课，晚上自习。在墨西哥培训了1年，他们一节课都没少上。

每年的冬训，语、数、外三科教师一同前行。冬训期间，除周日外，每天比赛训练后上两节课，并利用比赛训练的空余时间完成寒假作业。队员们在冬训营每周

5 场比赛，赛后常常连澡都顾不上洗，就拖着疲惫甚至带伤的身体赶去上文化课。

2002 年，为了备战第八届全国中学生运动会，俱乐部将这支主要由高三学生组成的队伍拉到昆明进行冬训。面对高考和训练的压力，队员们没有向困难低头。他们白天训练，晚上复习，经常熬到凌晨一两点钟才睡觉，第二天又照样奔跑在训练场上。正是以这种超人的意志，他们不但夺得了第八届全国中学生运动会足球比赛冠军，而且 11 名高三队员分别以较高分数考入清华、北大、人大、南开等重点大学。

"三高"俱乐部的队员，谁也不敢忽视学习，因为这里实行严格的一票否决制。如果学习成绩不好，不管你是不是主力，都会停赛停训，直到学习成绩上去为止。

正是这种目标明确的严格要求，俱乐部成立 12 年来，截至 2004 年，已有 100 多名队员进入重点高校。

如今已是北京理工大学学生的王绪说："当我踏进大学的校门时，我可以很肯定地说，我是'三高'足球俱乐部的受益者！"

足球队走出博士生

从 1992 年"三高"足球俱乐部成立至今，已过去了 12 个春秋，在几任校领导的努力和支持下，在"三高"培养理念的指导下，足球队不但走出了不少"国脚"，而且走出了众多的本科生、硕士生、博士生。

教学与训练的完美结合，我们为中国足球史创造了一个又一个第一：

第一次出现俱乐部球员成为博士生。

第一次在职业决赛中出现硕士生守门员。

第一次全部由学生代表中国出战世界大运会。

第一次在世界大赛（挪威杯）中由中学生夺冠。

第一次在世界中学生大赛中夺冠。

……

如今，这些学有所成的学士、硕士、博士，有的成了高学历的职业球员，有的走进了经济、法律、历史、建筑等诸多领域。"三高"留给他们的不仅仅是记忆，更是受用一生的精神财富。

宋刚，"三高"第一批队员。1995 年获中国人民大学贸易经济系学士学位；

1998 年获中国人民大学工商管理学院硕士学位，同年获人民大学"学生十星"称号；2000 年获中国人民大学经济学博士学位；同年，因科研成果突出获吴玉章奖学金。

2002 年，已在对外贸易经济合作部工作的宋刚回到"三高"基地。在与新队员座谈时，他说："虽然离开'三高'已经多年，但我仍一直在享受着它的泽惠。尽管在'三高'走过的路，仅仅是我人生中的一小段，但无法否认的是，我的终生都将得益于'三高'的培养。"

他讲述起一件件往事：

我们作为第一批队员，在球队成立之初，队里就明确提出，所有队员都必须在保证具有较高足球训练水平的同时，文化课要达到一定的成绩。如果文化课成绩不合格，即使足球水平再好，也会被劝退。未来的足球运动员应当是具有较高文化素质的新型运动员，球员不仅要能踢球，而且要会踢球，会用脑子踢球。

为了确保每个队员的学习都能跟得上，老师每天都来监督晚自习，并辅导我们预习、复习。这种做法一直坚持了好几年，无论春夏秋冬从不间断，直到我们养成良好的学习态度和学习习惯。

我将这个良好的学习态度和学习习惯一直带进了大学。记得在考博士研究生时，竞争对手很强，我只有竭尽拼搏才有取胜的希望。有很长一段时间，我每天晚上都要学习到凌晨两三点钟，如果没有在"三高"培养的坚忍不拔的毅力，没有良好的学习态度和习惯，我是很难坚持到底的。

"三高"还给了我即使遭遇失败也决不气馁的品质。记得刚到球队时，我是替补队员，经常坐冷板凳。而且一坐就是 3 年，一直打到高中，我才有了主力队员的位置。可是在这期间，我磨炼了良好的心理素质，并懂得，要想得到就得付出，当技不如人时，应该知耻而后勇。

1991 年高考，宋刚以总成绩 590 分考取中国人民大学，居全队第二名。而排在球队第一名的是队长王川。

王川也是初一时进的人大附中。他不但喜欢足球，也喜欢画画，训练之余，除了学习就练画画。上高一时，他各科总成绩在全年级排名第三，其中，数学和物理成绩在年级排第一名。当时许多人很惊讶："一个在'三高'踢球的孩子，学习成绩居然这么好！"高考时，想当建筑设计师的王川，以高分被清华大学建筑系录取。

"三高"足球俱乐部还为中国足球界输送了一批又一批人才，放飞了一颗又一颗足坛新星：

中国国家女子足球队队长刘英。

中国国家男子足球队队员王安治。

中国国奥队队员张烁。

中国青年队队员曲少言、冯雷、李锟、李童、李爽、孙磊。

中国国家少年队队员陆鸣、赵晨光、李建峰。

北京国安足球俱乐部主力球员高雷雷。

河南建业足球俱乐部守门员刘景涛。

陕西国力队球员周皓罡。

重庆力帆足球俱乐部球员杨思源。

深圳平安足球俱乐部球员张辛昕。

……

在现在的中国甲 A、甲 B 队伍里，有十几名队员出自"三高"足球俱乐部。

当年，走进"三高"足球俱乐部的他们，还是对足球知之甚少的青涩少年。俱乐部给他们请来了最好的教练：有原国家队队员李辉；有老一代国家队队员、八一队教练王新生；有国家青年队主教练刘敏新；有老一代国家队队员、北京队主教练孙云山；有八一队教练王可勤；有北京体育大学足球教授麻雪田；有北京体育师范大学足球教授吕文元等。

正是因为有这样一支优秀的教练队伍，他们才能得到一流的指导，一流的培养，他们的球技才能得到迅速提高。

当年，走进"三高"足球俱乐部的他们，还只是一个眼界不怎么开阔的少年。俱乐部将他们送到墨西哥美洲足球俱乐部进行培训；给他们提供各种去国外比赛的机会，使他们既看到了中国足球与世界的距离，又在与外国球队的较量中得到了提高和锻炼。

中国国家女子足球队队长刘英，曾在人大附中足球队度过 3 年难忘时光。

在回忆往事时，她说：

那是一段非常值得留恋的经历。那时候我们十三四岁，什么都不懂。在学校，我像个假小子，留个男孩子留的小平头，我觉得踢球就要像男孩，否则就踢不出来。

开始剪这个发型时，心里还暗暗担心，怕挨老师批评，没想到老师说"挺漂亮"。无论是老师还是教练都特别爱表扬人，只要有一点点进步，就会受到表扬。我踢球特别自信，我想可能是在人大附中受的表扬比较多吧。自信对运动员来说特别重要，要打败对方首先要对自己有信心。这信心是老师和教练们给我的。

在校期间，我们的文化课没有因为踢球而落下，边读书边训练。当时学校足球氛围非常浓厚，不光有我们这支女足队伍，各个年龄段的男足有四五支之多。短短两年的时间，我们这支女足在北京市同龄女足中找不到对手，而且打败了比我们大的其他女足队伍。最后，我们这支女足为北京市输送了 7 名队员，而其余留下的队员经过努力，一年后也都考入了理想的大学。

我能取得今天的成功，人大附中的这段启蒙是我一生当中重要的一个阶段。这不仅仅为我最最喜欢的足球在技术和意识方面打下了坚实有力的基础，更重要的是在我十三四岁的这个年龄，人大附中的老师帮我树立了良好的人生观和积极向上的生活态度，奠定了正确的方向，让我懂得了如何做人，如何战胜困难不断向上攀登高峰。

在足球场上征战十几年，19 岁入选国家集训队的我，至今已代表国家队出战了 100 多场国际比赛，在足球界也算是小有成就。许多时候，不少人向我提出同一个问题，问我是从哪个区培养出来的，我每每都会自豪地说：海淀，人大附中。

刘景涛，人大附中 96 届毕业生，中国人民大学法学院民商法专业在读硕士研究生。2002 年休学一年，成为河南建业足球俱乐部职业球员，是当时国内各职业球队中学历最高的守门员。

在一篇回忆文章里，他是这样写的：

12 年前，当我还是个小孩的时候，被人大附中招进学校。一边上学，一边踢球的生活很充实、很幸福。在国内很少能有这样的条件，想踢球的孩子们大都放弃学业，想上学的孩子们很少能有这样好的踢球的机会。

1992 年，"三高"足球俱乐部成立了。俱乐部提出的"三高"理念对我产生了很深的影响，也让我从此有了前进的目标。随着俱乐部的发展，我们的训练也迈向了更高的层次，开始参加一些全国大赛，甚至还参加只有专业队才能参加的青年联赛。这样使我们在足球水平上有了突飞猛进的进步。我们不仅仅是学校的校队，渐渐地成为了一支可以和专业队抗衡的半专业队伍。中学毕业后，我顺利地考上了中国人民大学。"三高"足球俱乐部也正是这样一批批地送走了像我们这样的学生，为让我们成为有用之才，默默地做着自己的贡献。

迎接捧着奖杯和鲜花的"三高"足球队队员载誉归来

走过 12 年风风雨雨，"三高"足球俱乐部终于在文化学习上实现了与大学的接轨，在训练水平上实现了与职业化的接轨，并留下了一串令人大附中人骄傲的足迹：

先后 36 次摘取北京市中学生足球比赛冠军。

两次获全国中学生运动会足球冠军、四次亚军。

成功摘取"挪威杯"世界青少年足球锦标赛冠军。

足球班学生输送率 100%，其中部分人进入职业队，部分人进入重点大学。

一批又一批具有"三高"素质的人才从这里放飞，飞向了更广阔的天空。

三、在这里学生说了算

校长信箱

一个不知道学生在想什么，不知道学生需要什么，不能与学生进行心灵交流的校长，不是一个合格的校长。

新加坡莱弗士书院院长的做法给了我很大启示。他每个学期都要亲自跟每一个学生谈一次话，亲自给每一位老师写鉴定。在我们这个有着5000多名师生的校园里，也许我做不到这一点，但我却可以利用校长信箱架起沟通的桥梁，倾听学生和老师的呼声，了解他们的需求。

于是我在办公楼里挂上了校长信箱，在校园网上开设了校长信箱。我告诉学生和老师们，这个信箱只有我能打开，你们有什么想法尽管说，不需要有任何顾虑。

校长信箱经常会收到学生、家长、员工的来信。

有一封信这样写着：

刘校长：

您好！我们是初一（12）班的学生，下个周末，我们班要举行一个以"为人"为主题的班会，我们邀请家长都来参加。可是教室坐不下那么多人，如果太拥挤了会影响班会的效果，我们想把这个班会搬到学校国际会议室里去开，那里座位多，音响也很好。希望您能批准。

我马上找到学校有关部门负责人，让他们到时打开国际会议室的门，并告诉初一（12）班的同学：你们的班会可以到国际会议室去开。

有一位同学给校长信箱写信说：他和几位同学在搞一个课题研究，需要在实验室做实验。可是他们下课时，实验室的老师也下班了，他们进不了实验室。于是我便去与实验室的老师商量，对这几位同学全天开放实验室，让他们随时都能来实验室做实验。

校长信箱也会经常收到家长的来信。

有一封信，是几位家长联名写来的，反映一位任课老师，对学生态度粗暴，而且经常在课堂上口出粗言。这位任课老师刚调进来不久，教学上很有一套，课也讲得生动活泼。但这封来信引起了我的重视，因为我更看重的是一个老师的品德，一个品德不高的人是不能为人师的。我马上暗中进行调查，发现家长们反映的情况属实，便果断地辞退了这名教师。

一位家长给校长信箱写信说："我的孩子非常喜欢打台球，已经有很不错的水平，我们希望他在这方面有较大的发展，所以专门请了具有世界级水平的教练在教他。可是孩子住校后，由于没有单独的练习场地，练习台球的机会很少，这有可能会影响到他的进步。我们很着急，不知学校能否给他单设一个台球室，台球桌由我们自己准备……"

接到信后，我马上找分管体育工作的副校长刘小惠商量此事。后来决定，在乒乓球馆里专门为他隔出一间台球室。这样，课余时间他就可以在教练的陪同下，专心致志地练习。

校长信箱虽然成了我跟学生、家长、教师联系的重要纽带，但每一个学生是不是都愿意用这种方式与我交流？他们会不会有一些愿望、要求、建议没有通过这个渠道到达我这里呢？

我决定搞一次全校性的问卷调查，我设计的主题是："你想跟校长说什么？"

这份问卷调查共设计了十几个问题，有："你最喜欢的课是哪一科？""你最喜欢的老师是哪一位？你最不喜欢的老师是哪一位，为什么？在你心目中，什么样的老师才是好老师？""本学期给你影响最大、体会最深的班级活动是什么？给你印象最深、感受最强烈的一次班主任讲话是什么？""你对学校的工作有什么建议、意见和要求？"等等。

问卷收上来了，一共3000多份。下班后我将问卷运回了家。一连几周，我都一直看到深夜。我发现大家意见最大的是学校食堂，地方小，乱哄哄，吃饭要排大队，一些人只好到外面小饭馆、小摊上买吃的。

学校食堂的问题我不是不知道，也多次动过改建食堂的念头，可是没钱，这件事就一直拖着。

在校务会上，我说："食堂改建的事不能再拖了，我们不能让学生连个吃饭的地儿都没有，再困难我们也得把食堂先建起来。"经大家讨论，决定将获得示范校称号后得到的划拨经费先用于建设食堂。

2001 年初，一幢现代化的大楼在校园北侧拔地而起，红色墙体上嵌着白色的塑钢窗户和不锈钢玻璃大门。新食堂有三层，可同时容纳 2000 多人同时就餐。

透过明亮洁净的大玻璃，可以看到餐厅里错落有致地摆放着白色的餐桌，蓝色、红色、黄色的座椅，而餐厅白色的墙壁、暗花的天花板、淡粉色瓷砖的地面，宽大明亮的窗户，给人以开阔、舒适的感觉。

每个餐厅的花色品种都不一样，既有中餐，也有西餐，中餐有 60 多种大锅菜，主食不但有米饭、馒头、包子，烤、烙、蒸、炸、煮等四十多种，还有老边水饺、牛肉拉面、风味小吃。

倾听学生心声、了解学生需求的渠道，除了校长信箱、问卷调查，还有——

来 自学代会的提案

在每年一次的学生代表大会上，征集提案是会议的一项重要内容。

开会前，学代会筹备组会早早通知各班班干部在同学中征集提案，然后由班长收集后交到学代会筹委会提案处，由提案处的同学进行分类汇总。为了提高提案质量，他们设立了最佳提案奖、最佳创意提案奖，鼓励大家多写提案，写好提案。

学代会结束后，他们会将这些提案郑重地递交给我，少则几十条，多则百余条，有建议，有要求，内容涉及方方面面。

1999 年，来自学代会上的一份有多名学生签名的提案使我受到很大震动。提案指出，学校校园网和现代教育技术是很先进，可是网络阅览室只有十几台电脑，真正能在那里上网的只是网络俱乐部的少数学生，而大多数学生都不能在学校上网，这种先进又有什么用？这个尖锐的批评不但让我受到震动而且也引起了我的反思：现代教育技术如果不能面向最广大的学生，不但不能真正发挥作用，也违背了发展现代教育技术的初衷。

那些日子，我整天都冥思苦想着如何扩大网络阅览室的事。通过多方努力，我们克服了资金、场地的困难，在第二年的 3 月建成了可供 200 人同时上网的网络阅览室。如今，那间拥有 200 台配置先进的电脑的网络阅览室，已成了同学们经常去"冲浪"的地方。

2000 年，学生在提案中提出了开校车的建议。学校马上在学生中进行问卷调查，了解学生家庭住址的分布情况，并对几条主要线路进行了考察。最后确定开通学生相对集中的两条线路的校车。

我们对车辆的选择非常精心，一必须是新车型，二必须有空调，还能放 VCD。经过反复比较后，我们选择了一种两层的大巴士，里面每四个座位围着一个小桌子，学生可以把书包放上去，也可看书，想听音乐的，在车上就可以听 CD。为了保证学生的安全，学校还专门派了两名保安负责跟车。

有了校车，一些家住得较远的同学免去了早早起床、在严寒酷暑中挤公共汽车的痛苦。

宋莉同学曾写过一篇《有校车的日子》：

起床过早的痛苦，寒风中在公共汽车站等待时的无奈，下班高峰期挤车的烦躁……这一切对于像我这样住家离学校很远的学生来讲，都是不得不承受的。所以，每次我一回到家，都会疲惫地倒在床上……

不过，这一切都已成为过去。上个学期，学校开通了校车，这使我挤车的日子终于结束了。就连妈妈也高兴地说："挤车一是累，二是不安全，现在有了校车，这两个问题都解决了。"

现在，下午放学后，走出校门便是我们的校车——两辆内有空调的双层巴士等候在那里。跨上校车，微笑着跟司机阿姨打个招呼，然后跑上二层，找个座位坐下。校车上各个年级的学生都有，一些人在聊天说笑，一些人在看书。由于开车时间在下班高峰期，所以堵车自然难免。校车下层有灯，虽然暗了些，但足以满足如饥似渴的学子们。这也许就是灯下那几个座位十分抢手的原因吧。

校车给我们送来了方便和温暖。有校车的日子真好！

2002 年初春，同学们计划在复活节那天开展"寻找彩蛋"活动。一些同学准备将亲手绘制的各色彩蛋藏在学校中心花坛草坪四周的灌木丛中，然后让其他同学在饭后休息时去寻找。

有的老师跟我说："绝对不能同意，踩坏了草坪怎么办！"

可是孩子们已经将彩蛋绘制好了，正满心欢喜地要去藏匿彩蛋，我怎么能扫他们的兴呢？我答应了他们的要求，只是提醒他们要爱惜花木和草坪。

那天中午，明媚的阳光照耀在刚刚吐出新绿的草坪上，四周满是穿着校服弯着腰寻找彩蛋的孩子们，从那里不时传来发现者惊喜的呼叫声和欢笑声。我庆幸自己作了一个正确的决定。因为，它给孩子们带来了惊喜和快乐。

尊重学生的每一个建议，千方百计满足他们的正当需求，让他们身心愉快地生活和学习，这是校长的责任。而"参政议政"的过程，也是培养学生主人意识和责任意识的过程，在参与的过程中，他们感受的不仅仅是尊重，还有信任。

校 服的故事

如果把学校比作舞台，在这个舞台上演主角的是学生，而教育工作者是"导演"，是"灯光师"，是"乐队指挥"，还应是为学生的需求提供服务的人。在这个舞台上，学生说了算。

初三年级王笛同学写了一篇周记——《感慨校服》，在那篇周记里，她表达了对校服的不满意："千篇一律的运动式，身后背着白漆喷的'XX学校'，一年四季都一样，真是让人又厌倦，又无奈。"

厌倦和无奈的不只有王笛。在对全校学生进行的一次问卷调查中，有许多人提出了变革校服的呼声。

校服是学生经常要穿的衣服。对于爱美的年轻人来说，他们希望自己的校服与众不同，能穿出一种个性，穿出一种风采。我认为，这样的要求是合理的。

因为校服不仅仅是学校的一个物化的符号，也不仅仅是集体观念的培养和管理的需要，它还应是一种个性和风貌的展示，一片流动的风景。

在校务会上，我提出了改变校服的想法，我说："校服选什么面料，什么样式，什么颜色，听学生的，由他们自己做主。"

我们把全国各地制校服的厂家都找了一遍，共挑选出了100多种不同类型、不同风格、不同面料、不同颜色的校服。我们将图书馆二层阅览室布置成展厅，将这些校服全部展示出来，并给每套校服编上号，然后由全校同学进行投票。学生投完票后，我们将得票最高的校服拿出来，然后挑选一些比较标致的、身材也比较好的学生，让他们穿上这些校服在台上像时装表演那样走，由各班选出的学生代表现场进行评选。我们还将这个场面拍成录像，通过学校闭路电视进行播放，各班学生在班里一边收看，一边进行第二次投票。

结果，有一款校服得到大多数学生认同和赞赏：女生是蓝色的西服、白色的衬衣、红色的领带、灰格裙子、白袜子、黑皮鞋，还有与裙子一样颜色的裤子。男生是蓝西服、灰格裤子、白衬衣、蓝领带、白袜子、黑皮鞋。

校服定下来后，我们将设计师请到学校给每一位学生量身定做。

那位在周记中抱怨校服千篇一律的王笛终于穿上了她理想中的校服，穿上新校服的王笛又写了一篇周记，题目是《校服变革记》：

2000年9月1日，我们每个同学都得到了一份意外的惊喜——新校服。

一回到家，我就迫不及待地从大口袋里取出新校服穿在身上。站在镜子前，左照照，右照照，庄重、朴素、大方，那么合身，那么完美。你瞧，洁白的衬衣配上红色的领带、藏蓝色的西服，下穿灰色素格百褶裙或长裤；加上袜子、校鞋，再配上校徽，既典雅又活泼，既庄重又亮丽。它的每个细微的设计，都独具匠心。

校服的变革，使我的梦想终于变成现实。也许有人会说，学生的任务是学习，怎能在服饰打扮上分心。其实，服装也能影响情绪，一套合同学心意的校服，带来的不仅是外表的靓丽，更多的是青春、活力、自信、责任和对学校深深的归属感。

穿上制式校服，迈出自信的步伐

在广泛征求学生和家长意见后，我们还为学生做了一套平时穿的运动服式的校服。过去，运动校服只有长袖、长裤一款，一到夏天，孩子们穿在身上实在太热。于是，我们决定每个学生做长短、厚薄的夏、秋季运动服各两套。运动校服是两色相间。过去是按照年级的不同有蓝白、绿白、红白六种不同的颜色，全校几千名学生集合一起时，色彩显得非常杂乱。利用这次改革校服的机会，我决定全校运动服统一色彩，选定了一款最受师生欢迎的款式——红白相间的校服。现在全校4000多名学生平时都穿这种红白相间、色彩统一的运动校服，与校园里的绿树红墙相映相谐，构成了一道亮丽明媚的风景。

校徽代表的是一所学校的办学思想或理念，不同的设计者会赋予它不同的意义。一般来说，一个学校只有一个校徽，我们学校却有两个校徽。

当初设计校徽时，我提出："这个校徽的设计不能只请社会专业人员设计，要集思广益，要让全校学生、教师甚至家长都参与进来。大家都可以拿出设计方案，最后投票确定。"

后来，拿出来的校徽方案，既有专业人员设计的，也有学生、教师、家长设计的。经过投票评选，其中有两种方案各有特点，舍弃谁大家都觉得可惜。一个是红太阳图案，另一个是鹰形图案，分别是由一个学生和一个家长设计的。最后，我拍板：两个校徽都用。

现在，我们学校进行国际交流活动时，用的是鹰形图案的校徽。而学校举办会议或大型活动时就不用那么严肃的鹰形图案了，用的是比较温馨的红太阳图案的校徽。

在我们学校，无论是教师还是学生，只要你把自己当作人大附中的一员，你就可以表达你的想法，实现你的创意。学生的一封信，教师的一个建议，我们都会去看、去听、去想、去做。他们不必担心拒绝，也不用惧怕失败。因为我们一直会帮助他，等待他，直到他成功。

不 一样的运动会入场式

如果说好奇心是孩子打开未知世界的钥匙，那么想象力就是孩子探索和创造一个新世界的能力。这种能力是一种智慧，它不同于知识。知识只能看到一块石头就是一块石头，一粒沙子就是一粒沙子；智慧却能在一块石头里看见风景，在一粒沙子中发现灵魂。

每个孩子都有丰富的想象力，呵护他，鼓励他，给他的想象施肥浇水，也许在想象萌发的地方就会长出创造的大树。

2003 年秋季运动会举办前，一些老师问我："今年的运动会入场式怎么搞？"

我说："还是像去年一样，学生想怎么搞就怎么搞。"

运动会入场式多年都是整齐划一、千篇一律，排方阵，走正步，喊口号。2002 年秋季运动会举办前，我跟主管校长打招呼：今年的运动会入场式由学生自己设计，各班要有各班的特点，各年级要有各年级的特点。

运动会开幕那天，按惯例，我和校领导在主席台上检阅队伍。入场式一开始，我就乐了，每一个班的入场式都让人耳目一新：

一队学生舞着花环，跳着艺术体操过来了。

一队学生脚下传着足球进场了。

一队学生穿着五种颜色的衣服在主席台前摆出五环的标志。

一队学生边走边打着羽毛球过来了。

一队学生拍打着篮球进场了。

一队学生举着小木牌走过来，在口令声中，那木牌像施了魔法一样变化着，一会儿变成"我爱人大附中"，一会儿变成"我爱初一（4）班"。

一队学生举着奥运会标志，变换着队形走过来了，队伍里有他们的班主任，还有身着民族服装的外教。

最有趣的是有一个班，几位同学穿着电影《指环王》里几个主要人物的服装走在队伍前面，一边走一边用英语表演着电影里面的片段。

这些充满想象力的创意，让我激动不已，我站在台上拼命给他们鼓掌。

2003 年的秋季运动会入场式同样精彩：有跳着彩带舞进场的，有表演着武术进场的，有跳着木马进场的，有打着腰鼓进场的，有组成管弦乐队一边表演一边进场的。

有一个班的学生将"神舟 4 号"飞船绘制在一块又宽又长的布上，举着它进场了。

最有意思的是刚进校不久的初一（12）班，他们跳着集体舞进场，领舞的是也穿着学生校服的班主任李秋生和一位同学。

后来听说，初一（12）班的同学给班级入场式共设计了三四套方案。有一个方案是集体轮滑进场，后来担心滑坏了场地才忍痛放弃。

只要展开想象的翅膀，孩子们创造的灵感就会像泉水一样汩汩流淌。

冈扬是一名进校不久的初中生。他用新奇的眼光打量着陌生的校园，用敏感的心感受着、体会着这里的一切。一个学期过去后，他用稚嫩的笔写下了这样的文字：

刚来到学校没几天，我在翻阅人大附中的校规时，竟然在学校的办学思想里发现了一条"尊重个性"。"个性"这个词儿在某些人眼里似乎总是与"不守纪律"挂钩，我也没少因此被罚。可是在这里，它却被作为办学思想！

要知道，如果真是这样的话，那就是说，可以不用因为违反了一些死板又毫无道理的"规矩"而担心受罚了，也就是说，可以放心大胆地去做一些自己想做也应该做的有益的事。它对我这个时常"违规"、不喜欢条条框框的人来说，可真是个天大的好处。在我这个刚来不久的"毛头小子"的眼里，人大附中这所历史悠久的名校尽管有些陌生和令人敬畏，但"尊重个性"却拉近了我和它的距离。

尤其令我感到意外的是，人大附中对每个同学的"奇思妙想"都给予充分的尊重、保护和鼓励。有一回，我们板报小组的成员准备出一期有关圣诞节的板报。身为组长的我，考虑到圣诞老人总是千篇一律：红帽子、红衣裳、黑裤子，手里还要拿一个大袋子，乘着驯鹿拉的雪橇，几百年来没有丝毫的创新。所以，我突发奇想，给圣诞老人配备了一副新潮超 Q 墨镜和一部高档诺基亚手机，绝对符合时代潮流。

待热情过后，我又有点忐忑不安了。心想，如果"杰作"被老师发现了，会不会把这种不合常规的作品视作另类，先对作者进行一连串的轮番"轰炸"，接着不由分说地毁掉所有的东西？这样的事以前不是没经历过。

结果却大大出乎我的意料，老师不但没批评我，反而表扬了我，说我有创造性，让传统的和创新的圣诞老人都出现在板报上。这太令我兴奋和意外了。

人大附中，这个似乎是专门为我们这种连电脑桌面都要设定为"个性化设置"的人开设的学校，她对我们可真是再合适不过了。

人大附中的确是一片让学生自由放飞的天空。在这里，学生收获的是骄傲和自豪，自信和快乐，光荣与梦想。

一位即将毕业离校的学生在他的留言里这样写道：

　　曾经也想过，如果我没有来到这里，现在会是什么样呢？也许，是个书虫吧？不敢想！我仍然活着，但不会活得如此精彩；我仍然学到知识，但不会如此丰富；我仍然自由，但不会如此快乐！

第九章
让现代教育技术成为助跑器

对高科技在教育教学中的运用，应该有全新的认识：它带来的已不仅仅是教学手段的更新，而是教育理念、教育内容、教育形式、教育效益的全面进步。

要实现基础教育的跨越式发展，必须以教育的信息化带动教育的现代化，创建以电脑网络为基础，以图书馆为信息源，以数字化为模式，以现代教育技术为手段的现代化教学环境。

很久以前，我就有一个梦想：梦想有一条神奇的"路"，从校园延伸到地球的每个角落；梦想有一辆神奇的"车"，能载着我们的老师和学生去遨游世界；梦想着用鼠标代替粉笔，屏幕代替黑板；梦想着足不出户，就能将大千世界尽收眼底；梦想着课堂能够跨越国界，跨越时空，来自不同国家、不同肤色的孩子能聆听同一堂课，讨论同一个问题，远隔天涯却能看到彼此的眼神，听到彼此的话语，如同近在咫尺。

这个梦想日夜在我心头萦绕，虽在繁忙中暂时隐去，却在遐思中忽而跃进眼帘……

1997年，我刚刚上任的那年，万事待兴，百业待举。而众望所致的我，却毅然率先挑起了"以教育的现代化推动教育的跨越式发展"的大旗，带领全校师生开始了教育信息化的创新研究和超前探索。当时我一马当先地喊出了"以电脑网络为基础，以图书馆为信息源，以数字化为模式，以现代教育技术为手段"的口号，启动了具有重大意义的"现代教育技术工程"和"中学网络教育示范工程"。

1998 年，我们实现了网络化教学、开展了国际间远程教学；

2001 年，我们启动了"数字化校园"工程；2003 年，我们启动了"无线网络教学示范项目"。

这一切，都源于我的一个思想：先进的现代教育技术是教育的助跑器，它会加快教育的发展速度，让学生在这种加速度的发展中享受到高质量的教育。

一、走进 E 时代

智者不惑、勇者不惧

梦想需要一双会飞翔的翅膀。然而，当我的梦想伴随着 E 时代（电子时代）的脚步声准备腾飞时，我却仍然没有得到这个翅膀。

1997 年，刚刚上任的时候，虽然我脑子里已经装满了"网络""多媒体""信息高速公路""虚拟学校"等等新名词，可是心里还没有一个清晰的蓝图。要绘制这张蓝图，我就必须继续学习，必须了解信息技术的最新发展，了解世界最尖端的技术。

有一次，我从报纸上得知，国际会议中心正在举办"中国教育信息化高峰论坛"。我放下手里的事，马上带着学校信息中心的两位老师匆匆赶了过去。

在大门口，迎面遇见一位认识我的记者，他吃惊地问："您来干什么？"

我说："听论坛。"

他疑惑不解地说："这个论坛跟你们有什么关系？"

我朝他微微一笑。

论坛分散在几个报告厅，每个报告厅都有不同主题的演讲。每一个报告我都想听，可是分身无术啊！我给几位同来的老师分工，一人去一个报告厅，将各个论坛的报告内容详细记录下来。

我去的那个报告厅讲的是远程教育技术，报告人一边讲，一边做着演示。这个报告让我大开眼界。这是我第一次知道远程教育，第一次知道有这样一种神奇的技术，能让即使远隔重洋的人也能在同一时空对话交流。

过了不久，北京市在市电信局召开在远郊区县开通远程教学的现场会。我敏感地察觉到了这个会议的意义，闻讯便立即赶了过去。

开幕式在一个大厅举行，教育部和市里来了许多领导。开幕式后在远程教室有一堂 20 分钟的课，由于地方狭小，容纳不下很多人，会议安排领导去远程教室观看演示，其他人则被安排在大厅看投影演示。那时，我已经有了要建远程教室的想法。可是，这个教室是个什么样子，里面应该怎么布局，有哪些设备，我都无从知晓。这个千载难逢的机会，岂能让它这样从我身边溜走？我悄悄尾随在领导们的后面进了远程教室，坐在了工作人员的座位。这是一个视角非常好的位置，不但整个远程教学现场都能看到，而且整个远程教室的各个角落都能一览无余。

演示过程中，我听说这间远程教室的设备来自一家专门给企业、公司建设远程教室的公司。我便立即去找他们的业务代表，向他请教远程教室需要什么设备，需要多少钱，哪个国家的产品最好，需要什么线路，每根线都起什么作用，怎么申请报装线路，流量费要多少，谁能做这些事情，哪家公司可以装修，普通的公司行不行，等等。这样，通过一场紧张巧妙的周旋，我已经对建远程教室成竹在胸了。离开现场会的时候，我不禁心花怒放，天空也变得格外的蓝。

以后，凡是有关现代信息技术的会议，我都赶去参加，凡是有关现代教育技术的课，我都要去倾听，从不放过一次机会。

信息技术在飞速发展，今天的新技术，转眼也许就是明日黄花。所以，我时时刻刻都关注着最前沿的信息和技术，每一步发展的决策，我都力图选择最先进的、最好的技术。

有一次，我听说国际会议中心有设备最先进的国际会议报告厅，便马上带信息中心的几位老师前去参观，参观里面的各种仪器，看他们最先进的设备是什么。这样，我们在进行规划和设计时，就能站得高看得远。

一天，我听说美国SUN公司的技术人员要来作一场报告，讲目前世界上最先进的多媒体技术，而且还要在现场进行新产品演示。那天，我本来定好了是要去听报告的，可是临时接到一个通知，要我去参加一个非常重要的会议。我马上通知学校电教中心对报告进行全程录像。第二天上班，我做的第一件事就是看电教中心的录像，一直看了两个多小时。

SUN公司技术人员有关多媒体技术的报告让我受益匪浅。后来，SUN公司的首席科学家来我们学校参观，他对我们学校的现代教育技术大为赞叹，说："你们在世界中学里面已经站在塔尖上，山顶上了。"

我觉得，作为一个校长，应该有自己的理想、梦想和幻想。不敢幻想，就不会有梦想；不敢梦想，就不可能实现理想。我的理想是建一所世界一流的名校，这样的学校要有一流的现代教育技术，要有懂得运用现代教育技术的一流人才。什么才是一流？这就需要学习，知道得越多，了解得越透彻，就越能作出正确的决策。

有一年，教育电视台在北京举办"天网"展示会，去了许多中学校长。参观完后，会议主办方提出将学校的录像带、课件、软件打包进行卫星发送和接收的建议，问谁有兴趣参加，如果有兴趣会后就留下来。结果去了那么多中学，只有我们学校留下来了。因为我敏感地认识到，这是一个非常好的机会。想想看，不用花一分钱就能将自己学校的录像带、课件、软件打包送上卫星，传遍世界的各个角落，那是一件多么美妙的事情啊！

有人说，智者不惑，勇者不惧。只有永远站在信息技术前沿瞭望，才能做一个耳聪目明的智者，只有这样的智者，才能有果断决策的胆量和魄力。

当年建校园网时，我就作出了一个大胆的决策。

校 园第一网

今天，当老师和学生们在校园网络中遨游冲浪，在绿草地上享受无线网络的魅力时，也许没有人知道当年这个网络初建时所发生的一切，但我仍对此记忆犹新，仍能清晰地记得那已经逝去的每一个日夜，记得在那些日夜里所经历的苦与乐。这一切都和一个年轻人的名字连在一起，他就是王玢。

在校园里，性格内向的王玢是一个不被人注意的人。从首都师范大学物理系毕业到人大附中后，先是在物理实验室作管理员，后来被调到电教中心，负责维护学校语音教室，兼作一些拍照、摄像的工作。

王玢对计算机非常感兴趣。当时学校的计算机基本上是 286 的产品，而且只用于计算机教学。王玢在电教工作，于是建议学校配备一台用于其他教学的计算机，但是领导对他并不是很了解，他的建议被搁置起来。

这小伙子偏有一股锲而不舍的劲头。他自费买回零件，自己攒了一台计算机，业余时间自己研究学习。后来他又花 2000 多元买了一套有声卡和光驱的多媒体套件，将自己的计算机改装成了多媒体计算机。当时，方圆数里的学校都没有多媒体计算机，学校这方面可以说是一片空白。学校里已经有老师开始编课件，是用线条画的那一种，外观很简单，既没有声音，也没有图片。听说王玢有一台多媒体计算机，开始有人请他帮忙给这些课件加上声音和图像。王玢乐此不疲，有求必应。后来，他干脆将自己的计算机搬到学校，并利用网络资源库中的资料做了一些课件，经常在办公室进行演示，让学校领导和老师知道什么是多媒体，知道多媒体在教学中发挥的作用。最后，在他的不懈宣传下，校领导终于给他批了一间"多媒体教室"，配了多媒体计算机和投影仪，这套设施当时可以说是北京市中学里最好的。他开始拼命做多媒体课件，前来听示范课的老师和领导络绎不绝。他的锲而不舍终于得到了回报。

一年后，因特网开始在中国发展起来。那时中国人对因特网还知之甚少，学校上网的就更是凤毛麟角。王玢凭着对计算机的兴趣，又开始了对因特网的探索。1996年的秋天，他向学校建议为人大附中建一个因特网站，向世界宣传学校的形象。建网站是一个不为人所知的新鲜事，当时的校领导仍处于观望态度，并没有同意。

那时，我是副校长，有一些情况我也不太了解，但我喜欢勇于探索和追赶先进思潮的年轻人。于是，有一天，我找来王玢，聊天中知道他已经做完了我们学校的网页，特别想放到网上去。我对新的事物总是很感兴趣，就问他哪里可以放，他说从网上找到了服务公司，但要办理登记手续，上面要写学校负责人的名字。学校领导本来就反对，我觉得如果向他们请示，这件事可能就黄了。

于是我决定，将负责人写成"试运行负责人：刘彭芝"。我想，即使学校领导没同意，见上面写的是"试运行"，也不好多说什么。王玢受到莫大鼓舞，便一直不断地在网络的道路上继续钻研。

又有一次，王玢跟我说，他做了很多课件，已经多得放不下了，他向学校申请买一个光盘存储机，要18000多元。学校领导认为花这么多钱不值得，没批准。见校方对此事一直重视不起来，我只好从华校批钱去买回了光盘存储机，还给他买了两张4G的光盘。因为华校是人大附中超常教育的实验基地，现代教育技术的运用也是一种实验。

那时我只觉得王玢是个不可多得的人才，有钻研精神和锲而不舍的决心，而且他结合学校的发展思路，不断跟踪最新的技术，我应该给予他更大的支持。

1997年7月，经过全校教职员工民主推荐，我当上了校长。上任没几天我就找到王玢，我问他："校园网怎么建？大概需要多少钱？"

王玢说："我都想好了，找一天向您汇报。"

我说："校园网就由你来负责做，你去规划设计。"

王玢用不到两个月的时间，调查了全校60多间教室的分布、走向和各个楼的内部结构，哪儿有多少间房子，做什么用，楼与楼之间距离是多少，用什么方法联网，怎么进电缆，用什么材料，然后拿出了一份非常详尽的建校园网的计划书和一份有关校园网建设意义的论证报告。

在那份论证报告里，他详细论证了校园网建设的意义，着重强调它对教学工作的推动作用，并预示了校园网启动后的发展前景。我看了很振奋，并在全校教职员工大会上宣读了他的论证报告。我要让每一位教职员工都认识到现代信息技术的重要性，跟上 E 时代发展的步伐，使学习和运用现代教育技术成为每一个人的自觉行动。

在校园网建设启动前，王玢做了很多网络方面的实验，作了大量的实验记录，这就为校园网的建设提供了更为充分的准备。

按当时市场价格，做一个正规的校园网往往得 200 多万元。我们拿不出这么多钱，可是校园网又得建，王玢就天天往市场跑，了解每一种材料和设备的价格，还到一些有局域网的单位实地考察。回来后就自己画图，自己布点，自己设计。做完了前期准备工作后，我们找到了一家公司，对方开始报价 70 多万元。由于王玢对市场、对材料的价格太了解了，报价一压再压，最后定在 61 万元。

校园网的施工定在 1998 年的暑假。整个暑假，王玢每天都在施工现场作指导和配合，分布在校园内的 260 多个网口插点，他都一一检查过，有了问题马上要求施工单位返工。到了最后，公司在系统集成方面的工作我们不满意，公司的集成没有通过验收，王玢便自己从书本上刻苦学习，完成了系统的设计和调试，并拿到了微软工程师的证书。实际上这个校园网最后只花了 40 万元就建成了。我对公司老总说，剩下的余款，就算你们支援教育了吧。

那个暑假，我几乎每天都要去现场看看，像期待着一个新生儿的诞生，心里充满了兴奋和激动。

在一次大规模的观摩会上提到这 40 万元的校园网时，我说：很多地方建校园网，一花就是二百多万元，结果网建成了，效益却没发挥出多少来。我的思路是，现在大家还不知道什么叫校园网，我先建一个实验性的小网络，让大家体验体验，等到都熟悉了，水平提高了，需求加大了，到了非改不可的程度，再投资做更大的网络。我把这个思路叫作"投资策略"中的"需求推动"，意思就是"该出手时再出手"。

1998 年夏天，我参加了教育部的一个会议，作为唯一的中学代表向全国的中学校长代表介绍了我们的信息化工作，当场轰动四座。会后很多校长来找我取经。我说，这一切都是因为我有个先进的理念。

校园网建成之后，我在想，怎么用这个小网络发挥尽可能多的效益。网络是路，应用是车，信息则是车上的货物。我们建的路并不是很宽，但是却要让它能跑满各种各样的车。1999年初，我让当时的图书馆馆长舒大军组织一个资源建设小组，让学科带头人作指导，年轻老师作积极分子，建成了一个当时中学中内容最多的"教学资料库"，容量可达300多兆，都是老师们从各地收集来的课件和文献。有了车和货物，老师们使用网络的积极性更高了。

从1999年到2002年，王玢继续不断发展他的网络。从数字化室，到校庆期间建立一个网站工作室，从2000年底和公司合作设计学校管理平台，到2001年培养新的网络管理教师，每一个发展，我都给他毫无保留的支持。我相信他的动机就像那些爱争第一的学生一样，希望从自己的爱好和理想的实现之中得到快乐和满足。

2001年冬天，北京市教委一位领导告诉我一个信息，说：有一个很好的机会，能让你们的信息化水平上一个崭新的台阶。我兴奋地问是什么样的机会。他说，有一个国家"十五"课题，叫作"网络关键教育技术示范工程"，需要一个中学单位作应用示范，教育部科技司在招标，你们的信息化工作不错，应该去投标。我得到这个消息后，立刻组织信息处撰写标书。舒大军、王玢、彭晓、杨春燕等骨干教师以及几位合作单位的专家连续三天三夜奋战，终于完成了投标。经过专家组的评议，我们成为全国范围内投标的中学中唯一中标的学校，充分显示了我校教师的实力。这个课题成为我们信息化工作的一个重要指导和推动力。

到了2002年春天，网络的应用日益高涨，已经基本上到了饱和状态。有一次，我带着人在校园参观，在演示幻灯片的时候，录像忽然断断续续，效果很不好。我把王玢找来，问是为什么？他说，现在的网络用量太大，服务器顶不住了，交换机也顶不住了。当时正是上课时间，我怕影响教学就向客人说："不好意思，我们的网用得厉害，太拥挤了，影响了演示效果，实在抱歉。"客人表示理解，并对我们的信息系统有如此高的利用率表示佩服。

客人走后，我把王玢叫到办公室跟他说："我们的货物这么多，路不够宽，车拉不动，怎么能搞好信息化建设。你去设计一下，下一步网络应该怎么改造，就像四年前一样，你设计出一个像样的网络来。"当时我给了他一个公司资源，是我们学生的家长。他从3月份一直设计到6月份，学校的高中楼工程正值建设之中，他把新的网络中心设计在了高中楼6层，并把这个新的校园网叫作"第二代校园网"。整个暑假，他戴着安全帽在施工中的大楼里穿梭往来，和公司人员一起进行现场设计、现场督导，像第一次建设校园网时一样，把精力和汗水都铺在了这个新的网络上。

9月，新的校园网建成了，我参加了落成典礼。这是一个千兆网，拥有强大的交换能力和服务能力，拥有最新的服务系统和软件功能，总投资200多万元，基本上相当于4年前典型校园网的投资，而它在各个方面的能力和水平都是4年前的网络所不能相比的，它是我们校园网水平的一次飞跃。这是我的投资策略的又一次体现。在最合适的时候投资，得到的效益最大，资金的使用也最值得。我似乎看到了那个新生的婴儿长大了，变成了一个中学生，大孩子，并且在继续努力成长。

发展并不总是伴随着快乐，有时也伴随着痛苦。另一个信息化发展的重要契机，却是在2003年春天的"非典"疫情中抓住的。当时，"非典"的恶魔日益蔓延，没有人能知道下一步会变成什么样子。但是学生的学习不能耽误，我们负不起这个责任。学生们放学回家，课却还要照常上。我果断地决定开通远程教育网，让全北京市的学生都能免费享受人大附中的网上教学。但是网站刚一开通，马上就被挤得水泄不通，大家上不了我们的网站，电话纷纷打来。我又找到王玢，问为什么。他说，我们的网络是为校内设计的，这套远程系统如果有700多人同时上网，机器就撑不住了，而现在已有3000人上网，根本打不开。我果断决定：进行改造。

为了让北京市的学生都能上我们的网，我决定要让网络的承载能力达到10000多人。我请了北京市教育信息网服务中心的工程师以及微软中国公司的工程师一起来作决策。微软中国是一个实力很强的公司，一般来说很少会直接给中学做网络方案，但是在这个非常时期，我必须使出浑身解数，找到尽可能多的资源来支持我们。方案设计成功以后，就在五一期间进行了改造。信息中心的教师放假期间也没能休息，和公司一起日夜加班，把网络中心的一切设备都拆卸出来，重新布线，重新架设机器，重新安装系统，一直工作到5月6日早晨。网站一开通，立刻有3000多人涌了进来。网管人员监视着一切情况——成功了，网络完全正常，性能绰绰有余。北京市乃至国内其他地区、国外的中国学生都登录到了网络上，畅快地享受着人大附中的课程，热烈地进行交流和讨论。看到他们的一举一动，我的心就像浸入清泉一样舒畅。

2004年夏天，随着远程教育的不断发展，学校信息化的不断深入，合作学校的不断拓展，以及"十五"课题的示范工程即将验收，人大附中的校园网和信息系统也面临着更高层次的需求。我们开始进行一个更高层次的设计：人大附中的第三代校园网。第三代校园网拥有万兆主干，全新的信息系统，高度的安全，科学的管理，丰富的资源和功能强大的应用平台，成为国内中学最先进的"第一网络"。2004 年的暑假是第三代网络的初期改造，到了 2005 年夏天，第三代网络正式启用，届时人大附中的信息化、合作办学和输出教育的能力将因此产生质的飞跃。

为了使这个新的信息系统具有最先进的技术和最实用的价值，我一方面要求我们的远程教育网开发更多的教学功能，另一方面也引进了更先进的技术。例如，建造一个整合的应用平台，使各种应用集中到人大附中的中心环境，实现高度灵活的调度管理，从而使日益增长的异地合作学校的信息化应用与人大附中的信息系统彻底融合；又如，我们在新系统中将配备"中学知识网格"，这个系统采用当前世界上最领先的网络技术，可以让远程教学避免地域因素的影响，使边远地区的教学达到最好的效果。

众多的大型 IT 企业和集成公司在为我们设计先进的、科学的方案，能够集中这么多行业龙头为我们学校服务，是我们的幸运，也是我们多年来致力追求、辛苦努力获得社会认同的结果。

崭新的局面即将打开。望着这个即将毕业的"大学生"，我想起了 6 年前那个呱呱落地的小校园网。时光如斯，我们在信息化的建设中走过了曲折艰难而又充满希望的道路，从诞生于空白的"校园第一网"，变成如今真正实现国内领先、国际一流的"第一校园网"，我们的付出和探索在一定程度上推动了中国基础教育信息化的进程。

第一次亲密接触

从知道远程教育那天起，我心里就一直有个梦想，要建一间远程教学教室。在那里，我们可以通过网络技术与世界各国师生进行跨越时空的互动交流，了解对方国家的文化和风土人情，了解对方学校的经验和特色。在那里，我们可以进行远程教学，我们学校的师生能够跨省界、跨国界和任何地方的师生同上一堂课。

1998 年初，一个不同寻常的电话，使我这个梦想变成了现实。

那天，我正在办公室忙着处理案头工作，电话铃声响起。电话是一所市重点中学的教务主任打来的。

他说："我有一个亲戚的同学在加拿大，加拿大理德高中想和中国的一所中学开一个视频电话会议，就是让两个国家的学生在同一时空利用英语进行文化交流。这个事你有兴趣吗？"

我听了，马上说："有兴趣，我太有兴趣了！"

他告诉我，由于这种远程教学在加拿大尚属首次，加拿大科学院和当地媒体都很关注这次交流。所以他们一定要找北京一所名校来合作。如果定下来了，加拿大那边将派人过来考察合作学校的条件。

张泽院士（左三）、程东红书记（右二）在中加远程教学现场（1998 年）

当时我们什么都没有，既没有远程教室，也不知道视频电话会议怎么开。

我们一边派人外出学习，一边紧锣密鼓地作准备。

1998 年 4 月底的一天，筹备已久的中加远程教学活动正式启动。

那天，我校 20 多名中学生按捺不住激动的心情早早就等候在实验楼的阶梯教室里。教室的黑板上画着中国和加拿大两国国旗，在国旗下方是两双紧紧握在一起的手。当双方同学通过屏幕看到了对方的身影时，禁不住都欢呼雀跃。他们不但能彼此看到对方活动的情况，还可看到对方当场所作的绘画和所写的文章，并且可以用英语直接和对方交谈。

参加这次远程教学活动并担任主讲的陈远同学，在《远程教育"弄潮儿"》一文中，记述了他在这次活动中的所见所闻所思所获：

能够与远隔万里的同龄人进行即时、充分和无拘束的交流，自然令人兴奋不已。我与我的伙伴们兴致勃勃地向对方讲了许多中国的谚语，展示了自己收集的中国画、剪纸、泥人等手工艺品；大家还一起讨论了彼此的人生观和宗教信仰。从你来我往、热烈争论，甚至唇枪舌剑的交流中，我们自豪地向对方展示了中国古老的文化和今天的巨变，同时也充分地感受到了加拿大人对生活的热爱，了解了他们科学合理地利用资源、与大自然和谐共处的理念。

远程教学不但开阔了我们的视野，还锻炼了我们的自主探索能力和表达能力。

通过国际互联网与国外的中学进行网上现场课堂教学，当时在中国和加拿大都尚属首次。此次活动受到两国教育部门的高度重视，加拿大教育部门的官员以及渥太华皇后大学的校长都出席了这次教学观摩课，渥太华电视台也作了相应的报道。在中国一方，教育部和中国科协的领导参加了这次教学活动，中国中央电视台、中国青年报也对此次活动作了报道。

这次远程教学实践，使我对现代化远程教育有了更深的认识。与传统的教育方式相比，它不但具有时间适应性、教育开放性、内容优化性、资源共享性等特点，而且能突破时间、空间、容量等方面的限制，使教学活动更加平等化、人性化、个性化，并能为适应多形式、多层次的教育需求奠定基础，为全面实施素质教育，构建和完善终身教育体系提供现代化的手段。

我又将远程教育的目光投向了美国。当时，我们跟美国纽约州立大学和纽约州立堪顿中心学校已经结为了友好学校。纽约州立大学有一个远程教学教室，我很想看看人家的远程教学教室是怎么建的，同时也想实地考察与堪顿中心学校开通远程教学的可行性。

1999年暑假，我带着几位老师去了美国。在纽约州立大学，我们参观了他们的远程教室，详细了解每一项设备和仪器的用途，并与堪顿中心学校达成了三个月后开通远程教学的协定。

回来后，我们马上建起了国内中学第一间远程教学教室。

1999年12月22日，一个历史性的时刻，人大附中与美国纽约州立大学和美国纽约州堪顿中心学校的远程多媒体交互式教学活动正式开通。

2000年4月6日，远程教学第一次开课。来自高一和高二的30名同学，在学校远程教学教室里上了第一节由纽约州立大学堪顿分校的教授萨莉（Sally Eaton Vrooman）女士讲授的"美国文化"课程。

在那以后，我们与堪顿中心学校多次通过远程教育方式进行英语、数学、生物等学科的双向教学活动，完成了拟定的第一期、第二期和第三期远程教学计划。在完全基于互联网的远程教学中，双方师生不但能"在线"进行授课、辅导和讨论交流，还能"离线"进行网上作业。

在远程教学教室里，电子白板取代了传统的黑板，教师的板书可以同时出现在千里之遥的另一间教室的电子白板上。技术人员借助多媒体手段，记录下教师上课的声音、图像、文字，再利用先进的通信技术将这一切几乎是完全同步地远程实时交流。远程教学整合了异地的教学资源，真正意义上实现了跨越时空的资源共享。它沟通了分散在不同学校甚至不同地域老师与学生，使远郊区县的孩子和城里的孩子同样接受高质量教育的愿望成为现实。

2000 年 12 月 29 日，我校英语老师程岚在校远程教学教室上了一堂别开生面的课。北京 10 个远郊区县的 400 多名中学生与人大附中的学生同上一堂课。课程内容是"申奥连着你和我"。

鼠标代替了粉笔，大屏幕代替了黑板，教师和学生轮流成为主客场屏幕画面的主角。师生们虽远隔百余公里却能进行即时交流对话。

"北京申奥有什么优势？"程岚老师用英语发问。

远在百里之外深山区的延庆一中的学生抢先用

中美远程教学现场

英语回答："全中国人民都支持北京申奥。"

大兴县黄村一中的学生说："北京好吃的举世闻名，可以让全世界的运动员解解馋。"

平谷中学的学生说："北京城市美，人也友好。"

程岚老师一边展示她开发的课件，一边讲解，有五彩五环图、有世界各地的美丽风景、有北京的风土人情，既有动画，也有静物，上课像看电影一样，生动活泼，引人入胜。坐在主课堂的学生也踊跃发言，与分散在各个分课堂的同学进行交流。

一位老师感慨地说："网络使课堂跨越了时空，让山里娃和城里孩子站在了同一起跑线上。"

跨越时空的数字化教学，将成为 21 世纪的重要教学方式。要培养高素质的人才，不但需要高水平的信息技术手段以及内容丰富的信息资源，更需要高素质、会运用现代教育技术的教师。

就这样，培训教师的工作成为了学校的重要议事日程。

二、无限延伸的讲台

特 殊的榜样

对于新技术新手段，不同的人有不同的态度，有人欢迎，有人观望，有人畏难，也有人反感。在这种情况下，激励也许是一种最好的推动力。

我们学校有 3 位老教师，在 1997 年前后就开始自学计算机知识，并在别人指导下开始利用计算机技术制作多媒体教学课件。他们是语文老师吴淑春、数学老师吴其明、物理老师吴庆安。

他们每个人的经历都是一个精彩的故事。

吴淑春老师 55 岁开始学电脑，为了熟悉键盘上各个按键的作用，他将键盘画下来放在口袋里，有空就拿出来看，为了学习计算机操作技术，他坚持收听中央人民广播电台"电脑之夜"节目，还订阅了《电脑爱好者》杂志，光学习笔记就记了 3 大本。

58 岁那年，他做了第一个多媒体教学课件——《为所写的人物画好像》。他先写好脚本，然后找精通电脑的同事给他的脚本配声音、配音乐、配动画，两人干了一个多星期，做出了我们学校第一个多媒体语文课件。

听到这个消息，我去听他的课。教室所有的灯都关闭了，还拉上了遮光窗帘，只见他轻点鼠标，伴随着音乐声，大屏幕上出现了《为所写的人物画好像》的标题，然后是一幅油画，那是画家罗中立的作品《父亲》。吴老师先总结了同学们在写人物作文时常见的三种毛病，然后再调动声、像、动画等多种手段介绍了几个作文片段，中间既有漫画式插图，也有朗读作文的录音，非常生动。课上完后，全体同学自发地报以热烈的掌声。

吴庆安老师初学电脑时，仅开机和关机就练了两个星期，学 Word 操作系统时，他的第一个目标是学会独立编写卷子，结果花了三个多月，终于编出一份像模像样的卷子。

后来，他听说有一家很知名的计算机公司在军事博物馆展出一种新的教育软件，他连忙赶去参观，却发现这套软件只是将书本搬了家，将"书灌"变成了"电灌"。这不符合他的教育理念，他认为好的教学软件应该是让学生自主操作，自己发现问题、解决问题。

一天，他在办公室发现一位老师的电脑屏幕上出现了一个他从未见过的画面，便上前打听。那位老师告诉他，那是一种叫作几何画板的软件，可以用来做多媒体数学课件。在那位老师的指导下，吴老师在他的电脑上利用几何画板画出了一个光路图，并突发了用几何画板制作多媒体物理课件的奇思妙想。

从那以后，吴庆安老师迷上了几何画板，他先做力学方面的，后来又做运动学方面的，渐渐地他能将几何画板软件运用得非常娴熟了。到1999年夏天，他已经制作出了60多个多媒体物理课件。

吴其明老师学电脑也是从打卷子开始的，可是马上就出现了问题，一是数学试卷中的公式符号没办法处理，二是不会画图，打出的试卷不但留有不少空白，而且也没有一个图形。于是他开始学习使用Word软件，学习用几何画板制作多媒体数学课件。到1998年，他已经能比较熟练地制作多媒体课件了，为了弥补几何画板的不足，他还在电脑上自创了80多个画图工具。他自己编写了教材，成了校内和海淀区教师进修学校的多媒体课件制作兼职教师。

除了这些老教师外，程岚、舒大军、凌晟、罗滨、乐进军、张璇等青年教师也开始致力于现代教育技术与教学的整合。舒大军和王玢制作的多媒体课件，将枯燥的哲学常识讲得引人入胜、妙趣横生。罗滨和王玢共同编制的"化学平衡模拟机"教学软件，不但界面令人赏心悦目，而且能吸引学生主动参与到教学中。

我们请这些先行者在全校大会上介绍自己学习和运用计算机辅助教学的经验和体会，给他们举办公开课，不但让他们在学校讲，还提供机会让他们去区里讲，去市里讲。我们还组织各学科多媒体课件展示，将全校老师都请来观摩。

我们将吴其明老师学习几何画板的心得体会发给老师，使它成为初学者的教材。

我们派吴淑春老师去秦皇岛参加多媒体与教育专题研讨会，并将他的论文印了100多份带到会上散发。

1999年寒假，吴庆安老师告诉我，有一个几何画板的研讨会在南京召开，他很想去。我马上说："没问题，你去吧。"考虑到他年纪较大坐火车太辛苦，我让他坐飞机去了。在那次研讨会上，吴庆安老师作了"如何用几何画板制作物理课件"

的专题讲座。

在榜样力量的感召下，一些过去不愿学电脑，对电脑发怵的老师也开始拿起了鼠标。

学校及时启动了信息技术培训计划，并建立了专门的教师 IT 培训教室，每周培训 6 次。培训内容涉及网络系统知识、电脑维护、邮件应用、校园网资源、互联网资源检索及下载，常用软件使用，网络交流，成绩管理软件，教学资源库等等。

学校还为每一位任课老师配备了笔记本电脑。如今，制作多媒体课件、用计算机辅助教学已在校园蔚然成风。

数学老师彭晓和英语老师程岚制作的网络课件，在教育部举办的第三届 CIETE 全国教育软件大奖赛中分获一等奖和三等奖；化学教师乐进军制作的课件获北京市二等奖。学校还获得海淀区 CAI 课件制作集体奖。

老师们越来越认识到：只有掌握了现代教育技术，才能跟上时代的步伐；只有利用好了现代教育技术，今天的教育才能向明天的教育靠拢。

他们开始了卓有成效的探索。

一 个老师和她的网站

一天，学校一位老师告诉我，带初一（8）班数学的彭晓老师建了一个名为"超越网上教学"的个人网站，已成为学生和家长们上网的第一登录点。

我很好奇，这是一个什么样的网站呢，竟有如此大的魅力！回到办公室，我马上打开电脑，按照那位老师告诉我的登录方法，进入彭晓的个人网站。

我仿佛走进了一个五彩缤纷的世界，里面不但有个人专栏、资料中心、课堂学习、论坛答疑、论文集锦、资源导航等模块，还有配着轻音乐的聊天室和家长论坛。登录后，你可以在这里制定工作或学习计划，也可以添加论坛主题；你可以在这里发布信息或资料，也可以查看同学、老师、家长或管理员发来的短消息；教师可以在这里上传课件到同步课堂供学生学习，也可以查询学生提交的作业和资料；教师可以在这里输入学生的考试成绩，学生和家长通过统计图可以了解自己在班上的大致位置。家长与家长、家长与教师还可以在这里交流，探讨孩子的培养教育问题……

我随手点开了"课堂学习"，发现里面很热闹，各种见解，各种奇思妙想都在这里碰撞。在这个虚拟的课堂里，老师似乎只是与学生一起学习的合作者和同行者。

初三数学书上有一章"函数与图像"。原来上课时，为了让学生了解和发现二次函数图像中蕴含的规律，老师一般都是让学生买来一堆坐标纸，让他们通过描点的方法、用手工绘制出函数图像。用这种笨办法，有时一节课只能了解一个参数的变化情况，大部分时间都花在画图上了，不但课堂效率低，而且问题也讲不透。

彭晓利用动画软件为这一章做了一个课件。打开这个课件的首页，在悠扬的音乐声中，"帮助"二字马上就从画框里跳了出来。点一下"帮助"，就会出现具体的操作方法。按照这个操作方法，用者只要给参数一个具体的值，相应的函数图像就出来了，给它多个具体的值，就能看到多个不同的函数图像，从多个不同的函数图像中，学生就能找到参数变化的规律。

由于这种教学超越了时空，不再是在一间教室里，不再是在有限的时间里，所以学习程度不同的学生都可以参与，课堂上没有弄明白的地方，可以回家后上网、通过老师上传的课件继续学习。网络学习照顾了每一个学生，不管在什么起点的学生，都能达到教学的基本要求，都能感受到学习的快乐。

彭晓班上有一个男生，偏科，英语特别好，可是对数学兴趣不大，数学成绩在班上总是倒数一二名。这孩子越学越失去自信，心理压力越来越大，平时沉默寡言，难得一笑。彭晓便通过个人网站经常给他发邮件，鼓励他，对他进行个别辅导，哪怕他问的是一个很简单的问题，也耐心地作答。上"数据的搜集和处理"这一章之前，她先给学生布置了一个任务：搜集和处理某一个方面的数据，并教给他们搜集和处理数据的方法。

上课之前，每个同学都将自己搜集的数据上传到"超越网上教学"网站的资料中心。大家搜集的数据五花八门，有的是全班同学的身高，有的是北京市空气质量状况，有的是公路噪音状况。彭晓也将自己搜集的数据传到了资料中心，然后对同学们交上来的"成果"进行分析讲评。

她发现那个男生搜集的是曼联足球队一个赛季的成绩和每个队员的进球情况，并利用 Excel 软件对这些数据进行了分析处理。她心里一喜，因为这个同学从没使用过 Excel 软件，这次他在做数据处理时自己主动学会了。更可喜的是，他搜集和处理的数据与众不同，有声有色，图文并茂，结尾是他最喜欢的一位曼联球队主力队员的球衣。

　　彭晓对他的"成果"进行重点讲评，认为他搜集和处理的数据有个性、有创意。然后又让大家在网上对全班同学的"成果"进行网上投票，结果得票最高的便是那个男生，还有不少同学给他发帖子。有的说："你真棒！"有的说："你是最好的！"

　　那位男生找回了自信，笑容又回到了脸上，也渐渐爱上了数学。

　　在这样的教学活动中，教师是学生学习过程中的导游，引导着学生通过研究、探索获得对问题的认知；教师是学生成果的欣赏者，这种欣赏给予学生的是从未有过自信。

　　在"超越网上教学"网站的资料管理中心，有很多子栏目，既有"学习方法"，也有"参考答案"，连老师的"教学参考资料"也搬到了网上。这就可以让一些在课堂上"吃不饱"的学生，在这里超前学习；让一些在课堂上"吃不了"的学生，在这里慢慢咀嚼、消化。

　　彭晓还在"论坛答疑"里开设了"如何学好数学"的论坛，将自己学数学的经验，其他老师的经验以及她搜集的数学学习方法放在论坛里，供同学们参考、借鉴。

　　彭晓的网站让我耳目一新。这是一个开放的课堂，一个无限延伸的讲台，它所呈现的是一种新的教育理念，一种新的教学模式。

　　在全体教师大会上，我将彭晓请上讲台，请她介绍她的网站，介绍她将信息技术与课程进行整合的心得和体会。后来，校研发中心在彭晓网站的基础上增加其他功能，使它成为资源共享的三维网校。

　　我希望有更多的教师具备这种新的理念，希望有更多的教师投入到这种新的探索中，更希望他们在信息高速公路上跑得快些、再快些。

三、数字化校园的魅力

浓 缩在光盘里的图书馆

很多人都说："看一个学校办得好不好，首先看图书馆。"

在信息愈来愈发达的今天，谁拥有一流的信息资源，并有效地利用好这一资源，谁就能在竞争中处于有利地位。信息这种古老而又崭新的资源，与物质、能源并驾齐驱，已成为决定未来社会发展的重要财富。

图书馆是社会信息系统的一个重要组成部分，在现代化教育中扮演着重要角色。一个学校的图书馆应是为师生收集、存储一流信息的信息库，应是为师生传递和提供一流信息服务的桥梁。

可是，1997 年 7 月的一天，当我走进学校图书馆时，我所见到的却是这样一幅情景：里面冷冷清清的，少有借阅者，几万册图书静静地躺在书架里，图书馆实行的仍是几十年一贯制的闭架借书和人工借阅。而在英国的一些学校，字数达6000 万的《牛津英语辞典》早在 1992 年就已存在巴掌大的计算机光盘上了，查阅者只需几秒钟就可查遍全书，复制起来仅需按几个按键。相比之下，我们的差距实在是太大了。

图书馆电子化是现代信息技术发展的必然趋势，它在现代化教育技术中应该发挥积极作用。

回到办公室，我在正起草中的《1998 年—2000 年中国人民大学附属中学改革与发展规划纲要》里写上了这样一段话："加强图书馆的功能。扩大有效馆藏，尤其要较大量地增加英文书籍和电子出版物藏量。扩大图书馆流通渠道，增大图书流通量。逐步实现图书编目、查询、管理的计算机化。开设电子备课室、网络阅览室、光盘阅览室。逐步建设人大附中校园网和国际互联网，利用互联网络加强对外交流，树立学校形象，与国内外合作，进行国际网络教学活动。组织专门人员，从事网上信息的采集、整理、加工和储存工作，主动为教育教学和管理工作提供资料信息。建立与人大图书馆、北京图书馆的业务联系，实现校外信息资源的良好利用。"

图书馆馆长的人选问题一直萦绕在我心里。一天，我脑海里出现了一个清瘦的身影。他叫舒大军，1991年毕业于北京大学哲学系，一直在教高中的思想政治课。说起舒大军，还有一段插曲，当年他来学校求职时，学校给他安排了一堂试讲课，可他吓得硬是没敢进教室。在大家的印象里，他老老实实做人、默默无闻教书。但是，他有几件事给我留下了深刻的印象。

一是1996年，我听过他的一节多媒体课，讲的是哲学常识。有人形容政治课是"老师唾沫横飞，学生昏昏欲睡，考试死记硬背"。可是舒大军却利用音乐、声音、动画，将枯燥的政治课上得有声有色、妙趣横生。二是知道他喜欢棋类项目，业余时间作学校围棋队教练。三是1995年学校首次引进机读卡阅卷，他一直负责维护和判卷。

那天，我给舒大军打电话，我说："我希望图书馆有一个新的发展，真正成为学校的学术和信息中心。如果让你来当图书馆馆长，你有什么想法？"

舒大军在电话那头沉默着，过一会儿他说："您给我几周时间，让我考虑一下。"

舒大军后来告诉我，当时他挺意外，根本没想到会让他去作图书馆馆长。当天，他就去校图书馆了解情况，然后查阅了很多有关图书馆建设的资料，还去参观考察了管理比较先进的北京图书馆。

两个星期后，他拿着《关于人大附中图书馆建设的一些初步设想》来找我。他给图书馆定位于"全校学术和信息中心"，并要逐步实现借阅、管理的电脑化，以及资料查询的网络化。他还提出了建立电子备课室、电子图书阅览室、网络阅览室、数字图书馆的设想，并提出实行校长领导下的馆长负责制。

他的设想与我的想法非常吻合。我对他说："我同意你的设想，图书馆首先要实行计算机自动化管理，我给你两年时间。"

舒大军带着图书馆工作人员到各中学图书馆、大学图书馆、社会公共图书馆参观，开阔眼界，学习经验，组织计算机技术培训，提高图书馆工作人员素质。

没多久，图书借阅从闭架变成了开架。再不久，图书馆有了为教师多媒体教学提供服务和技术支持的电子备课室。

电子备课室为教师提供了优越的电脑制作条件。备课室内配有高级多媒体计算机，可以高速运行功能强大的各种多媒体软件，制作图像、音乐、电影、动画等各种素材，以及用工具将它们组合成一个完整的多媒体课件，用于教师的课堂教学。为了给教师提供更多的信息资源，图书馆还购买了大量的光盘电子出版物，开设了光盘阅览室，发挥电子媒体容量大、体积小、成本低、检索快、易于复制和保存、易于处理和音像图文并茂等优点，使老师们能够顺应信息时代的要求，用最短的时间获取最多、最好的信息。

1998 年 9 月，校园网建成后，图书馆又同步开通了网上阅览室和网上学科园地，实现了资料查询的网络化。

1999 年 3 月，图书馆完成了 5 万册图书的标准化书目数据库建设，实现了采购、分类编目、流通、查询的计算机自动化管理。

2000 年，图书馆又建成了可供 200 人同时上网的学生网络阅览室，并成立了人大附中第一个学生网络组织——拥有 300 多名会员的学生网络俱乐部。

现在，人大附中图书馆已今非昔比，它已真正成为学校的学术中心、信息中心。

舒大军在他的工作总结中写道：

我这个图书馆馆长是幸福的，不是因为心想事成，而是校长对我的要求总是支持、支持，从不拒绝。小的不说，这些设想都是钱呐，几万、几十万呐。电子备课室，网络阅览室，软件，录入费，书架；除了钱，还有鼓励、支持，解决一个个的难题。

我仿佛听到校长在说："舒大军，你能翻多大的跟斗，我们就给你铺多大的垫子"。所以，我只有努力去想，然后认真做好我的下一步。

舒大军所说的下一步，就是建设"教育资源库""中学生知识库""校园综合信息库（数字档案馆）"和"数字化图书馆"，为教学和管理提供更丰富的精品资源。

我们还有更多的下一步。因为，探索是无止境的。

让 每一间教室"跑"起来

当信息高速公路四通八达、人们能在网际间任意穿梭的时候，学校已不再是过去传统意义的学校，教室也不再是过去传统意义的教室。

飞速发展的计算机技术正在以惊人的速度改变着我们的生活，也将改变传统的教学形式和教学方法。单靠传统的教学手段已经无法满足时代的需求，而多媒体教学将会成为未来社会的潮流。

上任后，我将目光投向了一个久久被忽略的角落——电教中心。

在当时的校园里，只有几件旧设备、两个人的电教中心是一个经常被人遗忘的地方。平时的工作也就是照相、放广播，有教师上公开课时去录录像。

但那里却有一位肯干事能干事的人。他叫白宝燕。

白宝燕的脑子里经常会冒出一些让人眼睛一亮的创意。比方说，80年代中期，他就自己动手，在学校鼓捣出了一间语音教室，教师可以在语音教室里同时放3种不同的录音带，学生戴上耳机可选择不同的频道听课，而且老师还可以通过对讲频道与学生对话。听说语音教室用的电线和耳机是他从一家研究院的废品堆里找来的。学校的闭路电视系统原来只有2个频道，他自己设计、自己动手进行改造，将它变成了12个频道，而且还可以进行多点转播。

要办世界一流的学校，离不开电教。随着教学改革的深入开展，电教这一教学的辅助工作将会越来越显示出它的重要性。

在去新加坡与莱弗士书院商谈建友好学校时，我让白宝燕跟我同行。有的人不理解："这么好的出国机会怎么给了他？电教中心的人出去能干什么？"

说这话的人当然不能明白我的用心，我是想让白宝燕开开眼界，看人家的多媒体教学系统是怎么建起来的。我相信他一定能找到灵感。

从新加坡回来后，听说上海在郊区建了几所高标准的学校，我又带白宝燕和几位校领导去上海参观。在上海不到3天的时间里，我们参观了7所学校。所到之处，我总是很详细地询问一些设备设施的具体用途、效果，了解电教系统的建设情况。

1998年底，白宝燕和电教中心的几位老师自行设计制作出了"闭路电视互动系统"。这套系统可以在操作室同时进行4个画面的连续切换，向全校转播，而且可以达到主会场与分会场同时转播的效果。我们将这套系统的正式运行定在1999年元旦。因为，这天全校各个班级将在各班教室举办新年联欢会。

那天，我早早就来到操作室坐镇指挥。电教中心几位老师分别到各班抓拍元旦联欢的精彩节目，由操作室进行转播。各班师生坐在教室里，不但能从电视屏幕上看到自己班的节目，还能看到其他年级和班级的联欢盛况，大家感觉像是在收看中央电视台制作的节目，兴奋极了。

有了"闭路电视互动系统"，白宝燕又开始琢磨多媒体视听教室的建设。当时北京正在举办现代教育技术产品展览，白宝燕到展览会上详细了解每一件多媒体产品的设计，分析它的结构。

不久，他拿着自己设计的多媒体视听教室的方案来找我。我问他："你的设计方案有什么特点？"

他说："先进性、人性化。"

这与我的想法不谋而合。

他说："这件事如果交给外面的公司做，每间教室大概需要8万多元。如果按照我的设计方案自己动手做，只需要4万元左右。"

这几年，学校上了许多新建设项目，我恨不得一分钱掰成两半花，如果多媒体教室能省下一半投资，当然求之不得，但我提出，既要省钱，又必须保证质量。

白宝燕一个难字也没说，带领电教人员就干起来了。

为了不影响学生上课，白天他去市场跑材料，晚上等学生下了自习后才开始施工。他带着电教中心几位老师每天晚上都要干到凌晨两三点钟，布点、铺线、安装全都是他们自己干。

为了保证质量，他对每一个设计都反复推敲，仅中心控制面板的设计，他就拿出了十几个方案，反复推敲、实验。为了做到最好，每一个线路板都是他自己设计的，然后再找厂家加工。

第一间多媒体教室装好后，他请大家提意见，结果老师们看了后，拼命鼓掌。因为这个多媒体系统实在太好了，不但可以在教室里直接上网，还可以使用电视、CD、VCD、液晶投影仪等多种辅助性教学工具。而且他设计的控制柜非常有特点和人性化，它外表看起来像讲台，台子拉开，里面是集中在一个小盒子里的多媒体接线设备。小盒子的面板上写着使用提示，方便教师一看就会，就连实物投影仪都储存在讲台里。他还将控制柜的任何角都设计成弧形的，即使人碰上去也不会被扎着。

现在，全校100多间教室都装上了多媒体视听系统，每一间教室都能跟网络连接，每一间教室都能在信息高速公路上奔跑。

电教中心不再可有可无，它成了学校教学链条上重要的一环。

同时，随着科技的不断进步，电教中心原有的设备已经不能适应学校发展的需要。1999 年，电教中心提出想购置一套先进的摄录编系统。

购置这套设备需要很大一笔资金。有人认为，电教只不过是辅助教学罢了，投入这么一大笔资金不值。

我说："只要对教学有用就值。"

我对白宝燕说："你们要大胆地去设想、去策划，做好可行性分析，了解市场定位，资金问题学校想办法。"

白宝燕他们进行了广泛的市场调研，对机器的型号、用途以及相应的费用都做了多角度、多层次的比较分析。同时，我们还请来了中央电视台的专业人士，对设备的型号、质量、价格提出意见。就这样，学校拿出一笔经费，引进了先进的摄录编数字化系统。

这套先进的摄录编数字化系统在辅助教学中发挥了重要作用。他们拍摄的教学片《苏州园林》，不但成为教学的得力助手，而且在北京市教学片大赛中荣获二等奖，并被不少学校在教学中使用。他们拍摄的《几何画板》《劳动技术创造发明》《数学建模》等教学片，入选教育部组织的全国教学片展播活动，受到广泛好评。

2002 年，他们又参加了市级课题"可持续发展"的研究，远赴河南、山西、陕西、甘肃四省摄制了教学片《贫瘠的土地》和《不断提高人口素质》，是参与课题的北京市中学里唯一获得拍摄和制作一等奖的学校。

当每一间教室都搭上了互联网快车后，我们将一群活跃在信息技术开发前沿的高科技人才请进了校园。

站 在信息技术前沿

2003 年 1 月，学校教学楼八层的一间办公室门口挂上了一块引人注目的牌子：现代教育技术研究与发展中心。

看着这块陌生的牌子和在里面忙忙碌碌的一群陌生的面孔，一些人悄悄打听：他们是谁？ 在干什么？ 他们是我在 2002 年 12 月调进的王军博士以及同时招聘的 6 名研发人员。

听说这是学校新成立的一个部门，那些人是学校新近聘请的研发人员时，有的人不理解，说："一个中学，有必要搞信息技术研发吗？"

他们不理解，是因为他们不知道这些人的价值，不知道他们将会给学校带来多么大的变化。

在短短一年时间里，他们先后开发出了研究性学习网络平台、数字图书馆网络平台、三维教学系统、网上信息发布系统、多媒体课件制作系统、幻灯片制作与管理系统、选修课系统、成绩管理系统、排课系统、网上考试系统、VOD 视频点播系统等十余个软件系统。

有了研究性学习网络平台，学生可以在网上提交自己想研究的课题，老师可以在网上提交个人的研究方向，然后组成研究小组，小组成员可以是同一个年级的，也可以是跨年级的，只要有兴趣都可以参加。而平台提供的研究工具、交流工具和评价系统，不但能使学生获得更多的帮助，也使他们的研究更加具有开放性、目的性和有实效性。

有了 VOD 视频点播系统，学生坐在家里就能随时点播任何一位老师的优质课。

有了多媒体课件制作系统，老师就可将课件生成音频与动态板书相结合的网络课件，并可在基于窄带的互联网上传输。

有了选修课系统，学生可以在网上报名、网上选课，还可实行网上教务管理。

有了排课系统，以前需要大量人工制作的课程表，只需点击鼠标，就能在几分钟内自动生成。

研发中心开发的一种基于卫星通道的新软件，使远程教学实现了低成本、高效率，而且使学校每一间教室都成为远程教学教室，使教师制作的每一个课件都能通过卫星通道传播出去。教师和学生在校园任何一个有网线插口的地方都能看到本校任何一堂课。

研发中心已成为我们学校新教育技术的孵化器，它有力地推动了学校教学、科研和管理的现代化。

也是在这年年初，我跟王军谈起了建立网校的设想。我说，这个网校不是"人大附中网校"，而是"网上人大附中"，不但能让学生利用互联网实现自主学习、协作学习、创新学习，而且也可以网络为媒体，实现教师为主导、学生为主体、家长为辅助的网上教学新模式。

王军和研发中心的年轻人在进行其他软件系统开发的同时，开始着手进行三维教学系统的研究。可就在这时，一场突如其来的灾难降临了，它使我们的网校建设不得不加快脚步。

四、非常时期，非常教育

一个都不能少

2003 年春天，一种叫"非典型肺炎"的疾病，鼓动着黑色的翅膀在北京上空久久盘旋。

面对这场突如其来的灾难，我们临危不惧，处变不惊，沉着应对，全力以赴，以一个"零"（"非典"零感染）和一个"百分百"（全校学生百分之百上网学习）交出了一份出色的答卷。

在这场考验中，我们成功地开通了对全国免费注册、完全开放的人大附中"三维网校"，并千方百计解决困难家庭学生的电脑配置问题，实现全校 4000 多名学生百分之百在网上同步学习。

4 月中旬，不断有坏消息传来：某大学有师生染上"非典"，校区已被隔离；某小学发现有家长染上"非典"，学生已全部放假。我意识到，一场大的灾难也许就要到来，它将会打乱我们平静的生活，破坏正常的教学秩序，我们必须尽快拿出应急方案。

4 月 14 日晚，我辗转反侧不能入睡。"非典"愈演愈烈，学校停课也许难以避免；如果停课，要保证学生的学习不受影响，最有效的办法是启动网上教学。当时，学校计划中的三维远程教学系统正在研发过程中，预计 5 月底才能开通。可是形势紧迫，三维网远程教学系统的建

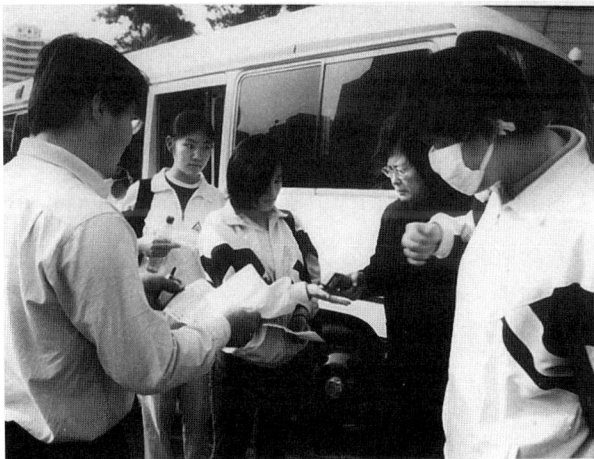

"非典"时期为学生测体温

设必须提前完成。启动网上教学，是否每个学生都有上网的条件？每个教师是否都能在短时间内掌握这套系统，在网上开展教学活动……有许许多多的问题摆在面前。我决定立即召开各部门负责人会议，尽快拿出预案。

4月15日上午9点，联席会议召开。我指出，网校必须在一周内开通，各部门工作都要为一周后网校开通作好准备。

当时，研发中心只有6个人。一周内要开通网校，任务异常艰巨。王军对他手下的几个年轻人说："赶快回去拿衣服和生活用品，马上开始干！"他们买了几箱方便面和一箱饮用水，做好了打攻坚战的物资准备。

王军带领研发中心的年轻人开始了夜以继日的攻关。

4月17日上午，成绩管理系统基本完成；当天下午2点左右，学习中心和作业管理功能基本实现。

4月18日，多媒体课件制作系统和VOD视频点播系统的设计和代码实现。

就在这一天，北京市委常委、教工委书记朱善璐等领导来我校视察预防"非典"的情况。当我介绍我们正在进行三维远程教学系统研发，准备在必要的时候启动网络教学时，朱善璐书记听了很高兴。当时北京市正在部署建空中课堂，他说："你们的网校不但要对本校学生开放，而且要对全北京的中学生开放，让更多的学生都有机会共享人大附中的优质教育资源。"

网校要对社会开放，现有的网络硬件和软件配置都不够用，必须进行升级改造，使它达到能够满足2万人同时在线访问的要求。

当天下午，研发中心即开始对网站进行改造。机房上上下下几乎全被拆散，又重新组装，他们得重新编制和优化程序。

我心系他们的安危。为了方便他们的生活，我在国际部给他们安排了两个带卫生间和厨房的套间。见他们不分白天黑夜地工作，担心他们免疫力下降，我让医务人员到办公室给他们注射胸腺肽。为了让他们吃好，我安排食堂给他们送营养配餐。在研发中心办公室的灯光通宵达旦地亮着的那一个个夜晚，我也几乎没睡过一个囫囵觉。

攻关战打到第四天，我得知他们中有些人已经连续四天没合过眼，我硬是将他们赶上了床。

4月21日，三维远程教学系统终于正式开通。当天上午，王军即开始对全校教师分两批进行紧急培训。培训在网络阅览室进行，王军边讲边利用屏幕进行演示。

与此同时，对全体学生的培训也在紧张进行。技术人员在校演播室进行演示，各班学生则通过教室里的闭路电视进行收看。

然后，我们又分别召开了全校年级组长、备课组长会和全校教师会，明确开设"空中课堂"的指导思想：面向全体学生，加强分层指导；激发学习热情，进行学法指导，使学生成为知识的主人；跨越时空教学，必须提高效率，教案必须是精品，课件必须是精品，课件形式要尽量适应学生的认知水平；网上合作学习，实现资源共享，学生之间互相启发、互相帮助，老师之间实现各年级备课组之间资源共享。

学校指定教务处负责组织安排网上教学，制定网上统一安排的课程表，监督网上教学过程实施，以备课组为单位，组织一线教师轮流上网答疑。为了保证教学质量，我们还规定，所有教师制作的课件都必须传到教务处，审查合格后才能上传到网上。

网校开通后，是不是每个学生都具备上网学习的条件？如果家里没有电脑怎么办？如果家里的电脑不能上网怎么办？

我决定对全校4000多名学生进行一次紧急调查：

你在家能上网学习吗？如不能，近期你家能申请上网吗？近期你在家是否肯定不能上网学习？

4000多张问卷很快收上来了。统计结果，全校有473名学生因各种原因在家无法上网。

星期一，在全校升旗仪式上，我对全校师生进行动员。我说："形势已很紧迫，学校也许马上就要停课了。停课后，学校将开通三维网校，同学们将要在家里上课，因此每个人家里都必须有电脑、电话或宽带接口。现在经过摸底调查，全校有473名同学因种种原因不能上网。在这国难当头的时候，我希望大家携起手来，团结互助，帮助那些不具备上网条件的同学解决困难，使每一个同学都能享受网上教育。"

然后，我又召开全校中层以上干部、年级组长、教研组长、班主任会议研究如何解决这个问题。首先，让目前尚不具备上网条件的同学尽量依靠自己家人、亲属的帮助自行解决；自己实在解决不了的，由各年级或班级发动大家想办法；年级和班级实在无法解决的，上报学校，由学校想办法解决。

我说："绝不能在学生中出现因无法上网而不能参加网校学习的情况，一个都不能少！"并将责任落实到各个年级，希望他们在最短的时间里解决这个问题。

各班班主任马上分头下去，跟每一个在家无法上网的学生的家长进行联系，希望他们尽快解决孩子的上网问题。几天后，进行第二次统计，全校还有 13 名同学的电脑问题无法解决。

对于这些因家庭经济困难、实在无法在短期内购置电脑的同学，各班发动学生进行捐款。初三某班有一名同学家里无法为他购置电脑，班长号召全班同学捐款，从几元到几十元，大家共捐出了 4000 多元，为他买回了电脑。一位学生家长还自告奋勇上门为那位同学安装电脑，到那里后发现，他家没电话，无法上网，又马上跟电信局联系，在最短的时间里给他家装上了电话。

到学校放假的前一天，全校还有 4 名同学没有电脑。其中，3 名同学来自平谷和通州农村，家庭经济困难；一名同学父亲刚做换肾手术，母亲下岗。经研究后决定，由学校出资为这 4 名同学买电脑。

当时也有人提出："学校有几台淘汰下来的、配置比较低的电脑还可以上网，可以将那几台电脑送给几个学生，学校可省下这笔钱。"

我不同意。万一电脑出了问题上不了网，怎么办？不能图省钱耽误了学生的学习。

德育处主任张勇马上带人去买回了 4 台新电脑。为了使学生尽快用上电脑，当天下午，张勇便决定将电脑给住在城里的一位学生送过去。他将电话打过去，接电话的是那位同学的父亲。听说学校给他的孩子买了电脑，他半天都不敢相信自己的耳朵，他说，最近几天，他们一直在为这件事发愁。

张勇带上网络中心的老师，开车将电脑送到学生家里，当时就帮他进行了安装，然后又指导他如何上网学习。

第二天一大早，他们又开车去平谷和通州，给另外 3 位同学送电脑。当时正值"非典"猖獗时期，北京市区通往郊区的路上，设了一个个关卡检查，每辆车都得登记车牌号、消毒，车上的每个人不但要量体温，还得登记自己的个人资料。他们先去平谷，第一站是高三学生张军红的家。车好不容易开到村口，路被一根大木杆拦住了，一见是从市里来的车，村民们死活不让他们进村。

好说歹说，有村民去喊来了张军红和她的家长。见到他们，父女俩大吃一惊，没想到学校会派老师给他们送电脑来，而且是在这种人人自危的非常时期。

村民们被感动了，破例让他们进了村。

他们帮张军红安装好电脑，连好线，又上网进入三维网校，见各种功能都没问题，才放心地离开。

紧接着他们又赶往平谷的另一个村子。又是颇费周折才将电脑送到学生家里，安装调试好了才离开。

离开平谷已是下午 3 点多钟了，他们又紧接着赶往通州。当他们走出通州那位同学的家时，天已经黑下来了。

就这样，保证了在"非典"放假期间，全校 4000 多名学生百分之百上网学习，一个也没少。

当我们刚刚做好了这一切准备时，4 月 22 日，北京市教委宣布全市中小学生放假。我们的"空中课堂"也在这一天正式启动，并向所有外校学生公布了免费学习账号——这是北京市唯一一个开通免注册、全开放绿色快速通道的网上学校。

据统计，2003 年 4 月 24 日至 5 月 26 日，人大附中网站累计点击 9370 万次，累计登录 1815 万人次，累计在线答疑数量 196246 万，累计参与辅导的教师达 2050 人次。在人大附中网站注册的，除了本校学生和北京地区的学生，还有来自上海、广东、海南、新疆、重庆、安徽、黑龙江等省区市的学生，以及来自韩国、日本、美国等国的留学生。

三维网校只用了如此短的时间就顺利开通，人大附中的几百名教师在如此短的时间里就能完成从课堂教学到网上教学的转变，这得益于我们多年来在现代教育技术方面的积累，得益于多年来对教师进行现代教育技术培训。正是因为有了这两点，我们才能厚积薄发，才能在灾难突然袭来时，沉着应对。

"**空**中课堂"任你游

放假了，校园里没有了往日的欢声笑语，也听不到琅琅的读书声。

可是走进人大附中网校，却会发现，这里依旧忙忙碌碌，人声鼎沸，欢声笑语。

同样有老师穿梭在一间间"教室",同样能看到他们漂亮的"板书";同样有老师在为学生答疑解惑,同样能看到他们亲切的笑脸。

学生还是那样每天按时来上学:到"学习中心"听课,到"作业中心"下载当天的作业,到"资料中心"取练习试卷,有了问题可以去"论坛答疑"提问,遇到学习困难可以到"在线辅导"与老师直接对话。如果 A 班学生想听 B 班老师的课,点一下"课件点播"就行;如果 B 班的同学想参与 A 班的学科讨论,不用"敲门"就可以进来。

"非典"使学生从现实的校园走进了虚拟的校园,但虚拟的校园一样丰富,一样精彩。

为了保证网上教学质量,学校组织"教师课件大赛",每天都有几十个优质课件上网。为了保证提交上网的课件都是精品,每个备课组都充分发挥集体力量,群策群力,大家一起讨论制定教学计划,然后由教学经验丰富的教师编写脚本,再由电脑技术较高的教师制作成课件,教务处进行审核把关。有些课件甚至一改再改,直到完全满意为止。

给学生批改作业也不马虎,不仅仅只给答案,还有老师精心编写的试卷评析,评析内容不是就题论题,而是启发学生的思维,指导解题技巧。

网上教学期间,老师们不但精心制作课件,而且精心进行网上答疑。许多老师在网上答疑的时间与次数,远远超出了教学计划中排定的时间和次数。除了吃饭、睡觉,他们几乎从早到晚都趴在电脑前,有时甚至答疑到凌晨两三点钟。

非常时期的非常教育,对于每一个学生来说都是一次特别的经历和从未有过的体验,他们不但锻炼了自主学习的能力,而且感受到了自主学习的快乐。

初一(9)班孙烨同学在《另一片海洋》一文中,记述了她在那个非常时期的学习生活:

曾经为在家中自学感到无所适从,也曾经怀疑网上学习的效果,但是随着时间流逝,这些担心渐渐不复存在。当我逐渐地熟悉了"3DS"教学网,当我怀着一次次兴奋与期待的心情寻找网站上的课件时,当我在论坛上见到老师和同学的名字时……我发现,我已在一次次激动的体验中,深深地爱上了这个网站。

我喜欢每天与它见面的那种心情:有点激动,有点幻想,有点迫不及待。迫不及待地想和老师同学对话,交流学习经验,讲述一天的生活;激动地发表自己的学习心得、浏览老师和同学对我帖子的回复；幻想在网络的那一端，老师进行在线答疑时的种种神情。

点击"课件点播"，可以让我们像平日坐在课堂里一样听老师讲课，享受真正意义上的"零距离教学"；进入"学习中心"，可以看到各科老师上传的课件。从准时、精练的课件中，我似乎看见了老师们伏案辛勤工作的背影。

"3DS"就像我的一个朋友，在我学习的时候辅导我，在我寂寞的时候陪伴我，在我沮丧的时候安慰我，帮助我走出停课的孤独和无奈，给我带来老师和同学的问候和祝福，让我在这个非常时期仍然能继续学习。

网校开课没几天，有老师告诉我，高三（12）班同学在外网上注册了一个"学科论坛"，大家在里面讨论各种学习问题，非常热闹。他还告诉我，在论坛里发言的学生用的都是真名，大家在里面畅所欲言，学术气氛非常浓厚。

这给了我很大的启示：学生之所以舍近求远在外网上注册"学科论坛"，是因为本校网站没有这方面的服务功能。网上学习不应该是教师单方面的灌输，仍应该像在课堂上一样，真正与学生互动起来。而且"学科论坛"的自由性、开放性，能让更多的学生更主动地参与到学习中来。

我马上跟研发中心主任王军商量，对三维远程教学系统进行"改版"，不但要增加"学科论坛"，还要增加更多的互动功能。

王军他们很快就拿出了方案，经过三天三夜的苦战，新版三维教学网以全新面目与师生见面了。在这个新版的三维教学网上，增加了两个讨论区。一个是"学科讨论区"，在这个讨论区里，有按年级建起来的各学科论坛，由备课组长当版主，由教研组长当总版主；有班级论坛，版主可以是班主任，也可以是学生。还有一个是"学生讨论区"，版主全由学生担任。

论坛是开放的，既可以互相串门，也可以参与别的班级论坛的讨论。这里没有往日课堂上的严肃和拘谨，这里的真正主人不是老师而是学生——几乎所有的讨论话题都由学生提出。这里的研讨活泼开放，这里的氛围更加民主却又不乏尊重。

一位经常待在论坛上的同学深有感触地说："在这里，没了在学校的诸多约束。不分师生，不分班级，大家因为兴趣和需要聚在一起；也没有时间的限制，想问题可以想得更深刻更全面。在这里，有人提问就有人回答，有人发起讨论就有人回应，有人犯错误就有人指正，没有人会孤单地唱独角戏；在这里，我们可以享受到互动学习带来的快乐。"

当同学们在"空中课堂"自由遨游的时候，我们的老师却一直坚守在自己的工作岗位上，他们不但没休过一天假，反而比以前更忙碌。我担心着他们的安危。学校有几十位青年教师及家属住在平房里。我一家家登门看望后发现，那里通风条件不是太好，于是马上决定，让他们整体搬迁到国际部宿舍，那里不但通风条件好，而且有单独的卫生间和厨房。搬家的时候，一些年轻教师激动地喊我"刘妈妈"，我的心顿时充满了温暖。

让 心灵吸口氧

网校开通后，我几乎每天都要到网上去走一走、看一看。我发现，一些学生在论坛里流露出放假的日子生活单调、内心孤独的情绪，他们怀念校园丰富多彩的社团活动，怀念充满团结友爱气氛的班集体。

突如其来的"非典"，不但打乱了人们平静的生活，也打破了人们内心的平静。特别是对于这些孩子来说，他们几乎没有经历过灾难，也很少经受过磨难。当灾难和不幸突然降临时，他们往往会充满恐惧和不安。这个时候，他们更需要集体的温暖，更需要相互的扶持和帮助。

我将心理教师、班主任等有关老师和德育处、研发中心等有关部门负责人召集在一起开了一个会，提议组织心理在线，对学生进行心理辅导，并要求将素质教育、社团活动搬上网校。

过了没几天，当同学们打开网站时，他们惊喜地发现，网上新开辟了"学生在线""班级在线""心理在线""社团在线"等窗口。点开社团窗口，他们看到了一个个熟悉的名字：摄影社、书法社、漫画社、国际象棋社、围棋社、五子棋社、足球社、乒乓球社、跆拳道社、文学社、天文社、舞蹈社、武术社、美术论坛、音乐论坛、合唱团社、交响乐社、网络安全社、网络俱乐部……

高一（13）班宋瑞在《网出个性》的文章里，这样描述他在虚拟校园里收获的欣喜和快乐：

学习累了，可以到音乐论坛上去侃侃，到五子棋社切磋切磋棋艺，到漫画社看看很炫的图片醒醒眼，甚至可以去跆拳道社拜师学防身术。

不仅如此，在用户模板上，你更可以随意地扮"酷"，配上自己设计的头像，写句至理名言、口头禅设成个性签名档。如果想找几个志同道合的朋友，那就去申请个新鲜的 new 论坛自居版主，起个超级吸引人的名字尽可守坛待客了。没事就到斑竹俱乐部交流交流经验。

网上还有很多有趣的活动。有一阵子搞班刊大比拼，班刊论坛立即熙熙攘攘起来，初二（11）班"新闻今日谈"日报颇受好评，它每周轮流由一位同学制作，不但有他们假期的心声、网上班委会记录，还有美文欣赏、话题讨论等，配上各种俏皮的画片，实在是精美。

高二（13）班建起了"幼稚园"——联动学习论坛。不仅将论坛建成了很可爱的卡通版，还独家主办联动调查，什么班级年度风云人物评选啦，受欢迎娱乐大征集啦，还有你最满意的复课时间等有意思的调查。

在网校，我们找回了上学的时光。

我们还在网上构建德育平台，它成为人大附中师生心灵的家园。

打开德育平台的每一个"窗口"，我都会有一种惊喜：

在"真情在线"里，会读到许多充满深情和感动的文章。在"友情论坛"里，有"心情酒吧"，快乐的心情，可以在这里与别人共同分享，苦闷的心绪也可以在这里尽情倾吐。

在"班级论坛"里，有各种主题的网上班会，网上生日 Party，还有网上新团员发展会、网上家长会。

在 5 月 12 日护士节那天，高一（11）班同学举办了一个特殊的班会，班会的主题是"解读身边爱的感动"。

这感动，有的来自战斗在抗击"非典"第一线的父亲或母亲，有的来自身边的亲戚和朋友，有的来自发生在自己身边的故事。身边的感动让他们懂得，在灾难面前，有一种凝聚叫力量，有一份笑容叫自信，有一种倒下叫站起，有一种选择叫坚定。就像一句西谚所说，上帝在这里关上了一扇门，又在那里打开了一扇窗。灾难是一枚硬币的两面，一面是痛苦、死亡，一面是对生命的深思和感悟。

在我校 4000 多名学生中，医护人员子女有 310 人。其中，有 95 名学生的家长战斗在抗击"非典"第一线。除此之外，还有不少学生家长一直坚守在自己的工作岗位上，无暇照顾自己的孩子。即使那些有父母相伴的孩子也同样有孤独感，也同样需要温暖和关爱。

在班主任会上，我反复跟大家讲：虽然学生离校了，但教师不能离岗；学校虽然放假了，但我们的责任一刻都不能卸下来，我们要去了解每一个学生的心理状况，要给他们比平时更多的关心和帮助。

高二（12）班班主任陆剑鸣，从学生放假回家后，每天都以邮件的形式给每一位同学发一封信，送去问候和祝福，送去叮咛和关爱。

4月28日：

早晨好！

我昨天为响应政府的号召，加强户外活动，积极锻炼，提高免疫力，去凤凰岭爬山了。一路上，道边开满了黄色的迎春花、连翘花，还有紫色的二月兰，拾起一束蒲公英，它携带着我的心愿飘向远方……

走出家门吧！沐浴这美好的春光！

4月30日：

对我们来说，"非典"，昨天还是那样遥远和陌生的一个词汇，而今天，它带给我们的却是一次次心灵上的震撼，在"病毒"面前，人的生命显得是那么脆弱。

你们真的要好好注意自己的身体，好好休息，好好保重自己（生活要有规律，要控制在电脑前的时间），同时面对紧急事件、困难、压力，要首先稳住自己，要有自己的观察、判断和思考。不要过度地紧张和恐慌！

5月1日：

五一节好！

劳动了吗？要甩开膀子大干！

看电视了吗？（废话）看东方之子的系列报道了吗？要看！

晒太阳了吗？要晒，小心发芽！

想"家"了吗？常回"家"看看！

他们班一位学生在一篇回忆文章里说：

"非典"期间，班级公共邮箱中陆老师每天必到的慰问，为我每天的孤独添上了一抹意想不到的暖色。出乎我意料的是，我的邮箱中竟然还有陆老师的特别关照。更出乎我意料的是，当我听到其他同学美滋滋地聊起他也受到了特别待遇时，我才明白陆老师的特别竟是针对每一个人的。难以想象这 50 份关心、50 份惦记、50 份惊喜的背后是多少精力和心血。

这是心灵与心灵的沟通，是思想与思想的握手。在这沟通与相握中，学生感受的是浓浓的深情和无所畏惧的力量。

在这个非常时期，我们每一位教师都一直坚守在自己的岗位上。正如一首歌所咏唱的那样"那间教室，放飞的是希望，守巢的总是你"。

7 月 15 日，同学们终于又回到了阔别两个多月的校园，寂静的校园又重新装满了欢声笑语。

这天，我们举行了隆重的升旗仪式。

我将研发中心、网络中心的"功臣"们请上台。我告诉同学们，正是因为他们夜以继日的努力，我们的网校才会如此精彩。正是因为他们和全体老师无私的付出，同学们才会在"非典"肆虐的日子里感受到亲人般的关爱。

"非典"时期，人大附中校园的大门虽然暂时关闭了，但网校的大门却向广大学生敞开着。而在这个时期所经历的一切，将会作为永久的记忆留在每一个人的心里，也将融入人大附中的历史。

我当年的梦想正一天天变成了现实。

教师手里一人一台笔记本电脑，鼠标真的代替了粉笔，屏幕真的代替了黑板。

学生有了电子阅览室、网络实验室，还有可容纳 200 人同时上网的网络阅览室，轻点鼠标，他们就能在信息高速公路上自由奔驰。

多媒体网络系统已引进每一间教室，已连到每一个老师的办公桌，无线网络已覆盖整个校园。

丰富多彩的校园网，没有围墙的网络学校，可以让学生坐在家里就能听老师讲课，上传自己的作业，还可以在网上开班会，为同学过生日。

交互式远程教学，让远隔重洋的中学生实现了跨越时空的学习和交流。特色课程资源库，使丰富的信息资源成为校园网生机和活力的源泉。

图书管理实现了管理电脑化、资料查询实现了网络化，办公实现了无纸化……

然而，这一切只是开始，我的梦仍在延伸。

第十章
激活每一个细胞

一个学校绝对不能藏龙卧虎，是龙就得让它腾，是虎就得让它跃。龙藏着虎卧着，就是人才最大的浪费。管理工作的最佳境界，是事得其人，人尽其才；校长应是"用才"高手，让智者尽其谋，勇者竭其力，能者显其才，贤者彰其德。

管理的本质应该是人文的、人性的。管理应以人的和谐发展为目标，应该使人的潜能、人的天性、人的尊严得到最大实现和发展。

校长应该是一位运筹帷幄的棋手，把每一个棋子都放在适当的位置，既要让每一个岗位都有最适合的人，也要让每个人都做适合自己的事，还要让每个上岗的人都有责任意识和忧患意识。

校长应该有一双慧眼善于发现人，应该有一双巧手能够栽培人，应该有一份胆量敢于使用人。

校长应该懂得进行体制改革和体制创新的根本目的不是约束人而是激励人，是最大限度地调动人的主动性、能动性、积极性和创造性。

我一直努力着要做一个这样的校长。我要让工作在校园里的每一个人都是快乐的、充实的、幸福的。

如果将学校比作一个乐团，校长就是乐团的指挥，职工就是拉大提琴、小提琴、吹长号、打架子鼓的乐手。只有激活每一个细胞，才能形成智慧与力量的合力。只有激活每一个细胞，才能带动学校飞速发展。

一、让每个人都做适合自己的事

换个岗位如何

无论是谁，都会有自己的长处和短处，如果能扬其长避其短，也许会使一个看起来很平庸的人成为一个不平凡的人。

这一点，在江崎（化名）老师的身上就得到了验证。

江崎大学本科学的是气象学专业，可他却一直痴迷于物理学。于是，在报考研究生时，他毅然选择了某师范大学物理专业。

毕业后，江崎被分配到人大附中做物理教师。他是一个很敬业的老师，也是一个很认真负责的老师，他的教案总是写得工工整整。但是，他的南方口音和比较快的语速却使他的课堂效果打了折扣。一些学生反映说："江老师的课很难听懂。"

听到这些反映后，有人主张让他离开教学岗位，也有人主张劝其调离本校。我觉得这样做都不妥，我们不能伤害一个想干事，而且愿意将事情干好的人。

我就到学生中去了解情况，发现江崎教物理时非常喜欢带学生动手做实验，因为做实验时做得多说得少，所以学生对他教的实验课比较满意。

我还听说了一件事，高中物理中有一课要讲"通电导线在磁场中的受力情况"，由于做这种实验需要比较大的电流，而实验室现有电源的电流量不够大，所以演示实验一般没办法做。可是江崎却琢磨出了一种办法，他自己动手对电源进行改进后，采用一种锂铂条作导体，这样，用很小的电流就可以使导体受力的情况很明显地表现出来。

了解到这些情况后，我觉得江崎物理理论功底深厚，动手能力又强，如果让他去做物理实验课老师，他一定会做得很好。过去，实验室的工作一直不被重视，实验室的工作人员主要负责实验设备的管理。有实验课时，来开开门，学生走了，锁上门，基本上不承担学生实验的指导工作。而且有一个现象一直让我很忧心：我们一些学生动笔能力强，动手实验能力相对较弱。要培养学生的动手能力，必须加强实验室教师的配备，实验室的老师不是可有可无，而是非常重要。

江崎到实验室后如鱼得水。他强调实验过程中的启发性，总是给学生一些很新的思路，然后让学生自己去探索。他对每一个实验课课题都精心设计，力求让学生在每一次实验中都受到启发、得到收获。他指导学生做实验更是十分耐心。有时已经是晚上了，学生突然冒出一个好的想法，急于通过实验进行验证，接到电话后，无论多晚，他都会立即赶到学校打开实验室的门，跟学生一起做实验。

当时高一年级有个学生叫晓亮，不但喜欢数学，也非常喜欢物理，脑子里经常会冒出一些奇思妙想。只要他提出想做实验，无论时间多么晚，江崎都会在实验室等候。

1999 年，晓亮参加全国中学生物理竞赛预赛，取得了理论考试的好成绩。按竞赛规定，理论考试成绩排在前面的一些选手，将在一个月后，进行实验操作能力考试。

在那一个多月里，江崎对他进行一对一的辅导，设计出了各种实验，一个一个地教晓亮做。他下班回家后仍琢磨实验课题，一有了新想法，马上喊上晓亮一起赶回学校做实验。有时，晓亮脑子里冒出了一个好的想法，江崎也会跟他一起讨论，一起做实验。

一个多月里，他辅导晓亮做了 100 多个实验，实验课题既广泛又深入，几乎囊括了高中物理中的所有问题。

最后一轮比赛在南京举行，江崎亲自陪同晓亮参赛。晓亮没有辜负期望，在第十六届全国中学生物理竞赛中荣获一等奖。

2003 年，我校有 2 名学生参加全国中学生物理竞赛预选赛，理论考试成绩不是特别理想，只进入北京赛区前 20 名。他们如果想在最后取胜，只有靠在最后一轮的实验操作中一搏。

又是 30 多个紧张的日日夜夜，江崎辅导他们做了近 200 个实验。在 2003 年的全国中学生物理竞赛中，这两名学生双双获得一等奖。

在江崎到实验室工作的 5 年中，经他辅导的学生有 4 人次获全国一等奖，3 人次获全国二等奖、一人次获全国三等奖，有 33 人次获北京市一等奖。

他的人生价值便在这一次次获奖中得到了提升。

从炊事员到电教负责人

什么样的发现能比人的价值的发现更有意义？

在人大附中，没有身份的差异，也无论职位的高低，每一个人，每一种工作都能得到尊重和肯定。无论你是一颗多么不起眼的沙砾，只要你渴望磨砺，学校就会给你提供条件，让你一步步踏上成功的路，最后变成闪闪发光的金子。

在人大附中各种重大活动的现场，总能见到一位中等个儿、脸上挂着憨厚微笑的年轻人穿梭在人群中。有时，他是摄影师；有时，他是摄像师。他还会出现在校广播站的操作间里，出现在老师和学生活动的录制工作室里，甚至出现在校闭路电视系统安装调试的工作现场。他是学校最忙碌的人之一。

这个忙碌的人叫王锋，10年前，他只是学校食堂的一名炊事员。

来自陕西农村的王锋，在学校做临时工已有一些年头了。他在食堂做过饭，在花房养过花，在总务处干过后勤，后来又负责给几栋教学楼烧开水。无论做什么他都吃苦肯干，兢兢业业。

那还是我当副校长的时候，有一天，我和几个校领导到临时工宿舍了解他们的居住情况，发现王锋床前的桌子上摆着各式各样的小电器，我好奇地问他："这都是你做的吗？"

他憨厚地点点头说："我没事随便鼓弄的。"

我不由得对这个小伙子刮目相看。别看他在学校干的都是杂活儿，倒是个肯动脑子的人。

那年暑假，老师和学生都放假了，学校只留几个人值班。我一打听，在值班的人中有两个家在外地的临时工，一个是王锋，还有一个是从河北农村来的保安。

那天，是个周末，我去了学校，我在值班室找到了王锋和那位做保安的小伙子，我说："你们俩家都在外地，放假也回不去，晚上去我家吃饭吧，咱们还可以聊聊天。"

下班后，他们一块儿来了。吃完饭后，我与他们一边打扑克一边聊天，我们一直聊到很晚。我鼓励他们无论干什么工作都要有人生目标，不要虚度年华，要相信只要自己肯学习肯努力，一定不会干得比别人差。

那只是一次平平常常的谈话。可是我没想到，多年过去了，王锋仍对那次谈话记忆犹新。他说："正是在那个晚上，我懂得了生活的意义，找到了人生的目标，我觉得自己应该学点什么、干点什么。"

学校电教室原来只有一个人，就是白宝燕。随着电教工作的发展，他一个人又要摄影又要摄像，还要管理校广播电台和放录像，根本忙不过来，我就向白宝燕推荐了王锋，我说："王锋爱学习，对这方面也有兴趣，你带带他，说不定能成为好帮手。"

那时王锋在做烧水工，管3个电茶炉，活儿不多。每天一大早，他先赶到教学楼把水烧好，然后去电教室帮忙，开始是做做卫生，放放广播，后来白宝燕录像时，他就去帮忙拉线、打灯光。干的虽说都是一些杂事，可是王锋既认真又投入。

1993年，白宝燕改造闭路电视时，王锋就跟在旁边看，边看边琢磨。下班后，他又找来一些旧线头反复练习。跟着干了一个多月后，他对闭路电视系统的情况基本了解了。

后来，听说中央电化教育馆要举办电教人员培训班，我们就将王锋推荐去了。他每周要去上两次课，一直学了3个月。最后，他顺利通过了培训班结业考试，拿到了电教上岗证书。

为了进一步提高自己的业务水平，王锋购买了摄影器材和学习资料，边学边干。他还参加了中国艺术研究院影视培训中心的摄像师培训，以优异成绩拿到了该院颁发的结业证书，同时也拿到了国家劳动部颁发的摄影师证书。

不久，电教中心要赴苏州拍教学片《苏州园林》，我让王锋跟白宝燕一起去。

这次苏州之行，让王锋受益匪浅。回来后，他又参与拍摄了《战胜寒冬的人们——我校冬泳队》《中学数学建模》《几何画板》《人大附中简介》《人大附中建校50周年宣传片》等教学片和宣传片。他的摄影作品多次被《北京教育报》《中国教育报》选用。

在校务会上，我提议给王锋以正式工待遇，得到了大家的一致赞同。

2004年6月，王峰主办了人大附中首届教师摄影展。

王锋的成长让我相信：每一个人都是有潜力的，这种潜力一方面靠自身的发掘，另一方面靠用人者的激励。只要搭建一个适合发展的平台，每一个人都有可能成为自己想做的、最优秀的那一个。

后来，电教中心负责人白宝燕另有他任，王锋接替了他的工作。在一个更广阔的舞台上，我们相信他一定会奉献出新的精彩。

一　个人的潜能有多大

每个人身上都蕴藏着巨大的潜能，一旦发现、挖掘出了这种潜能，并将它合理地使用，你也许就会发现一个全新的自我，也许会爆发出连自己都惊叹的能量。

12 年前，当谢鸣钟走进人大附中时，她只是想在这里谋到一个教书的职位，因为一直在外地工作的她，与丈夫已经分居几年了。

那天，她拿着简历走进了校园，找到了当时主管教学工作的我。她在外地一所重点中学当过高三数学老师，她教的那个班还出了一个全省的理科状元。她还做过教研组组长，离开那所学校时，已是一位主管教学工作的副校长。

等我看完简历后，她诚恳地说："我只想当一个老师，我喜欢教书。"

我笑着说："我们这里现在不需要老师，但是需要一位总务处副主任，你愿意干吗？"

她马上摇摇头说："在原来的学校，我干过不少岗位，可从没做过总务工作，我恐怕做不了。"

我说："你还没干，怎么就知道自己干不了，我看你可以试一试，没准能干好。"

她见我诚恳地挽留她，答应干一段试试看。

总务处就像学校的大管家，什么事都得管，工作千头万绪。可是谢鸣钟却将它干得有条不紊。与此同时，她还带初三年级一个班的数学。据学生反映，她的课讲得很有激情，学生总会在不知不觉中受到她的感染，跟她一起兴奋起来。

谢鸣钟没想到，自己从没做过总务工作也能将它干好，这让她认识到自己身上还有可挖掘的潜力。

两年后，学校又将她调往教务处任副主任，配合校长搞分层教学。很快，她便对学生的情况了如指掌，出了很多好点子，想了很多好办法，使分层教学得以顺利实施。

谢鸣钟的潜能在一点一点地开发出来，连她自己也惊叹：原来，只要我敢于尝试，我还能干好很多事情。

1997 年，谢鸣钟又被安排到政教处任主任。她将天安门国旗班的升旗手请到学校给学生作报告；组织全校师生开展校歌、校徽、校训征集活动。为了选择一种最适合学生的课间操，她带教师和学生到一些课间操比较有特点的学校去观摩学习。每年新学期开始，她都亲自带队组织学生去北京郊外搞军训，在基地一待就是半个月。刚上小学的孩子只好托付给孩子的班主任。

在学生眼里，她像妈妈又像朋友，谁有了苦恼，都愿意找她倾诉。在家长眼里，她像良师益友，与孩子发生了矛盾，家长愿意向她倾诉，因为他们知道，谢鸣钟一定能帮他们找到解决问题的办法。

一天，一位家长给谢鸣钟打电话，说她上高三的儿子在家里把柜子、桌子都砸了，起因是孩子想买一套名牌运动服，她没答应。

谢鸣钟感到事情可能没这么简单，她和那个孩子多次谈心。孩子终于向她敞开了心扉。原来，父母离异给他心里造成了很大伤害，他觉得自己是被抛弃的、是个多余的人，从而积下了对父母的怨恨。

谢鸣钟语重心长地开导他说："父母离异是他们之间感情出了问题，这并不意味他们不爱你。你应该作一个有责任感的男子汉，要敢于正视家庭现实，拿出勇气来承担这份痛苦。……"

谢鸣钟又一次次给这个学生的父亲打电话，告知孩子的心理状态和想法，希望他多和孩子沟通，让孩子感受到被爱的感觉。她说："孩子马上就要面临高考，在这关键的时候，我希望你能跟我们、还有他妈妈一起形成合力，帮孩子渡过这个难关。"

父母和老师的关爱，终于使孩子走出了心理阴影。高考时，他以优异成绩考上了一所重点大学。

谢鸣钟没日没夜地扑在工作上。因为太劳累，她患上了腰椎间盘突出的毛病。医生给她的腰戴上了钢套，叮嘱她要回家卧床休息，可是她一天都没休息，天天戴着钢套上班。不能坐，她就站着工作，跪着吃饭。钢套戴了一个多月，她站着工作了一个多月。

一天晚上，她又工作到半夜才回家，儿子已经睡了，桌上放着一个盘子，里面有一个炸得有点糊的鸡蛋，盘子下面压着一张纸条：妈妈，今天我炸了两个鸡蛋，我吃了一个，给你留了一个。

谢鸣钟含泪吃下了儿子给她炸的鸡蛋。第二天她发现，家里垃圾桶里有一只炸得焦黑的鸡蛋。显然，儿子并没有吃鸡蛋，他将炸得最好的鸡蛋留给了妈妈。

可是，她在校园里，永远步履匆匆，在学生面前，永远春风满面。

2000年，在学校又一轮机构调整时，我们专门设立了一个新的部门——综合处。

综合处是干什么的？拿谢鸣钟自己的话说，是学校的突击队、救火队，哪里需要去哪里。

　　学校的发展需要有这样一个部门，它要负责每年的招生咨询工作，要负责组织学校的各种大型活动，要负责对内对外的接待联络，要负责别的处室没有涉及的而又非办不可的事情。所以，这个部门的负责人不但要有献身精神，还要有非常强的沟通能力和协调能力。

　　在校务会上，我说："综合处主任的位置非谢鸣钟莫属。因为，只有她才能将这一大摊子事干下来，而且能干好。"

　　为了让她安心工作，我派学校一位临时工专门负责接送她孩子上下学。

　　2002 年 10 月至 2003 年 4 月，有两个大型会议在学校召开，谢鸣钟经常忙到凌晨一两点钟。在这期间，她的胆囊炎发作了，常常疼得死去活来，可是疼痛一过，她又投入到工作中。医生多次劝她动手术，可她一直拖着，直到最后胆囊化脓了，医生警告她，再不做手术就有生命危险，她才住进医院。可前一天做了手术，第二天她就在病床上开始了工作。

　　一个人的潜力到底有多大呢？其实它是一座富矿，只要去开掘，就会不断给人以惊喜。它是一口看不见底的井，只要去引导，就会源源不断地流出甘美的智慧之水。

二、让每个细胞都兴奋起来

食 堂师傅胸前的奖牌

2003 年 12 月，从"第五届全国烹饪大赛"上传来一个好消息，我校食堂临时工魏二明的雕刻作品"观音赐福"，荣获"果蔬雕刻"二等奖。

这个大赛 5 年一届，参赛者大都来自饭店、酒店、宾馆甚至国宾馆，魏二明是唯一一位来自中学食堂的选手。

2000 年初，学校对外招聘厨师。当时只有 20 岁的魏二明也跟着老乡一起来应聘。

食堂管理员问他："你有技术证书吗？"

"没有，我只做过配菜，偶尔也炒过菜。不过，我喜欢食品雕刻。"他说。

面试过后，是操作技术考试，所有应聘人员必须在现场做一桌菜，魏二明也做了一桌菜，与众不同的是，他还雕刻了一条龙摆放在餐桌上。虽然他当时的烹饪手艺很一般，但他雕刻的那条龙却让大家眼睛一亮。学校对外交流活动越来越多，到食堂就餐的客人也不少，有国内的，也有国外的，食堂无疑是展示中国和人大附中饮食文化特色和才艺的窗口。

魏二明就这样走进了人大附中。

虽然魏二明初中毕业后就离开家乡外出打工，但他好学上进，到食堂工作后，马上就利用业余时间到一所专门教食品雕刻的学校学习雕刻技术。

一次，学校请北京市十佳教师到学校作报告。中午，大家在学校食堂就餐。魏二明特地雕刻了一头老黄牛摆放在餐桌上，不但烘托了活动气氛，而且意味深长，令前来就餐的客人称赞不已。我马上去厨房将魏二明请了出来，我对大家介绍说："他叫魏二明，在我们这里负责食品雕刻，这个作品就出自他的手。"

大家对他报以热烈的掌声。魏二明后来说，他没想到，校长会当着那么多客人的面介绍他，鼓励和夸奖他，他感到了一种尊重，也感到了一种责任，第一次觉得自己的工作是那么的有意义。

他迷上了雕刻。只要发现好的造型就用相机拍下来，回来后细细研究。婀娜多姿的花朵，形象逼真的街头雕塑，神态各异的动物，都是他研究的对象。

为了雕刻"观音赐福"，他几乎走遍了市内所有的工艺美术商店和有观音雕像的地方，从各种不同的造型中寻找灵感。回来后，为能做到胸有成竹，下刀如神，他整整琢磨构思了一个多星期，他要求自己的作品不但要逼真、传神，而且要大气，有意境。

魏二明对龙的形象情有独钟。为了更多地了解龙的造型和结构，他多次到北海公园的九龙壁进行临摹，常常一待就是大半天。他还将每一条龙的造型、神态用相机拍下来。回来后，他创作了"行龙回首""盘龙升天""麟吐玉珠"等一系列作品。

为了使他的雕刻技艺得到更大的提高，我们给他提供各种学习机会，并一次次让他到更大的舞台上去展示。

2003 年 5 月，我偶尔听说魏二明想报名参加成人高考学习烹饪专业，便对他说："你好好去考，如果考上了，所有费用学校给你报销。"

魏二明考上后，我们不但给他报销了所有费用，而且在他有课的时候给他调班，让他安心学习。

一次，我去友谊宾馆参加一个宴会，将魏二明和学校食堂的几位师傅都带去了。我想让他们亲自去品尝一下酒店餐饮，开开眼界，看看人家的技艺。不久，我又派魏二明去珠海学习，他在那里参观了不少高档饭店和酒店。

也就在那年的 12 月，我听说北京市要举办"中关村首届美食节"，并要挑选一批食品雕刻作品在美食节上进行展示，便鼓励魏二明积极参加。后来，他雕刻的"御驾龙车寻美味"，不但被选定为美食节的展品，而且还获得了"最佳创意奖"。

美食节结束后，我们把魏二明的"御驾龙车寻美味"放在食堂最醒目的地方进行展示，让全校师生都能看到。我也是想利用这种方式告诉他们，三百六十行，行行都能出状元。

在星期一的升旗仪式上，我将魏二明请上台，请他给全校 4000 多名师生讲话。他拜世界名厨为师、刻苦学艺的经历打动了全校师生的心。在热烈掌声中走下台的魏二明，感受到了一种从未有过的成功和自豪。

魏二明更加刻苦地学习，他的雕刻技术也更加精湛成熟。

有一天，已是快下班的时候，魏二明得知第二天学校要接待一个来自泰国的教育代表团。他听说泰国人很喜欢大象，便马上赶到一家商场寻找大象的工艺品，他

魏二明猴年雕猴相赠

边看边琢磨，直到商场要关门了才离开。回到宿舍后，他马上进行构思和创作，一直忙到凌晨。

第二天，当泰国客人走进餐厅时，他们一眼就看见了那个摆放在餐桌中间的"大象"，他们围着这道名为"象拔蚌"的菜，不断发出惊叹。代表团团长问我："这是哪位大师的作品？"

我笑着请出了魏二明，将他介绍给客人。客人纷纷跟魏二明握手合影，代表团团长紧紧握着魏二明的手说："感谢你，你的作品特别好！"还将一条领带送给他作纪念。

魏二明，这个从黑土地上走出来的农村小伙子，在鼓励和赏识的目光中一步步走向成功。

这里，员工说了算

在人大附中，只要有益于学生发展，有益于员工发展的事，谁都可以说了算数。

学校从 1997 年开始设选修课。开设之初，我们就确定了由学校根据学生发展需要设置课程与教师根据个人学科特长自行申报相结合的原则。几年来，选修课已从开设之初的几门，增加到现在的一百多门。其间，有的课自生自灭，仅开了一个学期；有的课规模越来越大，从一个班增加到了 5 个班。

曹葵是学校化学实验室的实验员。一天，他来找我，说："校长，我想开一门'西方经济学'选修课，行不行？"

虽然我知道曹葵对经济学感兴趣，而且通过自己进修已经拿到了经济学第二学历。但我考虑，他毕竟只是一名化学实验员，本职工作与经济学距离太远，为了对学生负责，我没敢贸然同意他开课。

过了一段时间，曹葵又一次提出开课的要求。他的执着着实把我打动了。仔细一想，他既然如此执着，想必他已经作好了充分准备，我应该尊重他的意愿。再说，西方经济学在中学政治课上并没有涉及，让学生开阔一下眼界也是一件很好的事情。

我对分管选修课的副校长说："可以让曹葵开这门课，但他要准备充分，要对学生负责，只要学生报名人数符合开课条件，就可以开课。"

我们将曹葵老师开设西方经济学选修课的消息公布在校园网上。

第一个学期开课时，有十几名学生报名。到了第二个学期，有七八十人报名。

这门课开了一段时间后，曹葵曾对学生做了一次问卷调查："你为什么选修西方经济学？对这门课作何评价？"有的学生回答说："喜欢经济学，我对未来有打算。"有的回答说："因为对这门知识不了解，所以想学。"有的则回答说："我对经济学很感兴趣，可是政治课没讲。"还有的学生干脆写道："因为对化学老师开经济学感到好奇。"

曹葵的课讲得很不错。他不但给学生介绍一些西方经典经济学理论，而且注意理论联系实际，通过大量案例，对西方经济发展的进程进行剖析。学生很有兴趣，节节不落。现在，选修这门课的学生每个学期都稳定在三四十人左右。

曹葵深有感触地说："本来，学习经济学只是我个人的兴趣，有了学校尊重个性、鼓励学习、提倡创新的大环境，我这个小小的化学实验员才可能登上人大附中选修课的讲台，我在这里发现了自己人生的又一价值。"

1999年的一天，初中语文组的张莉莉、朱荃、凌晟等几位老师跟我讲，初一年级有几个学生爱好写作，经常在一起交流切磋，他们希望学校能给这些学生提供一个活动场所。

我说："你们这个建议很好，我马上给他们找地方。"

我将学校找了个遍，终于找到了一间小屋，我又让后勤部门配备了桌椅。

那年10月，一个新的学生社团——"小作家协会"在这间小屋里诞生了。一批爱好写作的同学经常聚集在这里讨论文学，交流写作体会。

当初给我提建议的张莉莉、朱荃、凌晟等几位老师，义务做了他们的辅导老师。辅导老师们经常带小作协成员外出参观学习，学校每次都给他们提供交通工具，还给他们提供照相用的胶卷和电池。有一次，朱荃老师跟我说，小作协想办一份会刊，我马上就拨了一笔经费给他们。不久，一份名为《小荷尖尖》的会刊，以清新活泼的面貌出现在全校师生面前。2003年，《小荷尖尖》被评为全国中学生优秀文学社刊。

5年过去了，小作协的成员们走进了收获的季节，他们的作品在全国各种竞赛中屡屡获奖——黄小谊在全国口述作文大赛中夺得第一名；刘小鹤在《中国校园文学》杂志举办的"创新杯"全国现场作文大赛中获一等奖；张秋婷获得河南洛阳举办的"寓言大赛"一等奖；邓菲尔获得"中华杯"中小学生作文大赛二等奖；王小六初二时就开始在国家级重点期刊上发表书评……小作协成员在国家各级各类正式出版物上已发表数百篇作品。

2003年暑假，张莉莉等几位老师又对我讲，小作协想出一本作品集，希望学校能给予经费支持。我马上批准了。

2004年1月，《我们到底要什么——人大附中"小作协"个性作文在线》出版了。著名作家周国平亲自为该书作序，他在"序言"里说："读他们的文章，我仿佛能看见每一个人的性格和模样……我仿佛从一扇窗子里看见了今天中学生的某种原生态，他们的细小而又重要的悲欢，他们对时代的接受和抵制，他们对成人世界的看法，他们对成人世界对他们的看法的看法。"

如今，人大附中的小作协，已成为在全国小有名气的文学社团。

道 是无情却有情

管理是手段而不是目的。制度是无情的，人却是有情的。

1999年，学校食堂由于存在的问题太多，校务会决定对食堂管理体制、人员结构进行改革和调整。7名员工面临下岗。正在这个时候，我因过度劳累，患了急性喉炎，住进了医院。

躺在病床上，我心急如焚，因为春节即将临近，这几名职工的工作问题还没有落实。当时我嗓子已经失音，说不出话，我就将几位校领导请到医院，商量给7名职工转岗的事。我一只手打着吊针，一只手在纸上写着我的意见。经过讨论后，有了一个初步意见，可是我的心还是放不下来，这几名员工都是学校的老职工，如果安排不当，他们心里不舒坦、有情绪，恐怕年都过不好。那天已是腊月二十九，第二天就是除夕，我心里着急，翻来覆去整夜都没睡好。

第二天上午，我从医院出来就直接去了学校，让总务处通知 7 名职工到我办公室来。我一个个与他们"笔谈"，提出转岗的初步安排，征求他们的意见，同时对他们合理的要求也给予满足。最后，大家心情愉快地接受了转岗的安排。

有很多事情就是这样，如果是真心实意为了学校的发展，如果是真心实意为职工解决困难和问题，有了矛盾，也会得到化解。如果只有金刚怒目，而没有慈悲情怀，一个小小的矛盾也许就会演变成无法收拾的局面。

在进行人事制度改革的时候，职工中有下岗、转岗的，也有被列入试聘名单的。列入试聘名单的是 5 名工人，他们中有司机、电工、水工。名单公布后，有个司机心里想不通，喝酒后跑到教师宿舍楼下大喊大叫。

第二天，我将他喊到办公室，诚恳地分析了他被列入试聘名单的原因，说得他心服口服。谈完话后，他说："校长，你怎么处理我都行，就是千万不要让我下岗。要我下岗，我就没脸见我妈了。"

我说："不下岗可以，但你必须作深刻检查，另外还要在全校大会上对你进行通报批评。"

检查作了，也通报批评了，但仍给他工作机会。这名司机痛定思痛后知道，只有踏实努力地工作才能得到大家的肯定。

学校体育组有位管理器材的工人与学生发生了冲突，还动手打了学生。有人将情况反映到我这里。

当晚，我召开校务会讨论对这件事的处理意见。会上，大家的意见出现了少有的分歧。我提出要让那位体育老师停职下岗，因为，身为教师，绝对不能对学生动手，这既有违师德，也有违校训。有人不同意，说是因为那个学生骂得特别难听，他才动手的，如果这么处理，就太迁就学生了。主管文体工作的副校长也说："他爱人已经下岗了，孩子还在上中学，如果让他下岗，他收入要减一大半，家庭生活一定会很困难。"

大家七嘴八舌，说得我心里有点乱，对那位员工的情况我也很了解，平时工作兢兢业业，是个老实本分的人，让他下岗我也于心不忍，可是规章制度摆在那儿，如果我姑息了他，以后再发生类似的事情怎么处理？

我坚持自己的意见："教师对学生动武，这不是一般的师德问题，这是严重违背职业准则的错误。人大附中的教工，决不允许有这种低素质的行为。在这一点上，教工与学生永远是平等的。纪律规章是铁，违背了就该受到责罚。"

　　两天后，我在全校教职员工大会上宣布了对那位职工的处理决定。下来后，我找他谈话，希望他从这件事中吸取教训。然后，我在校务会上提议，以生活困难的名义每个月给他一定的补助。3个月后，鉴于他对自己的错误认识深刻，我们又给他换了一个新的工作岗位。

　　管理是刚性的，也应该是人性的、充满人文关怀的。在这样的管理中，人的尊严能受到尊重，人的潜能可以得到发挥，在看似无情却有情的管理中，人所得到的是自我完善和进步。

三、尊重是最好的激励

一次特殊的表彰会

鲜花和掌声往往属于那些头上带着光环的人，属于那些在舞台上唱主角的人。可是2003年人大附中教职工表彰大会，却将鲜花和掌声献给了那些在平凡岗位上默默无闻、无私奉献的人。

此前，学校发生了一件事。一个前来接孩子的司机没有出入证，强行要进入校园时被保安拦住，那人动手打伤了保安。虽然打人者最后受到了处理，但这件事让我想到了很多。在我们学校，有许多像保安一样的普通人，他们有的是正式工，有的是临时工，有的是代课老师。他们没有惊天动地的业绩，却以强烈的责任心坚守在自己的岗位上，勤勤恳恳地工作着，默默地奉献着。我们应该将他们请到台前，告诉所有的人，他们同样也是人大附中的功臣。

于是，我决定召开一次特殊的表彰大会。

2004年1月15日，表彰大会在学校大报告厅举行，主题是"爱岗敬业，无私奉献"。走上讲台，我心情激动地说：

今天，我要向全体教职工介绍和表彰的是这样一些人：

他们来自五湖四海，有正式职工，有临时工，有代课教师，也有普通的退休职工……他们专业不同，他们年龄各异，有风华正茂的教师，有年过花甲的职员……

他们为人大附中而来，十年、二十年、三十年……他们图的不是人大附中给了他们什么，而是对教育事业的执着与挚爱。

他们会离人大附中而去，十年、二十年、三十年……我们会永远记住他们为人大附中做过些什么。因为有了他们，人大附中这棵大树才会根深叶茂，欣欣向荣。

我们在座的每一个人也会离人大附中而去，十年、二十年、三十年……到那时，校园依旧，物是人非。但是有一种东西是永远不会离去的，那就是——心里燃烧的对理想、对事业的激情，这是人大附中的根本，这是人大附中的灵魂。

现在，让我们请出他们，请他们走上台来……

伴随着雄壮的音乐声和暴风雨般的掌声——

学校保安穿着整齐的制服走上台来了。

食堂职工罗军、王彬、魏二明走上台来了。

国际部留学生公寓管理员胡兆英走上台来了。

财务顾问丁秀兰走上台来了。

信息中心管理员盛丹走上台来了。

游泳馆救生员领班王晓莉走上台来了。

负责田径场日常维护工作的李永胜走上台来了。

总务处木工腾建国走上台来了。

"三高"后勤主任龚立新走上台来了。

……

一群平时默默无闻、不为人关注的教职员工走到了台上，来到了绚丽的灯光下，他们的脸上带着腼腆的笑容。也许他们从没有这样受到过关注，也许他们从没有得到过鲜花和掌声。而此刻，他们为自己是人大附中的一员而骄傲。

台下也有诧异和不解的目光，因为他们不了解站在台上的这些人，不知道我为什么要如此大张旗鼓地表彰他们。

那也许是我最长的一次讲话。

我讲我们学校的保安。他们把人大附中的利益放在第一位，把保卫学生的安全放在第一位。为了使学校有一个宁静、安全的环境，他们常常会得罪一些外来人员，甚至遭到谩骂和殴打，可是为了学校的利益，他们骂不还口，打不还手，受了不少的委屈。没有他们，就没有今天如此宁静、安全的校园。

我讲食堂职工罗军。他是食堂仓库保管员，为了保证师生的饮食安全，他对库房卫生每天一小搞，一周一大搞，对食品原料分类上架，做到出库精确，先来的先用，后来的后用。他每天都要对所进的食品及食品原料进行认真核对、检斤验秤、登记、填写食品标签，严格把关，不让有腐烂变质的食品原料进入食堂。

我讲总务处木工腾建国。他是学校唯一一个木工，担负着全校的木工维修任务。教室的玻璃碎了，门锁、桌椅坏了，窗帘掉下来了，都需要他去修理。他的工作量之大难用数据表述，有时忙得连饭都顾不上吃，晚上加班更是常有的事。

我讲体育组的工人李永胜。他主要担任学校田径场的卫生和体育器材的管理工作。3 年来，他每天早上 6 点钟就起床清扫田径场的垃圾，为的是能让老师和学生每天都能有一个清洁舒适的运动场地。

……

我一个一个地介绍着他们。他们那些鲜为人知的事迹一一被展现，台下所有的教职员工深深地感动了。

他们终于明白了为什么要召开这样一个特殊的表彰会。这是对每一位为人大附中作出贡献的人的肯定和尊重。有了这种肯定和尊重，我们肌体的每一个细胞就会充满无限的生机和活力。

为 "一老一小" 献花

2003 年元旦，人大附中 4000 多名师生员工聚集在中国人民大学世纪馆，召开新春联欢大会。这是我们这个大家庭最盛大的一次聚会。

前一天晚上，我一直在忙，但心里却惦记着一件很重要的事。这件事我本来是要自己去办的，可实在抽不出身。我给一位副校长打电话说："你现在能不能去花店帮我订两束鲜花，让花店明天一大早送过来？"

"这么晚了，订鲜花干什么？"对方很诧异地问我。

我说："你别问了，这是一个秘密，你明天就知道了。"

第二天一大早，花店送来了鲜花。我怀抱着鲜花向新春联欢会会场走去。沿途，不断有师生问我："校长，这花是献给谁的呀？"我笑而不答。

新春联欢会开始了，我捧着鲜花走上台致新年献词，我说："今天是我们这个大家庭团聚的日子，首先，我要将手上这束鲜花献给人大附中在工作岗位上年龄最大的一名成员——校文印室退休返聘的阎桂春师傅，感谢他为人大附中付出的辛勤劳动，祝他身体健康，新年快乐！"

谜底揭开，会场响起雷鸣般的掌声和欢笑声。阎桂春师傅压根儿没想到我这束鲜花是献给他的。他情绪激动地走上台，连声说："谢谢！谢谢您的祝福！"然后高举鲜花向全场致意。

阎师傅走下台后，台下响起一片叽叽喳喳的声音。我知道大家都在猜测，这第二束鲜花会献给谁。

"这第二束鲜花让我们送给人大附中年龄最小的成员，他是初一（3）班的刘晓维同学，祝他在人大附中健康成长，祝他新年快乐！"

会场一下沸腾起来。在富有欢快节奏的掌声中，刘晓维走上台来。也许太感意外了吧，他的小脸红得像个熟透的苹果。

我之所以这样做，一方面是想给新春联欢会增加更多的欢乐气氛，而更重要的是，我要让这个联欢会充满亲情，让每个人都感到家的温暖、家的温馨、家的欢乐、家的幸福。我要将对所有员工的祝福，都寄寓在对这一老一少的祝福中。

我对老师们说："我们要给教工们建美容院、办女子世界，我们要鼓励员工贷款买车、买房，希望我们的员工有高质量的生活。所以，我希望全校4500颗心一起跳动，4500股劲拧在一起。只要你有一份付出，人大附中一定会还你一个惊喜！"

我要让每一位人大附中的员工都感觉到自己是这个大家庭中的一员，这个大家庭的每一个惊喜，每一声叹息，每一次成功，每一次挫折都与他们息息相关。而这种血肉相连的关系不是建立在一张合同契约上，而是建立在对每一个人的信任和尊重上，建立在视每一位员工为主人的基础上。

在人大附中，学生是至高无上的，教师是至高无上的，职员和工人也是至高无上的。

一位员工说："如果说人大附中有什么永不衰竭的魅力，那就是她会为你提供一个开放的舞台。你所有的才能，都会得到充分发挥，你会在这里得到纵横驰骋的空间。你在这里只会有自叹弗如的窘迫，绝不会有难遇伯乐的慨叹。"

如今，走进人大附中校园，就能呼吸到扑面而来的

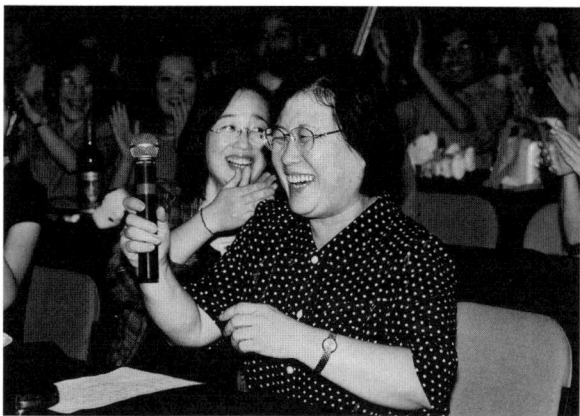

欢聚一堂，与教职工同乐

创新的空气。奋斗与创新已成为这里的一种制度和文化。人人内心深处都有一种紧迫感，每一个人身上都有一种拼搏精神。创新，超越，奋进，已成为每一个人的追求。

龙，腾起来了，虎，也跃起来了，它给人大附中带来的将是永不衰竭的发展动力。

第十一章
干正确的事比正确地干事更重要

校长管理学校，也有个做什么和怎么做的问题。我当校长最大的体会就是：做什么比怎么做更重要，干正确的事比正确地干事更重要。

一个工作废寝忘食、兢兢业业的校长不一定就是好校长，好校长应该是既爱岗敬业又能干正确的事。干正确的事是大前提，大前提成立了，一顺百顺。因为只要你干的是正确的事，领导会支持你，同事会积极主动地配合你，这样一来，动力大增，阻力大减，水到渠成，事半功倍，你这个校长也就当得长袖善舞，左右逢源，举重若轻，游刃有余。

干正确的事，关键是作科学的决策。作科学的决策，关键又在准确地把握形势。什么叫形势？"形"是已经客观存在的现实；"势"是客观现实中蕴藏的未来的发展方向。由此可见，准确地把握形势，就是既要符合实际，又要有超前意识。只有这样，我们作出的决策才能把解放思想、实事求是、大胆创新、与时俱进、抓住机遇、加快发展有机结合起来。

作出这些决策的判断标准只有一个：看准了是正确的就干，不是正确的或看不准的坚决不干。

一、环境是无声的语言

请 个专家当顾问

要建世界一流的学校，除了要有世界一流的教育思想、教育理念，还应该有一流的校园环境。它是一种无声的语言，传递的是思想、文化、自信和蓬勃的活力。一个学校的校园面貌，是校园里人的面貌的折射。在一个"蓬头垢面"的校园里，活动的一定是一群无精打采、精神萎靡的人。

1997年7月，当我走遍学校的每一个角落后，我的心是沉重的。教学楼还是50年代修建的教学楼，食堂还是一排又潮又暗的平房，操场坑坑洼洼尘土飞扬……要办一流的教育需要有一流的环境，这样的校园环境必将制约学校未来的发展。

搞建设需要经费，可我们缺的就是经费。我们只能将大目标分解成一个个小目标，一个小目标一个小目标地去做。

当我们终于筹到了一笔钱，要进行第一个建设项目时，学校出了一件事。

那天，有人神情慌张地跑来告诉我，几年前才建起来的计算机房的山墙裂开了一个大缝。我赶过去一看，那道裂缝像巨大的蚯蚓趴在墙体上，令人触目惊心。我再到对面一看，那边也有一个大裂纹。我吓得倒吸一口冷气——每天都有师生进出计算机房，万一墙倒下来，后果不堪设想！

我又想起了一件事，几年前，学校刚建不久的图书馆，部分天花板突然坠落，险些砸伤了老师和学生。想到这里，我感到问题严重。于是我马上组织人力对事故发生的原因进行调查。调查的结论是，承担这几个建筑的施工队资质较低，加之无人监督，因此建筑质量无法保证。这给我敲响了警钟。学校建筑是关系到几代人的大事，建筑的质量问题，不仅影响着校园的形象，更关系着师生的安全。百年大计，质量为本。要搞好校园建设，必须首先建立严格的质量保障体系。

建立质量保障体系，我首先从用人入手。我任命了一位物理教师出身对工作认真负责的副校长主管基建，同时又为他调配一位副主任，协助做好这项工作。

尽管如此，我仍然不能放心，毕竟建筑是一项专业性极强的行业，新任命的基建副校长虽说是学物理的，但对于建筑也是十足的门外汉，要建设一流的校园建筑，还必须有靠得住的专家来指导才行。正在这时，学校化学教研组组长李新黔老师介绍我认识了一位建筑业的专家——中建总承包局的马副局长。

马副局长硕士毕业，共产党员，学的是建筑工程专业，已有十几年工程建设的经历，30岁刚出头就当了项目总指挥长。人大附中下一步不仅要新建食堂、国际部大楼、高中教学楼，而且还要建教学配套设施：游泳馆、艺术馆、室内外运动馆等。确保这一系列重大工程项目的建筑质量，是一副分量极重的担子，如果能请这位建筑专家作我们的顾问，从招投标开始，到建筑施工建议、建筑质量监督等一系列的重要环节，都能得到他的帮助，那我们的建筑水平、建筑质量不就更有保证了吗？

但是，我与马副局长毕竟只有一面之交。他为人如何？他肯不肯、适合不适合担任我们的顾问？我必须在调查研究后才能下结论。

我想起来，我校实验班一个毕业生的家长是中建总公司副总裁，费了一番周折后，我找到了他的电话。我给他打电话，请他帮助"考察"马副局长。

过了几天，那位副总裁给我来电话，说情况都了解清楚了。我想，请专家当顾问是件大事，必须让校务会的成员都了解这件事情，并且征求他们的意见。于是我说："我马上将校级领导班子所有成员带到你那里听情况。"

那天，北京少有的热。太阳像个火球挂在天上，空气燥热得仿佛一点就着，路边的树上，那些往日爱扯着嗓子嘶叫的蝉儿也热得失了声。我带着几位校领导顶着大太阳赶到那位副总裁的办公室。

副总裁告诉我们，马副局长业务能力不错，他搞过施工，当过项目经理，还搞过设计管理，为人也很正派。听了情况后，大家都觉得请他当顾问能放心。

从此，学校的基建工程有了一个高素质的领导班子和有效的质量保障体系。在以后的学校建设中，这个基建班子高效运转，为学校的校园建设立下了汗马功劳。

事实证明，马副局长这个顾问我们请对了。他与我们负责基建的副校长和副主任密切配合，在制定学校建设总体规划中给我们出了不少好点子。后来建高中教学楼，建综合楼，建食堂，建游泳馆，每一次招标，都由他请专家来进行评议、设计。施工中出现了问题，只要给他打个电话，他马上就会赶到施工现场。投资方和建设方出现了矛盾分歧，也是他从中斡旋。他一有空就到施工现场巡视，从建筑的

旧校门

新校门

内部结构到建筑的外观，都严格把关，发现了问题，及时通报我们，并按照我们投资方的要求与对方沟通，及时解决问题。

就说学校大门改建工程吧。原来的大门又窄又破，一到学生放学的时候就拥挤不堪。学校大门是一个学校的门面，要有自己的特点和风格。我们发动全校师生和家长开展校大门设计活动。结果，有了近百种设计方案。我们将这些设计方案贴到学校的橱窗里，还作出了效果图，让大家评选。

马副局长在学校大门设计方案的最后确定过程中给了我们很大的帮助。由于他的参谋，这项工程的造价比原来的预算低了许多。

学校的财务工作关系着学校的命脉。任校长后，我发现学校的财务管理过于分散和无序。当时全校有七块各自独立的财务，各自为政、互不协调的现象不仅隐藏着各种财务漏洞和风险，而且造成政令不能统一、步伐不能一致的混乱局面，严重制约着学校的进一步发展。我下定决心并马上动手，整顿财务管理现状，统七块为一体，建立健全财务管理制度。财务主任倪卫平协助我"拨乱反正"，做了大量的工作。

随着学校办学规模的扩大，随着财务管理制度的不断革新和规范，学校财务管理的工作量在不断加大，对财务管理的质量要求也在不断升级。我和倪主任都感到，这种快速发展的形势，急需一个财务管理经验丰富的专家来加盟，以壮大力量。此时，我想起了一位学生家长，她叫丁秀兰，原来是一家大公司的财务总监。

几年前，她到学校来开家长会时我们认识了。她为人之能干，财务管理经验之丰富，我是深为了解的。请她来担任学校的财务顾问再合适不过了。在征得倪卫平主任的同意后我把丁秀兰请进人大附中。

丁秀兰进校后，很快进入了状态。在她的建议之下，我们对财务管理制度作了很多补充和改进。她向我建议说："目前的审批制度不规范，用钱的报告有手写的，有计算机打的，有长的，有短的，五花八门什么样的都有。必须规范化，必须健全审批制度。"

她帮我们设计了统一规范的审批报告单，上面有用款部门、用途、金额、经办人等。并对审批权限进行了规定：1万元以上的开支由两位副校长签字后，还需由我来签字；重点投资项目，必须由校务会成员联签。

有了这位财务专家当顾问，学校的财务管理进入了科学管理的轨道。

2002年，我又请来了一位审计专家。

那天，学校召开全体教师大会，我向大家宣布："今天，我要向大家介绍一位新来的同志，她叫路秀丽，是搞工程审计的，今后主要负责学校各项工程投资的审计工作。"

会后有人议论说："没听说哪个中学有审计这个部门，中学有什么可审计的？"

有议论和误解，是因为他们不知道我为什么要请审计师。

那时，学校综合楼建设已进入尾声，马上就要进入工程结账阶段，我们认为这项工程造价太高，但并不知道高在哪里。学校管基建的大都是教师出身，也都不太懂。施工单位报多少钱就得给多少钱，即使有异议，也拿不出依据。

路秀丽来了后，第一个任务就是对综合楼工程进行审计。她核定用材量，核定材料价格，核定各项费用支出。结果，核下来了180万元。

2003年，教学主楼进行装修和管线改造，她一下又审下来了150万元。

原来搞工程时，由于没有审计给把关，一般都是先干活后结账，不但存在"高估冒算"，而且双方容易发生矛盾。路秀丽来了后，工程施工之前，她就与建设方核定工作项目、工作量、用材量、材料价格，定下各项费用的比例。由于完全按规范化操作，使费用大大减少。

我将路秀丽做的工作在全校大会上介绍，当初不理解的人也心悦诚服了。

正是因为有了审计师，我们的钱才能花在合理的地方。

我认为，校长作为一个人，不可能是万能的；但作为一校之长，他又应该是万能的。校长的万能，应该体现在他的用人上，不仅要用好校内的人，而且要用好校外的人。发现和调动社会上一切积极因素，为学校教育发展服务，这应该是校长的万能之所在。

让 每一面墙都说话

一座城市的建筑便是这座城市一部浓缩的历史，每一块砖，每一面墙，都有着这座城市的文化密码。

一座校园的建筑也同样如此。

学校的每一座建筑，都应该是一种思想的传递，一种文化的表达，它要与校园里的人构成一种和谐完美的环境。学校建筑的主色调，有用灰色的，它表达的是一种凝重；有用红色的，它表达的是一种活泼和热烈；有用白色的，它表达的是一种纯净。我们学校建筑的主色调应该是什么呢？我认为这个主色调要表达的应该是一种与众不同的个性。这也符合我们"尊重个性"的办学思想。

为了寻找这种能表达"与众不同"个性的主色调，周末有空时，我就满北京城转。去美国考察时，我也特地去看了哈佛大学和麻省理工学院，还有一些中学，他们大都以暗红色为主色调。但我觉得这种色调还不能表达出"与众不同"的个性特点。

有一次，我转到建国门一带，在灰色的楼群中有几幢建筑吸引了我的视线。它们以暗红为主色，然后用白色拉出很优雅的线条。这一下激发了我的灵感，暗红色热烈而不失庄重，而白色代表的是一种纯净，如果将这两种色调进行合理的搭配，一定有一种与众不同的风格。

我又多方征求意见。最后确定以红白相间的颜色作为校园建筑的主色调。

学校有几幢旧房子，外墙贴的是白瓷砖。在校务会上我说："校园建筑的颜色应该统一，如果不统一，会显得杂乱无章。"我提议给几幢旧房子"穿件新衣服"。

大多数人支持我的建议。也有人认为："不就是个颜色吗，干嘛非要统一，这不是浪费钱吗？"

我得说服大家。在全校教职员工大会上，我说："我为什么极力主张给学校的建筑确定颜色，就是为了烘托学校的校园文化，衬托学校的文化底蕴。我们现在还很穷，我们没有力量把我们的楼都推倒重建，但我们可以给它换一件'新衣服'。

像实验楼和图书馆，建的时间不是很长，我们也许还要用十年或二十年，那么，我们就给它们换一件贵一点的'衣服'，给它们贴上红白相间的瓷砖。有的楼太旧太破，只要能筹到钱，我们就会推倒重建，那么，就给它换一件便宜的'衣服'，给它刷上红白相间的涂料。"

现在，再没有人说这件事做错了，因为实践证明我的决策是对的。独特的校园环境，不但给人以美感，而且有与众不同的鲜明个性。

高中教学楼的主体结构已经完成时，我发现一楼大厅不但局促逼仄，而且光线昏暗，怎么看都觉得别扭。我将负责基建工作的几位老师找来商量，我说："这一楼大厅堵得慌，学生下课后，楼下连个活动空间都没有，能不能将前后打通，让它通透起来？"

要打通，就得拆掉两间教室。有人认为既然已经做成这样了，就别动它了，一楼没活动空间，学生可以去外面活动。

我说："如果是下雨天，不能去外面怎么办？总不能将 1000 多学生都关在教室里不让出来吧。我们的办学宗旨是一切为了学生，我们不能因为怕麻烦而不顾他们的利益。"

最后我拍板决定，拆掉两间教室，将前后打通，并将后面做成玻璃幕墙。这样一来，一楼大厅不但宽敞明亮，而且和后面绿草茵茵的运动场在视觉上连为一体，透过玻璃幕墙，大楼外面的风光也尽收眼底。

原来的高中教学楼

新建的高中教学楼

　　我注意建设中的每一个细节，总希望做得最完美。国际部卫生间的小便斗延时开关没用多久就坏了，问题出在一根下水管上。一了解，这根管子是商家赠送的。我对负责采购五金件的老师说，不能图省钱，该花的必须得花。一个小细节上出了问题，也会破坏整体的美。

　　综合楼四楼是一个新建的报告厅，有四种同声翻译，可以召开国际会议。我要求报告厅里的每一个细节都要做到最好，大到墙砖的颜色、椅子的颜色，小到灯光、窗帘，既要美观大方，又要有一种整体的美。就拿椅子来说吧，为了挑选一种既美观又舒服、又便宜的椅子，我们将各种式样、各种颜色的椅子摆在校园里展示，让大家挑选。后来我们选的是一种湖蓝色的靠椅，它与报告厅的整体风格非常契合。

　　让每一座建筑都说话，让每一面墙都说话，让每一个物件都说话。校园环境以它独特的语言，给每一个走进校园的人讲述这里的人、这里的故事。

二、该出手时再出手

积 **小步成大步**

学校的人力、物力和财力资源是有限的，而学校的建设与发展却是无限的。小到设备添置，大到盖楼建馆。所以，决定一个项目是否实施，既要看客观条件成熟与否，又要考虑其在学校全局工作中的轻重缓急。只有准确把握好投资时机，有限的资金才能用在刀刃上。

对于一个技术含量高的设备项目，其投资时机一般需要考虑三大因素：产品价格，使用者的技术熟练程度以及市场供需情况。当一个新产品刚刚推向市场的时候，其技术性能往往不太稳定，市场价格也往往较高，同时使用者掌握技术也不太熟练。这时候，我们通常是尝试性地进行小规模投资和进行实用实验。等到产品技术相对成熟，性能相对稳定，市场价格相对低廉而且学校的需求开始增大的时候，我们才开始大规模投资并予以推广。它是需求推动—决策—投资—推广—跟踪—新的需求—新的决策，这样一个反复循环不断提高的过程。

我任校长 7 年来，学校先后建起了校园网、网络学校、网络阅览室、网络实验室等，但在建设的过程中，我们的投资并不是一步到位，而是积小步成大步，分阶段进行。

我们校园网的建设就是如此。1998 年 9 月，根据学校教育教学工作的需要，我们决定建设校园网。当时，网络技术的发展尚处于起始阶段，技术还不太成熟，网络建设的成本也较高，而我们的资金投入非常有限。所以，我们就将校园网定位在价格相对比较便宜的百兆网，网上的软件系统也都是自己开发，自己调试。所以，整个投资只花了 40 万元。

2001 年左右，校园网建设进入高峰期。不少中学纷纷开始建校园网，由于市场需求过旺，价格一个劲地往上涨。这时，也有人建议我们上千兆网。可是我觉得尽管百兆网的容量有限，但基本还能满足当时学校的需求。如果赶在高峰期搞千兆网，一定会增加很大一部分投资。我决定等等看，因为市场犹如大海，一个波涛推着一个波涛，有浪尖，也会有谷底。我等待着谷底。

到了 2002 年，教师和学生对校园网的需求越来越高，对它的依赖性也越来越强，我们决定将百兆网升级为千兆网，而这时，校园网建设高峰期已过，市场价格已相对低廉。而且这时候，校园网技术已经非常成熟了。我们用了别的学校在高峰期投资的一半，建起了新的网络中心，新的主干光缆，新的主干网络设备，新的服务器，新型的操作和服务系统，建起了功能强大的 64 千兆校园网。

这个功能强大的校园网，不但有丰富的网络社区和强大的信息检索系统和数据库，有完善的网络服务体系和应用系统，还有强大的信息交换中心，能实现企业级的网络交互服务和为集团提供视频会议服务。

2003 年，我们提出了建"数字化校园"的目标。实现这个目标仅有千兆网是不够的，因为它还不能完全覆盖校园。根据需求推动发展的投资原则，我们在这一年又投资建起了无线网络，在全校建了 38 个无线基点。现在，老师和学生们只要随身带上笔记本电脑，在校园任何一个有网络接口或无线接入站点的地方都可以随时上网。

由于很好地掌握了投资时机，我们的校园网建设不但花钱少，而且与同代产品相比，它的核心带宽更高，可拓展性更强。2002 年 12 月，人大附中获得了由网络文明工程组委会颁发的"绿色网络示范学校"的称号。

如今，我们学校的任课老师每人都配备了一部笔记本电脑。可是这个投资项目的完成过程却长达 3 年。

1999 年，有部分老师开始运用计算机制作课件，有人向学校提出了配备笔记本电脑的要求。当时我也有这样的设想，但是觉得时机还不成熟。一是当时多媒体教室还没建起来，即使有了笔记本电脑也发挥不了多少作用。二是当时市场上笔记本电脑价格居高不下。为了满足老师制作课件的要求，我们先买了几十台笔记本电脑，采用借用的方式供大家使用。

到了 2002 年，我们所有的教室都建成了多媒体教室，运用多媒体进行教学的老师也越来越多。这时我们决定给每一位任课教师配备笔记本电脑，购置费用由学校与教师个人各分摊一半。

我们设置了一份问卷，然后发给每一位任课老师。问卷的内容是：你希望购买什么品牌的笔记本电脑？你对电脑的需求级别是什么？你认为什么价位的电脑可以接受？我们还公布了对电脑市场进行调研的评价表，供大家参考。

问卷收上来后，我们又将一些卖电脑的厂家请到学校，开展咨询活动。

学校还组成了招标小组，负责笔记本电脑的招标工作。经过一轮轮艰难的谈判，我们以大大低于市场的价格购置了这批电脑。

7年间，积小步成大步，我们实现了一个个梦想，完成了一个个奋斗目标。

双赢的博弈

2003年9月，在人大附中高一年级，新增了一个特殊班级——无线网络实验班。

无线网络实验班能落户人大附中，是我们与商家博弈的结果。

一天，一位朋友问我："联想集团和英特尔公司有一种设想，想给你们学校一个班的学生每人配一台手提电脑，价钱是各出三分之一，你有没有兴趣？"

我一想，联想、英特尔都是巨人企业，孩子们买笔记本电脑只需三分之一的钱，而且现代教育技术发展迅猛，手提电脑在教学和学习中该怎么用，可以进行一下尝试。

我知道，在商言商，公司是为了推销产品而来。但是，对方关于迅驰移动计算技术的介绍却引起了我的关注。有线就有束缚，无线则意味着自由。过去，我们进行多媒体教学时，师生都必须去专用教室，而且由于线路束缚，不允许任意变化。可是，在倡导研究性学习的今天，随意分组，变来变去，是家常便饭。无线网络打破了线路束缚，能让人获得解放。从介绍中我还得知，只要在校园内建立基站，便可以用笔记本电脑随时随地无线上网，这是一种领先时代潮流的新技术。

对方介绍完后，我开门见山地说："新技术的推广如果能与科研结合起来，也许会取得更好的效果。譬如，无线网络是否适合中学生在课堂上使用？适合哪些课使用？用它能做什么？使用中应避免哪些问题？使用者与非使用者会有什么差别等等，这些都是可以研究的课题。如果经实验证明，它适合学生在课堂上使用，并能提高学生认知方面的能力，这不就是一种很好的广告吗？"

我笑了笑，又说："当然，如果是作为科研项目来做，我们应当成为一种合作关系。第一，产品价格要非常优惠；第二，贵公司应提供长期的技术支持和业务培训。"

对方被我的话打动了，临走时告诉我，一定尽快将我的建议反映给公司高层领导。

我的建议引起了英特尔公司的重视。他们又找到联想集团，希望一起参与这个科研项目。

几天后，联想集团一位副总裁来我校考察。最后，我们三家达成了合作协议：三家各出三分之一的钱，为人大附中装备一个无线网络实验班。

为确保研究的科学性，我提议对课题进行公开招标。最后，北京师范大学心理学院的两位教授中标。

一个纯粹推销产品的行为，在我的设计与协调下，就这样一步一步演变成了一个科研课题。无线网络实验班项目纳入课题管理，作为国家"十五"重大科技攻关项目的课题——中学（网络）教育示范工程的重要研究内容和示范平台，重点研究和推进无线网络环境下的信息技术和课程的有效整合。

这个无线网络实验班不是一个特长班，也不是以培养计算机特长生为目的，而是创造一个无线网络的教育环境，以此来尝试培养具有信息素养的全面发展的学生。因此，我提出，这个班由学生自愿报名组成。

我们在校园网上公布了办无线网络实验班的消息，马上就有不少学生前来报名。经过筛选，46名有一定计算机网络知识的同学走进了无线网络实验班。

无线网络实验班正式成立之际，我们召开了新闻发布会。会上不但来了不少媒体，教育部和科技部有关领导也欣然到会。我们的合作方英特尔公司和联想公司也分别在新闻发布会上作了发言。因为人大附中这个无线网络实验班，他们的新技术、新产品也为更多的人所知晓。

我们给这个班配备了既懂计算机技术、教学经验又十分丰富的老师。已担任校长助理兼信息中心主任的舒大军，被派到该班任计算机课和思想政治课老师。

课题组设计出了人大附中无线网络学习实验评价方案，它包括学生的认知、情感、行为等18个指标，以及教师的教学态度、观念、模式、行为和信息素养等多项指标。课题组两位教授每个星期都要带领十几名研究生来学校跟踪调查，并根据调查获得的数据进行逐一评价，以检验无线网络学习对教与学模式和行为的影响，尤其重视师生认知、情感与行为的变化。

开办无线网络实验班，受益最大的莫过于这个班的学生。他们获得的不仅是无线的自由，还有信息素养的提高。

花最少的钱办最好的事

校长是管理者，也是经营者。作为经营者，我脑子里经常琢磨的是：怎样花最少的钱办最好的事。

1998 年，我在考察国外教育的时候就深刻地认识到，要培养 21 世纪的创新人才，必须让学生掌握适应 21 世纪发展需要的必备本领。学生在中学阶段不但要学知识，还要学本领，学技能。

在天津十三中参观他们的劳技楼时，我发现有一间教室里摆放着 4 台汽车模拟驾驶设备，我爱不释手，深受启发，萌发了建汽车模拟驾驶教室的念头。我想，英语、计算机、开车被视为现代人必须具备的三大技能。我们的学生会英语，会计算机，就是不会开车。如果让他们在中学阶段就学会开车，那他们走出校门时就已经是一个拥有三大技能的人了。

这个想法让我很激动，我梦想在我们的校园里，也有一间像他们那样的汽车模拟驾驶教室。让学生不出校门就能接受汽车驾驶培训。

一回到北京，我就开始四处打听，看国内有没有生产汽车模拟驾驶器的厂家。有人告诉我们，武警部队有这种汽车模拟驾驶器。我们去那里一打听，才知道这种汽车模拟驾驶器是美国一个厂家生产的。

正当我失望的时候，又传来一个消息，美国那家生产汽车模拟驾驶器的企业在南京刚建了一条生产线，由一位美籍华人在那里组织生产，正雄心勃勃地想打开中国市场。还有一个消息传来，北京有一家企业也在开始生产汽车模拟驾驶器。

我们很快就与这两家公司取得了联系。听说我们想建一个汽车模拟驾驶教室，他们很吃惊也很兴奋。他们没想到他们的产品在中学也有市场，更没想到一个中学竟要建一个可供 20 人同时上机练习的教室。

他们的报价却让我的心凉了半截，别说我们拿不出这么多钱，即使拿得出来，用这么大一笔投资建一个汽车模拟驾驶教室，校务会也不可能通过呀。

可是我就是想将这个汽车模拟驾驶教室建起来。那些日子，一有空我脑子里就开始琢磨这件事：能不能既少花钱，又能将这件好事办成。

我先找北京这家公司。公司带我去天津的生产基地参观，抚摸着那些刚刚生产出来的汽车模拟驾驶器，我对他们说："我们是一所中学，拿不出这么多钱买你们的设备。你们的产品刚出来，也急于打开市场，如果我们建起来了，国内外会有学校来参观，你们可以来宣传，来做广告。全国有上万所中学，如果每个学校都关注这件事，那是多么大的市场！"

我的话把他们打动了，价格降下了一大截。再往下砍价就难了。我对他们说："我先不买你的，我还要去南京跟美国那家公司谈，如果他们也降到跟你们一样的价，我们就买他们的，毕竟他们的产品是原版。"

公司老总听了，说："如果南京公司在这个价位上还能往下降，我们还可以往下降一点。"

南京的公司听说我们要去参观考察，公司经理层非常重视。他们想，如果一个中学能建一个汽车模拟驾驶教室，中国有那么多中学，那该是多么大的市场！所以他们想牢牢抓住我们这个客户。

他们将我们要批量购置汽车模拟驾驶器的消息给美国总部作了汇报，在那边引起了震动。他们没想到中国的一所中学也要建汽车模拟驾驶教室，所以指示中国分部，一定要把这个订单签下来。

去南京的那天，酷暑难当，坐在开往机场的汽车上，我将南京公司传真来的材料又反反复复看了几遍，边看边琢磨谈判技巧。

一下飞机，我们就直奔公司。公司经理亲自陪同我们参观，然后回到会议室开始谈判。谈判从下午3点一直持续到第二天凌晨两点。那真是一个艰难的过程，也是心理素质与智慧的一场较量。当大家筋疲力尽走出会议室时，公司经理说："我从没碰见过像您这么厉害的谈判对象，一上来就给我们的价格砍了一半。"

我笑着回答说："因为你的谈判对象不一样啊，我不是商人，我是一个中学校长。"

第二天我们就要飞回北京，我对公司经理说："你们的精神和诚意都让我很感动，但是如果北京那家公司的价钱比你们低，我们就买他们的，因为他们离我们近，平时好维护。"

南京公司觉得他们给出的价格已经是底线了，他们不相信北京公司会以比他们更低的价格卖给我们。

北京公司知道了我们的返程时间，马上给我打电话，让我们下飞机后不要回学校，直接去他们公司。我知道，这中间还有谈判空间。

到公司时，已是下午6点多钟了。双方都没心思吃晚饭，坐下来就开始谈判。

那同样也是一个艰难的过程。

价格定下来后,我说:"我们一下拿不出这么多钱,得分期付款。"他们答应了。

他们之所以最后同意以那么低的价格卖给我们,当然是看好了中学这个蕴藏着无限商机的市场。汽车模拟驾驶教室装配起来后,经常会有学校前来参观,有本市的,也有外地的。每当这个时候,他们就会来散发他们的宣传广告,与一些中学进行接触。仅通过这个渠道,他们就已经卖出了好几台产品。所以,这是一件双赢的好事。

梦想终于变成了现实。现在,汽车模拟驾驶已成为每一个学生的必修课。我们还与北京一家驾校建立了共建关系,只要我们的学生满了18岁,只要本人愿意,都可去驾校学习后拿驾照。

现在,每年暑假都会有成批的学生去驾校学习,不少人已拿到了驾照。教师中,拿到驾照的已达到百余人。

越南教育部长一行参观人大附中汽车模拟驾驶教室

我们的多媒体教室只花了别人一半的钱就装起来了;我们的多媒体播放系统也只花了别人一半的钱就建起来了。这中间除了需要把握谈判时机,掌握谈判技巧,还需要一种坚忍不拔的执着。有了这几点,就能花最少的钱,办成最好的事。

机 会总是给有准备的人

机会像一个隐身人,常常就躲藏在我们身边,需要我们有一双会发现的眼睛。

机会又像一个行无踪来无影的精灵,只有作好了充分准备的人才能够抓住它。

对于我们来说,机会有时会藏在国家和地方政府的建设计划里,有时会藏在企业、社区的某个创意里,有时会藏在某个重大课题里。所以,我们得眼观六路耳听八方,捕捉各方面的信息,并加强与各方面的联络和沟通。只有这样,我们才能利用一切可能的机会,借助政府、企业、社区以及各方面力量共同建设学校,达到利国利民同时也利校的目的。

我们的校园网在 1998 年就建起来了，后来又建起了远程教学教室。但是由于没钱拉专用线，我们上英特网得从大学网进入，这里也有费用问题。后来，我认识了东方网景公司的总裁，他答应给我们学校拉一条 128K 的专用线，免费使用两年。但这条 128K 专业线不久就不够用了，经常出现网上塞车现象。

那时，我做梦都想有一条专用光纤拉到校园，让我们的校园网网路通畅，并能随时开通远程教学。

北京市信息中心主任带人来参观人大附中，看完后他们非常感慨，说原来以为北京市的中学网络信息技术落后于上海，没想到人大附中有这么多精彩的东西。

1999 年，北京市在市电信局召开 10 个远郊区县开通远程教学现场会。会开完后，我找到工作人员，说想见他们的局长。

见到局长后，我说："中国的基础教育并不比一些发达国家差，但我们的现代教育技术却与他们有很大的距离。如果我们的基础教育网络能够开通，在世界领先，这是每一个中国人的光荣，您支持了我们，也有您的一份功劳。"

局长挺感动的，说："我们一定支持！"

他很快就派他们的副总跟我联系。副总带着几个人到学校来了，我领着他们参观我们的校园网和远程教学教室，给他们展示网上课件、网上图书馆。他们看后很吃惊，没想到一个中学的网络信息技术已经发展得这么好。

这次参观给他们留下了深刻印象。

正是有了这些充分的准备，2000 年，一个难得的机会走到了我们面前。

2000 年初，北京市政府向市民承诺，在这一年要实施 60 项利民工程。到了这年的 11 月底，承诺的 60 项工程已经完成了 59 项，还剩下一项没完成，这就是——开通 10 个远郊区县的远程教学。

眼看只剩下一个月时间了，教育、电信等有关部门都很着急，如果这项工程没完成，将会失信于民。电信局想到了我们，因为他们来看过我们的网络技术，看过我们的远程教学教室。他们认为，只有人大附中有实力把这件事做起来，并建议让我们学校当骨干网点，对 10 个远郊区县开通远程教学。

市信息中心也非常支持这个建议，因为他们也来看过我们的网络设备，他们知道只有人大附中有开通远程教学的设备。

要开通与远郊区县的远程教学，首先得布线，拉光纤，电信局集中精兵强将，只用了一个星期就把光纤拉到了学校。我梦寐以求的目标就这样变成了现实。

2000年12月29日上午，10个远郊区县的远程教学网开通，该网络以人大附中为骨干点、一点对十点，我校英语教师程岚给远在百里之外的学生上了第一堂远程教学课。

2001年底，我得到一个信息："十五"国家重大科技攻关计划"网络教育关键技术和示范工程"项目将首次向社会公开招标。

我一打听，这个项目中有一个"中学教育示范工程"的子课题。作为首批全国现代教育技术实验学校，人大附中始终坚持以科研为龙头带动信息化建设，带动学校的全面发展。所以这个信息引起了我的极大关注。

在进一步了解情况后得知，"中学（网络）教育示范工程"课题是"十五"期间唯一一个面向中学的科技攻关课题，其主要研究内容是"数字化校园""网上联合中学""特色课程资源库"，目标是推动信息技术和课程整合，培养具有较高信息素养的中学生。

我认为这是提升学校现代教育技术，带动学校发展的一个重要契机。建"数字化校园""网上联合中学""特色课程资源库"，也一直是我们的梦想，如果中标，有了科研经费的支持，我们就可以早日实现这些梦想。

我们马上成立了人大附中投标组。这时，距离开标的日子已不到半个月时间。投标组十几名成员夜以继日地开始准备投标书，终于在开标日的前一天，拿出了一份长达100多页的标书。在这份标书里，既有对国内外中学教育信息化现状和发展的全面分析，又有我们承担这项课题研究所具备的优势分析，还有进行这些课题研究的详细方案。

如果没有以前的积累和思考，没有学校网络技术的快速发展，我们不可能在这么短的时间里拿出这么一份有分量的标书。结果，我们在全国众多投标者中脱颖而出，一举中标。作为主承担单位承担该项课题，我是该课题负责人。

正如我所望，这项科研课题大大推动了学校现代教育技术的发展。"网上联合中学"以"名师讲堂"为核心，发挥示范中学及其联合体所拥有的特色课程等诸多优势，运用项目其他课题和本校开发的支撑软件，为学生和学生、学生和教师、教师和教师之间进行交互式、协同式学习提供了平台，推动了学校信息技术和课程的整合。"数字化校园"实现了现实校园的数字化和网络化，使教师、学生可以利用先进的网络系统进行各种教育教学活动。而"特色课程资源库"整合市场和人大附中的特色课程资源，已开始为信息技术和课程整合服务。

正是不断为明天作着准备，才使我们抓住了一个个稍纵即逝的发展机会。

三、谋事在众，决断在己

从头再来

校长是学校一把手，得在一些关乎全局的大事上作决策，得团结大家一起干事。这就是谋事在众，决断在己，成事在众。

谋事在众，是指决策之前，一定要充分发扬民主，广泛征求大家的意见，集中大家的智慧；决断在己，是指在充分发扬民主，广泛征求大家意见的基础上，作为一把手的校长要勇于拍板，敢于担当；成事在众，则是指一旦决策之后，不必事必躬亲，要放手让大家去干，靠大家的共同努力去把事情做成。

如今，走进学校食堂就可以透过明亮的大玻璃看到干净整洁的操作间，热气腾腾的饭菜从操作台端到售饭窗口不过二三米距离。我暗暗庆幸自己当年作出了一个正确的决策。

1999 年初，师生盼望已久的新食堂建设工程开始破土动工。过了不久，我请华南师大的一位食堂管理专家给参谋一下，看看我们在建设中应注意什么。这位专家在我们的图纸里看出了问题。

他说："按图纸设计，你们食堂的操作间是在地下室，这会带来很多问题。一是造价高；二是操作间在地下室，通风得靠抽风机，污水排泄得靠水泵。如果停了电，污水抽不出去，地下室就会成为臭水沟。而且如果抽风机不能动了，师傅们在里面又烧火，又做饭，又炒菜，温度一定很高，会热得受不了。"

他说得很有道理。我又将图纸拿给我们的建设顾问看，他看了后也说操作间放在地下室有问题。如果有问题，那就得改，不然会留下隐患。可当时食堂的地基已经打完了，地下室也已经砌到和地面一样高了。

在做副校长期间，我是主管教学的，对基建知之甚少。现在，虽然基建工作由主管副校长负责，但面对大的项目和大的问题，我作为校长也必须过问、了解并提出自己的意见。我马上召开会议。我说："从专家的分析来看，操作间放在地下室弊端很多。如果以后真成了臭水沟，想改也改不了。我的意见是推倒重来，虽然会有一些损失，但不会留下隐患。"

有人提出说："如果推倒重来，得修改图纸，设计单位肯定不乐意，修改图纸肯定得再付设计费。另外，如果推倒重来，施工就得停下来，要等新图纸出来了才能干，这样会给承建方造成损失，这个损失肯定会要学校承担。"

也有人建议说："我看还是别改了，人家一家有名的宾馆和一家大公司的操作间也是在地下室。"

听了方方面面的意见后，我决定亲自去那家宾馆和公司作一番考察后再作决定。

那天，我带着几位校领导和设计师先去了那家宾馆。他们的操作间果然是在地下室。操作间光线昏暗，通风排污全靠电力。经理告诉我们：宾馆是在50年代设计的，由于操作间设在地下室，几十年来一直是宾馆的一大灾难，一到停水停电的时候，污水就无法排泄，操作间就成了污水沟。目前他们正在想办法想将操作间搬到地面上来。

接着，我们又去了那家公司。他们的操作间也是在地下，但那是不得已而为之。公司处在黄金地段，那里寸土寸金，所以他们只好将写字楼的地下室利用起来做了操作间。我们去操作间一看，地上油腻腻的，走在上面能将鞋粘住，虽然有抽风设备，但里面的空气仍非常污浊。

公司负责人说："我们是没办法才这样做。操作间放在地下有很多问题。不说别的，饭菜做好后，还要运到上面，如果是冬天，饭菜送到职工手上已经凉了。"

回到学校，我将建设顾问也请来了，现场开会。有了这番考察，大家对操作间放在地下的弊端有了更深的认识，会上意见统一：重新设计。

要将地下室的操作间升上来，地面上的建筑结构就要变。图纸设计几乎要推倒重来。当时正是五一放长假，设计方负责人说放假了，没地方找人。我说："这事一天都不能耽误，你们不能做，我们另外找人。"

结果，我们的建设顾问，马上帮我们联系到了一位很不错的设计人员。

这时，我听说跟我们有合作关系的华南师大的学生食堂建得不错，不但结构合理，而且餐饮配置也很科学。我马上让学校总务处主任带着设计人员火速去广州取经。

工程多耽误一天都是钱啊！他们下了飞机就直奔学校。参观完了，马不停蹄地往回赶，我一直在学校等着他们。

设计人员终于赶在五一期间将图纸修改好了。

五一后，工程重新开工。建设顾问成了这个项目的义务监理，他一有空就到工地巡视。到秋季开学时，一座宽敞明亮、布局合理、功能先进的新食堂出现在老师和学生面前。

一个领导者即使再高明，其知识、经验、眼界也是有限的。如果在决策之前集思广益，多听听大家的意见，不但能避免少犯错误，而且能使自己的决策更正确，更科学合理。

学校几乎所有的重大决策，都经过民主讨论的过程。比如学生校服，比如多功能厅椅子的选择，比如学校大门的设计方案。虽然讨论中仁者见仁，智者见智，但能启发决策者的思路，丰富决策者的思想，完善决策者的设计。

干错误的事比不干事更糟。因为一个错误的决策带来的将是不可挽回的损失。

果 敢也是一种领导素质

即使在寒冷的冬天，我们学校游泳馆里也依然温暖如春，游泳池里的水温依然恰到好处。这温暖来自神秘的地下。

在深达百米的地下，有着静静流淌的地下水，它冬天温暖夏天清凉，可是这宝贵的能源却久久没有被人类所利用。当人类知道煤可以用作能源时就拼命挖煤，知道石油可以用作能源时就拼命开采石油，知道电可以用作能源时就拼命建电厂，却久久忽视了一个取之不尽的能源——地温。

我第一次知道地温，是 2001 年。当时，我们正在建高中教学楼。一天，负责基建工作的杨校长和总务处汤主任来找我，说现在有一种地温取暖设备，它利用地温作能源，冬天可送暖，夏天可制冷，听说可节约经费四分之三左右，不但节能，而且环保。

我听了很动心。因为学校每年的电费高达几百万元，早就不堪重负。当时我们不但已经开始建高中楼，还准备建游泳馆，如果游泳池的水温长年维持在 20 多摄氏度，那得要用多少电？还有新建的高中教学楼，共有 2 万平方米，冬天要取暖，夏天要制冷，那又得要用多少电？

但地温取暖毕竟是个新生事物，我对它的了解趋于零，这个时候当然不能头脑发热地盲目决策。我让他们先出去考察，有哪些地方在使用，效果如何？有哪些厂家在生产，购置这些设备需要多少钱？有没有什么风险？使用这种设备供暖每平方米的成本是多少……

杨校长他们打听到，在北京市，共有五六家单位在使用地温取暖设备。他们一家家地进行考察，终于将什么是地温取暖，它需要什么样的设备，这些设备有哪些厂家在生产，地温取暖的工作流程是什么，运转费用是多少，全都摸清楚了。

所谓地温取暖，就是在距离供暖地点不远的地方打几口深井，然后将水抽到主机组，通过主机组在冬天提取水的热量，在夏天提取水的冷气，然后送到所需要的地方。

但是，并不是所有的地方都适合用地温供暖，它有一个先决条件：地下是否有充足的水源。如果供暖面积是 2 万平方米，它要求井打到规定的深度时，两口出水井每小时必须各达到 200 吨的出水量，而且水位要基本维持不变。同时，两口接受回水的回灌井，每小时的回水量不得低于 190 吨，只要停止抽水，四口井的水位都要回到原点。

我们将地质勘探部门请到学校，对地质情况进行勘探。结果表明，我们学校地下的地层结构主要是鹅卵石，含沙量比较低，好渗水。这种地质情况比较适合采用地温取暖。

在校务会上，杨校长向大家介绍了考察情况和学校地层结构情况。我觉得，决策这么大的一件事情，要更慎重些才好。第二天，我带着全体校务会成员分乘两辆车，将市内几家使用地温取暖设备的地方都考察了一遍。发现所有使用地温取暖设备的地方，取暖、制冷的成功率几乎百分之百。傍晚，我们又去了地质勘探部门，亲自参观了解，观看了各种先进的设备。回来后，我们连夜开会，定下了采用地温取暖的方案。

打井的施工队开进来了，他们要在校园里打上四口井。打井的那些日子，我几乎每天都要去井口看看。虽然勘探结果说这里地层结构不错，但出水情况到底怎样，谁也说不好。

2002 年 8 月，那是令我难熬的一段日子。眼看高中楼、游泳馆就要竣工，如果地温设备不成功，冬天教室取暖怎么办？夏天教室太热怎么办？我的心每天都悬着。

直到有一天，当井打到 96 米深时，地下水泉涌般地奔流出来。我这才重重舒了一口气，悬着的心也放下来一半。

然后开始选设备。听说郑州有一家企业生产地温取暖设备，杨校长他们去郑州作了考察。后来听说北京也有一家企业在生产，他们也去作了考察。可这两家企业的报价都不低于 800 万元。我们认为这个报价太高了，不能接受。于是又继续寻找，不但在国内找，也在国际市场上找。

后来，杨校长、汤主任找到了一家意大利企业，他们的产品质量比较好，在市场上可信度比较高。经过一次次谈判，他们愿意以较低的价格卖给我们。可就在这时，一家急于打开中国市场的法国企业也找到我们，愿以更低的价格提供这套设备。我们马上将这个消息通报给那家意大利企业，希望他们再降价。最后，他们又给我们降了 50 万元。据后来审计，我们学校地温取暖设备的总投资要比市场价低出 30%。

之后的日子仍很难熬。离设备运行的日子越近，我越担忧。如果地温试验不成功，那将是一个事故，一种浪费。全套设备安装好后，空调的试运行要在入冬才能进行。

11 月初，供送暖风的试验成功！成功的喜悦，像一股清泉从头顶瞬间贯通到脚底，心里顿时清爽得了无纤尘。

两年过去了，这套设备一直运行良好。

在学校的各项建设中，我一直遵循"谋事在众，决策在己，成事在众"的原则。一个看准了却不敢拍板的人，决不是一个好的决策者。对于一个决策者来说，果敢也是一种素质。

干正确的事比正确地干事更重要。

结　语

一

我从教 50 余年，如果用一个字来概括我最深切的感受的话，那就是"爱"。

读《论语》，我总是既受教育又受感动。受教育，是因为孔子博大精深的思想；受感动，是因为孔子对学生浓得化不开的爱。

丰子恺先生这样描述他的两位老师李叔同和夏丏尊，说李先生是"爸爸的教育"，夏先生是"妈妈的教育"。"爸爸的教育""妈妈的教育"，都是爱的教育。

近代以前，中国人把老师叫"师父"，把老师的妻子叫"师母"，表露出的是无限的爱意。

天下文人写回忆文章，回忆最多的永远是两个人，一个是母亲，一个是老师。母亲和老师的爱温暖他们终生。

西方有一部教育学名著，书名干脆就叫《爱的教育》，风靡全球，历久弥新。

最近一段时间，媒体上铺天盖地宣传"赏识教育"。没有爱，哪来真正的"赏识"？

爱，是教育的最高境界。有没有深爱、大爱，是教书匠和教育家的分野之一。

有人说教育是事业，有人说教育是科学，有人说教育是艺术，这些都对。但在教育中赅总一切、贯穿始终的，应该是"爱"。

爱是自然流溢出来的奉献。有了爱，教育工作者才能视学校为家庭，视学生为子女，视同事为手足；才能有信念、有责任、有激情；才能拒绝平庸、追求卓越、出类拔萃；才能把教育事业当作人生大事，全心全意、坚定不移，无怨无悔。

教育，是我的人生大事；爱，是我在教育岗位上进德修业的"原动力"。

担任人大附中校长后，我自加压力，饱尝辛酸，但振奋精神，每天工作十几个小时，就是因为我爱我的学校，爱我的学生，爱我的同事。我要让人大附中成为世界一流学校，让我的学生接受世界一流的教育，让我的同事在世界一流的环境中成就世界一流的工作业绩。

二

在刘彭芝校长教育思想研讨会上，任远同学的发言让我感动。

任远曾在中日远程教学中表现优异，又在日本国际数学教育大会上用英文发表论文。他的发言题为"我的心里话"：

我是人大附中高三年级的学生，还有几个月就要毕业离开母校了。今天，我想对刘校长说一说，我们压在心底很久没有机会表达的心里话。

刘校长，不知道您是否听到过家长间的议论："人大附中的孩子都被刘校长宠坏了！"是啊，您几乎把全部的心血和精力都放在了我们身上，每一名同学都能时刻感到您无微不至的关怀和母亲般的呵护。我们说上学路不好走，不久三辆双层巴士就停在了学校大门口，负责接送我们上下学；我们说食堂太拥挤，伙食不是很满意，一个暑假过后，香气就从一栋崭新的三层食堂里飘来；我们说操场水泥地很滑，很容易摔倒，您马上不惜耗费巨资建了一个国际标准的体育场……

10 年前，您用温暖的手将一个个年幼天真的孩子领进了校门（指人大附中创办的华罗庚学校，现改为仁华学校），在这里记载我们的成长，刻下我们的青春；10 年后，您还是用那双温暖的手，为我们打开了通向成功的大门，将我们放飞。刘校长，您赋予我们的，不仅是精湛的学识和过人的胆略，还有满怀的雄心和壮志；您留下了的，也不仅是我们年少时的无知和稚嫩，还有我们每个人一生的感激。在这里，我谨代表您所有的孩子们道一声："谢谢您，刘校长！谢谢您，刘妈妈！"

当听到"刘妈妈"3 个字时，我的泪水再也无法控制了。

叫我"刘妈妈"的，还有许多学生。

大约是 1982 年的冬天。一天中午，我冒着严寒回家吃午饭，准备休息一下。忽然听到外面大风带着哨音刮了起来，恐怕又要变天了。这么冷的天，顾杰同学的被子太薄，学校的暖气可能不会太热。不行，我得给他送条被子去。我顺手抄起女儿盖在身上的被子就走。正在睡午觉的女儿吓了一跳，"噌"地从床上坐起来，万分惊讶地看着我，问道："妈，怎么了，出事了吗？"

我顾不得跟她多解释，一边穿大衣，一边说："你让你爸再给你拿条被子，这条我给顾杰了！"说罢便匆匆赶往学校了。

来到顾杰的宿舍，床上就那么一床薄薄的被子，他正拿着杯热水在那儿焐手。我把被子给他，叮嘱他晚上要盖好，千万别着凉了。懂事的他安慰我："刘老师，没事，我特结实，特抗冻。"

我心里酸酸的，没有父母的孩子是多么不容易啊！

顾杰是一个孤儿。从高一到高三，我为他搞生日晚会。假期让他轮流到每一个同学家过一天。在学习上我对他比别人要求得更严格，在生活上我格外照顾他。三年时间，我们情同母子。毕业时他以优异的成绩考进清华大学。后来又到国外深造，现在已经卓有成绩了。

每年春节，我都会如期收到顾杰寄来的一张贺卡。贺卡上对我的称呼总是"亲爱的刘妈妈"，下面便是唠家常一样诉说他的学习、他的工作、他的生活情况，他向我征询意见，倾诉苦恼，汇报成绩，让我分享他成长的点点滴滴。读顾杰的信，我感受到了母亲般的幸福。

我的行政职务是校长，社会兼职有十几个，几十年中得到的各种荣誉称号数不清，但在我的心中，至高无上的称谓是"刘妈妈"！

三

我是一个性格刚强的人，从小到大，绝少因个人的私事求人。但为了人大附中，为了人大附中的学生，为了人大附中的教职员工，我不知求过多少人。只要对我的学校有利，对我的师生有利，求谁我都去，怎么受委屈我都干。

当校长，要懂教学、会管理，还要能当社会活动家。一天到晚，我除了处理校内工作外，还要花相当大的精力，跑项目，谈合作。有的项目跑成了，有的项目没跑成；有的人好合作，有的人不好合作。办成一件事当然高兴，办不成一件事难免恼火。我一天要扮演好几种角色，心情也要阴转晴、晴转阴好几次。但万变之中有不变，不变的是我对学生的态度。孩子的天永远应该是晴朗的天。一个教育工作者，无论碰到什么样的事，无论当时处于什么样的心情，遇到学生时都应该一片平和，让学生如沐春风。

这一点，细心而敏感的孩子发现了。

刘小鹤同学在文章中回忆了一件小事。当时，她在办公楼的走廊里等一个办事的同学，听到了我的吼声："你怎么说都不行！"

她写道：

这里通常是寂静的。突然，校长的会客室里传出了"你怎么说都不行！"的吼声，打破了空气中微妙的平衡。这分明是刘校长的声音。我想，她一定是生气了。没等我回过神来，会客室的门开了，屋里快步走出了眉头紧锁的刘校长。路过我跟前，她忽然停下问我："你在这干吗？有事么？"我被这突如其来的问话吓了一跳，怎么也没想到心烦意乱的校长还会有"闲暇"来关心我这个不认识的学生。"我……等人……月票盖章……"我慌慌张张地回答，语无伦次。"啊，进去坐着吧，在这儿站着多累呀。"她的神情依然有些严肃，而语气却缓和，空气中分明又融入了另一种美妙的平衡。

那是我为数不多的几次与刘校长的对话之一，回想起来自己竟然傻傻地忘了说一句"校长好"或者"谢谢您"。那一句"进去坐着吧"她一定是记不得了，而对我来说却是一位校长的最自然无饰的关怀。

担任校长后，我的心理压力大，也受过不少挫折和委屈。这些压力、挫折和委屈，我都是自己一个人扛，都是在夜深人静时自己一个人细细咀嚼、慢慢消化。在同事面前，我要求自己必须精神抖擞、信心十足、充满激情。因为我深知，校长的激情可以感染教师，教师的激情可以感染学生。校长、教师、学生的激情汇合，我们的校园才能充满浩然正气、蓬勃朝气、昂扬锐气。

我曾在一篇文章中把校长比喻为"领跑人"，那是为了表述简便。其实，更全面的定义应该是"领跑人兼服务员"。一想到人大附中的教职员工，我的心里总是一阵温暖。他们是那么优秀，几乎所有人都在超负荷工作，我爱他们，作为校长，我心甘情愿做他们的服务员，为他们搭建最大的事业平台，为他们创造最好的工作和生活条件。

人大附中党委书记、副校长王珉珠是我的亲密搭档。她写道：

刘校长是人大附中每一位干部、教师的贴心人。在我们的心目中，她是姐妹、是益友，是遇到最为难的事情时可以毫无顾忌向她敞开心扉的人。刘校长为我们的一位教师解决了关乎全家命运的大事，拯救了一个即将破碎的家庭，被这位老师全家视为再生父母。在我们的日常工作中，刘校长给予我们支持、谅解，为我们排忧、解难。她的心和我们息息相通，一个微笑、一个眼神，就能使对方会意。彼此之间的信任和理解使我们心甘情愿地跟着她冲锋陷阵，不惜付出，不计报酬。跟着她一起成就人大附中辉煌的事业，再累也是快乐，再苦也是甜蜜。

有一年的元旦，刘校长不顾疲劳，给全校每一个人写了一封信，那信中发自肺腑的告慰，温暖了每一个人的心。2002 年，她作了一次全校教职工及学生的 3000 多份问卷调查，又废寝忘食，连续多少个通宵看完了每一份问卷。她说自己没时间与每一个教职工和学生当面谈话，她把阅读问卷当作和每一个人对话，从中了解他们的意见和希望。

……

如果一个人有爱，为所爱的人付出，那他就是幸福的人；如果一个人所爱的人也爱他，那他就是最幸福的人。人大附中的学生称我为"刘妈妈"，人大附中的同事视我为"贴心人"，我爱他们，他们也爱我。

人生如此，夫复何求！

四

我爱我的学生。

爱的极限是什么？是崇拜。

"教师的成功和快乐，是创造出值得自己崇拜的学生。"这是著名教育家陶行知的话，说得真好。

我崇拜我的学生，他们值得我崇拜。

1989 年，我带的高一实验班女生颜华菲，在联邦德国举行的第 30 届国际数学奥林匹克大赛中荣获银牌。从此，开始了人大附中学生在国际比赛中夺金获银的光荣历史。

1994 年，我参与培养的实验班学生姚健刚，在第 35 届国际数学奥林匹克大赛中以满分成绩荣获金牌。

2000 年，我校实验班 15 岁女生杨夏男个人音乐舞蹈专场演出，在中国剧院举行。她曾 3 次荣获北京市中小学生舞蹈比赛一等奖，被国家教委、中华世纪坛组委会指定为世纪少女。

2001 年，人大附中学生程丛夫，在珠海方程式年度总决赛中，荣获亚洲方程式冠军和法国方程式冠军。他是全世界华人中唯一与英国迈凯伦车队签约的车手，也是所有方程式赛车中最年轻的车手。

2001 年，人大附中学生晓亮，在美国举行的第 42 届国际数学奥林匹克大赛中，与师兄姚健刚一样以满分成绩荣获金牌。

限于篇幅，我无法逐一列出人大附中学生的辉煌成绩。例如，有上百人获国内外创造发明奖，足球与棋类比赛多次荣获世界冠军等，人大附中的学生个个都出色。但还有一个学生应特别提到，他就是实验班的学生——钱江。

进入斯坦福大学物理系之后，钱江师从诺贝尔奖获得者劳克林（B.Laughlin）。他扎实的知识背景，对问题的独特见解和剖析能力，深得劳克林教授的赏识。上大三时，劳克林教授便让他代替自己讲授"量子力学"，判阅研究生作业。因成绩优异，2000 年本科毕业时，钱江获得斯坦福大学当届唯一的最优秀毕业生奖。

钱江的名字被刻在斯坦福大学物理系的名人墙上。

一位诗人说：我的头发为什么变白了，因为我把头发里的墨汁写了诗！教师不就是这样的诗人吗？人大附中的学生太出色了。他们是人大附中创办世界名校的象征。爱他们，培养他们，既是我们的天职，更是我们的荣誉。

最难忘的是每年的毕业典礼。

亲爱的母校，当我们还是一个个懵懂无知的孩子时，是您将我们领进这座知识的殿堂，让我们在书山学海中尽情遨游；亲爱的母校，当我们任性、乖张、桀骜不驯的时候，是您将我们心中的河道慢慢疏理，让我们越过了那些沟沟坎坎；亲爱的母校，当我们孤独、怅惘、失落难过时，是您将我们揽入您温暖的怀抱中，任我们的泪水流淌，又找回了失去的自信。亲爱的母校，谢谢您，感谢您为我们所做的一切。

亲爱的校长，从没有如此近距离地见过您，从没有如此近距离地站在您的身旁。今天的您不再像是平日站在主席台上时那样威严，您的笑容是那样的慈祥，就像妈妈一样。我能拥抱您一下吗？就像一个即将远行的孩子在妈妈的怀抱里再作一次短暂的停留。这样的情景曾经遥不可及，似乎只有在梦中。亲爱的校长，感谢您，感谢您为我们的中学时代留下了那么多美好的记忆，让我们在个性的天空中划过了绚丽的弧线。

听到这里，我和我的同事泪流满面。我一次又一次地擦去眼泪，缓缓地走到话筒前：

今天，是你们一生中非常重要的日子。从今天起，你们的中学时代将成为回忆。人大附中的校园将和你们告别。在你们面前，又有一扇大门敞开，你们将迈着坚实的脚步，踏上人生更为辉煌的里程。这使所有爱你们的人，所有为你们成长付出心血的人感到无比的欣慰。

我们手牵着手依依惜别。在这个时刻，作为你们的校长，你们的师长，我对同学们只有发自肺腑的嘱托与希望。

希望你们牢记校训中的"崇德"二字。时境的变迁、利益的诱惑并不能熄灭灵魂的灯。正直、诚实、坚毅、果敢，对美德的追求，是一生的信念。

希望你们懂得，生活中真的有一种魔术，她能使梦想成真，能移山填海。这个魔术就是"相信自己"。

希望你们明白，世界是属于大家的，学会理解，学会宽容，爱别人，帮助别人，将使我们快乐。

最后，让我引用毛泽东的话作为结束语：你们青年人朝气蓬勃，正在兴旺时期，好像早上八九点钟的太阳，希望寄托在你们身上。

世界是属于你们的，中国的前途是属于你们的。我相信，明天母校将以你们为荣！

日历在翻新，生命在延续，新学年又将有一批初中生高中生走进人大附中的校门。对已经走出校门的孩子，我永远惦念；对即将走进校门的孩子，我热切期待。

教育工作者的爱，是一个长久的诺言！

中国人民大学附属中学简介

中国人民大学附属中学（简称人大附中）创办于1950年4月，地处北京市海淀区中关村核心地段，是一所"国内领先，国际一流"的学校。2012年，人大附中联合学校总校成立，为共享优质教育资源、促进基础教育优质均衡发展作出了突出贡献。

人大附中的办学理念是：尊重个性，挖掘潜力，一切为了学生的发展，一切为了祖国的腾飞，一切为了人类的进步。学校努力创造适合每个师生员工发展的教育，形成了"爱与尊重"的学校文化，在"熔铸中外精华，坚持综合创新，创办未来教育"的道路上持续前行。

学校建成了"以人为本，多元开放"的课程体系，并为学生选科选课、自主学习提供了保障体系。各学科课程实现了"基础类、拓展类、综合类和特色类"四大纵向分层设计，开设200余门选修课，满足不同学生的需要。2014年，人大附中获得首届基础教育国家级教学成果一等奖。

人大附中为那些在数理、工程、技术、创造发明、语言、体育、艺术等某一领域或某几个领域有突出潜能的学生提供适合的教育，成为培养拔尖创新人才的摇篮。学校从1985年正式开展超常教育的实践与研究。2010年，经国家批准，由北京市政府颁牌，人大附中正式建立拔尖创新人才早期培养基地，并与中国科学院、中国社会科学院签约合作，共同进行拔尖创新人才早期培养的研究探索。

学校创办了"三高"足球训练基地，组建了学生合唱团、交响乐团、电子轻音乐团、舞蹈队、围棋队、国际象棋队、健美操队、桥牌队等多种文体社团。此外，学生还自主组建了志愿团、小作家协会、天文社、无人机编队、人机交互技术社、海洋社、模拟联合国、微电影社、心理社等100多个学生社团。

人大附中的中高考成绩稳居北京市前茅，每年为国内外一流大学输送数百名优秀毕业生。十几年来，学生在国际奥林匹克学科竞赛、英特尔国际科学与工程大赛等国际学科、科技发明大赛以及体育艺术类国际大赛中获得几十项金奖、冠军。

2014年，人大附中获国务院颁发的"全国社会扶贫先进集体"称号。学校从2002年走上教育帮扶之路，至今，人大附中联合学校总校已有20多所成员校。通过帮扶教育薄弱地区薄弱校，输送、培训优秀校长优秀教师，远程共享教育教学资源等方式，实现优质教育资源辐射面的最大化，让更多学生享受到优质教育。

人大附中已先后与14个国家以及港澳台地区的50余所学校建立了友好关系。学校设有国际部，开设有国际课程项目，主办、承办足球、学科等各种国际赛事和名校长论坛等国际会议，是中国基础教育"引进来，走出去"的践行者。

修订说明

《人生为一大事来》上卷列入"当代教育家"丛书，于 2004 年 9 月由高等教育出版社出版。10 余年间多次再版重印，其关注度和影响力大大超出我的预料。

一本谈教育的书之所以如此畅销，一个重要的原因是：教育已成为国家着力改革的重点，教育已成为老百姓关注的热点。

写这本书时，我时任校长的中国人民大学附属中学已跻身国内外一流名校，这本书既是对我追求的教育理想及教育思想的阐述，也是我带领人大附中师生实践教育理想和教育思想的探索与成果。

这本书受到欢迎也许是因为，我的教育思想不是抽象的，而是由一个个生动的案例所呈现，我执着追求的教育理想不是虚幻的，而是已经在人大附中这片土地上开花结果。从事教育工作的读者能从书中得到某种启示，为孩子的教育困惑忧心的读者能从书中找到解惑解忧的路径。来自四面八方的读者反馈令我欣慰，这也是我当初写这本书的初衷。

15 年后的今天，人民出版社拟重新编辑出版此书，并计划推出续篇《人生为一大事来》下卷。

2004 年，当人大附中实现了国内领先、世界一流的目标后，我们又开始了新的奋斗，这就是：将人大附中的优质教育资源辐射到薄弱学校，努力使更多的学校成为人民满意的好学校，同时，熔铸中外教育精华，探索面向未来的教育。《人生为一大事来》下卷记述的就是这十几年来发生的故事。

当着手校订《人生为一大事来》上卷时，我对原书又进行了一些删改、补充，使全书文字更趋完善，思想观点的表达更准确清晰。

此次重新修订出版《人生为一大事来》上卷和编辑出版《人生为一大事来》下卷，得到了人民出版社社长黄书元、总编辑辛广伟的鼎力支持，得到了人民出版社资深编审张伟珍、责任编辑陈百万、财务部主任关宏的大力帮助，在此深表谢意。并对在写作、校对中给予帮助的同事、朋友致谢。

刘彭芝

2019 年 1 月

视频集锦（二）

1. 人大附中、美国托马斯杰佛逊理科高中、美国伊利诺伊理科高中三校课题研究项目视频

2. 《心灵对话》视频：2012年初，"中华诗词吟唱会"在钓鱼台举行，人大附中合唱团演唱了由校友李天行谱曲的人大附中师生于树泉、金豆豆的七律唱和作品《心灵对话》

3. 食虫植物视频：人大附中的张兴与李峰老师，出于对食虫植物的共同观念，一起开设了以食虫植物为对象的博物插画课程，在观察中开始描述、记录、研究这类有趣的生命现象

4. 2008年9月，人大附中超常儿童系列丛书发布会视频：2008年9月16日下午，"创造适合每个学生发展的教育——'人大附中超常儿童培养纪实'丛书新书发布会"在高等教育出版社隆重召开

5. 飞翔的"三高"视频

6. 《艺术之花盛开在人大附中》视频

7.2007年元月，人大附中艺术团纽约
演出遇到突发事件视频

8.人大附中校友李天行创作的校歌《与
太阳一起升起》视频

9.人大附中校友李天行创作的校歌《永
远飘扬》视频

10.纪录片《一座楼的背影》视频：2012
年2月，人大附中初中逸夫楼因年
久要拆掉重建，当时的在校生孟繁
朝、栾思飞自发拍了《一座楼的背
影》留作历史的回忆，此片作为唯
一一部亚洲短片入选CINEQUEST
（奥斯卡最佳短片外围赛）影展全球
首映式

11.2010年，人大附中农民工在中央电视
台"我们有一套"节目中演出：1.魏二
明表演食雕；2.舞蹈队表演《从头再
来》

12.人大附中教育帮扶案例：我们的课
堂在一起——"双师教学"项目"砥
砺奋进的五年"大型成就展宣传片
视频

13. 人大附中教育帮扶案例：2007年
8月，人大附中教师赴宁夏六盘山家
访视频

14.人大附中教育帮扶案例：2012年，
中央电视台纪录片《山里娃的名校
奇缘》视频